Der Begriff des Arbeitgebers im Lohnsteuerrecht

Studien zum Steuer-, Bilanz- und Gesellschaftsrecht

Herausgegeben von André Meyer

Band 7

PETER LANG

Johannes Maria Heinrich Pohl

Der Begriff des Arbeitgebers im Lohnsteuerrecht

PETER LANG
Berlin · Bruxelles · Chennai · Lausanne · New York · Oxford

Bibliografische Information der Deutschen Nationalbibliothek
Die Deutsche Nationalbibliothek verzeichnet diese Publikation in der Deutschen Nationalbibliografie; detaillierte bibliografische Daten sind im Internet über http://dnb.d-nb.de abrufbar.

Zugl.: Bayreuth, Univ., Diss., 2024

D 703
ISSN 2566-7122
ISBN 978-3-631-93184-4 (Print)
E-ISBN 978-3-631-93327-5 (E-PDF)
E-ISBN 978-3-631-93328-2 (EPUB)
DOI 10.3726/b22655

Verlegt durch Peter Lang GmbH, Berlin (Deutschland)

info@peterlang.com

Peter Lang – Berlin · Bern · Bruxelles · New York ·
Oxford · Warszawa · Wien

Diese Publikation wurde begutachtet.

www.peterlang.com

Meiner Frau Marina

Vorwort

Die vorliegende Arbeit entstand während meiner Tätigkeit als wissenschaftlicher Mitarbeiter am Lehrstuhl Zivilrecht XI der Universität Bayreuth. Sie wurde von der Rechts- und Wirtschaftswissenschaftlichen Fakultät der Universität Bayreuth im Sommersemester 2024 als Dissertation angenommen.

Für mich war die Erstellung dieser Arbeit Herausforderung und persönlich bereichernde Erfahrung zugleich. Den zahlreichen Personen, die mich in vielfältiger Art und Weise unterstützt haben, sowie den Weggefährten, die mich während der Promotionszeit begleitet und mir Rückhalt gegeben haben, danke ich an dieser Stelle von Herzen.

Mein besonderer Dank gilt zunächst meinem Doktorvater, Herrn Professor Dr. André Meyer, einerseits für die Unterstützung, die er mir hat zukommen lassen, und andererseits für das Offenhalten vieler Freiräume, die für meine akademische Entfaltung notwendig und förderlich waren. Ebenso zu Dank verpflichtet bin ich Herrn Professor Dr. Karl-Georg Loritz für die zügige und geneigte Erstellung des Zweitgutachtens sowie Herrn Professor Dr. Adam Sagan für sein Mitwirken in der Prüfungskommission.

In tiefster Dankbarkeit verbunden bin ich meiner akademischen Schwester, Frau Dr. Elena Mengling, für die unzähligen konstruktiven Gespräche in den Jahren der Entstehung dieser Arbeit. Diese gemeinsamen Jahre am Lehrstuhl haben mein Leben nachdrücklich bereichert. Darüber hinaus habe ich meinen Freunden Tim Rosenbohm und Selina Möller für die Unterstützung zu danken, die sie mir gerade in der Endphase der Erstellung der Arbeit und bei der Durchsicht des Manuskripts haben zukommen lassen. Sie waren mir eine große Stütze. Weiterhin bedanke ich mich bei meinen Eltern, Andrea und Ralf Pohl, und bei meinem Großvater, Adolf Greger, für die stete Förderung dieser Arbeit.

Zuallerletzt bedanke ich mich bei meiner Frau Marina. Ihr habe ich so viel zu verdanken, dass ich es nicht auszudrücken vermag. Ihr ist diese Arbeit gewidmet.

Marktredwitz, im Februar 2025

Inhaltsverzeichnis

Vorwort 7

I. Einleitung 13

II. Eine erste Annäherung an den Arbeitgeberbegriff 19

III. Die bestehenden Auffassungen zu den Arbeitgeberbegriffen des § 38 Abs. 1 S. 1 EStG 23

1. Der Arbeitgeberbegriff der Finanzgerichtsbarkeit 23
2. Der „zivilrechtliche" Arbeitgeberbegriff und § 1 LStDV 27
3. Der zivilrechtliche Arbeitgeberbegriff als nicht allein entscheidend 29
4. Die wirtschaftliche Stellung als ausschlaggebendes Kriterium 29
5. Der steuerverfahrensrechtliche Arbeitgeberbegriff 30
6. Der funktionale Arbeitgeberbegriff 30
7. Der Arbeitgeberbegriff in Situationen drittbezogenen Arbeitseinsatzes 31

IV. Überprüfung der bestehenden Auffassungen zu den Arbeitgeberbegriffen des § 38 Abs. 1 S. 1 EStG 35

1. Überprüfung des Arbeitgeberbegriffs der Finanzgerichtsbarkeit 35
   a) Relativität der Rechtsbegriffe 36
      aa) Der Arbeitgeberbegriff des Arbeitsrechts 36
      bb) Die Auslegung relativer Rechtsbegriffe 40
         (1) Grundsätzliche Bindung des Steuerrechts an das Privatrecht 41
         (2) Bindung durch die Einheit der Rechtsordnung 46
      cc) Zwischenergebnis 48

b) Gewinnung des Arbeitgeberbegriffs ... 48
aa) Die wirtschaftliche Betrachtungsweise ... 49
bb) Die Hintergründe des Arbeitgeberbegriffs der Finanzgerichtsbarkeit ... 55
(1) § 19 EStG und das „Schulden" der Arbeitskraft ... 56
(a) Das Veranlassungsprinzip ... 59
(b) Konkretisierung des Veranlassungsprinzips? ... 62
(aa) Bestechungs- und Streikgelder ... 63
(bb) Trinkgelder ... 64
(cc) Personalrabatte ... 68
(dd) Die Perspektive der Veranlassung ... 71
(c) Das tatsächliche Synallagma ... 72
(aa) Das Arbeitsverhältnis ... 73
(bb) Das privatrechtliche Ausbildungsverhältnis ... 79
(cc) Das Organverhältnis ... 82
(dd) Das Beamtenverhältnis ... 87
(ee) Das öffentlich-rechtliche Ausbildungsverhältnis ... 97
(ff) Das „Schulden der Arbeitsleistung" ... 99
(2) Der Arbeitgeber und die Dritten ... 103
(a) Drittleistungen ... 105
(aa) Unechte Lohnzahlungen durch Dritte ... 107
(bb) Echte Lohnzahlungen durch Dritte ... 109
(α) Die historische Entwicklung des § 38 Abs. 1 S. 3 EStG ... 109
(β) Der Umgang des Lohnsteuerrechts mit echten Drittleistungen ... 114
(γ) Keine Verfassungswidrigkeit des § 38 Abs. 1 S. 3 EStG ... 119
(cc) Besondere echte Lohnzahlungen Dritter ... 122
(α) Liquidationspools von Chefärzten ... 123
(β) Zugang zu Gemeinschaftseinrichtungen und -diensten nach § 13b AÜG ... 128

(b) Der drittbezogene Arbeitseinsatz ... 132
(aa) Die Arbeitnehmerüberlassung aus Perspektive des Arbeitsrechts ... 133
(bb) Die illegale Arbeitnehmerüberlassung aus Perspektive des Arbeitsrechts ... 137
(cc) Die Arbeitnehmerüberlassung aus Perspektive des Lohnsteuerrechts ... 139
(α) Die Haftung des Entleihers ... 142
(β) Der Zusammenhang zwischen den Regelungen des § 38 Abs. 1 S. 2 Nr. 2 und § 42d Abs. 6 und 7 EStG und der Rechtsprechung ... 148
(dd) Die konzerninterne Arbeitnehmerüberlassung ... 149
(α) Die wirtschaftliche Tätigkeit und Gewerbsmäßigkeit ... 149
(β) Die Ausnahmetatbestände des § 1 Abs. 3 AÜG ... 154
(γ) Der lohnsteuerrechtliche Arbeitgeberbegriff im Konzern ... 157
c) Die Steuerrechtsfähigkeit ... 160
aa) Der Arbeitgeber als Steuerrechtssubjekt ... 162
bb) Die Steuerrechtsfähigkeit als Ausdruck des faktischen Synallagmas ... 164
cc) Die Dienstherrnfähigkeit als Voraussetzung der Steuerrechtsfähigkeit? ... 166
d) Fazit ... 168
2. Überprüfung des steuerverfahrensrechtlichen Arbeitgeberbegriffs ... 170
a) Das Veranlassungsprinzip und dessen Bedeutung für die Schuldnerposition ... 172
b) § 267 BGB und dessen Bezug zu § 38 Abs. 1 S. 3 EStG ... 174
c) Der Arbeitgeber und die Dritten ... 176
d) Fazit ... 178

3. Überprüfung des funktionalen Arbeitgeberbegriffs 179
a) Der Quellenabzug 180
b) Die Herrschaft über den Zahlungsfluss 183
c) Der Arbeitgeber und die Dritten 186
d) Die Regelungen des § 38 Abs. 3a EStG 188
aa) Die zentrale Erbringung tariflicher Teilleistungen 188
bb) Die Situationen des § 38 Abs. 3a S. 2 EStG 190
e) Fazit 194

V. Der zutreffende Arbeitgeberbegriff des § 38 Abs. 1 S. 1 EStG 197
1. Das Abwenden vom funktionalen Arbeitgeberbegriff 200
2. Einzelfolgerungen 204
3. Tatsächliches Synallagma und funktionaler Arbeitgeberbegriff im Vergleich 206

VI. Der Arbeitgeberbegriff des § 38 Abs. 1 S. 2 EStG 209
1. Der Anwendungsbereich des § 38 Abs. 1 S. 2 EStG 211
2. Der Begriff der Entsendung 213
3. Der Arbeitgeberbegriff des Abkommensrechts 218
a) Die Regelung des Art. 15 OECD-MA 219
b) Der Arbeitgeberbegriff des Art. 15 OECD-MA 221
c) Die Betriebsstätte als Arbeitgeber im Sinne des Art. 15 OECD- MA? 225
4. Der Arbeitgeberbegriff des Abkommensrechts als Arbeitgeberbegriff des § 38 Abs. 1 S. 2 EStG? 226
5. Fazit 229

VII. Gesamtergebnis 231

Literaturverzeichnis 233

I. Einleitung

Bei Einkünften aus nichtselbstständiger Arbeit wird die Einkommensteuer grundsätzlich durch Abzug vom Arbeitslohn erhoben. Dies normiert § 38 Abs. 1 S. 1 EStG, der damit auch klarstellt, dass es sich bei der Lohnsteuer um keine eigene eigenständige Steuerart, sondern – anders als die gesetzliche Bezeichnung und die amtliche Überschrift der Norm suggerieren[1] – um eine besondere Erhebungsform der Einkommensteuer handelt.[2] Allerdings kann das Lohnsteuerrecht aufgrund formeller und materieller Unterschiede zur übrigen Besteuerung nach dem EStG als „eigenständig charakterisiertes Teilgebiet"[3] der Einkommensbesteuerung angesehen werden.

Ob Einkünfte aus nichtselbstständiger Arbeit vorliegen, bestimmt sich nach § 19 EStG;[4] ausschließlich diese Einkünfte bilden den Bezugspunkt der Lohnsteuer (§ 38 Abs. 1 S. 1 EStG). Auch wenn der Arbeitnehmer Schuldner[5] der Lohnsteuer ist (§ 38 Abs. 2 S. 1 EStG), hat der Arbeitgeber die Lohnsteuer für Rechnung des Arbeitnehmers bei jeder Lohnzahlung einzubehalten (§ 38 Abs. 3 S. 1 EStG); damit ist er Steuerentrichtungspflichtiger (§ 43 S. 2 AO). Auch muss er die Lohnsteuer anmelden (§ 41a Abs. 1 S. 1 Nr. 1 EStG), berechnen[6] und die

1 *Meyer*, BeckOK EStG § 38 Rn. 2.

2 Dies ist praktisch unbestritten. So insbesondere BVerfG v. 13.12.1967 – 1 BvR 679/64, BVerfGE 23, 1 (7); BVerfG v. 25.4.1972 – 1 BvL 38/69, 25/70, 20/71, BVerfGE 33, 90 (103); BVerfG v. 25.4.1972 – 1 BvL 30/70, BVerfGE 33, 106 (113), st. Rspr., beispielsweise außerdem *Drüen*, DStJG Bd. 40 (2017), S. 11 (13); *Eisgruber*, Kirchhof EStG, § 38 Rn. 1; *Heuermann*, FR 2013, 354 (354); *ders.*, Systematik, S. 13; *Meyer*, BeckOK EStG, § 38 Rn. 2; *ders.*, DStZ 2014, 228 (246).

3 *Lang*, DStJG Bd. 9 (1986), S. 15 (16); in diesem Sinne auch *Heuermann*, Systematik, S. 5 f.

4 Die sachliche Steuerpflicht regelt § 2 Abs. 1 S. 1 Nr. 4 EStG, der durch § 19 EStG konkretisiert wird, insbesondere *Bleschick*, BeckOK EStG, § 19 Rn. 1; *Breinersdorfer*, K/S/M EStG, § 19 Rn. A 1; *Eisgruber*, Kirchhof EStG, § 38 Rn. 1; *Lammers*, H/H/R EStG, § 19 Rn. 1.

5 Ausdrücklich BFH v. 21.2.1986 – VI R 9/80, BStBl. II 1986, 768; zum Begriff des Steuerschuldners zunächst insbesondere *Lang*, StuW 1975, 113 (117); hierzu ebenso unten S. 160 ff.

6 Der Begriff der Steueranmeldung umfasst gemäß der Legaldefinition des § 150 Abs. 1 S. 3 AO die Berechnung der Steuer durch den Steuerpflichtigen. Steuerpflichtige in diesem Sinne sind laut § 33 Abs. 1 AO der Steuerschuldner, der Steuerentrichtungspflichtige und der Haftende. Zu den verfahrensrechtlichen Präliminarien der Lohnsteuer prägnant *Heuermann*, FR 2013, 354 (355).

einbehaltene Lohnsteuer an das zuständige Betriebsstättenfinanzamt abführen (§ 41a Abs. 1 S. 1 Nr. 2 EStG).[7]

Die Arbeitgeberpflichten beim Lohnsteuerabzug haben Tradition:[8] Schon bei Einführung[9] der „Lohnsteuer im heutigen Sinne“[10] – geprägt von Quellenabzug und Vorauszahlungscharakter – im Jahre 1920[11] als Teil der *Erzberger*schen Reform war der Arbeitgeber verpflichtet, zehn Prozent des Arbeitslohns einzubehalten (§ 45 EStG 1920)[12] und an das Finanzamt zu entrichten (§ 50 EStG 1920).[13] Zudem mussten für den einbehaltenen Betrag Steuermarken in die Steuerkarte des Arbeitnehmers eingeklebt und entwertet werden.[14] Für den damaligen Rechtsanwender war der Sinngehalt des lohnsteuerrechtlichen Arbeitgeberbegriffs offensichtlich klar. Die Kommentierung von *Erler/Koppe* aus dem Jahre 1921 befasst sich umfassend mit dem Begriff des Arbeitslohns. Der Begriff des Arbeitgebers

---

7 Zu den grundlegenden Pflichten auch BFH v. 2.4.1982 – VI R 34/79, BStBl. II 1982, 502; BFH v. 18.1.1991, VI R 122/87, BStBl. II 1991, 409; FG München v. 22.4.2016 – 8 K 3290/14, rkr., DStRE 2018, 468; überblicksartig *Hey*, Tipke/Lang, Steuerrecht, Rn. 8.904.

8 So formuliert *Drüen*, Indienstnahme, S. 138.

9 Die desolate Finanzlage zum Ende des 1. Weltkrieges zwang den Fiskus, das Besteuerungsverfahren effizient zu gestalten. Daher wurde, um dem erheblichen materiellen und personellen Aufwand zu entgegnen, der Arbeitgeber an der Quelle des Zahlungsflusses zur Mithilfe verpflichtet, so *Kloubert*, Rechtstellung, S. 7; ähnlich *Bach*, StuW 2019, 105 (107); *T. Koller*, Privat- und Steuerrecht, S. 236 ff.

10 Beispielsweise *Kruse*, DStJG Bd. 9 (1986), S. 1 (5); ähnlich *Drüen*, DStJG Bd. 40 (2017), S. 11 (12); *ders.*, FR 2004, 1134 (1138); *ders.*, Indienstnahme, S. 138; *Stallknecht*, Vereinfachungsnormen, S. 5.

11 Knapp zum historischen Hintergrund der Einführung einer Lohnsteuer *Drüen*, DStJG Bd. 40 (2017), S. 11 (12 f.); *ders.*, Indienstnahme, S. 139 ff.; *Heß*, Lademann EStG, § 38 Rn. 26 ff. oder auch *Stallknecht*, Vereinfachungsnormen, S. 5 ff.

12 § 45 EStG 1920 war mit „Lohnabzug“ betitelt und lautete: „Der Arbeitgeber hat nach näherer Anordnung des Reichsministers der Finanzen bei der Lohnzahlung zehn vom Hundert des Arbeitslohns zu Lasten des Arbeitnehmers einzubehalten und für den einbehaltenen Betrag die Steuermarken in die Steuerkarte (§ 46) des Arbeitnehmers einzukleben und zu entwerten.“ Vgl. auch § 44 des Gesetzesentwurfs, Verhandlungen der verfassungsgebenden Deutschen Nationalversammlung, Bd. 340, Drs. 1624, S. 13.

13 Der mit „Haftung“ betitelte § 50 EStG 1920 lautet: „Der Arbeitgeber haftet dem Reiche für die Einbehaltung und Entrichtung des im § 45 bestimmten Betrags neben dem Arbeitnehmer als Gesamtschuldner.“ Diese Haftung hatte aufgrund der geringen Komplexität des damaligen Regelungsregimes ein anderes Gepräge als die nach heutiger Rechtslage, so *Meyer*, DStJG Bd. 40 (2017), S. 177 (Fn. 3). Trotzdem ist klar erkennbar, dass in der Norm die Entrichtungspflicht des Arbeitgebers vorausgesetzt wird.

14 *Erler/Koppe*, Reichseinkommensteuergesetz, S. 307.

hingegen wird vorausgesetzt und weder definiert noch problematisiert.[15] Die Verpflichtungen des Arbeitgebers waren verhältnismäßig einfach zu erfüllen und bedurften keiner komplizierten Berechnungen.

Diese Pflichten des Arbeitgebers als „Primäradressat des Lohnsteuerrechts“[16] wurden jedoch immer umfassender. So hat er neben den oben erwähnten Pflichten auch Duldungs- und Mitwirkungspflichten bei Kontrollen des Finanzamtes (§ 42f Abs. 2 S. 1 EStG i.V.m. § 193 AO),[17] ebenso Anzeigepflichten gegenüber dem Finanzamt (beispielsweise § 38 Abs. 4 S. 2 oder § 39e Abs. 4 S. 3 und 5 EStG), muss für jeden Arbeitnehmer ein Lohnkonto führen (§ 41 Abs. 1 S. 1 EStG) und dabei den Aufzeichnungspflichten nach § 4 LStDV nachkommen, muss Lohnsteuerbescheinigungen zur Verfügung stellen (§ 41b Abs. 1 S. 2 EStG) und, wenn er Ende des Kalenderjahres mindestens zehn Arbeitnehmer beschäftigt, einen Lohnsteuer-Jahresausgleich[18] durchführen (§ 42b Abs. 1 S. 2 EStG).[19]

Neben der Vielzahl der dem Arbeitgeber auferlegten Pflichten nimmt auch deren Komplexität immer weiter zu.[20] So muss er überhaupt erst einmal tatsächlich und rechtlich klären, ob er zum Abzug der Lohnsteuer verpflichtet ist.[21] Die Begriffe des „Arbeitslohns“ und auch des „Arbeitnehmers“ in den §§ 1 und

---

15 Zur verhältnismäßig umfassenden Behandlung des Arbeitslohns *Erler/Koppe*, Reichseinkommensteuergesetz, S. 308 ff.

16 *Meyer*, DStJG Bd. 40 (2017), S. 177 (178); in diesem Sinne auch *Kloubert*, Rechtstellung, S. 1.

17 *Drüen*, FR 2004, 1134 (1135); *Schäfer*, Dreiecksbeziehung, S. 41.

18 Insbesondere hierzu *Heuermann*, Brandis/Heuermann EStG, § 42b Rn. 32 f.; *Holzner*, BeckOK EStG, § 42b Rn. 19 ff.; knapp *Loritz*, Einkommensteuerrecht, § 36 Rn. 1305 ff. oder *Mösbauer*, Haftung, S. 161 f.

19 Enumerativ beispielsweise *Beermann*, FR 1992, 262 (263); *Drüen*, Indienstnahme, S. 135 f.; *Eckhoff*, Rechtsanwendungsgleichheit, S. 345; *G. Kirchhof*, Erfüllungspflichten, S. 92; *Kloubert*, Rechtstellung, S. 19; *Meyer*, DStJG Bd. 40 (2017), S. 177 (179); *Nacke*, DStR 2005, 1297 (1299); *Schick*, BB 1983, 1041 (1047).

20 *Stallknecht*, Vereinfachungsnormen, S. 73; ähnlich *Mösbauer*, Haftung, S. 156 f.; allgemein mit Blick auf das Steuerrecht beispielsweise *Drüen*, DStJG Bd. 40 (2017), S. 11 (19); *Walz*, ZHR 147 (1983), 281 (290). Grundlegend anderer Ansicht hierzu sind *Eckhoff*, Rechtsanwendungsgleichheit, S. 347 und *Trzaskalik*, DStJG Bd. 12 (1989), S. 157 (183), wonach die dem Arbeitgeber abverlangten Wertungen relativ einfach und deshalb auch wenig fehleranfällig seien.

21 *Birkenfeld*, DStJG Bd. 9 (1986), S. 245 (254); *G. Kirchhof*, Erfüllungspflichten, S. 92; *Martin*, Lademann EStG, § 42d Rn. 46; ebenso *Drüen*, Indienstnahme, S. 136 f.; auch *Hey*, FR 2020, 1 (3); *Schick*, BB 1983, 1041 (1047); zu den mit der Lohnzahlung durch Dritte in diesem Zusammenhang entstehenden Problemen insbesondere *Gersch*, FR 2004, 938 oder *van Lishaut*, FR 2004, 203 (204 f.).

2 LStDV sind auslegungsbedürftig – eine solche Auslegung setzt Fachpersonal voraus.[22] Gleiches gilt für die Erfüllung der Pflicht des Einbehalts: In dessen Vorfeld muss der Arbeitgeber den lohnsteuerrelevanten Sachverhalt ermitteln und im Wege der Rechtsanwendung den richtigen Abzugsbetrag errechnen.[23] Insgesamt muss sich der Arbeitgeber mit unterschiedlichen Rechtsmaßstäben und verschiedenen Regelungskonzeptionen befassen.[24] Kommt der Arbeitgeber seinen Pflichten nicht (vollständig) oder fehlerhaft nach, so haftet er nach § 42d EStG. Dass der Gesetzgeber die Komplexität des Lohnsteuerabzugs vor Augen hat[25] und sich der Risiken für den Arbeitgeber bewusst ist, zeigt das Institut der Lohnsteuer-Anrufungsauskunft (§ 42e EStG).[26]

Zu den komplexen lohnsteuerrechtlichen Pflichten treten freilich auch arbeitsrechtliche Verpflichtungen, denen der Arbeitgeber nachzukommen hat. Dem Arbeitnehmer gegenüber tritt der Arbeitgeber typischerweise auf der Ebene des Privatrechts[27] entgegen. Insoweit hat er eine Zwitterstellung inne.[28] Die Vielzahl der dem Arbeitgeber auferlegten (lohnsteuerlichen) Pflichten,[29] die

---

22 Vgl. *Meyer*, DStJG Bd. 40 (2017), S. 177 (179); gleichermaßen *Drüen*, DStJG Bd. 40 (2017), S. 11 (19); *ders.*, Indienstnahme, S. 144; in diesem Sinne auch BVerfG v. 27.1.1982 – 1 BvR 807/80, BVerfGE 59, 302 (312); *G. Kirchhof*, Erfüllungspflichten, S. 13; *Kloubert*, Rechtstellung, S. 21; *Stallknecht*, Vereinfachungsnormen, S. 74.

23 *Birkenfeld*, DStJG Bd. 9 (1986), S. 245 (254 f.); *Heß*, Lademann EStG, § 38 Rn. 152; ähnlich *Drüen*, DStJG Bd. 40 (2017), S. 11 (19); *Martin*, Lademann EStG, § 42d Rn. 46; *Meyer*, BeckOK EStG, § 38 Rn. 57.2; auch *Drüen*, FR 2004, 1134 (1135); *ders.*, Indienstnahme, S. 339 ff.; *Kloubert*, Rechtstellung, S. 21 f.

24 *G. Kirchhof*, Erfüllungspflichten, S. 22; ebenso *Kloubert*, Rechtstellung, S. 19.

25 Das Bewusstsein um die Komplexität der lohnsteuerrechtlichen Pflichten des Arbeitgebers kommt auch an unerwarteter Stelle in BT-Drs. 15/1562, S. 32 zum Ausdruck. So sieht der Gesetzgeber die Übertragung lohnsteuerrechtlicher Pflichten auf Dritte nach § 38 Abs. 3a S. 2, 3 EStG insbesondere deshalb als allgemein vorteilhaft an, weil die Möglichkeit besteht, dass *„ein zuverlässiger Dritter den Lohnsteuerabzug für unerfahrene Arbeitgeber übernehmen kann"*.

26 *Drüen*, FR 2004, 1134 (1141); *ders.*, Indienstnahme, S. 136 f, 360; ebenso *Heuermann*, StuW 1998, 219 (223); *Kloubert*, Rechtstellung, S. 54; *Schick*, BB 1983, 1041 (1047); *Thiemann*, StuW 2019, 295 (297); sinngemäß außerdem *Seer*, Tipke/Lang, Steuerrecht, Rn. 21.143; zum Institut der Anrufungsauskunft als solchem *Dißars/Dißars*, DStR 1995, 1817.

27 Zum Verhältnis von Arbeits- zu Privatrecht unten Fn. 140.

28 Prägnant *Stolterfoht*, DStJG Bd. 9 (1986), S. 175 (176).

29 Kumuliert führen diese Schwierigkeiten dazu, dass viele Personalabteilungen überlastet sind; so zumindest *Lang*, RdA 1999, 64 (67).

einschneidend und kostenintensiv sind,[30] lässt es attraktiv erscheinen, Fremdpersonal anstelle eigener Arbeitnehmer einzusetzen.[31] Dadurch wiederum entsteht zwischen Verleiher, Entleiher und Leiharbeitnehmer auf zivilrechtlicher Ebene ein Dreiecksverhältnis.[32] Ein solches ist rechtlich deutlich komplexer, denn das Einkommensteuerrecht geht grundsätzlich von der Idee einer puren, zweiseitigen Rechtsbeziehung des Steuerpflichtigen aus:[33] Das Arbeitsverhältnis ist grundsätzlich zweiseitig ausgestaltet, Arbeitslohn fließt dem Arbeitnehmer aus einem Dienstverhältnis zu.[34] Trotz der damit offensichtlichen Bedeutung des Arbeitgeberbegriffs im Rahmen der Lohnsteuer sucht man eine entsprechende Definition in den Steuergesetzen vergeblich.[35] Auch Rechtsprechung und Literatur fanden bislang keine einheitliche Definition, was auch auf eine dem Lohnsteuerrecht – das einerseits stark vom Tagesgeschäft geprägt und andererseits im wissenschaftlichen Bereich vernachlässigt ist[36] – eigene Unschärfe zurückzuführen sein mag.[37] Insoweit besteht der Bedarf an Auslegung.

Das Ziel dieser Arbeit ist es, den Arbeitgeberbegriff des Lohnsteuerrechts zu ermitteln. Diese Ermittlung ist davon abhängig, ob dem Lohnsteuerrecht ein einheitlicher Arbeitgeberbegriff zugrunde liegt oder ob das Lohnsteuerrecht von verschiedenen Arbeitgeberbegriffen ausgeht. Sollte sich herausstellen, dass mehrere lohnsteuerrechtliche Arbeitgeberbegriffe anzunehmen sind, so gilt es,

---

30 Exemplarisch *Gast-de Haan*, DStJG Bd. 9 (1986), S. 141 (142); ähnlich *Mösbauer*, Haftung, S. 156 f.

31 Dazu *Klösel*, K/K/M, Contractor Compliance, 2. Teil, 1. Kapitel Rn. 1.

32 Neben dem angesprochenen Dreiecksverhältnis besteht ein solches auch zwischen Arbeitnehmer, Arbeitgeber und Finanzamt, dazu insbesondere *Kloubert*, Rechtstellung, S. 15 ff.; *Stolterfoht*, DStJG Bd. 9 (1986), S. 175; knapp *Drüen*, FR 2004, 1134 (1135); *Heuermann*, Systematik, S. 2; *Trzaskalik*, DStJG Bd. 12 (1989), S. 157 (160).

33 *Crezelius*, DStJG Bd. 9 (1986), S. 85 (85); *Wobst*, Drittlohn, S. 182; a.A. *Weber-Grellet*, StuW 2016, 226 (235).

34 *Crezelius*, DStJG Bd. 9 (1986), S. 85 (86).

35 Ausdrücklich *Drüen*, Indienstnahme, S. 316; *Gast-de Haan*, DStJG Bd. 9 (1986), S. 141 (142); auch BFH v. 21.2.1986 – VI R 9/80, BStBl. II 1986, 768; BFH v. 17.2.1995 – VI R 41/92, BStBl. II 1995, 390 und FG München v. 22.4.2016 – 8 K 3290/14, rkr., DStRE 2018, 468; *Kloubert*, Rechtstellung, S. 2; *Winter*, Arbeitgeber im Lohnsteuerrecht, S. 11.

36 *Gersch*, FS Klein, S. 889. Weniger freundlich formuliert *Drüen*, Indienstnahme, S. 347 in Anlehnung an *Tipke* und *Seer*, dass das Lohnsteuerrecht weitgehend zum Technokratenrecht degeneriert und zu einem ungeordneten Vorschriftendschungel verkommen sei.

37 So *Offerhaus*, DStJG Bd. 9 (1986), S. 118; ähnlich auch *Kloubert*, Rechtstellung, S. 1 oder *Mössner*, FS Lang, S. 83 (85).

diese voneinander abzugrenzen. Zur Ermittlung des lohnsteuerrechtlichen Arbeitgeberbegriffs wird von den von Finanzgerichtsbarkeit und Literatur vertretenen Meinungen ausgegangen und diese werden sodann auf ihr Zutreffen hin untersucht. Kriterien für diese Untersuchung sind insbesondere, wie sich der jeweilige Arbeitgeberbegriff in das Lohnsteuersystem einfügt und wie praktikabel er erscheint. Die Praktikabilität wird daran festgemacht, wie (gut) die Abgrenzung des lohnsteuerrechtlichen Arbeitgebers von den jeweils vom Lohnsteuerrecht in Bezug genommenen Dritten gelingt. Wenn im Rahmen der Untersuchung Unklarheiten bezüglich des Normverständnisses einer entscheidenden Regelung auftreten, so werden diese beseitigt. Es erscheint möglich, dass dem Lohnsteuerrecht in § 38 Abs. 1 S. 1 und S. 2 EStG zwei verschiedene Arbeitgeberbegriffe zugrunde liegen. Die Arbeit widmet sich in erster Linie dem Arbeitgeberbegriff der § 38 Abs. 1 S. 1 Nrn. 1 und 2 EStG. Erst wenn dieser Begriff geklärt ist, wird der des „wirtschaftlichen" Arbeitgebers in § 38 Abs. 1 S. 2 EStG beleuchtet. Durch ein solches Vorgehen soll die Beantwortung der Frage ermöglicht werden, ob der Gesetzgeber mit dem wirtschaftlichen Arbeitgeberbegriff das Begriffsverständnis des Arbeitgeberbegriffs des § 38 Abs. 1 S. 1 EStG aufnimmt und daran anknüpft oder er diesbezüglich gänzlich neue Maßstäbe setzt. Zur Ermittlung des wirtschaftlichen Arbeitgeberbegriffs bietet es sich allerdings nicht an, von den bestehenden Ansichten auszugehen, denn diese erscheinen weitestgehend als deckungsgleich. Die Arbeit setzt deshalb primär bei den Gesetzgebungsmaterialien an und ermittelt davon ausgehend die Intention des Gesetzgebers. Diesbezüglich wird beurteilt, ob ein abkommensrechtlicher Arbeitgeberbegriff existiert und dieser auf das Lohnsteuerrecht übertragen wird.

Nicht Gegenstand der Arbeit ist der Grundlagenstreit über die Stellung des Arbeitgebers im Geflecht von öffentlichem Recht und Zivilrecht.[38] Ganz bewusst befasst sich die Arbeit mit der einfachrechtlichen Frage nach dem Arbeitgeberbegriff im Lohnsteuerrecht, da der Arbeitgeberbegriff auf dieser Ebene bislang nicht ausgeleuchtet wurde.

---

38 Der angesprochene Grundlagenstreit wurzelt darin, dass das Lohnsteuerrecht in das zivilrechtliche oder – im Falle von aufgrund öffentlichen Rechts gewährten Bezügen – in das öffentlich-rechtliche Pflichtengefüge zwischen Arbeitgeber und Arbeitnehmer eingreift; vgl. insbesondere *Meyer*, DStJG Bd. 40 (2017), S. 177 (185 ff.). Zum Grundlagenstreit bezüglich der Arbeitgeberstellung beispielsweise außerdem *Birkenfeld*, DStJG Bd. 9 (1986), S. 245 (263 ff.); *Heuermann*, StuW 1998, 219 (222); *ders.*, Systematik, S. 76 ff; *Lang*, RdA 1999, 64 (65 ff.); *Riepen*, Rechtsstellung, S. 1 ff.; *Schäfer*, Dreiecksbeziehung, S. 1 ff.; *Trzaskalik*, DStJG Bd. 12 (1989), S. 157 (157 ff.); *Winter*, Arbeitgeber im Lohnsteuerrecht, S. 1 ff.

II. Eine erste Annäherung an den Arbeitgeberbegriff

Bei Auslegung einer jeden Gesetzesbestimmung ist *„der in der Norm zum Ausdruck kommende objektivierte Wille des Gesetzgebers, so wie er sich aus dem Wortlaut der Vorschrift und dem Sinnzusammenhang ergibt, in den sie hineingestellt ist*", maßgebend.[39] Der Erfassung dieses objektiven Willens dienen die anerkannten Methoden der Gesetzesauslegung aus dem Wortlaut, der Gesetzessystematik, dem Telos und der Historie.[40] Dabei hat keine Methode einen unbedingten Vorrang, sondern vielmehr ergänzen sich die Methoden gegenseitig.[41] Allerdings ist es die Betrachtung des Wortlauts, die für den Rechtanwender den Zugang zum Norminhalt eröffnet. Der Wortlaut einer Norm ist chronologisch erste Auswahlinstanz infrage kommender Lösungsmöglichkeiten.[42] Es gilt, den Wortlaut des § 38 EStG zu untersuchen.

§ 38 EStG knüpft in dreifacher Hinsicht an den Arbeitgeberbegriff an. Zunächst unterwirft § 38 Abs. 1 S. 1 EStG die Einkünfte aus nichtselbstständiger Arbeit der Lohnsteuer, soweit der Arbeitslohn von einem Arbeitgeber gezahlt wird, der entweder

---

39 BVerfG v. 21.5.1952 – 2 BvH 2/52, BVerfGE 1, 299 (312); BVerfG v. 17.5.1960 – 2 BvL 11/59, 11/60, BVerfGE 11, 126 (130 f.); BVerfG v. 20.3.2002 – 2 BvR 794/95, BVerfGE 105, 135 (157); BVerfG v. 19.3.2013 – 2 BvR 2628, 2883/10, 2155/11, BVerfGE 133, 168 (205); BVerfG v. 17.1.2017 – 2 BvB 1/13, BVerfGE 144, 20 (213), st. Rspr.

40 BVerfG v. 19.3.2013 – 2 BvR 2628, 2883/10, 2155/11, BVerfGE 133, 168 (205); *Engisch*, Einführung, S. 107 ff., 112; *Strauß*, Berufsbeamtentum, S. 64 f.; *Thiemann*, FS BFH, Bd. I S. 129 (134); ähnlich *Bydlinski*, Methodenlehre, S. 371.

41 BVerfG v. 17.5.1960 – 2 BvL 11/59, 11/60, BVerfGE 11, 126 (130); BVerfG v. 19.3.2013 – 2 BvR 2628, 2883/10, 2155/11, BVerfGE 133, 168 (205); BVerfG v. 17.1.2017 – 2 BvB 1/13, BVerfGE 144, 20 (213); im Wesentlichen *Gast*, Schlechtleistung, S. 82; *Strauß*, Berufsbeamtentum, S. 64 f.; a.A. beispielsweise *Bydlinski*, Methodenlehre, S. 378, der die Reihung wörtliche, systematisch-logische, historische, historisch-logische, objektiv-teleologische Auslegung für geboten hält.

42 So die Rechtsprechung des BVerfG zusammenfassend *Müller/Christensen*, Methodik Bd. I, S. 40.

- im Inland einen Wohnsitz, gewöhnlichen Aufenthalt, seine Geschäftsleitung, seinen Sitz, eine Betriebsstätte oder einen ständigen Vertreter im Sinne der §§ 8 bis 13 der Abgabenordnung hat (inländischer Arbeitgeber; § 38 Abs. 1 S. 1 Nr. 1 EStG) oder
- einem Dritten (Entleiher) Arbeitnehmer gewerbsmäßig zur Arbeitsleistung im Inland überlasst, ohne inländische Arbeitgeber zu sein (ausländischer Verleiher; § 38 Abs. 1 S. 1 Nr. 2 EStG).

Der Begriff des inländischen Arbeitgebers wird in § 38 Abs. 1 S. 2 EStG noch dahingehend ausgedehnt, dass

- in Fällen der internationalen Arbeitnehmerentsendung auch das nach Satz 1 Nummer 1 in Deutschland ansässige aufnehmende Unternehmen inländischer Arbeitgeber ist, wenn es den Arbeitslohn für die ihm geleistete Arbeit wirtschaftlich trägt oder nach dem Fremdvergleichsgrundsatz hätte tragen müssen. Das Gesetz betont, dass dafür nicht Voraussetzung ist, dass das Unternehmen dem Arbeitnehmer den Arbeitslohn im eigenen Namen und für eigene Rechnung auszahlt.

Es zeigt sich, dass der Gesetzgeber die lohnsteuerrechtliche Arbeitgebereigenschaft in den Situationen des § 38 Abs. 1 S. 1 Nrn. 1 und 2 EStG maßgeblich am Merkmal der Zahlung festmacht: Nur wer Arbeitslohn „zahlt", kann lohnsteuerrechtlicher Arbeitgeber im Sinne des § 38 Abs. 1 S. 1 EStG sein.[43] Für § 38 Abs. 1 S. 2 EStG gilt dies offensichtlich nicht. Eine (Aus-)Zahlung ist gerade nicht für die Arbeitgeberstellung notwendig. Entscheidend ist das wirtschaftliche Tragen beziehungsweise das Tragenmüssen nach Fremdvergleichsgrundsatz.[44] § 38 Abs. 1 S. 2 EStG stellt damit eine Sonderproblematik dar, die es – aller Voraussicht nach – gesondert zu betrachten gilt. Darüber hinaus wird bei erster Betrachtung des Wortlauts des § 38 EStG deutlich, dass der Gesetzgeber den Begriff des Arbeitgebers im Lohnsteuerrecht nicht definiert. Zunächst wird insbesondere durch die Klammerzusätze zwar der Anschein erweckt, der Gesetzgeber würde

43 Dies gilt für eine erste Annäherung an den Wortlaut des § 38 EStG. Zweifel an einer so einfachen Betrachtung nährt § 38 Abs. 1 S. 3 EStG, wonach der Lohnsteuer auch der im Rahmen des Dienstverhältnisses von einem Dritten gewährte Arbeitslohn unterliegt, wenn der Arbeitgeber weiß oder erkennen kann, dass derartige Vergütungen erbracht werden.

44 Dieser Unterschied wird durch die Normstruktur unterstrichen. Hätte der Gesetzgeber nicht auf ein Sonderkriterium abstellen wollen, hätte es sich angeboten, den sogenannten wirtschaftlichen Arbeitgeberbegriff unmittelbar in § 38 Abs. 1 S. 1 Nr. 1 EStG einzuführen.

die Begriffe des inländischen Arbeitgebers und des ausländischen Verleihers legaldefinieren, tatsächlich setzt er allerdings den Arbeitgeberbegriff schlicht voraus. In § 38 Abs. 1 S. 1 Nr. 1 EStG werden lediglich Anknüpfungspunkte für einen Inlandsbezug benannt, während Nr. 2 auf gewerbsmäßige Überlassungssituationen abstellt und nur die Person des Verleihers unmittelbar in Bezug nimmt. Mit dem Begriff des Arbeitgebers nutzt das (Lohn-)Steuerrecht einen Rechtsbegriff, der so auch vom Privatrecht gebraucht wird. An sich ist dies wenig überraschend, liegen doch den Einkünften aus nichtselbstständiger Arbeit, die den Gegenstand des Lohnsteuerabzugs darstellen, Zahlungsströme zugrunde, die auf die Erfüllung von regelmäßig privatrechtlichen Pflichten gerichtet sind. Unmittelbar hat dies keine Auswirkungen auf den lohnsteuerrechtlichen Arbeitgeberbegriff, denn in der Rechtsordnung ist von einer Relativität der Rechtsbegriffe auszugehen.[45] Die Funktionsgebundenheit des Rechts spiegelt sich in dessen Rechtsbegriffen wider.[46] Ein Rechtsbegriff wird durch das Regelungsumfeld oder -system bestimmt, in dem er sich befindet.[47] Im Folgenden werden die verschiedenen Auffassungen zum Arbeitgeberbegriff des § 38 Abs. 1 S. 1 EStG dargestellt und im Anschluss auf ihr Zutreffen hin untersucht. Im Rahmen dieser Untersuchung gilt es, sich zunächst mit der Frage zu befassen, ob der Steuergesetzgeber an das im Arbeitsrecht herrschende Begriffsverständnis gebunden ist.[48] Immerhin erscheint es möglich, dass sich das Regelungsumfeld des arbeitsrechtlichen Arbeitgeberbegriffs auch auf das Lohnsteuerrecht erstreckt.

---

45 Siehe unten S. 46 f.

46 *Felix*, Rechtsordnung, S. 226.

47 *Felix*, Rechtsordnung, S. 226; *Möllers*, Methodenlehre, S. 210; auch *Mösbauer*, Haftung, S. 7.

48 Unten S. 35 ff.

III. Die bestehenden Auffassungen zu den Arbeitgeberbegriffen des § 38 Abs. 1 S. 1 EStG

Durch die bisherigen Ausführungen wurde sich dem Arbeitgeberbegriff nur marginal angenähert. Dennoch lassen sie es zu, die in der Rechtsprechung und Literatur bestehenden Auffassungen zum Arbeitgeberbegriff einzuordnen. Sämtliche Auffassungen unterscheiden zunächst zwischen dem Arbeitgeberbegriff des § 38 Abs. 1 S. 1 EStG und dem des S. 2.

1. Der Arbeitgeberbegriff der Finanzgerichtsbarkeit

Der Arbeitgeberbegriff des Lohnsteuerrechts ist für die Rechtsprechung häufig im Rahmen der Arbeitgeberhaftung nach § 42d EStG relevant. Als Steuerentrichtungspflichtiger haftet der Arbeitgeber für die Lohnsteuer des Arbeitnehmers.[49] Zur Bestimmung des Arbeitgeberbegriffs stellt die Rechtsprechung zunächst auf die Normen der LStDV ab. Die LStDV ist als Rechtsverordnung Gesetz im materiellen Sinne und betrifft daher *jeden* Rechtsanwender. Insbesondere soll sie gleichmäßige Rechtsanwendung durch einheitliche Begriffsdefinitionen gewährleisten, vgl. § 51 Abs. 1 Nr. 1 EStG. Die nach Art. 80 Abs. 1 S. 1 GG für den Erlass einer Rechtsverordnung notwendige Ermächtigungsgrundlage findet sich grundsätzlich in § 51 Abs. 1 Nr. lit. d EStG, wonach die Bundesregierung ermächtigt wird, über die Veranlagung, die Anwendung der Tarifvorschriften und die Regelung der Steuerentrichtung zur Durchführung des EStG Rechtsverordnungen zu erlassen. An sich ist höchst fraglich, ob Begriffsdefinitionen der LStDV von dieser Verordnungsermächtigung erfasst sind,[50] die gemäß Art. 80 Abs. 1 S. 1 GG nach Inhalt, Zweck und Ausmaß bestimmt sein muss. Der BFH setzt sich über dieses Problemfeld hinweg, indem er vertritt, dass die Begriffsdefinitionen eine

49 Prägnant *Heuermann*, Systematik, S. 439; auch *ders.*, StuW 1998, 219 (224); *Lang*, StuW 1975, 113 (117); ähnlich *Martin*, Lademann EStG, § 42d Rn. 100; *Meyer*, BeckOK EStG, § 38 Rn. 53.1; im Ansatz *Wagner*, Brandis/Heuermann EStG, § 42d Rn. 81.

50 Ablehnend *Breinersdorfer*, K/S/M EStG, § 19 Rn. A 124, B 16 f.; *Brick*, Nichtselbstständige Arbeit, S. 11 ff.; *Eisgruber*, Kirchhof/Seer EStG, § 51 Rn. 94; offen *Bergkemper*, FR 2011, 1043 (1046); *Bleschik*, BeckOK EStG, § 19 Rn. 67.

zutreffende Auslegung des Gesetzes darstellten.[51] Zumindest wenn die Auslegung der Verwaltung im Wesentlichen der der Rechtsprechung entspräche, bedürfe der Verordnungsgeber keiner besonderen gesetzlichen Ermächtigung im Sinne des Art. 80 Abs. 1 GG.[52] Denn in einem solchen Fall setze der Verordnungsgeber keine Normen neben dem Gesetz oder darüber hinaus, sondern er führe das Gesetz nur durch, indem er es dem Willen des Gesetzgebers gemäß auslege.[53]

Die LStDV enthält Definitionen des Begriffs des Arbeitnehmers in § 1 Abs. 1 LStDV, des Dienstverhältnisses in § 1 Abs. 2 LStDV und des Arbeitslohns in § 2 Abs. 1 LStDV. Eine Definition des Arbeitgeberbegriffs enthält die LStDV nicht. Grundsätzlich ergibt sich der Arbeitgeberbegriff nach Ansicht der Finanzgerichtsbarkeit deshalb aus einer Umkehrung[54] des Begriffs des Arbeitnehmers aus § 1 Abs. 2 LStDV, wonach Arbeitgeber derjenige sei, dem der Arbeitnehmer

51 Grundlegend BFH v. 24.11.1961 - VI 183/59 S, BStBl. III 1962, 37 (38); bestätigend BFH v. 21.3.1975 - VI R 60/73, BStBl. II 1975, 513 (513); BFH v. 14.6.1985 - VI R 150/82, BStBl. II 1985, 661 (662 f.); BFH v. 23.10.1992 - VI R 59/91, BStBl. II 1993, 303 (304); BFH v. 23.4.2009 - VI R 81/06, BStBl. II 2012, 262 (263); zustimmend *Bleschik*, BeckOK EStG, § 19 Rn. 67; *Eisgruber*, Kirchhof/Seer EStG, § 19 Rn. 1; *Geserich*, Brandis/Heuermann EStG, § 19 Rn. 47; wertungsfrei *Breinersdorfer*, K/S/M EStG, § 19 Rn. B 203; lediglich bezüglich des Definitionskerns zustimmend *Krüger*, Schmidt EStG, § 19 Rn. 11; bezüglich des Arbeitslohnbegriffs ablehnend *Bergkemper*, FR 2011, 1043 (1046); *Stallknecht*, Vereinfachungsnormen, S. 66.

52 BFH v. 7.7.1961 - VI 51/61 S, BStBl. III 1961, 433 (434).

53 BFH v. 7.7.1961 - VI 51/61 S, BStBl. III 1961, 433 (434); BFH v. 24.11.1961 - VI 183/59 S, BStBl. III 1962, 37 (38); BFH v. 23.4.2009 - VI R 81/06, BStBl. II 2012, 262 (263); kritisch *Bergkemper*, FR 2011, 1043 (1046).

54 Zumeist spricht die Rechtsprechung richtigerweise von einer *Umkehrung*. Teilweise wird aber auch falsch auf einen *Umkehrschluss* abgestellt. So beispielsweise BFH v. 13.7.2011 - VI R 84/10, BStBl. II 2011, 986 (987). Die Differenzierung zwischen Umkehrschluss und Umkehrung hat ihren Hintergrund darin, dass beim vorgenannten Vorgehen der Begriff des Umkehrschlusses fehlgeht. Ein Umkehrschluss läge richtigerweise nur dann vor, wenn allein aufgrund des Umstandes, dass die Arbeitnehmerdefinition nicht einschlägig wäre, die Arbeitgebereigenschaft angenommen werden könnte. Vertiefend dazu *Bydlinski*, Methodenlehre, S. 475 ff.; *Engisch*, Einführung, S. 206 ff.; *Klug*, Juristische Logik, S. 137 f.; *P. Koller*, Rechtstheorie, S. 232 f.; mit strafrechtlichem Schwerpunkt *Joerden*, Logik im Recht, S. 312 f.

die Arbeitsleistung schuldet, unter dessen Leitung er tätig wird oder[55] dessen Weisungen er zu folgen hat.[56] Dies sei regelmäßig der Vertragspartner des Arbeitnehmers aus dem Dienstvertrag.[57] Die Definition dürfe keinesfalls so verstanden werden, dass ausschließlich der zivilrechtliche Vertragspartner des Arbeitnehmers Arbeitgeber im lohnsteuerrechtlichen Sinn sein könne.[58] Für das Schulden der Arbeitsleistung sei gerade nicht entscheidend, wer zur Lohnzahlung (privatrechtlich) verpflichtet ist beziehungsweise gegen wen der Arbeitnehmer seine Ansprüche (aus dem Arbeitsverhältnis) gerichtlich geltend machen kann.[59] Entscheidend sei vielmehr, dass der Arbeitnehmer den erlangten Vorteil wirtschaftlich als Frucht seiner Dienstleistung für den Arbeitgeber betrachten müsse.[60] Diese eigenständige, tatsächliche Betrachtung würde gerade durch das Aufgreifen der tatsächlichen Merkmale der Weisungsgebundenheit und der organisatorischen

---

55 Die Rechtsprechung spricht einvernehmlich von „oder", so beispielsweise BFH v. 21.2.1986 – VI R 9/80, BStBl. II 1986, 768 (770); BFH v. 17.2.1995 – VI R 41/92, BStBl. II 1995, 390 (391 f.); BFH v. 24.3.1999 – I R 64/98, BStBl. II 2000, 41 (42); BFH v. 19.2.2004 – VI R 122/00, BStBl. II 2004, 620 (621); FG München v. 22.4.2016 – 8 K 3290/14, DStRE 2018, 468 (470); FG Niedersachsen v. 16.12.2021 – 11 K 14196/20, EFG 2022, 405 (406).

56 Nähme man die „Umkehrung" des Arbeitnehmerbegriffs aus der LStDV ernst, so müsste man den Arbeitgeberbegriff richtigerweise definieren: Arbeitgeber ist derjenige, dem der Arbeitnehmer seine Arbeitskraft schuldet (§ 1 Abs. 2 S. 1 LStDV). Dies ist dann der Fall, wenn der Arbeitnehmer in der Betätigung seines geschäftlichen Willens unter der Leitung des Arbeitgebers steht oder im geschäftlichen Organismus des Arbeitgebers dessen Weisungen zu folgen verpflichtet ist (§ 1 Abs. 2 S. 2 LStDV). Kritisch zu dieser Definition aufgrund der Vermengung der Merkmale der Weisungsgebundenheit und der Eingliederung in den geschäftlichen Organismus *Lang*, DStJG Bd. 9 (1986), S. 15 (32).

57 So BFH v. 21.2.1986 – VI R 9/80, BFHE 146, 252, BStBl. II 1986, 768; BFH v. 17.2.1995 – VI R 41/92, BStBl. II 1995, 390; BFH v. 24.3.1999 – I R 64/98, BStBl. II 2000, 41; BFH v. 19.2.2004 – VI R 122/00, BStBl. II 2004, 620; BFH v. 13.7.2011 – VI R 84/10, BStBl. II 2011, 986 (987); FG Niedersachsen v. 30.9.2010 – 11 K 84/08, EFG 2011, 530; FG München v. 22.4.2016 – 8 K 3290/14, rkr., DStRE 2018, 468 (470).

58 BFH v. 17.2.1995 – VI R 41/92, BStBl. II 1995, 390 (391 f.); BFH v. 24.3.1999 – I R 64/98, BStBl. II 2000, 41 (42).

59 Vgl. BFH v. 24.3.1999 – I R 64/98, BStBl. II 2000, 41 (42).

60 BFH v. 13.3.1974 – VI R 212/70, BStBl. II 1974, 411 (412); BFH v. 2.4.1982 – VI R 34/79, BStBl. II 1982, 502 (505); BFH v. 18.10.2012 – VI R 64/11, BStBl. II 2015, 184 (Ls.); auch BFH v. 24.10.1997 – VI R 23/94, BStBl. II 1999, 323 (324); BFH v. 24.3.1999 – I R 64/98, BStBl. II 2000, 41 (43); FG Nürnberg v. 22.12.2011 – 4 K 643/10, EFG 2012, 1191 (1191).

Eingliederung verdeutlicht.[61] Die Finanzgerichtsbarkeit knüpft sowohl in Situationen des § 19 EStG als auch in solchen des § 38 EStG an die Definitionen der LStDV an.[62] Aus der „Umkehrung" des Arbeitnehmerbegriffs zur Gewinnung des Arbeitgeberbegriffs ergibt sich, dass der Arbeitgeber der ist, der dem Arbeitnehmer im Dienstverhältnis gegenübersteht. Deshalb sind die Arbeitgeberbegriffe des § 19 EStG und § 38 EStG für die Finanzgerichte identisch. Aus diesen Ausführungen folgt die für den Arbeitgeber vorausgesetzte (Steuer-) Rechtsfähigkeit. Auch für diese ist entscheidend, ob der Arbeitnehmer den Vorteil, den er von dem Dritten empfangen hat, wirtschaftlich als Frucht seiner Dienstleistung für den Arbeitgeber kann. Maßgeblich dafür ist insbesondere, in wessen betrieblichen Organismus der Arbeitnehmer eingegliedert ist und wer den Arbeitnehmer entlohnt.[63]

Von diesen Grundsätzen abweichend wird als Arbeitgeber im Einzelfall derjenige angesehen, dessen wirtschaftlichem Willen der Arbeitnehmer unterstellt ist, solange zu jenem vertragliche oder tatsächliche Beziehungen bestehen.[64] Aus dieser Ansicht folgt unmittelbar, dass Arbeitgeber im Sinne des Lohnsteuerrechts nur derjenige sein kann, der auch zivilrechtsfähig ist.[65] Diese abweichende Ansicht ist im Wesentlichen auf zwei Umstände zurückzuführen. Ein Teil der Rechtsprechung betont die Bedeutung der Stellung als Vertragspartner für die lohnsteuerrechtliche Arbeitgebereigenschaft, weil sie sich auf die Rechtslage vor Einführung des heutigen § 38 Abs. 1 S. 3 EStG bezieht.[66] Diese Rechtsprechung wird zunächst

---

61 BFH v. 17.2.1995 – VI R 41/92, BStBl. II 1995, 390 (391 f.).

62 Für das Anknüpfen in Situationen des § 19 EStG beispielsweise BFH v. 24.11.1961 – VI 183/59 S, BStBl. III 1962, 37 (38); BFH v. 10.12.1971 – VI R 112/70, BStBl. II 1972, 251 (252); BFH v. 21.3.1975 – VI R 60/73, BStBl. II 1975, 513 (513); BFH v. 12.8.1983 – VI R 155/80, BStBl. II 1983, 718 (719); BFH v. 23.4.2009 – VI R 81/06, BStBl. II 2012, 262 (263).

63 BFH v. 17.2.1995 – VI R 41/92, BStBl. II 1995, 390 (391 f.); dies schlicht voraussetzend BFH v. 21.7.1955 – IV 165/54 U, BStBl. III 1955, 254.

64 Beispielsweise BFH v. 11.5.1962 – VI 55/61 U, BStBl. III 1962, 310 (Ls.); BFH v. 29.11.1966 – I 216/64, BStBl. III 1967, 392 (394); BFH v. 5.10.1977 – I R 90/75, BStBl. II 1978, 205 (206); FG München v. 22.4.2016 – 8 K 3290/14, DStRE 2018, 468 (470); ähnlich FG Niedersachsen v. 16.12.2021 – 11 K 8, 14196, 14197/20, EFG 2022, 405 (406).

65 BFH v. 25.3.1983 – VI R 207/82, BeckRS 1983, 5460; BFH v. 19.1.1988 – VII R 161/84, BFH/NV 1988, 615; vgl. auch FG Niedersachsen v. 16.12.2021 – 11 K 8, 14196, 14197/20, EFG 2022, 405 (407).

66 So BFH v. 11.5.1962 – VI 55/61 U, BStBl. III 1962, 310 (Ls.); BFH v. 29.11.1966 – I 216/64, BStBl. III 1967, 392 (394); BFH v. 5.10.1977 – I R 90/75, BStBl. II 1978, 205 (206).

ausgeblendet und an späterer Stelle der Arbeit in Bezug genommen.[67] Der anderer Teil dieser auf die Stellung als Vertragspartner abstellenden Ansicht geht auf die unsaubere Wiedergabe oder Anwendung höchstrichterlicher Rechtsprechung zurück.[68] Es wird daher davon ausgegangen, dass es sich bei diesen Entscheidungen um „Ausreißer“ handelt, die die Meinung der Finanzgerichtsbarkeit unzutreffend wiedergeben. Daher werden auch diese Entscheidungen im weiteren Verlauf der Arbeit, soweit es (unmittelbar) um den Arbeitgeberbegriff im Sinne des § 38 Abs. 1 S. 1 EStG geht, ausgeblendet. Es wird deshalb ein einheitlicher lohnsteuerrechtlicher Arbeitgeberbegriff der Finanzgerichtsbarkeit für § 38 Abs. 1 S. 1 EStG angenommen.

2. Der „zivilrechtliche“ Arbeitgeberbegriff und § 1 LStDV

Vom diesem Arbeitgeberbegriff der Finanzgerichtsbarkeit geht auch ein wesentlicher Teil der Literatur aus. Teils sind die Ansichten der Literaturvertreter mit der der Rechtsprechung identisch, teils weichen sie auch (leicht) davon ab. Laut *Beckers*,[69] *G. Kirchhof*,[70] *Mösbauer*[71] und *Thürmer*[72] gilt demnach ein zivilrechtlicher Arbeitgeberbegriff. Arbeitgeber sei derjenige, dem der Arbeitnehmer die Arbeitsleistung schuldet, unter dessen Leitung er tätig wird oder[73] dessen Weisungen er zu befolgen hat; dies sei regelmäßig der Vertragspartner des

---

67 Hierzu unten S. 197 ff.

68 So wurde bei der Entscheidung des FG München v. 22.4.2016 – 8 K 3290/14, DStRE 2018, 468 zwar im Leitsatz die vom BFH vertretene Definition des Arbeitgeberbegriffs zutreffend wiedergegeben, in den Entscheidungsgründen hingegen wird ausschließlich auf die Stellung als Vertragspartner abgestellt. Ähnlich auch FG Niedersachsen v. 16.12.2021 – 11 K 8, 14196, 14197/20, EFG 2022, 405 (406). In der Entscheidung des BFH v. 25.3.1983 – VI R 207/82, BeckRS 1983, 5460 wird sich in keiner Weise auf eine Definition des Arbeitgeberbegriffs bezogen.

69 *Beckers*, H/B/S EStR, S. 125.

70 *G. Kirchhof*, Erfüllungspflichten, S. 95.

71 *Mösbauer*, FR 1995, 173 (173); *ders.*, Haftung, S. 157.

72 *Thürmer*, Blümich EStG (2020), § 38 Rn. 65.

73 An dieser Stelle der Definition sprechen die Literaturvertreter uneinheitlich von „und“ oder „oder“. Beispielsweise nutzt *Heß*, Lademann EStG, § 38 Rn. 53 „und“. Hingegen sprechen *Mösbauer*, FR 1995, 173 (173); *ders.*, Haftung, S. 157 und *Thürmer*, Blümich EStG (2020) § 38 Rn. 65 wie die Rechtsprechung auch von „oder“. Ob absichtlich von der Definition der Rechtsprechung abgewichen wird, soweit „und“ genutzt wird, ist unklar. Insgesamt erscheint jedenfalls fraglich, wie zwischen den Kriterien des Tätigwerdens unter fremder Leitung und einer generellen Weisungsgebundenheit abgegrenzt werden kann.

Arbeitnehmers aus dem Dienstvertrag. Gestützt wird diese Definition auf die zu § 19 EStG entwickelten Grundsätze und einen „Umkehrschluss" aus § 1 Abs. 2 LStDV.[74] *G. Kirchhof* führt als teleologisches Argument an, dass es nur dem Schuldner des Arbeitslohns möglich sei, die Lohnsteuer einzubehalten.[75]

Heß,[76] *Winter*[77] und *Gercke/Kraft/Richter*[78] teilen diese Meinung im Wesentlichen, indem auch sie auf § 1 LStDV aufbauen und als Kriterien das Schulden der Arbeitsleistung, das Tätigwerden unter fremder Leitung und die Weisungsbefugnis heranziehen. Sie gewinnen die Definition jedoch nicht aus einem Umkehrschluss, sondern aus einer „Umkehrung"[79] des Arbeitnehmerbegriffs.[80] *Karbe-Geßler*,[81] die auch auf obige Kriterien abstellt und den zivilrechtlichen Arbeitgeberbegriff vertritt, statuiert hierzu lediglich allgemein, dass die LStDV gelte; auf die Begriffe der Umkehrung oder des Umkehrschlusses verzichtet sie gänzlich.[82] *Lang* war schon im Jahre 1975 ähnlicher Ansicht und ging davon aus, dass der Begriff des Arbeitgebers aus den Legaldefinitionen des Arbeitnehmers und des Dienstverhältnisses aus der LStDV zu gewinnen sei.[83] Demnach sei Arbeitgeber „der Dienstherr, der Gläubiger, dem der Arbeitnehmer aufgrund eines Dienstverhältnisses seine Arbeitskraft schuldet."[84] Auch *Drüen*[85] ist der Ansicht, dass im Lohnsteuerrecht ein zivilrechtlicher Arbeitgeberbegriff herrscht, denn er stellt fest, dass das Gesetz an das zivilrechtliche Arbeitsverhältnis öffentlichrechtliche Pflichten anknüpfe und ebendiese Anknüpfung die Grundlage der Steuerentrichtungspflicht bilde. *Krüger*[86] hingegen bezeichnet seine Auffassung zwar auch als „zivilrechtlichen Arbeitgeberbegriff" und leitet diesen auch aus den

---

74 Vgl. *Beckers*, H/B/S EStR, S. 125; *Thürmer*, Blümich EStG (2020) § 38 Rn. 65; *G. Kirchhof*, Erfüllungspflichten, S. 95; *Mösbauer*, FR 1995, 173 (173); *ders.*, Haftung, S. 157.

75 *G. Kirchhof*, Erfüllungspflichten, S. 95.

76 *Heß*, Lademann EStG, § 38 Rn. 53.

77 *Winter*, Arbeitgeber im Lohnsteuerrecht, S. 12.

78 *Gercke/Kraft/Richter*, Arbeitsstrafrecht, 1. Kapitel Rn. 43.

79 *Gercke/Kraft/Richter*, Arbeitsstrafrecht, 1. Kapitel Rn. 43; *Heß*, Lademann EStG, § 38 Rn. 53.

80 Zum Fehlgehen des „Umkehrschlusses" und der Differenzierung zwischen Umkehrung und Umkehrschluss soeben Fn. 54.

81 *Karbe-Geßler*, K/K/B EStG, § 38 Rn. 8.

82 *Karbe-Geßler*, K/K/B EStG, § 38 Rn. 8.

83 *Lang*, StuW 1975, 113 (118).

84 *Lang*, StuW 1975, 113 (118).

85 *Drüen*, FR 2004, 1134 (1147); *ders.*, Indienstnahme, S. 326.

86 *Krüger*, Schmidt EStG, § 38 Rn. 2.

in § 1 LStDV enthalten Begriffen des Arbeitnehmers und des Dienstverhältnisses ab, wobei auch auf § 19 EStG abgestellt wird, er definiert den Arbeitgeber im Sinne des Lohnsteuerrechts allerdings als denjenigen, „zu dem die Person, um deren einzubehaltende Lohnsteuer es geht, in einem Arbeitsverhältnis steht." Bei den Vertretern des zivilrechtlichen Arbeitgeberbegriffs ist nicht stets klar, ob sie im Rahmen des Schuldens der Arbeitsleistung auf ein privatrechtliches oder ein steuerrechtliches Verständnis abstellen.

3. Der zivilrechtliche Arbeitgeberbegriff als nicht allein entscheidend

Eisgruber[87] trennt streng zwischen den Arbeitgeberbegriffen für die Bestimmung der Einkunftsart und für die Erhebung der Lohnsteuer. Im Rahmen des § 38 EStG sei derjenige Arbeitgeber, der die Einbehaltungspflicht nach Absatz 3 zu erfüllen habe; dies sei im Regelfall der Abnehmer[88] der schuldrechtlichen Leistung.

4. Die wirtschaftliche Stellung als ausschlaggebendes Kriterium

Lammers[89] wiederum stellt fest, dass, da das EStG den Arbeitgeberbegriff nicht legaldefiniert, die „in § 1 LStDV enthaltene[90] Begriffsbestimmung, wonach derjenige Arbeitgeber ist, dem der Arbeitnehmer in seinem geschäftlichen Willen untergeordnet ist oder in dessen geschäftlichem Organismus und nach dessen Weisungen der Arbeitnehmer sich zu verhalten hat", grundsätzlich auch für § 38 EStG gelte, es sei aber eine Gesamtbetrachtung aller Umstände des Einzelfalls vorzunehmen.[91] Zudem sei der Arbeitgeberbegriff des § 38 EStG mit dem des § 19 EStG identisch.[92] Im Rahmen dessen wird angeführt, dass kennzeichnend für den Begriff des Arbeitgebers dessen wirtschaftliche Stellung sei, die ihn berechtigt und befähigt, einen Arbeitnehmer einzustellen, zu entlassen und über seine

---

87 *Eisgruber*, Kirchhof/Seer EStG, § 38 Rn. 5.

88 *Eisgruber* betont hier die Rolle des Arbeitgebers als Abnehmer der schuldrechtlichen Leistung. Die Abnahme einer Leistung ist grundsätzlich abstrakt von der Verpflichtung dazu als tatsächliche Handlung zu betrachten. Indem *Eisgruber* insoweit auf ein tatsächliches Geschehen und nicht auf eine Verpflichtung abstellt, weicht er von den Ansichten zum zivilrechtlichen Arbeitgeberbegriff ab.

89 *Lammers*, H/H/R EStG, § 38 Rn. 29.

90 Tatsächlich definiert allerdings auch die LStDV den Arbeitgeberbegriff nicht.

91 *Lammers*, H/H/R EStG, § 38 Rn. 29.

92 Vgl. *Lammers*, H/H/R EStG, § 38 Rn. 29.

Arbeitskraft zu verfügen. Hingegen nicht entscheidend seien die Kriterien des Vertragspartners oder das Zahlen des Arbeitslohns.[93]

5. Der steuerverfahrensrechtliche Arbeitgeberbegriff

Trzaskalik[94] und auch *Wackerbeck*[95] widersprechen dem zivilrechtlichen Arbeitgeberbegriff explizit. Die Definition, die aus § 1 Abs. 2 LStDV gewonnen wird, verleite dazu, dass der lohnsteuerrechtliche Arbeitgeberbegriff mit dem des Zivilrechts identisch sei. Im Grundsatz sei Arbeitgeber i.S.d. § 38 EStG jeder Rechtsträger, der die Schuldnerposition in dem Rechtsverhältnis innehat, das zur Qualifikation der Vermögensmehrung als Bezug i.S.d. § 19 EStG führt. Arbeitgeber im Sinne des Lohnsteuerrechts könnten nur natürliche und juristische Personen sowie Personengesellschaften sein.[96] Die Lohnsteuer würde deshalb im Regelfall vom Arbeitgeber erhoben, weil er derjenige sei, der den Zufluss der steuerpflichtigen Bezüge veranlasse.[97] Während *Wackerbeck* diesbezüglich auf die Parallelität zwischen den §§ 19 und 38 EStG verweist,[98] betont *Trzaskalik*, dass das entsprechende Rechtsverhältnis nicht unbedingt mit dem identisch sei, das causa für die Leistung ist. Die Arbeitgeberbegriffe des § 38 EStG und des § 19 EStG könnten aufgrund ihrer unterschiedlichen Zweckrichtung verschieden sein.[99]

6. Der funktionale Arbeitgeberbegriff

Im Gegensatz zu den bisher dargestellten Definitionen des Arbeitgeberbegriffs bestimmen *Meyer*[100] und *Nistegge*[101] diesen funktional – der Steuerabzug dient dazu, das Steueraufkommen durch Zugriff an der Quelle abzusichern[102] – mit Blick auf die Zielrichtung des Lohnsteuerrechts. Daher sei Arbeitgeber derjenige, der die Herrschaft über den Zahlungsfluss innehabe. Dies sei bei normativer

---

93 *Lammers*, H/H/R EStG, § 19 Rn. 29.

94 *Trzaskalik*, K/S/M EStG, § 38 Rn. B 8.

95 *Wackerbeck*, Brandis/Heuermann EStG, § 38 Rn. 65.

96 *Trzaskalik*, K/S/M EStG, § 38 Rn. B 7.

97 *Trzaskalik*, K/S/M EStG, § 38 Rn. A 2.

98 *Wackerbeck*, Brandis/Heuermann EStG, § 38 Rn. 65.

99 *Trzaskalik*, K/S/M EStG, § 38 Rn. B 6.

100 *Meyer*, BeckOK EStG, § 38 Rn. 27; augenscheinlich setzt *Gersch*, FS Klein, S. 889 (898) diesen oder zumindest einen ähnlichen Arbeitgeberbegriff voraus.

101 *Nistegge*, BeckOK EStG, § 42d Rn. 49.

102 *Meyer*, BeckOK EStG, § 38 Rn. 25; *ders.*, DStZ 2014, 228 (246); *Nistegge*, BeckOK EStG, § 42d Rn. 49.

Betrachtung die Person, die den Arbeitnehmer auf privatrechtlicher oder öffentlich-rechtlicher Basis beschäftige und deshalb zur Lohnzahlung verpflichtet sei.[103] Nur diese Person verfüge umgekehrt regelmäßig über die den Arbeitnehmer betreffenden Informationen, die die zutreffende Ermittlung der Lohnsteuer ermöglichten.[104] Die Umkehrung des Norminhalts des § 1 LStDV bezeichnet *Meyer* als „unnötig".[105] Schon aufgrund der Erfassung von privat- und öffentlich-rechtlicher Beschäftigungsgrundlage gelte ein steuerrechtsautonomer Arbeitgeberbegriff.[106]

7. Der Arbeitgeberbegriff in Situationen drittbezogenen Arbeitseinsatzes

Wie oben erwähnt, geht der Gesetzgeber im Lohnsteuerrecht im Ausgangspunkt von einer nur zweiseitigen Rechtsbeziehung aus.[107] In Situationen, in denen ein Dritter in die Leistungsbeziehungen miteinbezogen wird, verkompliziert sich die Lage. Einer der typischen Fälle einer solchen Dreiecksbeziehung liegt bei der Arbeitnehmerüberlassung vor. Bei einer Arbeitnehmerüberlassung ist der Arbeitnehmer regelmäßig arbeitsvertraglich an den Verleiher gebunden, der den Arbeitnehmer für einen gewissen Zeitraum einem anderen, dem Entleiher, zur Verfügung stellt.[108] Der Entleiher wiederum nimmt für die Zeit der Leihe einen Teil der Arbeitgeberfunktionen wahr. Hier versagen diejenigen der oben genannten Definitionen des lohnsteuerrechtlichen Arbeitgeberbegriffs, die auf § 1 LStDV zurückgeführt werden,[109] denn es lässt sich nicht eindeutig klären, ob der Ver- oder Entleiher Arbeitgeber im Sinne des Lohnsteuerrechts ist. Dies liegt daran, dass der Leiharbeitnehmer grundsätzlich nur vertragliche Beziehungen zum Verleiher unterhält und diesem die Arbeitskraft (im privatrechtlichen Sinne) schuldet. Der Leiharbeitnehmer wird regelmäßig nur im Entleihunternehmen

---

103 *Meyer*, BeckOK EStG, § 38 Rn. 27.

104 *Nistegge*, BeckOK EStG, § 42d Rn. 49.

105 *Meyer*, BeckOK EStG, § 38 Rn. 27.

106 *Meyer*, BeckOK EStG, § 38 Rn. 29.

107 *Crezelius*, DStJG Bd. 9 (1986), S. 85.

108 Zur Arbeitnehmerüberlassung im Sinne des AÜG BAG v. 3.12.1997 – 7 AZR 764/96, AP AÜG § 1 Nr. 24; BAG v. 19.1.2000 – 7 AZR 6/90, BeckRS 30782548; BAG v. 25.10.2000 – 7 AZR 487/99, AP AÜG § 10 Nr. 15; BAG v. 27.9.2022 – 9 AZR 468/21, AP AÜG § 1 Nr. 51 (Ls.); auch *Hamann*, Schüren/Hamann AÜG, § 1 Rn. 95; *Thüsing*, Thüsing AÜG, Einf. Rn. 2.

109 So auch *Gercke/Kraft/Richter*, Arbeitsstrafrecht, 1. Kapitel Rn. 47.

tätig und ist dort betrieblich eingegliedert und nur dem Entleiher gegenüber weisungsgebunden.[110]

Legt man zugrunde, dass das Schulden der Arbeitsleistung danach beurteilt wird, ob der Arbeitnehmer den Vorteil, den er von dem Dritten empfangen hat, wirtschaftlich als Frucht seiner Dienstleistung für den Arbeitgeber versteht, so ist nicht selbsterklärend, für welchen der potentiell zwei Arbeitgeber der Arbeitnehmer seine Arbeitsleistung erbringt. Dieses teilweise Versagen der Definitionen führt dazu, dass zur Bestimmung der Arbeitgebereigenschaft in Dreiecksverhältnissen auf abweichende Kriterien zurückgegriffen werden muss. Der BFH hat mit Urteil vom 2.4.1982[111] festgestellt, dass wenn die Parteien ein von der zivilrechtlichen Ausgestaltung abweichendes wirtschaftliches Ergebnis eintreten und bestehen lassen wollen, dieses aufgrund von § 5 Abs. 3 StAnpG[112] steuerrechtlich zu berücksichtigen ist. Damit sei im Wesentlichen[113] derjenige lohnsteuerrechtlicher Arbeitgeber, der die Leiharbeitnehmer im eigenen Namen und für eigene Rechnung entlohnt, denn in Situationen drittbezogenen Arbeitseinsatzes betrachte der

110 Schon hier zeigt sich die Bedeutung einer arbeitsrechtlichen Betrachtung: Grundsätzlich wird der Begriff der Arbeitnehmerüberlassung für das Arbeitsrecht in § 1 Abs. 1 S. 1 AÜG legaldefiniert. Danach liegt eine Arbeitnehmerüberlassung vor, wenn Arbeitgeber (als Verleiher) Dritten (Entleihern) Arbeitnehmer (Leiharbeitnehmer) im Rahmen ihrer wirtschaftlichen Tätigkeit zur Arbeitsleistung überlassen. Diese Legaldefinition wird durch § 1 Abs. 1 S. 2 AÜG näher konkretisiert. Dieser besagt: Arbeitnehmer werden zur Arbeitsleistung überlassen, wenn sie in die Arbeitsorganisation des Entleihers eingegliedert sind und dessen Weisungen unterliegen.

111 BFH v. 2.4.1982 – VI R 34/79, BStBl. II 1982, 502.

112 Das Steueranpassungsgesetz geht auf das Jahr 1934 zurück und blieb bis zum 31.12.1976 in Kraft. Am 1.1.1977 trat an seine Stelle die Abgabenordnung. Der zugrundeliegende Sachverhalt ereignete sich in den Jahren 1973 und 1974. Die dem Regelungsinhalt heute entsprechende Norm ist § 41 Abs. 1 S. 1 AO.

113 Ausführlich heißt es im Urteil des BFH v. 2.4.1982 – VI R 34/79, BStBl. II 1982, 502 (503) zur Erfüllung der Voraussetzungen des § 5 Abs. 3 StAnpG: „[…] sind in den Fällen einer unerlaubten Arbeitnehmerüberlassung jedenfalls insoweit erfüllt, als der Entleiher das in dem unwirksamen Arbeitnehmerüberlassungsvertrag vereinbarte Entgelt an den Verleiher zahlt, dieser entsprechend der zwischen ihm und den Leiharbeitnehmern getroffenen Vereinbarung die Leiharbeitnehmer im eigenen Namen und für eigene Rechnung entlohnt und die Leiharbeitnehmer dem Entleiher wie vereinbart zur Arbeitsleistung zur Verfügung gestellt werden.“

Leiharbeitnehmer das, was er vom Verleiher bekommt, grundsätzlich als Frucht seines Arbeitsverhältnisses mit dem Verleiher.[114]

Ansätze zur Konkretisierung des Arbeitgeberbegriffs, die nicht auf § 1 LStDV aufbauen, sind typischerweise nicht gezwungen, in Dreiecksbeziehungen auf abweichende Kriterien abzustellen; sie bleiben bei den allgemeinen Grundsätzen. So ist beispielsweise bei *Meyer*[115] und *Trzaskalik*[116] weiterhin die Lohnzahlungspflicht beziehungsweise die Schuldnerstellung in Verbindung mit der tatsächlichen Lohnzahlung ausschlaggebend.

114 BFH v. 2.4.1982 – VI R 34/79, BStBl. II 1982, 502 (505); auch BFH v. 24.3.1999 – I R 64/98, BStBl. II 2000, 41 (43); BFH v. 12.5.2022 – VI R 32/20, BFH/NV 2022, 1341 (1343).

115 *Meyer*, BeckOK EStG, § 38 Rn. 48, 48.5.

116 *Trzaskalik*, K/S/M EStG, § 38 Rn. B 32.

IV. Überprüfung der bestehenden Auffassungen zu den Arbeitgeberbegriffen des § 38 Abs. 1 S. 1 EStG

Ohne Weiteres kann nicht beurteilt werden, welche der Ansichten zum lohnsteuerrechtlichen Arbeitgeberbegriff überzeugen kann. Im Folgenden werden deshalb die verschiedenen Auffassungen zum lohnsteuerrechtlichen Arbeitgeberbegriff auf ihr Zutreffen untersucht. Dabei werden die durch die vorherigen Ausführungen aufgeworfenen Fragen zunächst benannt und im Anschluss analysiert.

1. Überprüfung des Arbeitgeberbegriffs der Finanzgerichtsbarkeit

Zum Arbeitgeberbegriff der Finanzgerichtsbarkeit ergeben sich unmittelbar folgende Rechtsfragen:

1. Mit dem Begriff des Arbeitgebers nutzt der Gesetzgeber einen Rechtsbegriff, der auch im Arbeitsrecht Verwendung findet. Ist der Steuergesetzgeber an das im Arbeitsrecht herrschende Begriffsverständnis gebunden?
2. Woraus ergibt sich der Arbeitgeberbegriff des Finanzgerichtsbarkeit? Kann der Begriff aus § 38 EStG oder dem System der Lohnsteuer abgeleitet werden oder ist tatsächlich ein Rückgriff auf die Normen der LStDV notwendig? Kommt es zur Bestimmung der Arbeitgebereigenschaft richtigerweise darauf an, dass der Arbeitnehmer den erlangten Vorteil wirtschaftlich als Frucht seiner Dienstleistung für den Arbeitgeber betrachten kann? Ist bei Einschaltung eines Dritten in die Leistungsbeziehungen eine abweichende Definition des Arbeitgeberbegriffs notwendig?
3. Kann der Gesetzgeber die Steuerrechtsfähigkeit eigenständig bestimmen oder ist er an bestimmte Ordnungsstrukturen anderer Teilrechtsordnungen – insbesondere an solche des Privatrechts – gebunden?

Auf diese Rechtsfragen hin wird der Arbeitgeberbegriff der Finanzgerichtsbarkeit im Folgenden untersucht.

a) Relativität der Rechtsbegriffe

Die Frage nach der Bindung des Steuerrechts an das im Arbeitsrecht herrschende Begriffsverständnis des Arbeitgebers ist grundsätzlicher Natur. Bevor auf diese Grundsatzfrage eingegangen wird, gilt es als Ausgangspunkt zu überprüfen, ob sich das lohnsteuerrechtliche Begriffsverständnis mit dem arbeitsrechtlichen deckt, denn die Frage wird nur relevant, wenn sich arbeitsrechtlicher und lohnsteuerrechtlicher Arbeitgeberbegriff nicht decken.

aa) Der Arbeitgeberbegriff des Arbeitsrechts

Wie auch im Lohnsteuerrecht findet sich im Arbeits(vertrags)recht[117] keine Legaldefinition des Arbeitgeberbegriffs. Das Arbeitsrecht setzt bei den Begriffen des Arbeitsverhältnisses und des Arbeitnehmers an[118] und bestimmt davon ausgehend den „allgemeinen Arbeitgeberbegriff"[119] des Arbeitsrechts. Der Begriff des

---

117 Als Arbeitsrecht wird insgesamt das Recht der Arbeitsverhältnisse einschließlich des öffentlich-rechtlichen Arbeitsschutzrechts, des kollektiven Arbeitsrechts mit dem Koalitions-, Arbeitskampf- und Schlichtungsrecht sowie dem Recht der Arbeitsgerichtsbarkeit und des arbeitsgerichtlichen Verfahrens verstanden, *Wolf*, FS BAG, S. 709 (719); zustimmend insbesondere *Spinner*, MüKo BGB, § 611a Rn. 82. Dementsprechend lässt sich das Arbeitsrecht in die Teilrechtsgebiete des des Arbeitsvertragsrechts, das auch als Individualarbeitsrecht bezeichnet wird, des Arbeitsschutzrechts, des Berufsverbands- und Tarifvertragsrechts, des Betriebsverfassungsrechts sowie des Verfassungsrecht der Arbeitsgerichtsbarkeit aufteilen, *Seiler*, BeckOK GG, Art. 74 Rn. 47.1; *Spinner*, MüKo BGB, § 611a Rn. 82; *Weidenkaff*, Grüneberg BGB, Einf. v. § 611 Rn. 3; mit anderer Gliederung auch *Dörner*, HArbR, Kap. 1 Rn. 21 ff. und *Sannwald*, Schmidt-Bleibtreu GG, Art. 74 Rn. 145. Diese Teilrechtsgebiete gehen teilweise von eigenen Arbeitgeberbegriffen, so beispielsweise § 2 Abs. 3 ArbSchG, teilweise auch von einem erweiterten „allgemeinen Arbeitgeberbegriff" aus, so beispielsweise für das AGG *Benecke*, BeckOGK AGG, § 6 Rn. 55; für das ArbGG *Clemens*, BeckOK ArbR ArbGG, § 2 Rn. 17 oder *Ahrendt*, ErfK ArbGG, § 2 Rn. 11; für das BetrVG *Ludwig/Kemna*, MAH ArbR, § 59 Rn. 127; *Koch*, A/P/S Kündigungsrecht, 2. Teil, BetrVG, § 102 Rn. 66. Für diese Arbeit ist allein der Arbeitgeberbegriff des Arbeitsvertragsrechts ausschlaggebend, denn dieses bildet die gegenseitigen Verpflichtungen derer ab, die am Arbeitsverhältnis beteiligt sind.

118 BAG v. 27.9.2012 – 2 AZR 838/11, AP BGB § 611 Hausmeister Nr. 18 (Ls.).

119 Beispielsweise *Benecke*, BeckOGK AGG, § 6 Rn. 55; *Clemens*, BeckOK ArbR ArbGG, § 2 Rn. 17; *Greiner*, MHdB ArbR, § 83 Rn. 7; ähnlich *Ahrendt*, ErfK ArbGG, § 2 Rn. 11.

Arbeitsverhältnisses wird verbreitet als Typusbegriff verstanden.[120] Ob ein tatsächlich existierendes Austauschverhältnis von Leistung und Gegenleistung als Arbeitsverhältnis zu qualifizieren ist, kann nur anhand einer wertenden Gesamtbetrachtung aller Umstände des Einzelfalls ermittelt werden, vgl. § 611a Abs. 1 S. 5 BGB. Deshalb kann das Arbeitsverhältnis als solches nur durch eine größere und unbestimmte Zahl von Merkmalen beschrieben werden, die ein Gesamtbild kennzeichnen.[121] Wesensprägend für den Begriff des Arbeitsverhältnisses als Typusbegriff ist es dementsprechend, dass ein solches regelmäßig auch dann vorliegt, wenn das eine oder andere Typusmerkmal fehlt, aber doch mindestens einige typische Wesenszüge vorhanden sind.[122] Die (auch) im Arbeitsverhältnis im Gegenseitigkeitsverhältnis zueinander stehenden Elemente der Leistung und Gegenleistung gewähren an sich wenig Aufschluss über das Vorliegen eines Arbeitsverhältnisses. Obwohl die im Arbeitsverhältnis durch Arbeitsvertrag begründeten synallagmatischen Pflichten zum Austausch von Arbeit gegen Entgelt zwischen Arbeitnehmer und Arbeitgeber[123] von wesentlicher und grundlegender Bedeutung sind, sind sie doch für eine Vielzahl von (Dauer-)Schuldverhältnissen mit synallagmatischen Hauptleistungspflichten typisch und damit – für sich betrachtet – kein taugliches Abgrenzungskriterium. Das Arbeitsverhältnis ist eine besondere Art des Dienstverhältnisses mit sozialbestimmter Gestaltung der Rechte und Pflichten,[124] das

---

120 *Joussen*, BeckOK ArbR BGB, § 611a Rn. 30; *Preis*, NZA 2018, 817 (821); *Reiserer*, BB 1998, 1258 (1260); *Thüsing*, H/W/K ArbR BGB, § 611a Rn. 25 f.; außerdem *Hromadka*, NZA 2018, 1583 (1586); *Wolf*, FS BAG, S. 709 (716); in der Konsequenz auch *Dütz/Thüsing*, ArbR, Rn. 33.

121 In Anlehnung an die Formulierung des BFH v. 21.2.1974 – IV B 28/73, BStBl. II 1974, 404 (407) unter Bezugnahme auf *Larenz*, Methodenlehre, S. 427 f., 440 f.; wiedergebend *Florstedt*, StuW 2007, 314 (315); unmittelbar auf den einkommensteuerrechtlichen Arbeitgeberbegriff bezogen *Lammers*, H/H/R EStG, § 19 Rn. 29. Mit explizit arbeitsrechtlichem Hintergrund *Edenfeld/Bieder*, Erman BGB, § 611a Rn. 3; *Reiserer*, BB 1998, 1258 (1260); *Thüsing*, H/W/K ArbR BGB, § 611a Rn. 24; *Wolf*, FS BAG, S. 709 (716).

122 Formuliert erneut aufgrund der Prägnanz der dortigen Ausführungen in Anlehnung an BFH v. 21.2.1974 – IV B 28/73, BStBl. II 1974, 404 (407) unter Bezugnahme auf *Larenz*, Methodenlehre, S. 427 f., 440 f.; mit arbeitsrechtlichem Hintergrund *Joussen*, BeckOK ArbR BGB, § 611a Rn. 30 und *Reiserer*, BB 1998, 1258 (1260).

123 Zu dieser Definition im Wesentlichen BAG v. 27.9.2012 – 2 AZR 838/11, AP BGB § 611 Hausmeister Nr. 18 (Ls.); *Ziemske*, ZBR 2001, 1 (2); außerdem Spinner, MüKo BGB, § 611a Rn. 77.

124 Zur falschen und historisch überkommenen Qualifikation des Arbeitsverhältnisses als personenrechtliches Gemeinschaftsverhältnis insbesondere *Gast*, Schlechtleistung, S. 29 ff. und *Wolf*, FS BAG, S. 709 (717 f.).

sich durch die abhängige Erbringung von Arbeit durch den Dienstverpflichteten auszeichnet.[125] Ob diese für ein Arbeitsverhältnis wesentliche Eigenheit der abhängigen oder auch unselbstständigen Erbringung von Arbeit im konkreten Einzelfall gegeben ist, kann nur per Gesamtbetrachtung der Umstände des Einzelfalls ermittelt werden. Als wesentliche Kriterien der Zuordnung werden dabei insbesondere[126] die Kriterien der Weisungsgebundenheit und der betrieblichen Eingliederung angesehen.

Arbeitnehmer ist gemäß § 611a Abs. 1 S. 1 BGB derjenige, der aufgrund privatrechtlichen Vertrags[127] im Dienste eines anderen zur Leistung weisungsgebundener, fremdbestimmter Arbeit in persönlicher Abhängigkeit verpflichtet ist. Weil also Arbeitnehmer nur sein kann, wer in Person zu unselbstständiger Arbeit verpflichtet ist, kann nur eine natürliche, nicht aber eine juristische Person Arbeitnehmer sein.[128] Durch den Typusbegriff des Arbeitsverhältnisses[129] bestimmt sich mittelbar auch der Begriff des Arbeitnehmers.[130]

---

125 BAG v. 9.5.1984 – 5 AZR 325/82, BeckRS 2009, 55085; BAG v. 16.7.1997 – 5 AZR 312/96, AP BGB § 611 Zeitungsausträger Nr. 4; BAG v. 21.11.2013 – 6 AZR 23/12, NZA-RR 2014, 263 (265 f.); BAG v. 1.12.2020 – 9 AZR 102/20, AP BGB § 611 Abhängigkeit Nr. 132; BAG v. 21.1.2019 – 9 AZB 23/18, AP ArbGG 1979 § 5 Nr. 75; *Dütz/Thüsing*, ArbR, Rn. 2; *Edenfeld/Bieder*, Erman BGB, § 611a Rn. 6; *Fischinger*, Staudinger BGB, § 611a Rn. A 6; *Hromadka*, NZA 2018, 1583 (1584); *Joussen*, BeckOK ArbR BGB, § 611a Rn. 8; *Langer*, Wichmann/Langer ÖDR, Rn. 444; *Mehrhoff*, Arbeitgeberbegriff, S. 17; *Preis*, NZA 2018, 817 (819); *Richardi*, NZA 2017, 36 (36); *Thüsing*, H/W/K ArbR BGB, § 611a Rn. 24; auch *Bauschke*, FS Fürst, S. 57 (63); *Reiserer*, BB 1998, 1258 (1259); *Weidenkaff*, Grüneberg BGB, Einf. v. § 611 Rn. 5.

126 Einige weitere mögliche Kriterien im Rahmen der Gesamtbetrachtung sind die Art der Vergütung, Umfang und Dauer der Bindung, das Abführen von Lohnsteuer und Sozialversicherungsbeiträgen oder die Entgeltfortzahlung im Krankheits- und/oder Urlaubsfall. Exemplarisch zu diesen Kriterien *Langer*, Wichmann/Langer ÖDR, Rn. 465; *Reiserer*, BB 1998, 1258 (1259 f.); zu weiteren Typusmerkmalen *Edenfeld/Bieder*, Erman BGB, § 611a Rn. 18 ff.; *Spinner*, MüKo BGB, § 611a Rn. 98 ff.

127 Das betonen beispielsweise *Dörner*, HArbR, Kap. 1 Rn. 65; *Joussen*, BeckOK ArbR BGB, § 611a Rn. 9; *Spinner*, MüKo BGB, § 611a Rn. 146.

128 BAG v. 11.4.2000 – 9 AZR 94/99, BeckRS 2000, 30784281; *Fischinger*, Staudinger BGB, § 611a Rn. C 123; *Spinner*, MüKo BGB, § 611a Rn. 146.

129 Klassischerweise jedoch wird die Frage, ob ein Austauschverhältnis als Dienst- oder Arbeitsverhältnis zu qualifizieren ist, vom Arbeitnehmerbegriff ausgehend geführt, so *Spinner*, MüKo BGB, § 611a Rn. 87; beispielsweise *Dütz/Thüsing*, ArbR, Rn. 33; *Fischinger*, Staudinger BGB, § 611a Rn. B 15; *Joussen*, BeckOK ArbR BGB, § 611a Rn. 7; *Preis*, NZA 2018, 817 (819).

130 Treffend *Thüsing*, H/W/K ArbR BGB, § 611a Rn. 25 und *Wolf*, FS BAG, S. 709 (716).

An die Begriffe des Arbeitsverhältnisses und des Arbeitnehmers anknüpfend wird als Arbeitgeber im Sinne des Arbeitsrechts derjenige angesehen, der mindestens einen Arbeitnehmer beschäftigt.[131] Alternativ wird formuliert, dass Arbeitgeber ist, wer die Leistung von Arbeit von einem Arbeitnehmer kraft Arbeitsvertrag verlangen kann und damit die wirtschaftliche und organisatorische Dispositionsbefugnis über die Arbeitsleistung des Arbeitnehmers und den Nutzen aus ihr hat.[132] Beide Definitionsansätze sind – obwohl das vermeintliche Tatbestandsmerkmal der Beschäftigung zunächst einen anderen Eindruck vermitteln mag – im Wesentlichen inhaltlich identisch, denn sie nehmen jeweils maßgeblich Bezug auf die Arbeitnehmereigenschaft und auf das Vorliegen einen Arbeitsverhältnisses. Der Arbeitgeber ist im Wesentlichen der Vertragspartner des Arbeitnehmers. Der Arbeitgeberbegriff hat jeweils nur untergeordnete Bedeutung: Der Arbeitgeber ist der Komplementär des Arbeitnehmers. In jedem Falle gilt: Liegt ein Arbeitsverhältnis vor, so ist die Partei, die zur Arbeitsleistung verpflichtet ist, Arbeitnehmer; die Partei, die aufgrund Arbeitsvertrags die Arbeitsleistung verlangen kann, ist Arbeitgeber.[133] Im Gegensatz zum Arbeitnehmer kann Arbeitgeber sowohl eine natürliche als auch eine juristische Person oder eine Personenvereinigung sein.[134]

Auf den ersten Blick erscheint es, als könnten arbeitsrechtlicher und lohnsteuerrechtlicher Arbeitgeberbegriff tatsächlich identisch sein. Dem Schulden der Arbeitsleistung im Lohnsteuerrecht steht die vertragliche Bindung im Arbeitsrecht

---

131 BAG v. 21.1.1999 – 2 AZR 648/97, AP KSchG 1969 § 1 Nr. 9; BAG v. 19.8.2004 – 1 AS 6/03, AP ArbGG 1979 § 21 Nr. 5; *Fischinger*, Staudinger BGB, § 611a Rn. C 114; *Klösel*, K/K/M Contractor Compliance, 2. Teil, 1. Kapitel Rn. 1; *Langer*, Wichmann/Langer ÖDR, Rn. 462; *Mehrhoff*, Arbeitgeberbegriff, S. 18; *Spinner*, MüKo BGB, § 611a Rn. 148.

132 BAG v. 27.9.2012 – 2 AZR 838/11, AP BGB § 611 Hausmeister Nr. 18 (Ls.); im Wesentlichen auch *Edenfeld/Bieder*, Erman BGB, § 611a Rn. 58; *Fischinger*, Staudinger BGB, § 611a Rn. C 113; *Mehrhoff*, Arbeitgeberbegriff, S. 16; bezüglich Konzernunternehmen *K.-P. Martens*, FS BAG, S. 367 (368); lediglich unter Bezugnahme des Leistungsaustauschs BAG v. 16.10.1974 – 4 AZR 29/74, AP BGB § 705 Nr. 1; BAG v. 9.9.1982 – 2 AZR 253/80, AP BGB § 611 Hausmeister Nr. 1.

133 Der Pflicht des Arbeitnehmers zur Arbeitsleistung steht die Pflicht des Arbeitgebers zur Lohnzahlung gegenüber. Die Vergütungspflicht ist allerdings keine Pflicht, die speziell für das Arbeitsverhältnis charakteristisch ist. Sie existiert vielmehr bei sämtlichen gegenseitigen Verträgen. Insoweit wird die Vergütungspflicht bei Charakterisierung der Beteiligten des Arbeitsverhältnisses regelmäßig ausgeblendet.

134 *Dütz/Thüsing*, ArbR, Rn. 44; *Fischinger*, Staudinger BGB, § 611a Rn. C 113; *Spinner*, MüKo BGB, § 611a Rn. 148.

gegenüber. Das lohnsteuerrechtliche Tätigsein unter fremder Leitung kann sich scheinbar mit dem arbeitsrechtlichen Typusmerkmal der betrieblichen Eingliederung decken und auch das Merkmal der Weisungsgebundenheit findet sich in beiden Definitionen wieder. So überrascht es nicht, dass der Arbeitgeberbegriff der Finanzgerichtsbarkeit von der Literatur als „zivilrechtlicher" Arbeitgeberbegriff verstanden wird. Mithin erklärt sich auch, warum von der Rechtsprechung als lohnsteuerrechtlicher Arbeitgeber teilweise derjenige angesehen wird, dessen wirtschaftlichem Willen der Arbeitnehmer unterstellt ist, solange zu diesem vertragliche oder tatsächliche Beziehungen bestehen.[135]

Es ist allerdings der BFH selbst, der betont, dass seine Definition des lohnsteuerrechtlichen Arbeitgeberbegriffs keinesfalls so verstanden werden dürfe, dass ausschließlich der zivilrechtliche Vertragspartner des Arbeitnehmers Arbeitgeber im lohnsteuerrechtlichen Sinn sein könne, denn für sein Verständnis des Schuldens der Arbeitsleistung sei entscheidend, dass der Arbeitnehmer den erlangten Vorteil wirtschaftlich als Frucht seiner Dienstleistung für den Arbeitgeber betrachten müsse.[136] Auch wenn typischerweise der Arbeitgeber im Sinne des Arbeitsrechts auch der im Sinne des Lohnsteuerrechts sei, sei gerade nicht entscheidend, wer zur Lohnzahlung (privatrechtlich) verpflichtet ist beziehungsweise gegen wen der Arbeitnehmer seine Ansprüche (aus dem Arbeitsverhältnis) gerichtlich geltend machen kann.[137] Ausgehend vom Begriffsverständnis der Finanzgerichtsbarkeit sind lohnsteuerrechtlicher und arbeitsrechtlicher Arbeitgeberbegriff damit nicht deckungsgleich.

bb) Die Auslegung relativer Rechtsbegriffe

Der lohnsteuerrechtliche Arbeitgeberbegriff der Finanzgerichtsbarkeit wäre demnach dann fehlgehend, wenn das lohnsteuerrechtliche Begriffsverständnis an das arbeitsrechtliche gebunden wäre. Eine entsprechende Bindung könnte sich einerseits aus einer grundsätzlichen Bindung des Steuerrechts an das Privatrecht oder andererseits aus dem Grundsatz der Einheit der Rechtsordnung ergeben.

---

135 Hierzu S. 26.

136 BFH v. 2.4.1982 – VI R 34/79, BStBl. II 1982, 502 (505); auch BFH v. 13.3.1974 – VI R 212/70, BStBl. II 1974, 411 (412); BFH v. 24.3.1999 – I R 64/98, BStBl. II 2000, 41 (43); BFH v. 30.5.2001 – VI R 123/00, BStBl. II 2002, 230 (232); BFH v. 20.5.2010 – VI R 41/09, BStBl. II 2010, 1022 (1023); BFH v. 18.10.2012 – VI R 64/11, BStBl. II 2015, 184 (Ls.).

137 Vgl. BFH v. 24.3.1999 – I R 64/98, BStBl. II 2000, 41 (42).

(1) Grundsätzliche Bindung des Steuerrechts an das Privatrecht

Im Sinne einer solchen grundsätzlichen Bindung plädierte *Crezelius* im Jahre 1983 für ein Verständnis des Steuerrechts als bloßes Folgerecht des Zivilrechts.[138] So sah er eine „Führungsrolle des Zivilrechts im Verhältnis zum Steuerrecht".[139] Soweit Steuergesetze zivilrechtlich vorgeprägte Tatbestandsmerkmale[140] übernehmen, sei das Steuerrecht an die zivilrechtliche Gestaltung gebunden.[141]

---

138 Dazu insgesamt *Crezelius*, Rechtsordnung, S. 1 ff.; *Schick*, Steuerschulden, S. 8 ff.

139 Ähnlich auch BFH v. 12.7.1967 – I 204/64, BStBl. III 1967, 781 (782), wo von „Primat des bürgerlichen Rechts vor dem Steuerrecht" die Rede ist.

140 *Crezelius* befasst sich mit dem Verhältnis von Zivil- und Steuerrecht. Für die Anwendbarkeit seiner Meinung müsste das Arbeitsrecht Teil des Zivilrechts sein. Zweifel daran nährt, dass der Begriff des Zivilrechts teilweise deckungs- oder wortgleich mit dem des Bürgerlichen Rechts, das jedenfalls die Vorschriften des Bürgerlichen Gesetzbuchs meint, verstanden wird, *Achilles*, ZRP 2002, 23 (24 f.); *Baldus*, Staudinger, Eckpfeiler, Rn. A 3; *Grüneberg*, Grüneberg BGB, Einl. Rn. 1; *Seiler*, BeckOK GG, Art. 74 Rn. 2; *Uhle*, Maunz/Düring GG, Art. 74 Rn. 87. Der Kompetenzenkatalog des Art. 74 GG benennt das bürgerliche Recht (Art. 74 Abs. 1 Nr. 1 GG) und das Arbeitsrecht (Art. 74 Abs. 1 Nr. 12 GG) als verschiedene Regelungsmaterien der konkurrierenden Gesetzgebung. Darüber hinaus könnte man in tatsächlicher Hinsicht vertreten, dass sich der Schwerpunkt des Arbeitsverhältnisses von der vertraglichen Rechtsbeziehung zwischen Arbeitgeber und Arbeitnehmer stärker zum Betrieb hin verlagert habe und die Einzelvereinbarung regelmäßig dahinter zurücktrete – immerhin wird der Inhalt des Arbeitsvertrags oftmals durch Tarifverträge bestimmt, die von Verbänden der Arbeitgeber und Arbeitnehmer mit bindender Wirkung für ihre Mitglieder geschlossen werden; vgl. BVerfG v. 22.4.1958 – 2 BvL 32, 34, 35/36, BVerfGE 7, 342 (350). Das Arbeitsrecht wäre demnach nicht Teil des Zivilrechts.

Allerdings befasst sich diese Ansicht mit Gesetzgebungskompetenzen. Im Arbeitsvertragsrecht, das das für die Bestimmung des Arbeitgeberbegriffs und des Arbeitsverhältnisses wesentliche Teilrechtsgebiet darstellt, gelten die die Rechtsgeschäfte und Verträge betreffenden Vorschriften des allgemeinen Teils des BGB; *Spinner*, MüKo BGB, § 611a Rn. 2; allgemeiner *Fischinger*, Staudinger BGB, Vorb. zu § 611a Rn. B 52; *Maties*, BeckOGK BGB, § 611 Rn. 74; *Müller*, Leistungsbegriff, S. 5; *Richardi*, NZA 2002, 1004 (1005); auch *Edenfeld*, Erman BGB, § 611 Rn. 69. Zwecksetzung und Grundsätze des Bürgerlichen Rechts gelten auch für das Arbeitsrecht. Spricht *Crezelius* von „Zivilrecht", so ist es folgerichtig, dass auch das Individualarbeitsrecht in seine Ausführungen einbezogen ist.

141 *Crezelius*, Rechtsordnung, S. 359.

Die Bindung an das Zivilrecht solle demnach nur dann entfallen, wenn es sich um einen Fall gestörter Privatautonomie handle, die Gestaltung also schon auf Zivilrechtsebene zu beanstanden sei.[142] *Crezelius* begründete dies mit der Sicherung des Gebots der Tatbestandsmäßigkeit der Besteuerung.[143] Diese Ausführungen stehen allerdings in der überkommenen Tradition der Rechtsprechung zu Beginn der 1920er Jahre, die zum Erscheinungszeitpunkt der Arbeit im Jahre 1983 schon seit über 60 Jahren überwunden war.[144] Für ein derartiges Verständnis fehlt es grundlegend an einer entsprechenden Normenhierarchie und Rechtsdogmatik.[145]

Zivilrecht[146] und Steuerrecht sind nebengeordnete, gleichrangige Rechtsgebiete, die denselben Sachverhalt aus einer anderen Perspektive und unter anderen

---

142 *Crezelius*, Rechtsordnung, S. 334.

143 *Crezelius*, Rechtsordnung, S. 238 ff.

144 So kritisiert *Meyer*, Steuerliches Leistungsfähigkeitsprinzip, S. 49 f.; zur Entwicklung dieser Überwindung übersichtlich *ders.*, JJZ 2011, S. 69 (70-76); zusammenfassend auch *Beisse*, StuW 1981, 1 (4 ff.); *Crezelius*, Rechtsordnung, S. 180 ff.; *Hallerbach*, DStR 1999, 2125 (2126) und *Loritz*, Einkommensteuerrecht, § 2 Rn. 42.

145 *Drüen*, Eigenständigkeit, S. 95 (100); *P. Fischer*, StuW 1986, 183 (185 f.); *Kemper*, Steuerfolgen, S. 7; *T. Koller*, Privat- und Steuerrecht, S. 263 f.; *Meyer*, Steuerliches Leistungsfähigkeitsprinzip, S. 50; *Schulze-Osterloh*, StuW 1986, 74 (76 ff.).

146 Teilweise werden die Begriffe des Zivil- und Privatrechts als synonym verstanden, hierzu schon soeben Fn. 140, teilweise wird das Zivilrecht als mit dem Bürgerlichen Recht deckungsgleich angesehen, das den Kern des Privatrechts darstellt. Folgt man letztgenannter Ansicht, so ließe sich das Bürgerliche Recht im Allgemeinen „als der Inbegriff derjenigen Normen bezeichnen, welche die den Personen als Privatpersonen zukommende rechtliche Stellung und die Verhältnisse, in welchen die Personen als Privatpersonen untereinander stehen, zu regeln bestimmt sind", so *Mugdan*, Die gesammten Materialien zum Bürgerlichen Gesetzbuch für das Deutsche Reich, I. Band: Einführungsgesetz und Allgemeiner Theil, 1899, 359, zitiert nach BVerfG v. 10.3.1976 – 1 BvR 355/67, BVerfGE 42, 20 (29) und *Uhle*, Maunz/Düring GG, Art. 74 Rn. 87.

In dieser Arbeit wird der Begriff des Privatrechts als Oberbegriff für all die normativen Regelungen verstanden, die nicht dem öffentlichen Recht unterfallen, so auch *Prütting*, in Prütting/Wegen/Weinreich BGB, Einleitung Rn. 13; beispielsweise außerdem *Lorenz*, BeckOK BGB, § 280 Rn. 2 ff oder *Schubert*, MüKo BGB, § 164 Rn. 99 ff. In diesem Sinne spricht diese Arbeit grundsätzlich von „Privatrecht", es sei denn, die entsprechende Quelle spricht von „Zivilrecht".

Wertungsgesichtspunkten beurteilen.[147] Während das Privatrecht den am Rechtsverkehr Beteiligten die rechtlichen Formen zur Verfügung stellt, anhand derer diese ihre Verhältnisse zueinander klären können,[148] es also den organisatorischen Rahmen und die rechtlichen Instrumente für den Wirtschaftsverkehr gewährt,[149] ist die Mittelbeschaffung für den Staat nach Maßgabe bestimmter Gerechtigkeitsstandards primäre Aufgabe des Steuerrechts.[150] Die Selbstständigkeit des Steuerrechts steht mithin außer Frage.[151] Das Steuerrecht prägt seine eigenen Tatbestände und hat ihm eigene Begrifflichkeiten.[152] Es bildet selbstständig

147 BVerfG v. 27.12.1991 – 2 BvR 72/90, BStBl. II 1992, 212 (213); so – beinahe wortgleich – auch bereits 1983 der an der Entscheidung beteiligte *P. Kirchhof*, StuW 1983, 173 (177); wie auch in späteren Jahren *ders.*, FS Kruse, S. 17 (22); *ders.*, FS Meyding, S. 3 (17); *ders.*, DStJG Bd. 24 (2001), S. 9 (26); zustimmend *Birk/Desens/Tappe*, Steuerrecht, Rn. 46; *Felix*, Rechtsordnung, S. 118; *Hey*, H/H/R EStG, Einf. Rn. 900; *Hüttemann*, Eigenständigkeit, S. 115 (117); *Kemper*, Steuerfolgen, S. 4 f.; *T. Koller*, Privat- und Steuerrecht, S. 34; *Meyer*, FS BFH, Bd. I S. 659 (659); *ders.*, JJZ 2011, S. 69 (74); *ders.*, Methoden, S. 141 (141 f.); *ders.*, Steuerliches Leistungsfähigkeitsprinzip, S. 20; *Schick*, Steuerschulden, S. 6; *Schön*, StuW 2005, 247 (249 ff.); *Schulze-Osterloh*, StuW 1986, 74 (76); *Söhn*, FS RFH/BFH, S. 325 (332); *Tipke*, StRO I, S. 49; *Walz*, ZHR 147 (1983), 281 (284 f.); *Weber-Grellet*, StuW 1993, 195 (203); *ders.*, StuW 2016, 226 (235); sinngemäß außerdem BFH v. 27.10.2015 – X R 28/12, BStBl. II 2016, 81 (88); restriktiv *Eckhoff*, Rechtsanwendungsgleichheit, S. 308, der es dem Steuerrecht nur gestatten möchte, „*Wertungen des Zivilrechts* [...] *von einem eigenen Standpunkt aus* [zu] *hinterfragen*“.

148 *Gropp*, Haftung für Steuerschulden, S. 49; *Loritz*, Einkommensteuerrecht, § 2 Rn. 43; *Walz*, Steuergerechtigkeit, S. 235; *ders.*, ZHR 147 (1983), 281 (287); gleichermaßen *T. Koller*, Privat- und Steuerrecht, S. 34 f.; *Weber-Grellet*, StuW 2016, 226 (226).

149 So prägnant *Walz*, Steuergerechtigkeit, S. 210, 235. *Meyer*, Methoden, S. 141 (144) spricht insoweit von der Schaffung eines gerechten Interessenausgleichs unter Privaten; vertiefend *ders.*, Steuerliches Leistungsfähigkeitsprinzip, S. 185 ff.

150 *Hey*, H/H/R EStG, Einf. Rn. 60; auch *Schick*, Steuerschulden, S. 5; ähnlich *Ruppe*, DStJG Bd. 21 (1998), S. 29 (56); mit größerer Betonung des Gerechtigkeitsaspekts *Weber-Grellet*, StuW 1993, 97 (97); *ders.*, StuW 2016, 226 (231).

151 So auch *T. Koller*, Privat- und Steuerrecht, S. 3; *Schick*, Steuerschulden, S. 5; *Tipke*, JuS 1970, 149 (149); *Walz*, Steuergerechtigkeit, S. 211 oder *Weber-Grellet*, StuW 1993, 195 (204); *ders.*, StuW 1999, 311 (312).

152 Ausdrücklich *Weber-Grellet*, StuW 1993, 97 (103); *ders.*, StuW 1993, 195 (203), der sich wesentlich auf BVerfG v. 27.12.1991 – 2 BvR 72/90, BStBl. II 1992, 212 (213 f.) beruft. Dem BVerfG zustimmend *Felix*, Rechtsordnung, S. 213; sehr ähnlich *Hey*, H/H/R EStG, Einf. Rn. 900; *P. Kirchhof*, DStJG Bd. 24 (2001), S. 9 (26); *ders.*, FS Meyding, S. 3 (18); *Lang*, Tipke/Lang (2010), Steuerrecht, § 1 Rn. 12 oder *Tipke*, JuS 1970, 149 (149).

dogmatische Anknüpfungen und Konstruktionen.[153] Dadurch ist das Steuerrecht allerdings nicht von der übrigen Rechtsordnung isoliert, vielmehr sind insbesondere Steuerrecht und Privatrecht vielfältig[154] miteinander verknüpft.[155] Beide Rechtsgebiete handeln (unter anderem) von Einkommen und Vermögen und seiner Entwicklung.[156] Das Steuerrecht knüpft typischerweise an Sachverhalte an,[157]

---

153 *Gropp*, Haftung für Steuerschulden, S. 48; *T. Koller*, Privat- und Steuerrecht, S. 251; *Lang*, Tipke/Lang (2010), Steuerrecht, § 1 Rn. 12; *Tipke*, JuS 1970, 149 (149); in diesem Sinne auch *P. Kirchhof*, FS Meyding, S. 3 (18); *Schick*, Steuerschulden, S. 5; *Walz*, StuW 1984, 170 (173); *Wernsmann*, FS BFH, Bd. II S. 1229 (1237). Dass das Steuerrecht regelmäßig eigenständige Anknüpfungspunkte bildet, zeigt sich beispielsweise bei *Pezzer*, FS RFH/BFH, S. 369 (371 ff.), der sich mit kuriosen Auslegungsergebnissen des BFH befasst. Als Beispiel soll hier die Definition des *Bieres* (im steuerrechtlichen Sinne) genannt werden, nach der man unter „Bier" – in Abweichung vom Reinheitsgebot – ein aus Zerealien unter Zusatz von Hopfen durch Gärung bereitetes, alkohol- und kohlensäurehaltiges Getränk versteht, das neben diesen Stoffen die teils direkt löslichen, teils auf dem Wege chemischer Prozesse löslich gewordenen Bestandteile des Rohmaterials enthält, RFH v. 8.10.1924 – IVa A 62/24, RFHE 14, 212; dazu im Ansatz auch *Tappe*, JZ 2016, 27 (30).

154 Besonders komplex ist das Zusammenspiel von Steuer- und Privatrecht bei der Frage, wann das Privatrecht einen vermögensmäßigen Ausgleich für Rechtsfolgen des Steuerrechts ermöglichen kann. Dazu umfassend *Meyer*, Steuerliches Leistungsfähigkeitsprinzip, S. 1 ff. Dabei ist es allerdings nicht „Aufgabe" des Privatrechts, steuerbedingte Vermögensverschiebungen in bestimmten Konstellationen zu beheben, so aber *Hüttemann*, ZHR 171 (2007), 451 (462 f.). Vielmehr stellt das Privatrecht das Mittel zur Korrektur dar, in diesem Sinne *Meyer*, Steuerliches Leistungsfähigkeitsprinzip, S. 12; *Schön*, StuW 2005, 247 (253). Zur beinahe spiegelbildlichen Frage, ob und inwieweit steuerliche Be- oder Entlastungen den Anspruchsinhalt in Hinblick auf Schadens- und Bereicherungsausgleich beeinflussen *Kemper*, Steuerfolgen, S. 1 ff.

155 So beispielsweise *Hey*, H/H/R EStG, Einf. Rn. 900; grundlegend *Kemper*, Steuerfolgen, S. 7 ff.; allgemein *Schön*, StuW 2005, 247 (252); *Weber-Grellet*, StuW 1993, 195 (202 f.); *ders.*, StuW 2016, 226 (235). *Meyer*, JJZ 2011, S. 69 (71); *ders.*, Steuerliches Leistungsfähigkeitsprinzip, S. 18 spricht von „eng verzahnt". *Kloubert*, FR 2001, 465 (466) hingegen fordert, arbeitsrechtliche und steuerrechtliche Regelungsinhalte strikt auseinander zu halten.

156 So *P. Kirchhof*, StuW 1983, 173 (178); demgemäß auch *Tipke*, JuS 1970, 149 (150).

157 *Gropp*, Haftung für Steuerschulden, S. 48 f.; *Hey*, H/H/R EStG, Einf. Rn. 900, 915; *G. Kirchhof*, BeckOK EStG, § 2 Rn. 27; *Meyer*, Steuerliches Leistungsfähigkeitsprinzip, S. 34; *Ratschow*, Brandis/Heuermann EStG, § 2 Rn. 50; *Schick*, Steuerschulden, S. 7; *Schulze-Osterloh*, StuW 1986, 74 (76); *Tipke*, JuS 1970, 149 (149); *Weber-Grellet*, StuW 2016, 226 (235); weniger prägnant *T. Koller*, Privat- und Steuerrecht, S. 40; im Ansatz *Walz*, StuW 1984, 170 (173); *ders.*, ZHR 147 (1983), 281 (290).

die durch das Privatrecht gestaltet oder abgebildet werden,[158] denn das Privatrecht stellt die rechtlichen Instrumente für den Rechtsverkehr bereit, dessen wirtschaftliche Ergebnisse das Steuerrecht erfassen will.[159] Insoweit steht dem Privatrecht zwar eine gewisse zeitliche und gegebenenfalls sachliche[160] Vorherigkeit der Anwendung zu,[161] das Steuerrecht steht jedoch, wie das Privatrecht auch, „mitten in der Rechtsordnung“.[162] Der Ausdruck „Vorherigkeit“ meint insofern die Prägung der steuerwürdigen Sachverhalte durch die zivilrechtlichen Berechtigungen und Verpflichtungen des Steuerzahlers.[163] Speziell Arbeitsrecht[164] und Steuerrecht verflechten sich im Lohnsteuerverfahren.[165] Damit entspricht eine „Führungsrolle des Zivilrechts im Verhältnis zum Steuerrecht“[166] nicht den Funktionen der Rechtsgebiete und deren Normen.[167] Es gibt keinen Verfassungs- oder Rechtsgrundsatz, der eine solche Führungsrolle des Zivilverhältnisses stützen könnte.[168] Denn da Privat- und Steuerrecht eigenständige Teilrechtsordnungen mit eigenen Wertungen und Prinzipien darstellen, können sich steuerliche Sachfragen niemals durch bloße Subsumption unter das Zivilrecht lösen lassen.[169]

---

158 Die privatrechtlichen Gestaltungen, an die das Steuerrecht „anknüpft“, sind vielfach durch das Steuerrecht veranlasst, dazu insbesondere *Knobbe-Keuk*, Rechtsquelle, S. 6 ff. oder *Walz*, ZHR 147 (1983), 281 (282 f.).

159 *Breinersdorfer*, K/S/M EStG, § 19 Rn. A 70; *Hey*, H/H/R EStG, Einf. Rn. 914; *Seer*, Tipke/Lang, Steuerrecht, Rn. 1.32; *Tipke*, JuS 1970, 149 (150, 153). Von *Weber-Grellet*, Schmidt EStG, § 2 Rn. 39 wird dies als „Anknüpfung“ bezeichnet.

160 Diese Komponente der Vorherigkeit betont *Schick*, Steuerschulden, S. 7; kritisch *Meyer*, Methoden, S. 141 (141 ff.).

161 BVerfG v. 27.12.1991 – 2 BvR 72/90 BStBl. II 1992, 212 (213); *Drüen*, Eigenständigkeit, S. 95 (100); *G. Kirchhof*, BeckOK EStG, § 2 Rn. 27; *P. Kirchhof*, FS Meyding, S. 3 (18); *Meyer*, Steuerliches Leistungsfähigkeitsprinzip, S. 34; *Schallmoser*, Brandis/Heuermann EStG, § 21 Rn. 8; *Schön*, StuW 2005, 247 (248); aus arbeitsrechtlicher Perspektive *Schmidt*, FS BFH, Bd. I S. 605 (606).

162 *Drüen*, Eigenständigkeit, S. 95 (96); *Kaminski*, StuW 2008, 337 (384); in diesem Sinne auch *Walz*, StuW 1984, 170 (173).

163 *Schön*, StuW 2005, 247 (251); *Tipke*, Steuerrechtsordnung, Bd. I S. 44 ff.; ebenso *P. Kirchhof*, StuW 1984, 279 (301 ff.); *Schick*, Steuerschulden, S. 7.

164 Zum Verständnis des Arbeits(vertrags)rechts als Teil des Zivilrechts oben Fn. 140.

165 Derart prägnant formuliert *Lang*, RdA 1999, 64 (65).

166 So noch *Crezelius*, Rechtsordnung, S. 334.

167 *P. Fischer*, StuW 1986, 183 (185 f.); *Schulze-Osterloh*, StuW 1986, 74 (77 ff.); zustimmend *Meyer*, Steuerliches Leistungsfähigkeitsprinzip, S. 50 f.

168 Das betont *P. Fischer*, StuW 1986, 183 (186).

169 *Schulze-Osterloh*, StuW 1986, 74 (77); *Meyer*, Steuerliches Leistungsfähigkeitsprinzip, S. 50; gleichermaßen *P. Fischer*, StuW 1986, 183 (186).

Eine grundsätzliche Bindung des steuerrechtlichen Begriffsverständnisses an das arbeitsrechtliche scheidet damit aus.

(2) Bindung durch die Einheit der Rechtsordnung

Eine entsprechende Bindung des steuerrechtlichen Arbeitgeberbegriffs an den arbeitsrechtlichen könnte sich allerdings aus dem Grundsatz der Einheit der Rechtsordnung ergeben. In den 1960er Jahren vertrat der BFH, dass „[d]*as Steuerrecht* [...] *lediglich die steuerlichen Folgerungen aus der bürgerlich-rechtlichen Vertragsgestaltung zu ziehen hat. Wenn in Steuergesetzen Begriffe verwendet werden, die im bürgerlichen Recht einen bestimmten festen Inhalt haben, so sind sie im Steuerrecht nach dem Grundsatz der Einheit der Rechtsordnung im Interesse der Rechtsklarheit und Rechtssicherheit in demselben Sinn auszulegen, sofern sie nicht erkennbar nach dem Willen des Gesetzgebers im Steuerrecht einen anderen Sinn haben sollen*“.[170]

Auch dies wird allerdings der Gleichrangigkeit von Steuerrecht und Privatrecht nicht gerecht. Werden identisch lautende Begriffe in unterschiedlichen Regelungszusammenhängen mit unterschiedlichen Bedeutungen belegt, ist dies Ausdruck einer im Gesamten nach Sachbereichen ausdifferenzierten Rechtsordnung.[171] Eine im strengen Sinne eindeutige Gesetzessprache wäre nur durch höchste Abstraktion oder durch Wertungsparallelität erreichbar, was wiederum den Verlust zur Wirklichkeit oder den der Funktion des Rechts bedingen würde.[172] Eine der Wirklichkeit zugewandte Sprache kann nicht auf Eindeutigkeit angelegt sein.[173] Durch eine kontinuierliche Begriffsbildung innerhalb des gesamten Rechts würde das Recht seiner Funktionsfähigkeit beraubt.

---

170 Ausdrücklich BFH v. 29.3.1962 – VI 105/61 U, BStBl. III 1962, 304 (305); auch BVerfG v. 20.12.1960 – 1 BvL 21/60, BVerfGE 12, 45 (54); BFH v. 14.10.1966 – IV 61/64, BStBl. III 1967, 175 (177); ähnlich weiterhin BFH v. 24.2.1961 – VI 84/60 U, BStBl. III 1961, 188 (190), wobei der Grundsatz – in einem solchen Verständnis – gerade nicht angewandt wird. Hierzu außerdem *Baldus*, Rechtsordnung, S. 11; *Felix*, Rechtsordnung, S. 223; *Meyer*, JJZ 2011, S. 69 (73 f.); *Möllers*, Methodenlehre, S. 142; *Tipke*, JuS 1970, 149 (152).

171 In diesem Sinne *P. Kirchhof*, FS Kruse, S. 17 (23); wohl auch *Ruppe*, DStR-Beih. 2008, 20 (24 f.); a.A. – wobei eher als Zielvorstellung formuliert – *Heuermann*, Systematik, S. 4.

172 So (schon) im Jahre 1969 *Kaufmann*, FS Engisch, S. 243 (270); später *Felix*, Rechtsordnung, S. 228; bezüglich der Wertungsparallelität *Möllers*, Methodenlehre, S. 143.

173 *Kaufmann*, FS Engisch, S. 243 (270); in diesem Sinne *Felix*, Rechtsordnung, S. 158 f., 228; *Weber-Grellet*, StuW 1993, 97 (101).

Nimmt man die Existenz eines Gebots der Einheit oder Widerspruchsfreiheit der Rechtsordnung an,[174] so würde dennoch in keinem Fall die uneinheitliche Auslegung gleichlautender Rechtsbegriffe von einem solchen Grundsatz erfasst werden.[175] In der Rechtsordnung herrscht Relativität der Rechtsbegriffe.[176] Ein Rechtsbegriff wird durch das Regelungsumfeld oder -system bestimmt, in dem er sich befindet.[177] Dabei kann ein solches Regelungssystem recht weit, beispielsweise teilrechtsordnungsübergreifend,[178] oder auch sehr eng – es kann vorkommen, dass ein Begriff in derselben Gesetzesnorm unterschiedlich auszulegen ist[179] – angelegt sein. Die Funktionsgebundenheit des Rechts spiegelt sich in dessen Rechtsbegriffen wider.[180] Dass gleichlautende Gesetzesbegriffe innerhalb eines Regelungssystems typischerweise identisch ausgelegt werden, ist weniger Anforderung als Automatismus, denn das Ordnen der einzelnen Elemente entsprechend einem systembildenden Merkmal erzeugt eine widerspruchsfreie Einheit.

---

174 Anlass zu Zweifeln bietet der Zweite Senat des Bundesverfassungsgerichts selbst, BVerfG v. 22.5.1990 – 2 BvG 1/88, BVerfGE 81, 310 (338), der formuliert: „*Neben der Pflicht zu bundesfreundlichem Verhalten gibt es keine Verfassungsgrundsätze, aus denen Schranken für die Kompetenzausübung in dem von Staatlichkeit und Gemeinwohlorientierung bestimmten Bund-Länder-Verhältnis gewonnen werden könnten. Aus dem Rechtsstaatsprinzip abgeleitete Schranken für Einwirkungen des Staates in den Rechtskreis des Einzelnen sind im kompetenzrechtlichen Bund-Länder-Verhältnis nicht anwendbar.*" Alternativ sieht *Walz*, Steuergerechtigkeit, S. 199; *ders.*, StuW 1984, 170 (173) im Grundsatz der Einheit der Rechtsordnung im Verhältnis zwischen Privat- und Steuerrecht eine abstrakte Leerformel; dem ähnlich *Hey*, H/H/R EStG, Einf. Rn. 900.

175 So bezeichnen *Höpfner*, Auslegung, S. 16 und *Meyer*, Steuerliches Leistungsfähigkeitsprinzip, S. 57, 63 dies in Anlehnung an *Engisch* als „*technischen Widerspruch*". *Engisch*, Einführung, S. 225 selbst bezeichnet dies als gesetzestechnischen Widerspruch. Zu dieser Form des Widerspruchs im Kern auch *Walz*, Steuergerechtigkeit, S. 209; uneinheitlich *Adomeit*, Methodenlehre, S. 144, 167 oder *Tappe*, JZ 2016, 27 (27 ff.).

176 BVerfG v. 27.12.1991 – 2 BvR 72/90, BStBl. II 1992, 212 (213 f.); BVerfG v. 20.8.2015 – 1 BvR 980/15, NJW 2015, 3641 (3642); *Engisch*, Einführung, S. 225; *Hütwohl*, NJW 2021, 3298 (2399); auch *Mösbauer*, Haftung, S. 7; vgl. weiterhin *Flume*, Steuerwesen und Rechtsordnung, Fn. 25.

177 *Felix*, Rechtsordnung, S. 226; *Möllers*, Methodenlehre, S. 210; auch *Mösbauer*, Haftung, S. 7; *Kemper*, Steuerfolgen, S. 9 f.

178 Dazu beispielsweise *Seer*, Tipke/Lang, Steuerrecht, Rn. 1.45; auch *Weber-Grellet*, StuW 1993, 97 (102); sinngemäß außerdem *Englisch*, FS Lang, S. 167 (186).

179 *Möllers*, Methodenlehre, S. 212.

180 *Felix*, Rechtsordnung, S. 226.

Der Grundsatz der Widerspruchsfreiheit der Rechtsordnung kann also in keinem Falle zum Inhalt haben, dass gleichlautende Begriffe verschiedener Gesetze und/oder Regelungsmaterien mit unterschiedlichen Zielrichtungen denselben Inhalt haben müssen.[181] Das Gerüst der Rechtsordnung wird nicht durch die Gesetzesbegriffe, sondern durch die grundlegenden Wertungen der Verfassung und der jeweiligen Teilrechtsordnung getragen.[182] Der Gedanke einer vollkommen einheitlichen Rechtsordnung mag auf den ersten Blick vielleicht verlockend erscheinen, ist aber in doppelter Hinsicht unzweckmäßig.[183] Weder höchste Abstraktion der Gesetzesspreche noch gezwungene Wertungsparallelität gleichlautender Gesetzesbegriffe kann der Rechtsanwendung zuträglich sein – die Gesetzessprache muss für jeden Regelungszusammenhang flexibel anwendbar sein. Das Steuerrecht folgt eigenen Wertungen und Zwecksetzungen und muss daher selbstständig Dogmatik und Anknüpfungen bilden können.[184]

cc) Zwischenergebnis

Das Steuerrecht ist nicht an den Arbeitgeberbegriff des Arbeitsrechts gebunden. Der lohnsteuerrechtliche Arbeitgeberbegriff der Finanzgerichtsbarkeit darf vom arbeitsrechtlichen Verständnis abweichen.

b) Gewinnung des Arbeitgeberbegriffs

Der Arbeitgeberbegriff der Finanzgerichtsbarkeit ergibt sich auf den ersten Blick aus einer Umkehrung des Arbeitnehmerbegriffs § 1 Abs. 2 LStDV. Arbeitgeber sei derjenige, dem der Arbeitnehmer die Arbeitsleistung schuldet, unter dessen Leitung er tätig wird oder dessen Weisungen er zu folgen hat. In erster Linie ist für den BFH das Tatbestandsmerkmal des „Schuldens der Arbeitsleistung" von Bedeutung.[185] Die Merkmale des Tätigwerdens unter fremder Leitung und der

---

181 BVerfG v. 27.12.1991 – 2 BvR 72/90, BStBl. II 1992, 212 (213 f.); BFH v. 17.11.1970 – II 160/64, BStBl. II 1971, 224 (226); BFH v. 21.7.1982 – I R 177/77, BStBl. II 1982, 758 (761); BFH v. 1.12.1994 – V R 116/92, BStBl. II 1995, 220 (221); zustimmend *Beckers*, H/B/S EStR, S. 120; *Drüen*, Tipke/Kruse AO, § 4 Rn. 324; *Engisch*, Einführung, S. 225; *Meyer*, Steuerliches Leistungsfähigkeitsprinzip, S. 57.

182 *Felix*, Rechtsordnung, S. 227 f.; ähnlich *Schick*, Steuerschulden, S. 14.

183 Prägnant *Weber-Grellet*, StuW 1993, 195 (204); *ders.*, StuW 1999, 311 (312); ähnlich *Hey*, H/H/R EStG, Einf. Rn. 900.

184 *Schick*, Steuerschulden, S. 7 f.; *Weber-Grellet*, StuW 1993, 195 (204).

185 BFH v. 2.4.1982 – VI R 34/79, BStBl. II 1982, 502 (505); BFH v. 24.3.1999 – I R 64/98, BStBl. II 2000, 41 (43); auch FG Nürnberg v. 22.12.2011 – 4 K 643/10, EFG 2012, 1191 (1191).

Weisungsgebundenheit dienen vor allem der Konkretisierung des Tatbestandsmerkmals des „Schuldens",[186] vgl. § 1 Abs. 2 S. 1 LStDV. Für die Beurteilung, ob die Arbeitsleistung geschuldet wird, ist für die Finanzgerichtsbarkeit gerade nicht entscheidend, wer zur Lohnzahlung (privatrechtlich) verpflichtet ist. Vielmehr wird für das Tatbestandsmerkmal des Schuldens auf die wirtschaftliche Betrachtungsweise des Steuerrechts abgestellt und aus der Perspektive des Arbeitnehmers gefragt, ob dieser den erlangten Vorteil wirtschaftlich als Frucht seiner Dienstleistung für den Arbeitgeber betrachten müsse.[187] Die Definition stützt sich damit maßgeblich auf die wirtschaftliche Betrachtungsweise. Deren Funktionsweise gilt es im Folgenden zu untersuchen.

aa) Die wirtschaftliche Betrachtungsweise

Nach weit verbreiteter Ansicht ist die wirtschaftliche Betrachtungsweise Ausdruck der Emanzipation des Steuerrechts.[188] Es ist Aufgabe des Steuerrechts, an gewisse Erfolge oder Rechtszustände anzuknüpfen, um deren wirtschaftliche Ergebnisse zu besteuern. Möchte der Gesetzgeber dieser Aufgabe nachkommen, stehen ihm dafür bezüglich der Formulierung der entsprechenden Normen im Wesentlichen zwei Möglichkeiten zur Verfügung:[189]

---

186 Insbesondere BFH v. 17.2.1995 – VI R 41/92, BStBl. II 1995, 390 (391 f.); außerdem BFH v. 2.4.1982 – VI R 34/79, BStBl. II 1982, 502 (505); BFH v. 24.3.1999 – I R 64/98, BStBl. II 2000, 41 (43); auch FG Nürnberg v. 22.12.2011 – 4 K 643/10, EFG 2012, 1191 (1191).

187 BFH v. 13.3.1974 – VI R 212/70, BStBl. II 1974, 411 (412); BFH v. 2.4.1982 – VI R 34/79, BStBl. II 1982, 502 (505); BFH v. 17.2.1995 – VI R 41/92, BStBl. II 1995, 390 (392); BFH v. 24.3.1999 – I R 64/98, BStBl. II 2000, 41 (43); BFH v. 20.5.2010 – VI R 41/09, BStBl. II 2010, 1022 (1022 f.); FG Nürnberg v. 22.12.2011 – 4 K 643/10, EFG 2012, 1191 (1191).

188 Prägnant *Weber-Grellet*, StuW 1999, 311 (313); ähnlich *Hey*, H/H/R EStG, Einf. Rn. 900; sinngemäß *Drüen*, Eigenständigkeit, S. 95 (103); *T. Koller*, Privat- und Steuerrecht, S. 3; *Weber-Grellet*, StuW 1993, 97 (97).

189 *Crezelius*, Rechtsordnung, S. 179; *Schulze-Osterloh*, AcP 190 (1990), 139 (153); grundsätzlich, aber unter Bezug auf das Umweltstrafrecht *Felix*, Rechtsordnung, S. 18 ff.

- Der Gesetzgeber kann im Besteuerungstatbestand privatrechtlich vorgeprägte Begriffe nutzen.[190] Dies bietet sich gerade deshalb an, weil beinahe sämtliche Vorgänge des Wirtschaftslebens privatrechtlich abgebildet werden können.[191]
- Alternativ kann sich der Steuergesetzgeber für die Tatbestandsbildung der Eigenbegriffsbildung bedienen, indem er den steuerwürdigen Lebenssachverhalt mit juristischen Merkmalen beschreibt, die nur für das Steuerrecht Geltung beanspruchen.[192]

Bei zweitgenannter Alternative steht ein selbstständig steuerrechtliches Begriffsverständnis außer Frage. Bei erstgenannter Alternative musste sich das Steuerrecht erst mittels wirtschaftlicher Betrachtungsweise[193] als eigenständig etablieren.[194] Im Sinne dieser Loslösung des Steuerrechts vom Zivilrecht findet die wirtschaftliche Betrachtungsweise auch heute noch als Erklärungszeichen Verwendung, um das Steuerrecht von einer formalisierten Sichtweise abzugrenzen.[195] Die wirtschaftliche Betrachtungsweise kommt in diesem Sinne in zweierlei Formen zur Anwendung. Zum einen wird die wirtschaftliche Betrachtungsweise herangezogen,

---

190 *Crezelius*, Rechtsordnung, S. 179; *Knobbe-Keuk*, Rechtsquelle, S. 18; *Schick*, Steuerschulden, S. 8 f.; *Schulze-Osterloh*, AcP 190 (1990), 139 (153 ff.); *Seer*, Tipke/Lang, Steuerrecht, Rn. 1.33 ff.; auch *Walz*, ZHR 147 (1983), 281 (290).

191 In diesem Sinne *Walz*, ZHR 147 (1983), 281 (290); im Wesentlichen außerdem *Weber-Grellet*, StuW 2016, 226 (235 ff.); insoweit kann darauf verwiesen werden, dass Steuerrecht und Privatrecht eng verknüpft sind, siehe S. 44 f.

192 *Crezelius*, Rechtsordnung, S. 179; *Schulze-Osterloh*, AcP 190 (1990), 139 (153); *Walz*, ZHR 147 (1983), 281 (290).

193 Die Wurzeln der wirtschaftlichen Betrachtungsweise des Steuerrechts reichen bis auf die Schöpfung der RAO im Jahre 1919 zurück; *Meyer*, JJZ 2011, 69 (69 f.); die wirtschaftliche Betrachtungsweise auf das RG zurückführend *Beisse*, StuW 1981, 1 (4). Ihre gesetzliche Verankerung fand die wirtschaftliche Betrachtungsweise ursprünglich in § 4 RAO. Dieser lautete: *Bei der Auslegung der Steuergesetze sind ihr Zweck, ihre wirtschaftliche Bedeutung und die Entwicklung der Verhältnisse zu berücksichtigen.* Durch diese Vorschrift sollte im Gesetz eine teleologische, am wirtschaftlichen „Ist" orientierte Auslegung der Steuergesetze verankert werden, die insbesondere zu einer vom Zivilrecht abweichenden Einordnung von Begriffen und Rechtsverhältnissen führen sollte; prägnant *Meyer*, JJZ 2011, S. 69 (70). Bei Einführung der AO im Jahre 1977 verzichtete der Gesetzgeber auf eine entsprechende Normierung, da die wirtschaftliche Betrachtungsweise ein allgemeines Auslegungsprinzip sei, das im Steuerrecht ebenso wenig der Kodifikation bedürfe wie in den anderen Rechtsgebieten; so BT-Drs. 10/4119, S. 15 f.; zustimmend *Meyer*, JJZ 2011, S. 69 (70); knapp *Walz*, Steuergerechtigkeit, S. 212.

194 Insbesondere *Meyer*, JJZ 2011, S. 69 (72 f.).

195 Prägnant *Meyer*, JJZ 2011, S. 69 (74).

wenn es um die Auslegung steuerrechtlicher Tatbestandsmerkmale geht.[196] Zum anderen[197] wendet man sie an, wenn es um das Verhältnis zwischen dem Steuertatbestand und den darunter zu subsumierenden Sachverhalt geht.[198] Dieses Verständnis deckt sich mit der allgemeinen Methodik des Rechtsanwendungsakts,

---

196 BFH v. 3.12.1957 – I 231/56 S, BStBl. III 1958, 27 (30); *Beisse*, StuW 1981, 1 (1); *Clemm*, FS Klein, S. 715 (732 f.); *Crezelius*, Rechtsordnung, S. 195; *Drüen*, Eigenständigkeit, S. 95 (109); *Felix*, Rechtsordnung, S. 117; *Neumann*, Gosch AO, § 4 Rn. 37; *Tipke*, JuS 1970, 149 (151); *ders.*, JZ 1976, 703 (705); *ders.*, Steuerrechtsordnung, Bd. III S. 1630; *Walz*, Steuergerechtigkeit, S. 212 ff.; *Weber-Grellet*, StuW 1999, 311 (313); *Woerner*, FR 1992, 226 (227). *Seer*, Tipke/Lang, Steuerrecht, Rn. 1.34, bevorzugt es, die wirtschaftliche Betrachtungsweise als wirtschaftliche Auslegung zu bezeichnen.

197 Beispielsweise BFH v. 29.11.1966 – I 216/64, BStBl. III 1967, 392; BFH v. 31.5.1972 – I R 94/69, BStBl. II 1972, 697; *Beisse*, StuW 1981, 1 (1); *Clemm*, FS Klein, S. 715 (732 f.); *Drüen*, Eigenständigkeit, S. 95 (109); *Felix*, Rechtsordnung, S. 117; *Thiemann*, FS BFH, Bd. I S. 129 (147); *Tipke*, JuS 1970, 149 (151); *Walz*, Steuergerechtigkeit, S. 217 ff.; *Weber-Grellet*, StuW 1999, 311 (313).

198 *Crezelius*, Rechtsordnung, S. 195; *Tipke*, JuS 1970, 149 (151); *ders.*, JZ 1976, 703 (705); *ders.*, StuW 1972, 55 (60); *Woerner*, FS Klein, S. 1025 (1036) und *Zeising*, DZWIR 2020, 562 führen, ohne sich hinreichend mit der Gesetzeshistorie zu beschäftigen, als Beispiel für die Anwendung der wirtschaftlichen Betrachtungsweise bei Auslegung § 1 Abs. 2 StAnpG und für die Anwendung bei Subsumption unter einen Lebenssachverhalt § 1 Abs. 3 StAnpG an. Durch die nationalsozialistische Vorbelastung der Normen ist eine historische Betrachtung jedoch zwingend notwendig und soll nun hier stattfinden: Wie oben in Fn. 193 erwähnt, war die wirtschaftliche Betrachtungsweise ursprünglich in § 4 RAO verankert. § 9 RAO 1931 enthielt eine Regelung identischen Wortlauts. Im Rahmen der Einführung nationalsozialistischer Grundsätze in die Steuergesetzgebung, bei der zwar die Grundstrukturen des Steuersystems beibehalten wurden, sich aber gerade der damalige Staatssekretär *Fritz Reinhardt* um eine Ideologisierung des Steuerrechts bemühte, kam es dann zur Verabschiedung des Steueranpassungsgesetzes (RGBl. I 1934, 925); insbesondere zu den historischen Hintergründen *Sahm*, Zum Teufel mit der Steuer!, S. 294 oder *Drecoll*, Der Fiskus als Verfolger, S. 164. Durch § 21 Nr. 1 StAnpG wurde § 9 der RAO aufgehoben, RGBl. I 1934, 925 (929). Die Regelung wurde durch den „berüchtigten", so *Wernsmann*, H/H/S AO, § 4 Rn. 6, § 1 StAnpG inhaltlich ersetzt, der lautete:

1. *Die Steuergesetze sind nach nationalsozialistischer Weltanschauung auszulegen.*
2. *Dabei sind die Volksanschauung, der Zweck und die wirtschaftliche Bedeutung der Steuergesetze und die Entwicklung der Verhältnisse zu berücksichtigen.*
3. *Entsprechendes gilt für die Beurteilung von Tatbeständen.*

die sich zweistufig gestaltet: Der zu ermittelnde Sachverhalt wird unter den auszulegenden Gesetzestatbestand subsumiert;[199] die Auslegung des Rechtsbegriffs ist logische Voraussetzung der Subsumption.[200] Deshalb dienen beide

---

Dabei ist der Begriff „Tatbestand" des Abs. 3 eher als „Sachverhalt" zu verstehen; dazu *Sahm*, Zum Teufel mit der Steuer!, S. 295, der hierzu eine Rede *Fritz Reinhardts* wiedergibt; außerdem *Kumpf*, FS RFH/BFH, S. 23 (40); *Meyer*, JJZ 2011, S. 69 (80); *Tipke/Kruse* (1963), StAnpG, § 1 Rn. A 15, A 42 f.; *Tipke*, JuS 1970, 149 (152); *ders.*, JZ 1976, 703 (705); *Walz*, Steuergerechtigkeit, S. 217; a.A. *Becker/Riewald/Koch*, StAnpG, § 1 Anm. 1 Abs. 1. Durch § 1 StAnpG wurde die wirtschaftliche Betrachtungsweise in beiden vorstellbaren Anwendungsbereichen durch eine nationalsozialistische Betrachtungsweise verdrängt; die wirtschaftlichen Begebenheiten waren nur noch als Teilaspekt zu berücksichtigen. Dies deckte sich mit der Stellung der Richter im Nationalsozialismus, die anstelle der richterlichen Objektivität die herrschende politische Ideologie zur obersten Pflicht des Richters machte; so *Boeckelmann*, FS Smend, S. 23 (35). In diesem Zusammenhang änderte sich auch das Verhältnis des RFH zum Reichsfinanzministerium. Erneut war es *Fritz Reinhardt*, der den RFH zum „*Gehilfen des Reichsministeriums der Finanzen bei der Auslegung der Steuergesetze und bei der Entwicklung des Steuerrechts nach der nationalsozialistischen Weltanschauung*" machte; so *Kumpf*, FS RFH/BFH, S. 23 (38). Nach dem Zweiten Weltkrieg wurde § 1 Abs. 1 StAnpG durch Art. 1 des Kontrollratgesetzes Nr. 12 v. 11.2.1946 aufgehoben; hierzu *Becker/Riewald/Koch*, StAnpG, § 1, Anm. 1 Abs. 1; *Tipke/Kruse* (1963), StAnpG, § 1 Rn. A 1; *Wernsmann*, H/H/S AO, § 4 Rn. 7.

Im Jahre 1972 stellte *Tipke*, StuW 1972, 55 (60) verwundert fest, dass sich durch eine Auszählung aktueller Urteile ergeben habe, dass sich § 1 Abs. 3 StAnpG im Wesentlichen als Waffe gegen den Steuerpflichtigen ausgewirkt habe. Bis zum Einführung der AO im Jahr 1977 blieben die übrigen Absätze des § 1 StAnpG bestehen und wurden solange im Verständnis angewandt, diese gäben im Wesentlichen § 4 AO 1919 inhaltlich wieder; so *Tipke/Kruse* (1963), StAnpG, § 1 Rn. A 1; ähnlich *Becker/Riewald/Koch*, StAnpG, Vorb. StAnpG. Die Regelungen wurden danach, wie in Fn. 193 geschildert, nicht in die neue AO übernommen.

199 *Bydlinski*, Methodenlehre, S. 369 f., 396; *Ehrke-Rabel*, StuW 2015, 101 (101); *Engisch*, Einführung, S. 80 ff.; *Felix*, Rechtsordnung, S. 112; *Larenz*, FS Engisch, S. 150 (154); *ders.*, Methodenlehre, S. 7, 271 ff.; *Meyer*, Steuerliches Leistungsfähigkeitsprinzip, S. 68; *Tipke*, Steuerrechtsordnung, Bd. III S. 1591; *ders.*, StuW 1972, 55 (61); in diesem Sinne auch *Beisse*, StuW 1981, 1 (2); ähnlich weiterhin *P. Koller*, Rechtstheorie, S. 78 ff., 186 f.; noch zum Verständnis des StAnpG *Tipke/Kruse* (1963), StAnpG, § 1 Rn. A 2.

200 So prägnant *Engisch*, Einführung, S. 88; weniger bestimmt beispielsweise *Bydlinski*, Methodenlehre, S. 369 f., 425 oder *P. Koller*, Rechtstheorie, S. 251; lediglich im Ansatz *Walz*, ZHR 147 (1983), 281 (291).

Anwendungsformen als Methode zur Erfassung eines wirtschaftlichen Vorgangs oder Zustands durch das Gesetz.[201]

Daraus darf nicht abgeleitet werden, dass es sich bei der wirtschaftlichen Betrachtungsweise um eine speziell steuerrechtliche Methode handelt. Vielmehr gilt für das Steuerrecht die gleiche Methode der Rechtsanwendung wie für anderen Rechtsgebiete.[202] Die allgemeine Methode muss den besonderen Bedürfnissen des Rechtsgebiets Rechnung tragen.[203] Das bedeutet einerseits, dass die fiskalische Funktion der Steuervorschriften keinen tauglichen Anhaltspunkt für eine teleologische Auslegung bilden kann.[204] Eine rein teleologische Auslegung wäre im Steuerrecht nicht zielführend, weil – auch wenn bestimmte Normen des Steuerrechts neben dem Fiskalzweck auch einen konkreten Normzweck verfolgen[205] – der zudem stets verfolgte Fiskalzweck weder Maß noch Ziel hat.[206] Dadurch vermag er die Auslegung weder positiv zu steuern noch negativ zu begrenzen.[207] Zum anderen gilt, dass keinesfalls die Beziehung zum Gesetz aufgegeben und die juristische Methodenlehre durch eine „freischwebende" wirtschaftliche Betrachtungsweise abgelöst werden kann.[208] Es lassen sich durch die wirtschaftliche Betrachtungsweise keine Ergebnisse begründen, die sich außerhalb dessen bewegen, was über den anerkannten juristischen Methodenkanon erzielbar ist.[209] In diesem Sinne hat auch das Bundesverfassungsgericht im Beschluss vom 27.12.1991

---

201 *Lang*, Tipke/Lang (2010), Steuerrecht, § 1 Rn. 12, § 5 Rn. 77; daran anknüpfend *Seer*, Tipke/Lang, Steuerrecht, Rn. 1.28; auch *Tipke*, JuS 1970, 149 (151 f.); *Walz*, ZHR 147 (1983), 281 (285).

202 Insbesondere *Meyer*, JJZ 2011, S. 69 (75 ff.); auch, allerdings weniger stringent, *Tipke*, JZ 1975, 558 (560); *ders.*, Steuerrechtsordnung, Bd. III S. 1589; *P. Kirchhof*, FS Meyding, S. 3 (17).

203 In diesem Sinne *Tipke*, Steuerrechtsordnung, Bd. III S. 1589.

204 Prägnant *Meyer*, JJZ 2011, S. 69 (75).

205 *Drüen*, Eigenständigkeit, S. 95 (106).

206 *Drüen*, Eigenständigkeit, S. 95 (106); andeutungsweise auch *P. Kirchhof*, DStJG Bd. 24 (2001), S. 9 (11); a.A. *Schulze-Osterloh*, AcP 190 (1990), 139 (155); *Tipke*, StuW 1972, 55 (58); *Weber-Grellet*, StuW 1993, 97 (103).

207 *Drüen*, Eigenständigkeit, S. 95 (106).

208 Das betont *Meyer*, JJZ 2011, S. 69 (75); allerdings fürchtet eine solche Rechtsanwendung *Tipke*, JuS 1970, 149 (153); *ders.*, StuW 1972, 55 (57).

209 Prägnant erneut *Meyer*, JJZ 2011, S. 69 (75). In diesem Sinne möchten insbesondere *G. Kirchhof*, BeckOK EStG, § 2 Rn. 27 f. und *P. Kirchhof*, DStJG Bd. 24 (2001), S. 9 (27 f.); *ders.*, FS Kruse, S. 17 (23); *ders.*, FS Meyding, S. 3 (17); *ders.*, FS RFH/BFH, S. 285 (291) die wirtschaftliche Betrachtungsweise als steuerjuristische Betrachtungsweise bezeichnen.

festgestellt, dass, wenn eine steuerrechtliche Norm an eine zivilrechtliche Gestaltung anknüpft, die Auslegung der steuerrechtlichen Bestimmung weder zwingend an dem Vertragstyp, der der von den Parteien gewählten Bezeichnung entspricht, auszurichten ist, noch sie notwendigerweise von der zivilrechtlichen Qualifikation des Rechtsgeschäfts beeinflusst wird.[210] Auch gilt keine Vermutung, das dem Zivilrecht entlehnte Tatbestandsmerkmal einer Steuerrechtsnorm sei im Sinne des zivilrechtlichen Verständnisses zu interpretieren.[211] Der Rechtsanwender unterliegt also bei Auslegung eines relativen Rechtsbegriffs im Steuerrecht keinerlei Beschränkungen aufgrund eines möglicherweise bestehenden Bedeutungsgehalts des Begriffs im Privatrecht.[212] Die wirtschaftliche Betrachtungsweise ist nichts anderes als das Produkt einer sachangemessenen Gesetzesauslegung unter Ausschöpfung der anerkannten Auslegungsmethoden.[213] Wird deshalb im Rahmen der Rechtsanwendung festgestellt, dass das Steuerrecht einen zivilrechtlich vorgeprägten Begriff entlehnt, ist für jeden Einzelfall per Auslegung der entsprechenden steuerrechtlichen Norm zu ermitteln, wie der Begriff im Steuerrecht zu verstehen ist.[214]

Auch für die Anwendung der wirtschaftlichen Betrachtungsweise im Verhältnis zwischen dem Steuertatbestand und dem darunter zu subsumierenden Sachverhalt gilt, dass die wirtschaftliche Betrachtungsweise keine besondere Methode des Steuerrechts ist. Tatsachen des gesellschaftlichen und wirtschaftlichen Lebens treten niemals von Vornherein als rechtliche Sachverhalte in Erscheinung.[215] Es ist nötig, diejenigen Züge des tatsächlichen oder sachlichen Zustands oder

---

210 BVerfG v. 27.12.1991 – 2 BvR 72/90, BStBl. II 1992, 212 (214).

211 BVerfG v. 27.12.1991 – 2 BvR 72/90, BStBl. II 1992, 212 (214); zustimmend *P. Kirchhof*, DStJG Bd. 24 (2001), S. 9 (26); *ders.*, FS Meyding, S. 3 (17); kritisch *Schön*, StuW 2005, 247 (254).

212 Zusammenfassend *Felix*, Rechtsordnung, S. 213; auch *P. Kirchhof*, DStJG Bd. 24 (2001), S. 9 (26 f.); *ders.*, FS Meyding, S. 3 (17 f.).

213 *Meyer*, JJZ 2011, S. 69 (76).

214 In diesem Sinne *Beisse*, StuW 1981, 1 (8); *Drüen*, Tipke/Kruse AO, § 4 Rn. 324; *Hüttemann*, Eigenständigkeit, S. 115 (123 f.); *Tipke*, JuS 1970, 149 (152); *ders.*, Steuerrechtsordnung, Bd. III S. 1636 f.; *Schön*, StuW 2005, 247 (254); *Schulze-Osterloh*, StuW 1986, 74 (76); *Weber-Grellet*, StuW 1993, 195 (203); *ders.*, StuW 1999, 311 (312); *ders.*, StuW 2016, 226 (235).

215 *P. Koller*, Rechtstheorie, S. 186; ähnlich *Bydlinski*, Methodenlehre, S. 419; *P. Kirchhof*, DStJG Bd. 21 (1998), S. 9 (9).

Vorgangs herauszuheben, die im jeweiligen Zusammenhang von Bedeutung sind.[216] Dazu muss der Sachverhalt im Lichte rechtlicher Begrifflichkeiten gedeutet und qualifiziert werden, um Rechtsvorschriften auf ihn anwenden zu können.[217] Die Anwendung der wirtschaftlichen Betrachtungsweise stellt deshalb auch keinen Zwischenschritt zwischen Sachverhaltsfeststellung und Gesetzesauslegung dar,[218] sondern schlicht die Sachverhaltsfeststellung unter Herausarbeitung des tatsächlichen oder sachlichen Zustands oder Vorgangs, der im jeweiligen Zusammenhang von Bedeutung ist. Insoweit kann der Verweis des BFH auf die wirtschaftliche Betrachtung nur als Verweis einer Gewinnung des Arbeitgeberbegriffs anhand einer sachangemessenen Gesetzesauslegung und Sachverhaltsfeststellung verstanden werden. Eine dementsprechende Auslegung wird im Folgenden vorgenommen.

bb) Die Hintergründe des Arbeitgeberbegriffs der Finanzgerichtsbarkeit

Bei Auslegung des Arbeitgeberbegriffs wird unmittelbar an obige Ausführungen[219] angeknüpft. Der Erfassung des objektiven Willens des Gesetzgebers dienen die Methoden der Gesetzesauslegung aus dem Wortlaut, der Gesetzessystematik, des Telos und der Historie.[220] Dieser klassische, auf *Savigny* zurückgehende Auslegungskanon findet freilich auch im Steuerrecht Anwendung.[221] Die unmittelbaren Bezugnahmen auf den Arbeitgeberbegriff in § 38 EStG wurden schon aufgezeigt. Davon ausgehend werden im Folgenden die Anhaltspunkte im Lohnsteuerrecht untersucht, die zur Ermittlung des Arbeitgeberbegriffs als aufschlussreich erscheinen.

---

216 So *Bydlinski*, Methodenlehre, S. 44, 419. *Tipke*, JuS 1970, 149 (152) bezeichnet das als Zurückschneiden eines Sachverhalts auf seinen wirtschaftlichen Wesensgehalt; sinngemäß auch *P. Kirchhof*, DStJG Bd. 21 (1998), S. 9 (9).

217 *P. Koller*, Rechtstheorie, S. 186; in diesem Sinne auch *Bydlinski*, Methodenlehre, S. 44 oder *Tipke*, JuS 1970, 149 (153); weniger genau auch *P. Kirchhof*, StuW 2017, 3 (10).

218 So aber *Tipke*, JuS 1970, 149 (152).

219 Siehe S. 17 f.

220 BVerfG v. 19.3.2013 – 2 BvR 2628, 2883/10, 2155/11, BVerfGE 133, 168 (205); *Engisch*, Einführung, S. 107 ff., 112; *Strauß*, Berufsbeamtentum, S. 64 f.; *Thiemann*, FS BFH, Bd. I S. 129 (134); ähnlich *Bydlinski*, Methodenlehre, S. 371.

221 Schon soeben S. 49 ff.; klarstellend *Drüen*, Eigenständigkeit, S. 95 (104 f.); *G. Kirchhof*, H/H/R EStG, Einf. Rn. 150; *Lang*, Tipke/Lang (2010), Steuerrecht, § 5 Rn. 40 ff.; *Schön*, StuW 2005, 247 (254); *Schulze-Osterloh*, AcP 190 (1990), 139 (154); *Walz*, Steuergerechtigkeit, S. 162; *Weber-Grellet*, StuW 1993, 97 (100).

(1) § 19 EStG und das „Schulden“ der Arbeitskraft

Die Finanzgerichtsbarkeit knüpft bei ihrer Definition des Arbeitgeberbegriffs augenscheinlich an das aus der LStDV gewonnene Tatbestandsmerkmal des „Schuldens“ an.[222] Dieses Tatbestandsmerkmal versteht der BFH dahingehend, dass aus der Perspektive des Arbeitnehmers gefragt wird, ob dieser den erlangten Vorteil wirtschaftlich als Frucht (oder Gegenleistung) seiner Dienstleistung für den Arbeitgeber betrachten müsse.[223] Das „Schulden“ der Arbeitskraft hat deshalb, anders als man es vermuten könnte,[224] mit einer Verpflichtung (im schuldrechtlichen Sinne) nichts zu tun.[225] Durch seine Nutzung wird die Definition des Arbeitgeberbegriffs nicht vorangebracht, sondern lediglich auf eine andere Ebene verlagert. Insoweit handelt es sich beim „Schulden“ allein um eine Leerformel,[226] die lediglich zur Verwirrung bei der Rechtsanwendung führt.

Fraglich ist, wie sich ein solches Abstellen auf die Perspektive des Arbeitnehmers und das Anknüpfen an den (objektivierten) subjektiven Zusammenhang zwischen Dienstleistung und Lohnzahlung begründen lässt. Als Erklärung dafür liegt nahe, dass der BFH auf Wertungen des § 19 EStG abstellt. Schon aus der Gewinnung des lohnsteuerrechtlichen Arbeitgeberbegriffs aus der Umkehrung des Arbeitnehmerbegriffs, der im Rahmen des § 19 EStG zum Tragen kommt, kann geschlossen werden, dass der Arbeitgeberbegriff der Finanzgerichtsbarkeit in § 19 EStG und § 38 EStG identisch ist.[227] § 38 Abs. 1 S. 1 EStG stellt einen dementsprechenden Zusammenhang selbst her, indem ausschließlich bei Einkünften aus nichtselbstständiger Arbeit die Einkommensteuer durch Lohnsteuerabzug

---

222 Insbesondere BFH v. 17.2.1995 – VI R 41/92, BStBl. II 1995, 390 (391); außerdem BFH v. 2.4.1982 – VI R 34/79, BStBl. II 1982, 502 (505); BFH v. 24.3.1999 – I R 64/98, BStBl. II 2000, 41 (43); auch FG Nürnberg v. 22.12.2011 – 4 K 643/10, EFG 2012, 1191 (1191).

223 BFH v. 13.3.1974 – VI R 212/70, BStBl. II 1974, 411 (412); BFH v. 2.4.1982 – VI R 34/79, BStBl. II 1982, 502 (505); BFH v. 17.2.1995 – VI R 41/92, BStBl. II 1995, 390 (391 f.); BFH v. 24.3.1999 – I R 64/98, BStBl. II 2000, 41 (43); BFH v. 1.9.2016 – VI R 67/14, BStBl. II 2017, 69 (71); BFH v. 16.2.2022 – VI R 53/18, BFH/NV 2022, 587 (588); FG Nürnberg v. 22.12.2011 – 4 K 643/10, EFG 2012, 1191 (1191).

224 Vgl. *Ernst*, MüKo BGB, Einl. SchuldR Rn. 12; *Grüneberg*, Grüneberg BGB, Einl. v. § 241 Rn. 4; *Olzen*, Staudinger BGB, § 241 Rn. B 3 ff.; *Schlechtriem/Schmidt-Kessel*, Schuldrecht Allgemeiner Teil, Rn. 1 f.

225 Vgl. schon soeben S. 48 f.

226 In ähnlichem Sinne bezeichnet *Brick*, Nichtselbstständige Arbeit, S. 15 das Zurückgreifen auf die Definitionen der LStDV als „vorschnelle Flucht“.

227 Hierzu schon oben S. 26.

erhoben wird;[228] das Vorliegen von Einkünften im Sinne des § 19 EStG ist materiell-rechtliche Voraussetzung für die Anwendung des Lohnsteuerabzugs.[229]

Nach Ansicht von BFH und Finanzverwaltung ist das Vorliegen von Einkünften im Sinne des § 19 EStG nicht nur materiell-rechtliche Voraussetzung für den Lohnsteuerabzug, vielmehr erfülle ausschließlich Arbeitslohn den Tatbestand des § 19 Abs. 1 S. 1 Nr. 1 EStG.[230] Die Umschreibung „für eine Beschäftigung" in § 19 Abs. 1 Nr. 1 EStG stimme mit dem den Arbeitslohncharakter der Zuwendung in § 38 Abs. 1 S. 3 EStG kennzeichnenden Begriff „im Rahmen des Dienstverhältnisses" überein.[231] Dies begründet der BFH im Wesentlichen damit, dass der Gesetzgeber durch die Unterwerfung der Drittleistungen unter die Lohnsteuer[232] möglichst sämtliche Einkünfte aus nichtselbstständiger Arbeit der Lohnsteuer unterwerfen wollte.[233] Dementsprechend unterschied der BFH auch bis zum Inkrafttreten des Einkommensteuerreformgesetzes 1975 am 6.8.1974

---

228 Richtigerweise dürfen die Begriffe der Einkünfte aus nichtselbstständiger Arbeit und des Arbeitslohns nicht synonym verstanden werden; dazu BFH v. 26.5.1988 – VI R 9/96, BStBl. II 1998, 581 (583); *Brick*, Nichtselbstständige Arbeit, S. 3; *Lang*, DStJG Bd. 9 (1986), S. 15 (71 f.); *Wackerbeck*, Brandis/Heuermann EStG, § 38 Rn. 20; ähnlich *Drüen*, DStJG Bd. 40 (2017), S. 11 (30); *Kloubert*, Rechtstellung, S. 19. Denn der Wortlaut des § 19 Abs. 1 Nr. 1 EStG ist so weit gefasst, dass unter ihn auch solche Vorteile subsumiert werden können, die keinen Arbeitslohn darstellen; darauf verweisen insbesondere *Brick*, Nichtselbstständige Arbeit, S. 3 und *Lang*, DStJG Bd. 9 (1986), S. 15 (71). Demnach erfasst der Wortlaut neben dem Arbeitslohn (Einnahmen aus einem Dienstverhältnis) auch weitere sonstige Einnahmen aus nichtselbstständiger Arbeit; erneut *Brick*, Nichtselbstständige Arbeit, S. 3; *Lang*, DStJG Bd. 9 (1986), S. 15 (72).

229 *Bleschik*, BeckOK EStG, § 19 Rn. 63; *Drüen*, DStJG Bd. 40 (2017), S. 11 (18 f.); *Eismann*, DStR 2004, 1585 (1586); im Wesentlichen auch *Meyer*, BeckOK EStG, § 38 Rn. 23; *Rodewald/Pohl*, BB 2008, 1431 (1432).

230 BFH v. 24.1.1975 – VI R 242/71, BStBl. II 1975, 340 (341 f.); BFH v. 24.10.1997 – VI R 23/94, BStBl. II 1999, 323 (324); zustimmend *Strohner*, Bochumer Lohnsteuertag, S. 121 (129 f.); *Wobst*, Drittlohn, S. 201; die Rechtsprechung und das Verwaltungshandeln analysierend *Hey*, Tipke/Lang, Rn. 8.475; ähnlich, allerdings nur andeutungsweise *Brick*, Nichtselbstständige Arbeit, S. 3; noch gegenteiliger Ansicht BFH v. 13.3.1974 – VI R 212/70, BStBl. II 1974, 411 (412 f.).

231 Auf die damalige Regelung in Abs. 1 S. 2 bezogen, die sich heute im Kern in Satz 3 findet, BFH v. 24.10.1997 – VI R 23/94, BStBl. II 1999, 323 (324).

232 Drittleistungen wurden durch den damaligen § 38 Abs. 1 S. 2 EStG der Lohnsteuer unterworfen. Im Kern entsprach dieser dem heutigen § 38 Abs. 1 S. 3 EStG. Dazu schon soeben Fn. 231. Eingeführt wurde der heutige Abs. 1 S. 3 als S. 2 mit dem Einkommensteuerreformgesetz vom 5. 8. 1974, BGBl. I 1974, 1769.

233 BFH v. 24.10.1997 – VI R 23/94, BStBl. II 1999, 323 (324).

zwischen Einkünften aus nichtselbstständiger Arbeit und Arbeitslohn.[234] Durch die Begriffsidentität wird § 19 EStG mit dem Lohnsteuerabzugsverfahren in Übereinstimmung gebracht. Sie führt allerdings gleichermaßen dazu, dass die erhebungstechnischen Pflichten des Arbeitgebers mit dem materiellen Tatbestand des § 19 EStG vermengt werden.[235] Damit wird das Veranlassungsprinzip eingeschränkt und es entsteht eine Besteuerungslücke,[236] denn nach § 38 Abs. 1 S. 3 EStG unterliegt „nur" der im Rahmen des Dienstverhältnisses von einem Dritten gewährte Arbeitslohn der Lohnsteuer, von dem der Arbeitgeber weiß oder erkennen kann, dass derartige Vergütungen erbracht werden.[237]

Nach § 19 Abs. 1 S. 1 Nr. 1 EStG gehören die Einnahmen zu den Einkünften aus nichtselbstständiger Arbeit, die *für* eine Beschäftigung im öffentlichen oder privaten Dienst geleistet werden (vgl. § 19 Abs. 1 S. 1 Nr. 1 EStG). Diese Zuordnung richtet sich nach dem Veranlassungsprinzip.[238] Nach ständiger Rechtsprechung des BFH ist der entsprechend notwendige Veranlassungszusammenhang dann anzunehmen, wenn der Arbeitnehmer einen erhaltenen Vorteil wirtschaftlich als Frucht seiner Dienstleistung für den Arbeitgeber betrachte.[239] Im Sinne der Gleichmäßigkeit der Besteuerung sei dies dahingehend zu verstehen, dass die Zuwendung eines Dritten dann durch das Dienstverhältnis veranlasst sei, wenn der Arbeitnehmer sie vernünftigerweise als Frucht seiner Leistung für den

---

234 Insbesondere BFH v. 13.3.1974 – VI R 212/70, BStBl. II 1974, 411 (412 f.).

235 *Hey*, Tipke/Lang, Rn. 8.475.

236 *Brick*, Nichtselbstständige Arbeit, S. 3; *Hey*, Tipke/Lang, Rn. 8.475.

237 Zum Sinngehalt des § 38 Abs. 1 S. 3 EStG unten S. 109 ff.

238 BFH v. 17.9.1982 – VI R 75/79, BStBl. II 1983, 39 (Ls.); auch BFH v. 24.8.1973 – VI R 100/71, BStBl. II 1973, 819 (819); FG Köln v. 11.10.2018 – 7 K 2053/17, EFG 2019, 119 (120); *Albert*, FR 2009, 857 (858); *von Bornhaupt*, BB 1999, 1532 (1532); *Breinersdorfer*, K/S/M EStG, § 19 Rn. A 13; *Brick*, Nichtselbstständige Arbeit, S. 5; *Eismann*, DStR 2004, 1585 (1587); *Gersch*, Bochumer Lohnsteuertag, S. 109 (110); *dies.*, FR 2004, 938 (938); *Geserich*, NWB 2012, 4140 (4140); *ders.*, NWB 2015, 1610 (1611); *Hey*, Tipke/Lang, Steuerrecht, Rn. 8.475; *Mody*, Korn EStG, § 19 Rn. 22; *Rodewald/Pohl*, BB 2008, 1431 (1431); *Stallknecht*, Vereinfachungsnormen, S. 29; *Stolterfoth*, DStJG Bd. 5 (1982), S. 271 (282); *Strohner*, Bochumer Lohnsteuertag, S. 121 (128 ff.); *Traxel*, DStZ 1989, 553 (555).

239 BFH v. 13.3.1974 – VI R 212/70, BStBl. II 1974, 411 (412); BFH v. 24.2.1981 – VIII R 109/76, BStBl. II 1981, 707 (708); BFH v. 5.7.1996 – VI R 10/96, BStBl. II 1996, 545 (545); BFH v. 24.10.1997 – VI R 23/94, BStBl. II 1999, 323 (324); BFH v. 10.4.2014 – VI R 62/11, BStBl. II 2015, 191 (192 f.); trotz entgegenstehenden Wortlauts BFH v. 24.1.2001 – I R 100/98, BStBl. II 2001, 509 (510); BFH v. 30.5.2001 – VI R 123/00, BStBl. II 2002, 230 (232).

Arbeitgeber ansehen müsse.[240] Das Begriffsverständnis des BFH für das „Schulden" der Arbeitskraft entstammt also dem Veranlassungszusammenhang zur Qualifikation von Einnahmen als Einkünfte aus nichtselbstständiger Arbeit.

(a) Das Veranlassungsprinzip

Bei der Beantwortung der Frage, warum der BFH (im Lohnsteuerrecht) auf den Veranlassungszusammenhang abstellt, ist in erster Linie die Bedeutung des Veranlassungsprinzips zu berücksichtigen. Grundsätzlich bestimmt das Veranlassungsprinzip die Maßstäbe, nach welchen das Ertragsteuerrecht Einnahmen und Aufwendungen den steuerbaren Einkünften zuordnet, und legt im Umkehrschluss fest, wann private Aufwendungen vorliegen, die nur unter bestimmten gesetzlichen Vorgaben die steuerliche Bemessungsgrundlage mindern.[241] Bezüglich der Einkommensteuer besteht die Aufgabe des Prinzips darin, die sieben Einkunftsarten durch die Zurechnung von Einnahmen und Ausgaben sowie die Zuordnungen von Vermögensgegenständen und deren Wertveränderungen zu konkretisieren sowie zu konturieren und damit zugleich von der nicht steuerbaren Privatsphäre abzugrenzen.[242] Normativer Ausgangspunkt des Veranlassungsprinzips ist die Regelung des § 4 Abs. 4 EStG,[243] nach der „Betriebsausgaben die Aufwendungen sind, die durch den Betrieb veranlasst sind". Auch wenn das Prinzip in § 4 Abs. 4 EStG lediglich für Betriebsausgaben im Rahmen der

240 Ausdrücklich BFH v. 5.7.1996 – VI R 10/96, BStBl. II 1996, 545 (545); mit objektiviertem Ansatz BFH v. 24.10.1997 – VI R 23/94, BStBl. II 1999, 323 (324); BFH v. 26.5.1998 – VI R 9/96, BStBl. II 1998, 581 (583); BFH v. 18.10.2012 – VI R 64/11, BStBl. II 2015, 184 (185); auf eine „wirtschaftliche Betrachtung" stützend BFH v. 23.10.1992 – VI R 62/88, BStBl. II 1993, 117 (118); zur Drittleistung in Form von Rabatten BMF v. 20.1.2015 – IV C 5 – S 2360/12/10002, BStBl. I 2015, 143.

241 So *Wacker*, BB 2018, 2519 (2519); auch *Hey*, H/H/R EStG, Einf. Rn. 651; *dies.*, Tipke/Lang, Steuerrecht, Rn. 8.208; *Kröger*, StuW 1978, 289 (289, 293); *Stallknecht*, Vereinfachungsnormen, S. 39; *Traxel*, DStZ 1989, 553 (555); *G. Weber*, StuW 2009, 184 (184); im Kern *Wassermeyer*, DStJG Bd. 3 (1980), S. 315 (321 f.); *ders.*, StuW 1981, S. 245 (253).

242 Prägnant *Wacker*, BB 2018, 2519 (2519 f.); im Wesentlichen auch *G. Weber*, StuW 2009, 184 (185).

243 *Hey*, H/H/R EStG, Einf. Rn. 651; *G. Kirchhof*, BeckOK EStG, § 2 Rn. 8; *Krüger*, Schmidt EStG, § 9 Rn. 40; *Ruppe*, DStJG Bd. 3 (1980), S. 103 (126); *Söhn*, DStJG Bd. 3 (1980), S. 13 (14 ff.); *Wacker*, BB 2018, 2519 (2521); sinngemäß außerdem *Wagner*, BeckOK EStG, § 8 Rn. 81; *Wassermeyer*, DStJG Bd. 3 (1980), S. 315 (322 f.).

Gewinneinkünfte normiert ist, so gilt es dennoch[244] übergreifend für alle Erwerbseinnahmen und -ausgaben.[245] Im Sinne der leistungsfähigkeitsgerechten Besteuerung rechnet das Veranlassungsprinzip dem Steuerpflichtigen alle Mittel zu, die in Zusammenhang mit einer steuerbaren Tätigkeit stehen.[246] Sein Anliegen ist es, die systematischen Vorgaben des Ertragsteuerrechts inhaltlich auszuformen.[247] Demgemäß sind Erwerbsaufwendungen und Erwerbsbezüge durch eine Einkunftsart veranlasst, wenn sie nach einer wertenden Beurteilung in einem steuerrechtlich anzuerkennenden Zusammenhang mit der Erwerbstätigkeit stehen.[248] Dabei geht es von Kausalitätserwägungen aus, muss aber gleichermaßen auf Wertungen der Bestimmungsgründe des zu beurteilenden Aufwands oder der in Frage stehenden

244 Der BFH wendet die Norm des § 4 Abs. 4 EStG im Wege der lückenfüllenden Rechtsfortbildung – obwohl, wie *von Bornhaupt*, DStR 1983, 11 (12 ff.) und *Wacker*, BB 2018, 2519 (2521) betonen, keineswegs eine Lücke besteht – auf den Werbungskostenabzug bei den Überschusseinkünften an, obwohl sich hierfür grundsätzlich in § 9 Abs. 1 S. 1 EStG eine anderslautende ausdrückliche gesetzliche Regelung findet, die Finalität voraussetzt; BFH (GrS) v. 28.11.1977 – GrS 2-3/77, BStBl. II 1978, 105 (108); BFH (GrS) v. 27.11.1978 – GrS 8/77, BStBl. II 1979, 213 (216); BFH v. 28.11.1980 – VI R 193/77, BStBl. II 1981, 368 (369); so auch *von Bornhaupt*, DStJG Bd. 3 (1980), S. 149 (169 ff.); *ders.*, DStR 1983, 11 (11); *Krüger*, Schmidt EStG, § 9 Rn. 40; *Söhn*, DStJG Bd. 3 (1980), S. 13 (31 ff.); *Wacker*, BB 2018, 2519 (2521); *Wassermeyer*, StuW 1982, 352 (355 ff.); *G. Weber*, StuW 2009, 184 (185). Dieses Verständnis lässt sich insbesondere auf das teleologische Argument stützen, dass das objektive Nettoprinzip eine einheitliche Handhabung der Sphärenabgrenzung erfordert; so beispielsweise *G. Weber*, StuW 2009, 184 (185).

245 BFH v. 17.9.1982 – VI R 75/79, BStBl. II 1983, 39 (41); BFH v. 27.5.1998 – X R 94/96, BStBl. II 1998, 619 (620); BFH v. 20.12.2000 – XI R 32/00, BStBl. II 2001, 496 (497); BFH v. 11.5.2011 – VI R 65/09, BStBl. II 2011, 946 (948); st. Rspr.; *von Bornhaupt*, DStJG Bd. 3 (1980), 149 (181 ff.); *ders.*, DStR 1983, 11 (11); *Hey*, H/H/R EStG, Einf. Rn. 651; *dies.*, Tipke/Lang Steuerrecht, Rn. 8.213 ff.; *Krüger*, Schmidt EStG, § 9 Rn. 40; *Offerhaus*, BB 1979, 617 (621 f.); *Wacker*, BB 2018, 2519 (2521); *G. Weber*, StuW 2009, 184 (185); *Wagner*, BeckOK EStG, § 8 Rn. 81.

246 *Traxel*, DStZ 1989, 553 (555).

247 *Wacker*, BB 2018, 2519 (2519); im Wesentlichen auch *ders.*, BB 1991, S. 248 (251); sinngemäß außerdem *Söhn*, DStJG Bd. 3 (1980), S. 13 (17).

248 BFH (GrS) v. 21.9.2009 – GrS 1/06, BStBl. II 2010, 672 (680 f.); BFH v. 19.1.2017 – VI R 37/15, BStBl. II 2017, 526 (527); st. Rspr.; *G. Kirchhof*, BeckOK EStG, § 2 Rn. 8; *Wagner*, BeckOK EStG, § 8 Rn. 91; differenziert *Wassermeyer*, StuW 1982, 352 (356 f.); *G. Weber*, StuW 2009, 184 (187); bezüglich Einnahmen aus nichtselbstständiger Arbeit *Gersch*, Bochumer Lohnsteuertag, S. 109 (110); abweichend bezüglich des Anknüpfungspunkts der Veranlassung beispielsweise *Kröger*, StuW 1978, 289 (289); a.A. *Hey*, Tipke/Lang, Steuerrecht, Rn. 8.208 f.

Einnahme zurückgreifen.[249] Die dabei anzulegende Perspektive ist grundsätzlich eine subjektiv-objektive, denn das Veranlassungsprinzip fragt nach dem subjektiven Beweggrund, der durch objektive Merkmale Beweiskraft erlangt.[250] So ist nach Ansicht des BFH – im ursprünglichen Anwendungsbereich des Veranlassungsprinzips – eine erwerbsbezogene Veranlassung von Aufwendungen stets anzunehmen, wenn objektiv ein Zusammenhang mit der Erwerbsleistung besteht und subjektiv die Aufwendungen zur Förderung der Erwerbsleistung getätigt werden.[251]

§ 19 Abs. 1 EStG konkretisiert die Einkunftsart der nichtselbstständigen Arbeit durch materiell-rechtliche Zuordnungskriterien.[252] Allerdings erfolgt diese Konkretisierung durch eine kasuistische[253] und unvollständige[254] Aufzählung von Regelbeispielen. Was die Einkunftsart der nichtselbstständigen Arbeit charakterisiert, sind die Umstände, unter denen die Tätigkeit ausgeübt wird.[255] Dies zeigt sich insbesondere im Zusammenhang mit den Einkünften aus selbstständiger Arbeit nach § 18 EStG.[256] Sowohl § 18 als auch § 19 EStG nehmen die „Arbeit" in Bezug. Im Sinne der abhängigen oder unselbstständigen Beschäftigung wird die Einkunftsart des § 19 EStG wesentlich durch die Beziehung zwischen

---

249 *Krüger*, Schmidt EStG, § 9 Rn. 44; *Wacker*, BB 2018, 2519 (2523); differenziert *G. Weber*, StuW 2009, 184 (187); bezüglich des Ausgangspunktes zustimmend *Söhn*, DStJG Bd. 3 (1980), S. 13 (24 ff.).

250 Prägnant *Strohner*, DB 2015, 580 (584).

251 Grundlegend BFH (GrS) v. 27.11.1978 – GrS 8/77, BStBl. II 1979, 213; seither st. Rspr., insb. BFH v. 7.2.2008 – VI R 75/06, BFH/NV 2008, 863; BFH v. 17.9.2009 – VI R 24/08, BStBl. II 2010, 198; BFH v. 11.7.2013 – VI R 37/12, BStBl. II 2013, 815; BFH v. 8.4.2014 – IX R 45/13, BStBl. II 2015, 635. Im Wesentlichen zustimmend *von Bornhaupt*, K/S/M EStG, § 9 Rn. B 174; *Kreft*, H/H/R EStG, § 9 Rn. 147; *Krüger*, Schmidt EStG § 9 Rn. 42; *Thürmer*, Brandis/Heuermann EStG, § 9 Rn. 114.

252 *Bleschik*, BeckOK EStG, § 19 Rn. 1; *Breinersdorfer*, K/S/M EStG, § 19 Rn. A 1; *Brick*, Nichtselbstständige Arbeit, S. 5 f.; *Pflüger*, H/H/R EStG, § 19 Rn. 8; *Traxel*, DStZ 1989, 553 (554); auch *Wengerofsky*, DStR 2015, 806 (807).

253 *Bleschik*, BeckOK EStG, § 19 Rn. 1; *Breinersdorfer*, K/S/M EStG, § 19 Rn. A 11; *Brick*, Nichtselbstständige Arbeit, S. 6; *Eisgruber*, Kirchhof/Seer EStG, § 19 Rn. 1; *Pflüger*, H/H/R EStG, § 19 Rn. 1; *Schmidt*, BB 1983, 1092 (1093). Hingegen bezeichnet *Bergkemper*, FR 2011, 1043 (1045) die Aufzählung als eine *„typisierende Festlegung der Einkunftsart"*.

254 *Bleschik*, BeckOK EStG, § 19 Rn. 1; *Geserich*, Brandis/Heuermann EStG, § 19 Rn. 9; *Eisgruber*, Kirchhof/Seer EStG, § 19 Rn. 11; *Stallknecht*, Vereinfachungsnormen, S. 28.

255 Prägnant *Drüen*, DStJG Bd. 40 (2017), S. 11 (15); ähnlich *Traxel*, DStZ 1989, 553 (554).

256 Hierzu insbesondere *Brick*, Nichtselbstständige Arbeit, S. 23.

Arbeitnehmer und Arbeitgeber – dem Dienstverhältnis – geprägt.[257] Es ist diese persönliche Beziehung zwischen Arbeitnehmer und Arbeitgeber, die die Begründung der Einkunftsart der nichtselbstständigen Arbeit und deren besondere Vollzugsform eröffnet.[258] Einkünfte aus nichtselbstständiger Arbeit stellen die Gegenleistung für das Erbringen von Arbeitsleistung dar und sind damit grundsätzlich im Verhältnis zwischen Arbeitgeber und Arbeitnehmer zu verorten.[259] Durch das Veranlassungsprinzip können aber auch Leistungen Dritter Einkünfte aus nichtselbstständiger Arbeit darstellen, wenn sie *für* eine Beschäftigung im öffentlichen oder privaten Dienst erbracht werden. Es ist Aufgabe des Veranlassungsprinzips, zu ermitteln, ob die Drittleistung für die Beschäftigung im Dienstverhältnis oder aus eigenwirtschaftlichen Gründen des Dritten erbracht wird. Weil es darum geht, einen dem Arbeitnehmer zufließenden Vermögensvorteil in die Einkunftsarten des EStG einzuordnen, muss die Frage, ob ein dem Arbeitnehmer zufließender Vorteil eine Einkunft aus nichtselbständiger Arbeit ist, in erster Linie objektiv aus der Sicht des Arbeitnehmers beurteilt werden.[260] Es ist zu fragen, ob der Arbeitnehmer einen erhaltenen Vorteil wirtschaftlich als Frucht seiner Dienstleistungen für den Arbeitgeber betrachten muss.[261]

(b) Konkretisierung des Veranlassungsprinzips?

Diese Anforderung wird, um der Aufgabe der Zuordnung von Drittleistungen zum Dienstverhältnis (vollständig) gerecht zu werden, in bestimmten Situationen konkretisiert. Allein aus dem Umstand, dass ein Dritter einem Arbeitnehmer einen wirtschaftlichen Vorteil gewährt, ergibt sich deshalb nicht ohne weiteres, dass diese Zuwendung durch das Arbeitsverhältnis veranlasst ist.[262] Dies hat seinen Hintergrund darin, dass wenn ein Dritter leistet, er dies grundsätzlich

257 Sinngemäß *Drüen*, DStJG Bd. 40 (2017), S. 11 (15); *Geserich*, Brandis/Heuermann EStG, § 19 Rn. 110; ähnlich *Krüger*, Schmidt EStG, § 19 Rn. 7, der von einer „Rechtbeziehung" spricht, und *Mösbauer*, Haftung, S. 159.

258 *Drüen*, DStJG Bd. 40 (2017), S. 11 (18); ähnlich *Mösbauer*, Haftung, S. 159.

259 Sinngemäß BFH v. 2.3.1962 – VI 255/60 U, BStBl. III 1962, 214 (216); BFH v. 13.3.1974 – VI R 212/70, BStBl. II 1974, 411 (412); BFH v. 24.10.1990 – V R 161/88, BStBl. II 1991, 337 (338); FG Köln v. 11.10.2018 – 7 K 2053/17, EFG 2019, 119 (120 f.); insbesondere auch *Strohner*, DStJG Bd. 40 (2017), S. 501 (510); *ders.*, DB 2019, 925 (925).

260 Grundlegend BFH v. 2.3.1962 – VI 255/60 U, BStBl. III 1962, 214 (216).

261 Erneut grundlegend BFH v. 2.3.1962 – VI 255/60 U, BStBl. III 1962, 214 (216).

262 Prägnant *Wobst*, Drittlohn, S. 185.

aus eigenwirtschaftlichen Interessen tun wird.[263] Wenn dies wiederum der Fall ist, die Zuwendung also auf einer eigenen, unmittelbaren rechtlichen oder wirtschaftlichen Beziehung zwischen dem Steuerpflichtigen und dem Dritten beruht, ist die Zuwendung des Dritten gerade nicht durch das Dienstverhältnis veranlasst.[264] Nach Ansicht des BFH seien Einkünfte aus nichtselbstständiger Arbeit deshalb nur dann anzunehmen, wenn zwischen der Zuwendung des Dritten und der Arbeitsleistung des Arbeitnehmers eine innere Verknüpfung besteht und der Dritte nicht gegen den Willen und die Interessen des Arbeitgebers handelt. Die Fälle, in denen diese Abgrenzung virulent werden kann, sind insbesondere solche der Gewährung von Personalrabatten durch Dritte, der Zahlung von Trinkgeld,[265] von Bestechungsgeld und von Streikgeld.[266] Die Grundsätze, die für jeweils eine Art der Drittzahlung entwickelt wurden, lassen sich verallgemeinern und auch auf die jeweils anderen Arten der Drittzahlung anwenden. So grenzt der BFH zunächst lapidar dahingehend ab, ob eine Zuwendung *für* die Erbringung von Arbeitsleistung erfolgt oder „lediglich" mit dem Dienstverhältnis im Zusammenhang steht.[267]

(aa) Bestechungs- und Streikgelder

Bestechungs-[268] und Streikgeldern ist zu eigen, dass es sich bei ihnen grundsätzlich um Leistungen handelt, die gegen den Willen des Arbeitgebers erfolgen.[269] Beide stellen nach Ansicht des BFH keine Einkünfte aus nichtselbstständiger Arbeit dar. Vielmehr seien Bestechungsgelder regelmäßig sonstige Einkünfte nach

263 *Breinersdorfer*, FR 2015, 779 (780); *Strohner*, DStJG Bd. 40 (2017), S. 501 (510); *ders.*, DB 2015, 580 (582).

264 BFH v. 24.10.1990 - X R 161/88, BStBl. II 1991, 337 (338); BFH v. 10.4.2014 - VI R 62/11, BStBl. II 2015, 191 (193); zustimmend *Breinersdorfer*, FR 2015, 779 (780); *Strohner*, DB 2015, 580 (582); *Wobst*, Drittlohn, S. 185.

265 Nach § 3 Nr. 51 EStG sind Trinkgelder mittlerweile betragsmäßig unbegrenzt steuerbefreit.

266 Streikgelder haben - obwohl man annehmen könnte, dass sie durch das Dienstverhältnis veranlasst sind - nach Ansicht des BFH v. 24.10.1990 - BStBl. II 1991, 337 ihre *Rechtsgrundlage* in der Mitgliedschaft des Arbeitnehmers bei der Gewerkschaft und sind entsprechend gerade nicht durch das Dienstverhältnis veranlasst.

267 BFH v. 24.10.1997 - VI R 23/94, BStBl. II 1999, 323 (324), wobei die Formulierung wortgenau aus BT-Drs. 7/1470, S. 303 übernommen wurde.

268 Da die Begriffe des Bestechungs- und des Schmiergelds grundsätzlich synonym verstanden werden, spricht diese Arbeit einheitlich von Bestechungsgeld.

269 So jedenfalls *Brick*, Nichtselbstständige Arbeit, S. 1 f.; ähnlich *Wobst*, Drittlohn, S. 184.

§ 22 Nr. 3 EStG,[270] denn zumindest wenn Bestechungsgeld ohne Wissen und entgegen den Interessen des Arbeitgebers gezahlt wird, sei es nicht durch das Arbeitsverhältnis veranlasst.[271]

Streikgelder hingegen zählen weder zu den Einkünften aus nichtselbständiger Arbeit, noch stellen sie eine Entschädigung für entgangene Einnahmen aus einer Leistung i. S. des § 22 Nr. 3 EStG dar.[272] Sie stünden nach Ansicht des BFH lediglich in Zusammenhang mit dem Dienstverhältnis, würden aber nicht für die Erbringung von Arbeit geleistet und stellten deshalb keine Einkünfte aus nichtselbstständiger Arbeit dar.[273] Der Arbeitnehmer kann – objektiv betrachtet – Streikgelder nicht als Frucht oder Gegenleistung für seine gegenüber dem Arbeitgeber erbrachte Arbeitsleistung ansehen.[274]

(bb) Trinkgelder

Das wohl praktisch am häufigsten auftretende Beispiel für eine echte Lohnzahlung durch Dritte ist die Gewährung von Trinkgeld (an Arbeitnehmer). Da Trinkgelder regelmäßig für eine Beschäftigung in einem Dienstverhältnis geleistet werden (vgl. § 19 Abs. 1 S. 1 Nr. 1 EStG),[275] unterlägen sie als Einnahmen aus nichtselbstständiger Arbeit grundsätzlich der Lohnsteuer.[276] Unter dem

270 Schon RFH v. 21.9.1944 – IV 29/44, RStBl. 1944, 731; weiterhin BFH v. 26.1.2000 – IX R 87/95, BStBl. II 2000, 396 (Ls.); BFH v. 31.5.2000 – IX R 73-96, BFH/NV 2001, 25 (26); BFH v. 20.7.2007 – XI B 193/06, BFH/NV 2007, 1887 (1887); BFH v. 16.6.2015 – IX R 26/14, BStBl. II 2015, 1019 (1020).

271 BFH v. 26.1.2000 – IX R 87/95, BStBl. II 2000, 396 (397); BFH v. 20.7.2007 – XI B 193/06, BFH/NV 2007, 1887 (1887); BFH v. 16.6.2015 – IX R 26/14, BStBl. II 2015, 1019 (1020).

272 Grundlegend BFH v. 24.10.1990 – X R 161/88, BStBl. II 1991, 337 (338).

273 Erneut BFH v. 24.10.1990 – X R 161/88, BStBl. II 1991, 337 (338); auch BT-Drs. 7/1470, S. 303, wobei sich diese ausdrücklich auf den Lohnsteuerabzug bezieht; außerdem schon BFH v. 30.10.1970 – VI R 273/67, BStBl. II 1971, 138 (140 f.); BFH v. 30.3.1982 – III R 150/80, BStBl. II 1982, 552 (Ls.).

274 Grundlegend BFH v. 24.10.1990 – X R 161/88, BStBl. II 1991, 337 (338).

275 Wie schon geschildert, ist nicht relevant, wer leistet. Entscheidend ist, dass die Einnahmen durch das Dienstverhältnis veranlasst sind.

276 Sinngemäß beispielsweise BFH v. 3.5.2007 – VI R 37/05, BStBl. II 2007, 712 (713); BFH v. 10.3.2015 – VI R 6/14, BStBl. II 2015, 767 (767); BFH v. 18.6.2015 – VI R 37/14, BStBl. II 2016, 751 (752); *Krüger*, Schmidt EStG, § 3 Nr. 51 Rn. 170; *Steiner*, Lademann EStG, § 3 Rn. 346.

Begriff des Trinkgelds versteht man grundsätzlich[277] eine dem dienstleistenden Arbeitnehmer vom Kunden oder Gast gewährte zusätzliche Vergütung, die eine gewisse persönliche Beziehung[278] zwischen dem Arbeitnehmer und dem Dritten voraussetzt.[279] Trinkgeld ist eine freiwillige und typischerweise persönliche Zuwendung an den Bedachten als eine Art honorierende Anerkennung seiner dem Leistenden gegenüber erwiesenen Mühewaltung in Form eines kleineren Geldgeschenks.[280] Strukturell zeichnen sich Trinkgeldzahlungen – wie alle Formen der Drittleistungen – typischerweise durch eine doppelte Leistungsbeziehung aus.[281] Anschaulich wird diese durch den Gesetzeswortlaut des § 3 Nr. 51 EStG präzisiert,[282] indem dort die Formulierungen „*anlässlich einer Arbeitsleistung*" und „*zusätzlich zu dem Betrag* [...], *der für diese Arbeitsleistung zu zahlen ist*" verwandt werden. So setzt eine Trinkgeldzahlung die dem Arbeitgeber erbrachte Arbeitsleistung gleichsam als Hauptleistung voraus; das Trinkgeld ist zusätzliches

277 Abgestellt wird hier auf die Sichtweise des Steuerrechts. Für das Arbeitsrecht findet sich eine Definition des Trinkgeldbegriffs in § 107 Abs. 3 S. 2 GewO.

278 Das Merkmal der persönlichen Beziehung wurde mit dem Urteil des BFH v. 19.7.1963 – VI 73/62 U, BStBl. III 1963, 479 eingeführt. Notwendig zu dessen Erfüllung ist allein, dass der Kunde im Hinblick auf die ihm zugutekommende Arbeitsleistung seine Trinkgeldzahlung vornimmt; so zumindest *Bowitz*, DStZ 1995, 553 (556). Die persönliche Beziehung reicht gerade nicht aus, um eigenwirtschaftliche Interessen des Dritten anzunehmen, denn der Dritte will gerade die Dienste des Arbeitnehmers entlohnen.

279 So BFH v. 18.12.2008 – VI R 8/06, BFH/NV 2009, 382 (383); BFH v. 3.5.2007 – VI R 37/05, BStBl. II 2007, 712 (713); BFH v. 18.6.2015 – VI R 37/14, BStBl. II 2016, 751 (752); zurückgehend auf BFH v. 19.7.1963 – VI 73/62 U, BStBl. III 1963, 479; zustimmend insbesondere *Wobst*, Drittlohn, S. 188 f.; kritisch *Bowitz*, DStZ 1995, 553 (556).

280 BFH v. 3.5.2007 – VI R 37/05, BStBl. II 2007, 712 (713); BFH v. 18.12.2008 – VI R 8/06, BFH/NV 2009, 382 (383); zustimmend erneut *Wobst*, Drittlohn, S. 189; ähnlich auch *Bowitz*, DStZ 1995, 553 (554); *H. G. Fischer*, BB 1983, 1648 (1648); *Krüger*, Schmidt EStG, § 3 Nr. 51 Rn. 170; *Kruse*, StuW 2001, 366 (366); *Steiner*, Lademann EStG, § 3 Rn. 346.

281 BFH v. 3.5.2007 – VI R 37/05, BStBl. II 2007, 712 (713); BFH v. 10.3.2015 – VI R 6/14, BStBl. II 2015, 767 (767); *Krüger*, Schmidt EStG, § 3 Nr. 51 Rn. 170; im Ansatz auch *Bowitz*, DStZ 1995, 553 (555).

282 BFH v. 3.5.2007 – VI R 37/05, BStBl. II 2007, 712 (713).

Entgelt für eine anlässlich dieser Arbeit erbrachten Leistung.[283] Aus Sicht des Trinkgeldempfängers – also des Arbeitnehmers – stellen sich freiwillig durch Dritte gezahlte Trinkgelder wirtschaftlich als Frucht seiner Dienstleistung für den Arbeitgeber dar.[284] Aus der Sicht des Kunden – also des Dritten – handelt es sich bei der Trinkgeldzahlung nicht um eine vom Dienstverhältnis losgelöste, aus privaten Motiven erfolgte Schenkung an den Trinkgeldempfänger, sondern um zusätzliches Entgelt für die entgegengenommene Dienstleistung.[285] Mittlerweile[286] sind Trinkgelder betragsmäßig unbegrenzt steuerbefreit. Gemäß § 3 Nr. 51 EStG sind Trinkgelder, die anlässlich einer Arbeitsleistung dem Arbeitnehmer von Dritten freiwillig und ohne dass ein Rechtsanspruch auf sie besteht, hingegeben werden, steuerfrei. Die Steuerbefreiung ist konstitutiv, da es sich bei Trinkgeldern grundsätzlich – wie schon ausgeführt – um Einkünfte aus nichtselbstständiger Arbeit (§ 19 Abs. 1 Nr. 1 EStG) handelt.[287]

Keine Trinkgelder – und damit auch nicht nach § 3 Nr. 51 EStG steuerfrei – sind aus einem sogenannten *Spielbanktronc* finanzierte Zahlungen.[288] Arbeitnehmer von Betreibern einer Spielbank werden nach Maßgabe von Landesgesetzen

283 BFH v. 3.5.2007 – VI R 37/05, BStBl. II 2007, 712 (713); BFH v. 10.3.2015 – VI R 6/14, BStBl. II 2015, 767 (767); ähnlich *Krüger*, Schmidt EStG, § 3 Nr. 51 Rn. 170; lediglich im Ansatz *Steiner*, Lademann EStG, § 3 Rn. 346 oder auch *Kruse*, StuW 2001, 366 (366), der zur Definition des Trinkgeldbegriffes einen historischen Ansatz wählt.

284 BFH v. 23.10.1992 – VI R 62/88, BStBl. II 1993, 117 (118); BFH v. 18.6.2015 – VI R 37/14, BStBl. II 2016, 751 (752); im Ansatz auch *Bowitz*, DStZ 1995, 553 (555).

285 BFH v. 23.10.1992 – VI R 62/88, BStBl. II 1993, 117 (118); wohl auch *Bowitz*, DStZ 1995, 553 (555); a.A. *Richter*, DStR 1992, 1269 (1270).

286 Eingeführt mit Wirkung zum 1.1.2002 durch das Gesetz zur Steuerfreistellung von Arbeitnehmertrinkgeldern vom 8.8.2002, BGBl. I 2002, 3111.

287 Insbesondere BFH v. 23.2.1951 – IV 171/50 S, BStBl. III 1951, 80 (81); BFH v. 2.3.1962 – VI 255/60, BStBl. III 1962, 214 (216); BFH v. 19.7.1963 – VI 73/62 U, BStBl. III 1963, 479 (479); BFH v. 13.3.1974 – VI R 212/70, BStBl. II 1974, 411 (412); BFH v. 23.10.1992 – VI R 62/88, BStBl. II 1993, 117 (Ls.); auch *H. G. Fischer*, BB 1983, 1648 (1648); *Kloubert*, DStR 2000, 231 (232); *Levedag*, Schmidt EStG § 3 Rn. 170; *Niklaus*, BeckOK EStG, § 3 Nr. 51 Rn. 3; *Steiner*, Lademann EStG, § 3 Rn. 346; a.A. *Crezelius*, DStJG Bd. 9 (1986), S. 85 (109 ff.); *Richter*, DStR 1992, 1269 (1270).

288 BFH v. 18.12.2008 – VI R 49/06, BStBl. II 2009, 820 (Ls.); auch FG Berlin-Brandenburg v. 14.5.2014 – 7 K 7031/11, DStRE 2015, 513 (513 f.).

und Tarifverträgen im Allgemeinen[289] aus dem „*Tronc*“ bezahlt.[290] Den Tronc bildet das Gesamtaufkommen von Bedienungsgeldern, die die Spielbankbesucher hinterlassen.[291] Der Gesamtbetrag der im Tronc angesammelten Bedienungsgelder wird dann nach einem im Voraus festgelegten Schlüssel auf die einzelnen Arbeitnehmer verteilt.[292] Dies hat seinen Hintergrund darin, dass es dem in einer Spielbank beschäftigten spieltechnischen Personal grundsätzlich gesetzlich untersagt ist, von den Besuchern der Spielbank Zuwendungen anzunehmen, die ihm mit Rücksicht auf die berufliche Tätigkeit gemacht werden, vgl. Art. 8 Abs. 1 S. 1 BaySpielbG, § 14 Abs. 1 S. 1 HSpielbOCG, § 16 Abs. 1 SpielbG-Saar. Zuwendungen der Besucher sind vielmehr nur zulässig, wenn sie entsprechenden Behältern und damit dem Tronc zugeführt werden, vgl. Art. 8 Abs. 1 S. 2 BaySpielbG, § 14 Abs. 1 S. 1 HSpielbOCG, § § 16 Abs. 2 SpielbG-Saar. Der Betreiber der Spielbank hat den Tronc für das Personal, das bei der Spielbank beschäftigt ist, zu verwalten und zu verwenden, § 2 Abs. 1 BayTroncV, § 14 Abs. 2 HSpielbOCG. Im Gegensatz zum Liquidationspool eines Chefarztes wird der Spielbankbetreiber darüber hinaus durch Zuführung der Beträge in die entsprechenden Behältnisse privatrechtlich Eigentümer des Troncaufkommens.[293] Durch die Verwendung des Troncaufkommens verfügt der Betreiber der Spielbank deshalb nicht unmittelbar über das Vermögen der Arbeitnehmer, sondern über sein eigenes Vermögen.[294] Das Troncaufkommen darf allerdings ausschließlich – mit den Einschränkungen der Verwendung für gemeinnützige Zwecke, vgl. § 2 Abs. 1 BayTroncV, § 14 Abs. 2 HSpielbOCG, § 16 Abs. 4 S. 2 SpielbG-Saar – nur für Personalaufwendungen

289 Grundsätzlich stellen Trinkgelder arbeitsrechtlich kein Arbeitsentgelt dar, vgl. § 107 Abs. 3 GewO. Aufgrund ausdrücklicher Vereinbarung können Trinkgelder dagegen Teil des Arbeitslohns werden und sind dann grundsätzlich wie Sachbezüge zu behandeln, weil der Arbeitgeber dem Arbeitnehmer eine Gelegenheit zur Vereinnahmung der entsprechenden Geldbeträge verschafft und damit einen Sachbezug gewährt; prägnant *Franzen*, ErfK MiLoG, § 1 Rn. 7; ähnlich *Greiner*, BeckOK ArbR MiLoG, § 1 Rn. 52.

290 BAG v. 11.3.1998 – 5 AZR 567/98, AP BGB Croupier Nr. 20 (Ls.); übersichtlich *Dörner*, HArbR, Kap. 3 Rn. 895; auch *Hexel*, MHdB ArbR, § 20 Rn. 24.

291 *Dörner*, HArbR, Kap. 3 Rn. 895; auch *Preis*, ErfK BGB, § 611a Rn. 545.

292 *Preis*, ErfK BGB, § 611a Rn. 545.

293 BAG v. 24.7.1991 – 7 ABR 76/89, NZA 1991, 980 (980); BAG v. 28.4.1993 – 4 AZR 329/92, AP BGB § 611 Croupier Nr. 16; BAG v. 3.3.1999 – 5 AZR 363/98, AP BGB § 611 Croupier Nr. 21; BAG v. 14.8.2002 – 7 ABR 29/01, AP BetrVG 1971 § 41 Nr. 2; LAG Hessen v. 28.11.1996 – 5 Sa 220/96, NZA-RR 1997, 373 (Ls.).

294 BAG v. 14.8.2002 – 7 ABR 29/01, AP BetrVG 1971 § 41 Nr. 2; auch LAG Hessen v. 28.11.1996 – 5 Sa 220/96, NZA-RR 1997, 373 (Ls.).

verwendet werden.[295] Deshalb ist der Arbeitgeber berechtigt, aus dem Tronc beispielsweise die Arbeitgeberanteile zur Sozialversicherung zu begleichen, vgl. § 2 Abs. 1 BayTroncV.[296] Das Urlaubsentgelt des Mitarbeiters darf jedoch nicht aus dem Tronc entnommen werden, denn dies ginge allein zu Lasten der übrigen Arbeitnehmer und nicht des Arbeitgebers.[297] Kann der Tronc Mindestgehälter oder ähnliche Aufwendungen nicht decken, so hat er dem Tronc entsprechende Mittel zuzuschießen.[298] Auch für das Einkommensteuerrecht stellen sich die Zahlungen aus dem Tronc nicht als Leistungen Dritter dar, denn es leistet zum einen der Betreiber der Spielbank an die Arbeitnehmer und zum anderen erfüllt der Betreiber mit dieser Leistung einen arbeits- und gegebenenfalls auch tarifvertraglichen Anspruch seines Arbeitnehmers.[299] Es liegt damit schon keine Drittleistung vor und dementsprechend fehlt es an etwaigen eigenwirtschaftlichen Gründen eines Dritten. Vielmehr leistet der „Dritte" an die Spielbank und die Spielbank leistet dann entsprechend des im Voraus festgelegten Schlüssels.

(cc) Personalrabatte

Nach Ansicht des BFH sind also Streikgelder nicht steuerbar und Bestechungsgelder grundsätzlich als sonstige Einkünfte im Sinne des § 22 Nr. 3 EStG zu qualifizieren. Da darüber hinaus Trinkgelder nach § 3 Nr. 51 EStG steuerfrei sind, verbleiben Personalrabatte als die Form der Drittleistung, bei der stellvertretend für die übrigen Formen der Streit um die Zurechnung von Drittleistungen zu den Einkünften aus nichtselbstständiger Arbeit geführt wird.[300]

---

295 BAG v. 28.4.1993 – 4 AZR 329/92, AP BGB § 611 Croupier Nr. 16; LAG Hessen v. 28.11.1996 – 5 Sa 220/96, NZA-RR 1997, 373 (Ls.); prägnant auch *Hexel*, MHdB ArbR, § 20 Rn. 24.

296 Grundlegend BAG v. 11.3.1998 – 5 AZR 567/96, AP BGB Croupier Nr. 20; außerdem BAG v. 3.3.1999 – 5 AZR 363/98, AP BGB § 611 Croupier Nr. 21; BAG v. 15.7.2009 – 5 AZR 921/08, AP TVG Tarifverträge: Spielbanken Nr. 9 (Rn. 15); schon LAG Hessen v. 28.11.1996 – 5 Sa 220/96, NZA-RR 1997, 373 (Ls.); zustimmend *Dörner*, HArbR, Kap. 3 Rn. 895; *Preis*, ErfK BGB, § 611a Rn. 545.

297 LAG Berlin v. 13.10.1964 – Sa 68/64, FHArbSozR 12 Nr. 2026 (Ls.); zustimmend *Preis*, ErfK BGB, § 611a Rn. 545; a.A. *Hexel*, MHdB ArbR, § 20 Rn. 24.

298 Vgl. BAG v. 15.7.2008 – 5 AZR 921/08, NJOZ 2009, 3814 (Ls.).

299 Vgl. BFH v. 18.12.2008 – VI R 49/06, BStBl. II 2009, 820 (Ls.); der dies selbst im Beschluss zur entsprechenden Anhörungsrüge bestätigt, BFH v. 22.4.2009 – VI S 4/09, BeckRS 25015127.

300 In diesem Sinne *Geserich*, NWB 2015, 1610 (1611); *Wengerofsky*, DStR 2015, 806 (806 f.).

Bei der Behandlung von Personalrabatten grenzte die Finanzverwaltung und auch die Rechtsprechung ursprünglich[301] – ohne unmittelbaren Bezug zum Veranlassungsprinzip – dahingehend ab, ob der Arbeitgeber bei der Gewährung des Rabatts mitgewirkt hat.[302] Eine Mitwirkung des Arbeitgebers sollte beispielsweise dann anzunehmen sein, wenn aus dem Handeln des Arbeitgebers ein Anspruch des Arbeitnehmers auf den Preisvorteil entstanden ist, der Arbeitgeber für den Dritten Verpflichtungen übernommen hat oder zwischen dem Arbeitgeber und dem Dritten eine enge wirtschaftliche oder tatsächliche Verflechtung oder enge Beziehung sonstiger Art bestand.[303] Diese Rechtsprechung wurde jedoch dahingehend korrigiert, dass eine Mitwirkung des Arbeitgebers an Preisvorteilen, die Arbeitnehmern von dritter Seite eingeräumt werden, zwar dafür sprechen kann, dass die Drittzuwendung wirtschaftlich betrachtet Arbeitslohn ist, entscheidend ist aber, ob die Zuwendung des Dritten Prämie oder Belohnung für eine Leistung ist, die der Arbeitnehmer im Rahmen seines Arbeitsverhältnisses für den Arbeitgeber erbringt.[304] Aus diesem Grunde begründen nach der neueren Rechtsprechung auch Rabatte, die ein Arbeitgeber nicht nur seinen Arbeitnehmern, sondern auch fremden Dritten üblicherweise einräumt, bei den Arbeitnehmern keinen Arbeitslohn.[305]

Entscheidend sei vielmehr schon immer die Frage gewesen, ob der Arbeitnehmer die Zuwendung vernünftigerweise als Frucht seiner Leistung für den Arbeitgeber ansehen müsse.[306] Dies beurteile sich jedoch nicht ausschließlich nach dem Empfängerkreis der Drittzuwendung, sondern nach deren *Rechtsgrund* und damit nicht zuletzt danach, ob der Dritte den Vorteil aus eigenwirtschaftlichem Interesse oder im Interesse des Arbeitgebers gewährt.[307] Mit dem Abstellen auf den Rechtsgrund setzt sich der BFH allerdings zum Veranlassungsprinzip in Widerspruch, das als steuerrechtliches Prinzip durch wirtschaftliche

301 Die entsprechende Entwicklung übersichtlich darstellend *Breinersdorfer*, FR 2015, 779 (780 f.).

302 Zur Ansicht der Finanzverwaltung BMF v. 27.9.1993 – IV B 6 – S 2334 – 152/93, BStBl. I 1993, 814; zur Ansicht der Rechtsprechung BFH v. 30.5.2001 – VI R 123/00, BStBl. II 2002, 230 (232).

303 BMF v. 27.9.1993 – IV B 6 – S 2334 – 152/93, BStBl. I 1993, 814 (814).

304 BFH v. 10.4.2014 – VI R 62/11, BStBl. II 2015, 191 (193).

305 BFH v. 2.2.1990 – VI R 15/86, BStBl. II 1990, 472 (473 f.); BFH v. 10.4.2014 – VI R 62/11, BStBl. II 2015, 191 (192 f.).

306 BFH v. 10.4.2014 – VI R 62/11, BStBl. II 2015, 191 (193); BFH v 18. 10. 2012 – VI R 64/11, BStBl. II 2015, 184 (186).

307 BFH v 18. 10. 2012 – VI R 64/11, BStBl. II 2015, 184 (186).

Gegebenheiten geprägt und bestimmt ist.[308] Deshalb blickt es gerade nicht allein auf etwaig bestehende privatrechtliche Zusammenhänge. Auch nach § 19 Abs. 1 S. 2 EStG ist es für das Vorliegen von Einkünften aus nichtselbstständiger Arbeit gleichgültig, ob es sich um laufende oder einmalige Bezüge handelt oder ob ein Rechtsanspruch auf sie besteht. Ein Abstellen auf den Rechtsgrund kann auch schon allein deshalb nicht überzeugen, weil in Situationen der Drittleistung typischerweise auf privatrechtlicher Ebene ein selbstständiges Rechtsverhältnis zwischen Arbeitnehmer und Dritten zu demjenigen zwischen Arbeitnehmer und Arbeitgeber tritt.[309]

Dies scheint auch der BFH zu erkennen, indem er in einer nur wenig später ergangenen Entscheidung klarstellt, dass Zuwendungen Dritter dann nicht zum Arbeitslohn gehören, wenn sie auf einer eigenen unmittelbaren *rechtlichen oder wirtschaftlichen* Beziehung des Arbeitnehmers zum Dritten gründen.[310] Im gleichen Zuge konkretisiert der BFH das Kriterium, ob der Arbeitnehmer die Zuwendung vernünftigerweise als Frucht seiner Leistung für den Arbeitgeber ansehen müsse, allerdings dahingehend, dass bei Beantwortung dieser Frage ein einfacher Kausalzusammenhang im Sinne einer sine-qua-non-Betrachtung nicht genüge.[311] Erforderlich sei vielmehr eine finale Betrachtung, ob der Vorteil zugewendet wird,

308 Zur Bedeutung des rechtlichen Zusammenhangs beim Veranlassungsprinzip beispielsweise BFH v. 29.7.1997 – IX R 89/94, BStBl. II 1997, 772 (772 f.); BFH v. 27.10.1998 – IX R 44/95, BStBl. II 1999, 676 (676 f.); *Kreft*, H/H/R EStG, § 9 Rn. 153; *Thürmer*, Brandis/Heuermann EStG, § 9 Rn. 118.

309 Das betont *Breinersdorfer*, FR 2015, 779 (780); auch *Wobst*, Drittlohn, S. 27 ff.

310 BFH v. 17.7.2014 – VI R 69/13, BStBl. II 2015, 41 (42); auch BFH v. 1.9.2016 – VI R 67/14, BStBl. II 2017, 69 (71); BFH v. 16.2.2022 – VI R 53/18, BFH/NV 2022, 587 (588); sinngemäß außerdem FG Köln v. 11.10.2018 – 7 K 2053/17, EFG 2019, 119 (120); zustimmend *Geserich*, NWB 2012, 4140 (4141); *ders.*, NWB 2015, 1610 (1611); *Strohner*, DB 2015, 580 (582). *Wengerofsky*, DStR 2015, 806 (808) spricht unter Bezugnahme auf die Rechtsprechung von einem sachlichen Zusammenhang.

311 BFH v. 17.7.2014 – VI R 69/13, BStBl. II 2015, 41 (42); auch FG Hamburg v. 29.11.2017 – 1 K 111/16, EFG 2018, 490 (491).

um die Dienste des Arbeitnehmers zu entlohnen.[312] Eine rein finale Betrachtung entspricht allerdings gleichermaßen nicht dem Veranlassungsprinzip.[313]

(dd) Die Perspektive der Veranlassung

Die Frage danach, ob der Arbeitnehmer eine Zuwendung vernünftigerweise als Frucht seiner Leistung für den Arbeitgeber ansehen muss, wird vom BFH situationsabhängig konkretisiert. Bei Bestechungs- und Streikgeldern erfolgt die Konkretisierung, indem die Zuwendung auf eine innere Verknüpfung zwischen Drittem und Arbeitnehmer zurückgehen muss und der Dritte nicht gegen den Willen und die Interessen des Arbeitgebers handelt. Trinkgelder werden „anlässlich einer Arbeitsleistung" gewährt, wobei auf die Perspektiven des Arbeitnehmers und des Dritten abgestellt wird. Personalrabatte Dritter führen nur dann zu Einkünften aus nichtselbstständiger Arbeit, wenn nach einer finalen Betrachtung der Vorteil zugewendet wird, um die Dienste des Arbeitnehmers zu entlohnen. Das Abstellen auf diese unterschiedlichen Konkretisierungen könnte zum einen darauf zurückzuführen sein, dass der BFH annimmt, dass ausschließlich Arbeitslohn den Tatbestand des § 19 Abs. 1 S. 1 Nr. 1 EStG verwirkliche, und er insoweit die Perspektiven des materiellen Steuerrechts mit der des Lohnsteuerrechts vermischt. Realistischer erscheint aber, dass die Interessen deshalb berücksichtigt werden, weil die persönliche Beziehung zwischen Arbeitnehmer und Arbeitgeber die Einkunftsart prägt.[314] Unabhängig von der anzulegenden Perspektive geht es stets um den Zusammenhang einer Drittleistung zum Dienstverhältnis.

Die Zuordnung einer Drittleistung zum Dienstverhältnis ist keine Frage, mit der sich das Lohnsteuerrecht befasst. Es kommt für das Lohnsteuerrecht nicht darauf an, wie die Einkunftsart der nichtselbstständigen Arbeit bei Drittleistungen in ihren Einzelheiten konturiert wird und wie Leistungen dem Dienstverhältnis

---

312 BFH v. 17.7.2014 - VI R 69/13, BStBl. II 2015, 41 (42); FG Hamburg v. 29.11.2017 - 1 K 111/16, EFG 2018, 490 (491); zustimmend *Geserich*, NWB 2015, 1610 (1611); *Strohner*, DB 2015, 580 (581); *ders.*, DB 2019, 925 (927); wohl ablehnend BMF v. 20.1.2015 - IV C 5 - S 2360/12/10002, BStBl. I 2015, 143, wo von „überwiegend" eigenwirtschaftlichem Interesse die Rede ist. Kritisch zum Verständnis des BMF FG Köln v. 11.10.2018 - 7 K 2053/17, EFG 2019, 119 (121 f.).

313 In Zusammenhang mit Drittleistungen *Breinersdorfer*, FR 2015, 779 (781). Das Gesetz setzt seinem Wortlaut entsprechend für den Werbungskostenabzug bei den Überschusseinkünften grundsätzlich gemäß § 9 Abs. 1 S. 1 EStG Finalität voraus; dazu schon Fn. 244. Dem Zuflussprinzip wird dieser finale Zusammenhang (allein) gerade nicht gerecht.

314 In diesem Sinne *Geserich*, NWB 2015, 1610 (1611).

zugeordnet werden. Vielmehr ist für das Lohnsteuerrecht die Beziehung zwischen Arbeitnehmer und Arbeitgeber an sich, das Dienstverhältnis, bedeutsam. Dieses Dienstverhältnis gilt es zu charakterisieren und zu konturieren, denn Kern dessen ist die Beziehung zwischen Arbeitnehmer und Arbeitgeber. Es erscheint, als wäre für die Rechtsprechung das Dienstverhältnis im Sinne des § 19 EStG das entscheidende Band zwischen Arbeitnehmer und Arbeitgeber, das für die Bestimmung der lohnsteuerrechtlichen Arbeitgebereigenschaft maßgeblich ist.

(c) Das tatsächliche Synallagma

Gerade weil es den Anschein erweckt, dass für die Bestimmung der lohnsteuerrechtlichen Arbeitgebereigenschaft nach Ansicht der Finanzgerichtsbarkeit das Dienstverhältnis im Sinne des § 19 EStG maßgeblich ist, gilt es, dieses zu untersuchen. Fest steht, dass der BFH das materiell-rechtliche Zuordnungskriterium des Veranlassungsprinzips ins Lohnsteuerrecht überträgt. Dort kommt allerdings dessen Zuordnungsfunktion nicht zum Tragen. Das Lohnsteuerrecht befasst sich nicht mit der Frage, ob Einkünfte aus nichtselbstständiger Arbeit vorliegen, sondern setzt solche voraus. Das Abstellen auf das Kriterium, ob der Arbeitnehmer den erlangten Vorteil wirtschaftlich als Frucht seiner Arbeitsleistung gegenüber dem Arbeitgeber betrachten muss, zeigt allerdings auf, wie der BFH das Dienstverhältnis im Sinne der §§ 19 und 38 EStG versteht. Um dieses Verständnis nachvollziehen zu können, gilt es, die Rechtsverhältnisse, die den Einkünften aus nichtselbstständiger Arbeit zugrunde liegen, und deren Vollzug zu betrachten. Auch wenn das Steuerrecht eigenständig ist und selbstständig dogmatische Anknüpfungen und Konstruktionen bildet,[315] werden steuerwürdige Sachverhalte durch die Berechtigungen und Verpflichtungen des Steuerpflichtigen geprägt.[316] Die das Lohnsteuerrecht prägenden Berechtigungen und Verpflichtungen werden im Wesentlichen durch das Privatrecht und das öffentliche Dienstrecht abgebildet. Für das Privatrecht gilt dies, wenn den Einkünften aus nichtselbstständiger Arbeit ein „echtes" Dienstverhältnis im Sinne des § 611 BGB oder ein Arbeitsverhältnis zugrunde liegt, und für das öffentliche Dienstrecht ist das (insbesondere) dann der Fall, wenn den Einkünften ein Beamtenverhältnis zugrunde liegt.

Das Steuerrecht betrachtet die durch diese Teilrechtsordnungen geprägten Sachverhalte eigenständig mit Blick auf die individuelle Leistungsfähigkeit des Arbeitnehmers als Steuerpflichtigen. Die durch diese Teilrechtsordnungen

---

315 Hierzu schon oben S. 43 f.

316 *Schön*, StuW 2005, 247 (251); *Tipke*, Steuerrechtsordnung, Bd. I S. 44 ff.; ebenso *P. Kirchhof*, StuW 1984, 279 (301 ff.); *Schick*, Steuerschulden, S. 7.

abgebildeten Berechtigungen und Verpflichtungen bilden die tatsächliche Ursache und Grundlage der lohnsteuerrechtlichen Pflichten.[317] So erklärt es sich auch, dass der arbeitsrechtlichen Arbeitgebereigenschaft regelmäßig Indizwirkung für die Frage nach dem lohnsteuerrechtlichen Arbeitgeber eingeräumt wird.[318]

(aa) Das Arbeitsverhältnis

Der Begriff des Arbeitsverhältnisses gilt verbreitet als Typusbegriff.[319] Auf ihn wurde schon oben eingegangen.[320] Das Arbeitsverhältnis kann als besondere Art des Dienstverhältnisses mit sozialbestimmter Gestaltung der Rechte und Pflichte charakterisiert werden.[321] Das Arbeitsverhältnis ist – wie jedes andere durch gegenseitigen Vertrag begründete Austauschverhältnis – durch die im Gegenseitigkeitsverhältnis stehenden Hauptleistungspflichten geprägt. Grundsätzlich bestimmen sich im Arbeitsverhältnis aufgrund der Privatautonomie Art und Umfang von Leistung und Gegenleistung durch den zwischen den Parteien ausgehandelten Arbeitsvertrag.[322] Der Arbeitnehmer verpflichtet sich im Dienste eines anderen zur Leistung weisungsgebundener, fremdbestimmter Arbeit in persönlicher Abhängigkeit (§ 611a Abs. 1 S. 1 BGB), während sich der Arbeitgeber zur Entrichtung des vereinbarten Entgelts verpflichtet (§ 611a Abs. 2 BGB).

Die Hauptpflicht des Arbeitnehmers im Arbeitsverhältnis ist die Arbeitspflicht, also die Pflicht zur Erbringung der geschuldeten Arbeitsleistung.[323] Diese Pflicht

---

317 Unter Bezugnahme allein auf das Arbeitsrecht *Kloubert*, Rechtstellung, S. 25, 29.

318 Beispielsweise *Gercke/Kraft/Richter*, Arbeitsstrafrecht, 1. Kapitel Rn. 42 ff.; *Matz*, K/K/M Contractor Compliance, 2. Teil, 3. Kapitel Rn. 10.

319 *Joussen*, BeckOK ArbR BGB, § 611a Rn. 30; *Preis*, NZA 2018, 817 (821); *Reiserer*, BB 1998, 1258 (1260); *Thüsing*, H/W/K ArbR BGB, § 611a Rn. 25 f.; außerdem *Hromadka*, NZA 2018, 1583 (1586); *Wolf*, FS BAG, S. 709 (716); in der Konsequenz auch *Dütz/Thüsing*, ArbR, Rn. 33.

320 Oben S. 36 ff.

321 *Weidenkaff*, Grüneberg BGB, Einf. v. § 611 Rn. 5; ähnlich *Edenfeld/Bieder*, Erman BGB, § 611a Rn. 4; dazu auch *Boemke*, Schuldvertrag und Arbeitsverhältnis, S. 203; *Franzen*, RdA 2014, 1 (2); zu den Kriterien zur Ermittlung eines Arbeitsverhältnisses *Baumgärtner*, BeckOK BGB, § 611a Rn. 11 ff.; *Preis*, A/P/S Kündigungsrecht, 1. Teil, C Rn. 14 ff.; *ders.*, ErfK BGB, § 611a Rn. 8.

322 Prägnant *Ziemske*, ZBR 2001, 1 (2); zur „Wiederbelebung" der Privatautonomie im Arbeitsrecht *Loritz*, ZfA 2003, 629.

323 *Edenfeld/Bieder*, Erman BGB, § 611a Rn. 242; *Hromadka*, NZA 2012, 233 (235); *ders.*, RdA 1992, 234 (235); *Joussen*, BeckOK ArbR BGB, § 611a Rn. 342; *Langer*, Wichmann/Langer ÖDR, Rn. 556; *Preis*, ErfK BGB, § 611a Rn. 732; *Thüsing*, H/W/K ArbR BGB, § 611a Rn. 435; im Wesentlichen auch *Spinner*, MüKo BGB, § 611a Rn. 926.

ergibt sich aus dem geschlossenen Arbeitsvertrag in Verbindung mit § 611a Abs. 1 BGB.[324] Als Hauptpflicht des Arbeitnehmers steht sie im Gegenseitigkeitsverhältnis zur Entgeltzahlungspflicht des Arbeitgebers.[325] Die zu leistenden Arbeiten sind in aller Regel im Arbeitsvertrag nur rahmenmäßig festgelegt.[326] So wird die Arbeitspflicht durch zahlreiche Rechtsquellen und den Arbeitsvertrag konkretisiert.[327] Außerdem kann der Arbeitgeber einseitig die (eben nur rahmenmäßig) im Arbeitsvertrag umschriebene Leistungspflicht durch sein Direktionsrecht konkretisieren.[328]

---

324 *Dütz/Thüsing*, ArbR, Rn. 137; *Preis*, ErfK BGB, § 611a Rn. 732; a.A. *Langer*, Wichmann/Langer ÖDR, Rn. 557, wonach sich die Arbeitspflicht aufgrund der Rechtsnatur des Arbeitsvertrags als Dienstvertrag „in erster Linie" aus § 611 BGB ergibt. *Edenfeld/Bieder*, Erman BGB, § 611a Rn. 242 und *Spinner*, MüKo BGB, § 611a Rn. 926 stellen in erster Linie auf § 611a Abs. 1 BGB ab.

325 *Dütz/Thüsing*, ArbR, Rn. 137; *Preis*, ErfK BGB, § 611a Rn. 732; auch *Hromadka*, RdA 1992, 234 (235); *Joussen*, BeckOK ArbR BGB, § 611a Rn. 343; *Langer*, Wichmann/Langer ÖDR, Rn. 557.

326 Beispielsweise BAG v. 27.3.1980 – 2 AZR 506/78, AP BGB § 611 Direktionsrecht Nr. 26 (Ls.); BAG v. 20.12.1984 – 2 AZR 436/83, AP BGB § 611 Direktionsrecht Nr. 27; BAG v. 17.3.1988 – 6 AZR 268/85, AP BAT § 15 Nr. 11; BAG v. 30.3.2000 – 6 AZR 680/98, NZA 2001, 111 (112); zustimmend insbesondere *Dütz/Thüsing*, ArbR, Rn. 63; *Fischinger*, Staudinger BGB, § 611a Rn. I 1052; *Gast*, Schlechtleistung, S. 168; *Hromadka*, RdA 1992, 234 (235); *Joussen*, BeckOK ArbR BGB, § 611a Rn. 345; *Neumann*, Landmann/Rohmer GewO, § 106 Rn. 8; *Spinner*, MüKo BGB, § 611a Rn. 926; auch *Boemke*, Schuldvertrag und Arbeitsverhältnis, S. 277; *Edenfeld/Bieder*, Erman BGB, § 611a Rn. 242.

327 Jedenfalls *Preis*, ErfK BGB, § 611a Rn. 732.

328 Beispielsweise BAG v. 27.3.1980 – 2 AZR 506/78, AP BGB § 611 Direktionsrecht Nr. 26 (Ls.); BAG v. 20.12.1984 – 2 AZR 436/83, AP BGB § 611 Direktionsrecht Nr. 27; BAG v. 17.3.1988 – 6 AZR 268/85, AP BAT § 15 Nr. 11; BAG v. 30.3.2000 – 6 AZR 680/98, NZA 2001, 111 (112); zustimmend *Dütz/Thüsing*, ArbR, Rn. 63, 138; *Edenfeld/Bieder*, Erman BGB, § 611a Rn. 242; *Fischinger*, Staudinger BGB, § 611a Rn. I 1052; *Franzen*, RdA 2014, 1 (3); *Gast*, Schlechtleistung, S. 168; *Hromadka*, DB 1995, 2601 (2601); *ders.*, NZA 2012, 233 (234); *ders.*, RdA 1992, 234 (235); *Joussen*, BeckOK ArbR BGB, § 611a Rn. 345; *Neumann*, Landmann/Rohmer GewO, § 106 Rn. 8; *Preis*, ErfK BGB, § 611a Rn. 732; *Spinner*, MüKo BGB, § 611a Rn. 926; auch *Boemke*, Schuldvertrag und Arbeitsverhältnis, S. 277.

Die Zeit – nicht der Erfolg – ist das wesentliche Maß für die Arbeitsleistung.[329] Dem Arbeitgeber steht die Arbeitskraft nicht unbegrenzt, sondern nur im Rahmen des vereinbarten Zeitrahmens zur Verfügung.[330] Die Bedeutung des Zeitmoments für das Arbeitsverhältnis zeigt sich in zweierlei Hinsicht. In erster Linie werden beim Arbeitsverhältnis – wie bei jedem Dauerschuldverhältnis – die Hauptleistungspflichten beider Vertragsparteien durch eine zeitliche Komponente bestimmt.[331] Das Schuldverhältnis erlischt nicht durch Erfüllung, sondern nur durch einen besonderen Beendigungstatbestand.[332] Es wird nicht in einem Zeitpunkt, sondern im Verlauf einer Zeitspanne erfüllt.[333] In zweiter Linie ist das Zeitmoment von (noch) konkreterer Bedeutung. So wird die Leistungspflicht des Arbeitnehmers in aller Regel nach Zeiteinheiten bemessen.[334] Die Zeit ist das Maß der vom Arbeitnehmer geschuldeten Leistung.[335] Damit beeinflusst der Umfang der Arbeitszeit die Höhe des Arbeitsentgelts.[336] Aus der Bemessung der arbeitnehmerischen Leistungspflicht nach Zeiteinheiten folgt, dass im Arbeitsverhältnis die Arbeitsleistung nicht kontinuierlich zu erbringen ist, sondern sich während des Arbeitsverhältnisses Zeiten der Arbeitsleistung mit Zeiten, in denen der Arbeitnehmer von der vertraglichen Hauptpflicht frei ist, abwechseln.[337] Während der Arbeitszeit erfüllt der Arbeitnehmer grundsätzlich seine Arbeitspflicht

---

329 *Fischinger*, Staudinger BGB, § 611a Rn. I 1050; *Gast*, Schlechtleistung, S. 160; *Joussen*, BeckOK ArbR BGB, § 611a Rn. 11; *Müller*, Leistungsbegriff, S. 20, 27 f.; *Preis*, ErfK BGB, § 611a Rn. 734; *Richardi*, NZA 2017, 36 (37); *Thüsing*, H/W/K ArbR BGB, § 611a Rn. 456.

330 *Preis*, ErfK BGB, § 611a Rn. 734; *Spinner*, MüKo BGB, § 611a Rn. 12; auch *Fischinger*, Staudinger BGB, § 611a Rn. I 1050; *Franzen*, RdA 2014, 1 (3); *Thüsing*, H/W/K ArbR BGB, § 611a Rn. 456.

331 *Franzen*, RdA 2014, 1 (2); *Joussen*, BeckOK ArbR BGB, § 611a Rn. 11; *Müller*, Leistungsbegriff, S. 20, 27 f.; *Spinner*, MüKo BGB, § 611a Rn. 12; auch *Fischinger*, Staudinger BGB, § 611a Rn. I 1051.

332 *Müller*, Leistungsbegriff, S. 27, 123; *Spinner*, MüKo BGB, § 611a Rn. 12.

333 *Franzen*, RdA 2014, 1 (2); *Müller*, Leistungsbegriff, S. 27; *Spinner*, MüKo BGB, § 611a Rn. 12.

334 *Fischinger*, Staudinger BGB, § 611a Rn. I 1050; *Franzen*, RdA 2014, 1 (1); *Gast*, Schlechtleistung, S. 160; *Richardi*, NZA 2017, 36 (37); *Spinner*, MüKo BGB, § 611a Rn. 13.

335 Prägnant *Spinner*, MüKo BGB, § 611a Rn. 13; sinngleich *Franzen*, RdA 2014, 1 (1); *Joussen*, BeckOK ArbR BGB, § 611a Rn. 11; *Thüsing*, H/W/K ArbR BGB, § 611a Rn. 456; allgemein für Dauerschuldverhältnisse *Müller*, Leistungsbegriff, S. 27.

336 *Franzen*, RdA 2014, 1 (1); *Thüsing*, H/W/K ArbR BGB, § 611a Rn. 456.

337 *Müller*, Leistungsbegriff, S. 28 f.; *Spinner*, MüKo BGB, § 611a Rn. 12; auch *Franzen*, RdA 2014, 1 (3).

in jedem Augenblick, während außerhalb der Arbeitszeit die Arbeitsleistung „unterbrochen" ist.[338] So begrenzt die Arbeitszeit den Umfang des Weisungsrechts des Arbeitgebers und das Ausmaß, in dem der Arbeitnehmer in die betriebliche Organisation des Arbeitgebers eingegliedert ist.[339]

Insgesamt wird die im Arbeitsvertrag festgelegte Arbeitspflicht des Arbeitnehmers wesentlich durch das Direktions- oder Weisungsrecht (§ 611a Abs. 1 S. 2 BGB) des Arbeitgebers konkretisiert.[340] Es gehört zum wesentlichen Inhalt eines jeden Arbeitsverhältnisses.[341] Erst durch das arbeitgeberische Weisungsrecht wird die Möglichkeit eröffnet, den vertraglich zur Arbeit Verpflichteten in einer arbeitsteiligen Organisation einzusetzen.[342] Der Arbeitsvertrag bestimmt grundsätzlich lediglich einen mehr oder weniger engen Rahmen für die Art der zu erbringenden Arbeitsleistung.[343] Welche konkreten Arbeitsleistungen zu erbringen sind, ergibt sich bei Vollzug des Arbeitsvertrags aus den Anforderungen des Arbeitsplatzes und insbesondere den Weisungen des Arbeitgebers.[344] Das Weisungsrecht gestattet es dem Arbeitgeber, gegenüber dem Arbeitnehmer verhaltenslenkende Anordnungen zu treffen, die sich auf die Tätigkeit selbst oder damit zusammenhängende Verhaltensweisen beziehen.[345] Das Weisungsrecht kann Inhalt, Durchführung,

---

338 Prägnant *Müller*, Leistungsbegriff, S. 29.

339 So *Franzen*, RdA 2014, 1 (3); sinngleich *Spinner*, MüKo BGB, § 611a Rn. 941; vgl. BAG v. 15.9.2009 – 9 AZR 757/08, AP GewO § 106 Nr. 7.

340 Beispielsweise BAG v. 27.3.1980 – 2 AZR 506/78, AP BGB § 611 Direktionsrecht Nr. 26 (Ls.); BAG v. 20.12.1984 – 2 AZR 436/83, AP BGB § 611 Direktionsrecht Nr. 27; BAG v. 17.3.1988 – 6 AZR 268/85, AP BAT § 15 Nr. 11; BAG v. 30.3.2000 – 6 AZR 680/98, NZA 2001, 111 (112).

341 BAG v. 27.3.1980 – 2 AZR 506/78, AP BGB § 611 Direktionsrecht Nr. 26; auch *Fischinger*, Staudinger BGB, § 611a Rn. I 1052; *Franzen*, RdA 2014, 1 (3); *Joussen*, BeckOK ArbR BGB, § 611a Rn. 14, 354; *Müller*, Leistungsbegriff, S. 176; *Peters*, Weisungsrecht, Rn. 2.

342 *Gast*, Schlechtleistung, S. 178; *Spinner*, MüKo BGB, § 611a Rn. 149; im Wesentlichen auch *Edenfeld/Bieder*, Erman BGB, § 611a Rn. 251.

343 *Dütz/Thüsing*, ArbR, Rn. 63; *Neumann*, Landmann/Rohmer GewO, § 106 Rn. 8; *Spinner*, MüKo BGB, § 611a Rn. 74; auch *Edenfeld/Bieder*, Erman BGB, § 611a Rn. 242; *Hromadka*, RdA 1992, 234 (235); *Thüsing*, H/W/K ArbR BGB, § 611a Rn. 445; im Wesentlichen *Peters*, Weisungsrecht, Rn. 155.

344 *Neumann*, Landmann/Rohmer GewO, § 106 Rn. 15; *Spinner*, MüKo BGB, § 611a Rn. 74; ähnlich *Fischinger*, Staudinger BGB, § 611a Rn. I 1052; *Gast*, Schlechtleistung, S. 178 f.; *Hromadka*, NZA 2012, 233 (234); *ders.*, RdA 1992, 234 (235); *Joussen*, BeckOK ArbR BGB, § 611a Rn. 19; *Peters*, Weisungsrecht, Rn. 2.

345 *Langer*, Wichmann/Langer ÖDR, Rn. 444; ähnlich *Gast*, Schlechtleistung, S. 179; *Joussen*, BeckOK ArbR BGB, § 611a Rn. 355 ff.; *Spinner*, MüKo BGB, § 611a Rn. 926.

Zeit und Ort der Tätigkeit betreffen, § 611a Abs. 1 S. 2 BGB. Wie weit das Direktionsrecht des Arbeitgebers reicht, hängt in erster Linie von dem zwischen den Parteien geschlossenen Arbeitsvertrag ab.[346] Je genauer die geschuldete Tätigkeit im Vertrag beschrieben ist, desto schwächer ist das Weisungsrecht ausgeprägt.[347]

Der Umfang der Arbeitspflicht unterliegt als wesentliche Konkretisierung der Hauptleistungspflicht grundsätzlich nicht dem Direktionsrecht.[348] Schon aus seiner Konkretisierungsfunktion ergibt sich, dass der Umfang der beiderseitigen Hauptleistungspflichten nicht dem Direktionsrecht des Arbeitgebers unterliegt.[349] Der Arbeitgeber ist kraft seines Direktionsrechts in zeitlicher Hinsicht grundsätzlich nur befugt, die jeweilige Dauer und die Lage der Arbeitszeit – nicht aber deren Umfang – festzulegen und zu ändern.[350] Der durch das Weisungsrecht konkretisierten Arbeitspflicht des Arbeitnehmers steht die Vergütungspflicht des Arbeitgebers gegenüber. § 611a Abs. 2 BGB normiert diese als Hauptpflicht des Arbeitgebers im Arbeitsverhältnis. Der Arbeitgeber ist zur Erbringung der vereinbarten Gegenleistung verpflichtet, grundsätzlich wenn und soweit der vorleistungsverpflichtete Arbeitnehmer seinerseits die ihm obliegende Arbeitsleistung

---

346 *Langer*, Wichmann/Langer ÖDR, Rn. 444; *Neumann*, Landmann/Rohmer GewO, § 106 Rn. 15; *Peters*, Weisungsrecht, Rn. 157; *Spinner*, MüKo BGB, § 611a Rn. 926; außerdem *Joussen*, BeckOK ArbR BGB, § 611a Rn. 356. *Fischinger*, Staudinger BGB, § 611a Rn. I 1052 betont, dass das Direktionsrecht durch den Arbeitsvertrag sowohl eingeräumt als auch begrenzt wird.

347 *Langer*, Wichmann/Langer ÖDR, Rn. 444; *Neumann*, Landmann/Rohmer GewO, § 106 Rn. 15; *Peters*, Weisungsrecht, Rn. 157; im Wesentlichen auch *Spinner*, MüKo BGB, § 611a Rn. 926.

348 BAG v. 12.12.1984 – 7 AZR 509/83, AP KSchG 1969 § 2 Nr. 6; LAG Düsseldorf v. 30.8.2002 – 9 Sa 709/02, NZA-RR 2003, 407 (Ls., 408); zustimmend *Spinner*, MüKo BGB, § 611a Rn. 941; *Thüsing*, H/W/K ArbR BGB, § 611a Rn. 460; gleichsinnig *Fischinger*, Staudinger BGB, § 611a Rn. I 1071; *Hromadka*, DB 1995, 2601 (2601); *ders.*, RdA 1992, 234 (235 f.); *Joussen*, BeckOK ArbR BGB, § 611a Rn. 16, 355; *Peters*, Weisungsrecht, Rn. 380.

349 BAG v. 12.12.1984 – 7 AZR 509/83, AP KSchG 1969 § 2 Nr. 6; LAG Düsseldorf v. 30.8.2002 – 9 Sa 709/02, NZA-RR 2003, 407 (Ls., 408); *Preis*, in ErfK GewO, § 106 Rn. 32; *Thüsing*, H/W/K ArbR BGB, § 611a Rn. 460; eingehend *Peters*, Weisungsrecht, Rn. 134 ff.; auch *Gast*, Schlechtleistung, S. 168 ff.

350 Vgl. BAG v. 15.9.2009 – 9 AZR 757/08, AP GewO § 106 Nr. 7; *Fischinger*, Staudinger BGB, § 611a Rn. I 1082; *Gast*, Schlechtleistung, S. 173; *Hromadka*, RdA 1992, 234 (236 f.); *Neumann*, Landmann/Rohmer GewO, § 106 Rn. 23; *Spinner*, MüKo BGB, § 611a Rn. 941; *Thüsing*, H/W/K ArbR BGB, § 611a Rn. 456.

erbracht hat, vgl. § 614 S. 1 BGB.[351] Die Vergütungspflicht kann von einem Dritten übernommen werden, dem der Anspruch auf die Arbeitsleistung nicht zusteht.[352] Im Gegensatz dazu hat der Arbeitnehmer die ihm obliegende Arbeitsleistung grundsätzlich in eigener Person zu erbringen, vgl. § 613 S. 1 BGB.[353]

Die Prägung durch die im Gegenseitigkeitsverhältnis stehenden Elemente der Leistung und Gegenleistung ist keine Besonderheit des Arbeitsverhältnisses, sondern gilt (grundsätzlich) für alle gegenseitigen Verträge.[354] Kennzeichnend für gegenseitige Verträge ist die synallagmatische Verknüpfung der Hauptleistungspflichten, also eine auf dem Grundsatz „do ut des" beruhende gegenseitige Zweckbindung.[355] Die Pflicht des Arbeitnehmers zur Leistung weisungsgebundener, fremdbestimmter Arbeit in persönlicher Abhängigkeit, § 611a Abs. 1 BGB, steht im Synallagma mit der Verpflichtung des Arbeitgebers zur Zahlung der Vergütung.[356]

Wird ein Arbeitsverhältnis diesen Grundsätzen entsprechend durchgeführt, so ist lohnsteuerrechtlicher Arbeitgeber der privatrechtliche. Der Arbeitnehmer empfindet die Vergütung des Arbeitgebers als Frucht seiner Arbeitsleistung für den Arbeitgeber. Im Vollzug des Arbeitsverhältnisses muss damit das lohnsteuerrechtliche Dienstverhältnis liegen. Da das Arbeitsverhältnis allerdings erwartungsgemäß das Musterbeispiel für ein Dienstverhältnis darstellt, gibt es an sich

---

351 *Spinner*, MüKo BGB, § 611a Rn. 615; im Wesentlichen außerdem *Edenfeld/Bieder*, Erman BGB, § 611a Rn. 336; *Müller*, Leistungsbegriff, S. 263.

352 Darauf verweisen insbesondere *Edenfeld/Bieder*, Erman BGB, § 611a Rn. 339.

353 *Preis*, ErfK BGB, § 611a Rn. 733; *Spinner*, MüKo BGB, § 611a Rn. 14; auch *Fischinger*, Staudinger BGB, § 611a Rn. I 1054, 1065 ff.; *Langer*, Wichmann/Langer ÖDR, Rn. 557a; *Müller*, Leistungsbegriff, S. 20.

354 *Gast*, Schlechtleistung, S. 39 ff.; *Wolf*, FS BAG, S. 709 (713); allgemein *Grüneberg*, Grüneberg BGB, Einf. v. § 320 Rn. 5; *Müller*, Leistungsbegriff, S. 119 ff.; *H. Schmidt*, BeckOK BGB, § 320 Rn. 4; *Stadler*, Jauernig BGB, § 311 Rn. 13; die Bedeutung der Privatautonomie betonend *Emmerich*, MüKo BGB, Vor. § 320 Rn. 13.

355 *Grüneberg*, Grüneberg BGB, Einf. v. § 320 Rn. 5; *Stadler*, Jauernig BGB, § 311 Rn. 13; allgemein *Emmerich*, MüKo BGB, Vor. § 320 Rn. 13.

356 Prägnant BAG v. 27.9.2012 – 2 AZR 838/11, AP BGB § 611 Hausmeister Nr. 18; gleichsinnig insbesondere *Dütz/Thüsing*, ArbR, Rn. 137; *Fischinger*, Staudinger BGB, § 611a Rn. I 1050; *Gast*, Schlechtleistung, S. 38; *Joussen*, BeckOK ArbR BGB, § 611a Rn. 10, 35, 185; *Langer*, Wichmann/Langer ÖDR, Rn. 557a; *Müller*, Leistungsbegriff, S. 15, 261; *Spinner*, MüKo BGB, § 611a Rn. 1, 77; *Thüsing*, H/W/K ArbR BGB, § 611a Rn. 6; *Ziemske*, ZBR 2001, 1 (2).

wenig Aufschluss über die Konturierung des lohnsteuerrechtlichen Dienstverhältnisses. Aufschlussreicher erscheinen insoweit „Grenzfälle", die gerade nicht durch das privatrechtliche Synallagma von abhängiger Arbeitsleistung gegen Entgelt geprägt sind.

(bb) Das privatrechtliche Ausbildungsverhältnis

Ein privatrechtliches Ausbildungsverhältnis wird grundsätzlich nicht als Arbeitsverhältnis angesehen, allerdings erzielen Auszubildende Einkünfte aus nichtselbstständiger Arbeit. Die Ausbildungsvergütung unterliegt der Lohnsteuer. Wer auf privatrechtlicher Grundlage zu seiner Berufsausbildung angestellt ist, ist kein Arbeitnehmer.[357] Vielmehr ist das Ausbildungsverhältnis ein Dienstverhältnis der besonderen Art, das durch den Ausbildungszweck geprägt ist.[358] Dieser Ausbildungszweck besteht darin, dem Auszubildenden eine ordnungsgemäße Berufsausbildung zuteilwerden zu lassen, und gerade nicht darin, dem Ausbildenden die Arbeitsleistung des Auszubildenden zu verschaffen.[359] Nach § 10 Abs. 2 BBiG sind auf den Berufsausbildungsvertrag, soweit sich aus seinem Wesen und Zweck und aus diesem Gesetz nichts anderes ergibt, die für den Arbeitsvertrag geltenden Rechtsvorschriften und Rechtsgrundsätze anzuwenden.

---

357 Allgemein *Spinner*, MüKo BGB, § 611a Rn. 152, 1191; auch *Fischinger*, Staudinger BGB, § 611a Rn. E 299; *Hergenröder*, H/W/K ArbR BBiG, § 10 Rn. 1; bezüglich Tarifverträgen BAG v. 13.12.1972 - 4 AZR 89/72, AP BGB § 611 Lehrverhältnis Nr. 26; BAG v. 10.7.2003 - 6 AZR 348/02, NZA 2004, 269 (Ls.); bezüglich des EFZG BAG v. 20.8.2003 - 5 AZR 436/02, AP EntgeltFG § 3 Nr. 20 (Ls.); a.A. *Edenfeld/Bieder*, Erman BGB, § 611a Rn. 50, die das Ausbildungsverhältnis als Arbeitsverhältnis atypischen Inhalts charakterisieren; so im Wesentlichen auch *Preis*, ErfK BGB, § 611a Rn. 177 ff.

358 *Fischinger*, Staudinger BGB, § 611a Rn. E 300; *Hergenröder*, H/W/K ArbR BBiG, § 10 Rn. 1; *Spinner*, MüKo BGB, § 611a Rn. 1190; mit steuerrechtlichem Hintergrund, allerdings auf privat- und öffentlich-rechtlich geprägte Begrifflichkeiten abstellend, BFH v. 18.7.1985 - VI R 93/80, BStBl. II 1985, 644 (645); zustimmend *Bleschick*, BeckOK EStG, § 19 Rn. 218.

359 BAG v. 13.12.1972 - 4 AZR 89/72, AP BGB Lehrverhältnis Nr. 26; auch BAG v. 10.7.2003 - 6 AZR 348/02, NZA 2004, 269 (Ls.); a.A. *Edenfeld/Bieder*, Erman BGB, § 611a Rn. 50, wonach die Ausbildungsverpflichtungen und Fürsorgepflichten die arbeitsvertraglichen Pflichten nicht verdrängen.

Der Inhalt des Ausbildungsverhältnisses kann dahingehend beschrieben werden, dass der Auszubildende hauptsächlich verpflichtet ist, sich ausbilden zu lassen, während die Hauptpflicht des Ausbilders darin besteht, dem Auszubildenden die für das Erreichen des Ausbildungsziels erforderlichen Kenntnisse und Fertigkeiten zu vermitteln.[360] Allerdings umfasst die Pflicht des Auszubildenden, sich ausbilden zu lassen, das Bemühen, Fertigkeiten und Kenntnisse zu erwerben, die erforderlich sind, um das Ausbildungsziel zu erreichen, vgl. § 13 BBiG.[361] Dies umschließt die Verpflichtung, die im Rahmen der Berufsausbildung aufgetragenen Verrichtungen sorgfältig ausführen und den der Berufsausbildung dienenden Weisungen zu folgen, § 13 Nr. 1 und 3 BBiG.[362] Auch im Rahmen des Ausbildungsdienstverhältnisses schuldet der Auszubildende demnach seine Dienste, wenn auch zum Zwecke der Ausbildung.[363] Darüber hinaus ist er in die Organisation des Ausbildungsbetriebes eingegliedert und gegenüber dem Ausbildungsbetrieb weisungsgebunden. Die Weisungsgebundenheit des Auszubildenden reicht dabei weiter als die eines Arbeitnehmers.[364] Der Auszubildende hat allen Weisungen Folge zu leisten, die im weitesten Sinne zur Erreichung des Ausbildungszieles sowie zu seiner Erziehung notwendig sind.[365]

Dem gegenüber stehen die Pflichten des Ausbildenden, der neben der Hauptpflicht, dem Auszubildenden die für das Erreichen des Ausbildungsziels erforderlichen Kenntnisse und Fertigkeiten zu vermitteln, auch insbesondere dazu verpflichtet ist, die Ausbildungsvergütung zu zahlen, vgl. § 17 Abs. 1 BBiG.[366] Die Ausbildungsvergütung hat (arbeitsrechtlich) Mischcharakter, sie ist

---

360 Allgemein BAG v. 12.2.2015 – 6 AZR 845/13, AP BBiG § 22 Nr. 1; in Bezug auf Tarifverträge BAG v. 13.12.1972 – 4 AZR 89/72, AP BGB § 611 Lehrverhältnis Nr. 26; BAG v. 10.7.2003 – 6 AZR 348/02, NZA 2004, 269 (Ls.); generell zustimmend *Edenfeld/Bieder*, Erman BGB, § 611a Rn. 338.

361 So BAG v. 17.8.2000 – 8 AZR 578/99, AP BBiG § 3 Nr. 7; auch BAG v. 12.2.2015 – 6 AZR 845/13, AP BBiG § 22 Nr. 1; zustimmend *Edenfeld/Bieder*, Erman BGB, § 611a Rn. 50; *Spinner*, MüKo BGB, § 611a Rn. 1197; ähnlich *Hergenröder*, H/W/K ArbR BBiG, § 13 Rn. 1.

362 So erneut BAG v. 17.8.2000 – 8 AZR 578/99, AP BBiG § 3 Nr. 7; zustimmend Spinner, MüKo BGB, § 611a Rn. 1197.

363 *Bleschick*, BeckOK EStG, § 19 Rn. 218.

364 *Hergenröder*, H/W/K ArbR BBiG, § 13 Rn. 7.

365 *Hergenröder*, H/W/K ArbR BBiG, § 13 Rn. 7.

366 BAG v. 17.8.2000 – 8 AZR 578/99, AP BBiG § 3 Nr. 7; unter besonderer Betonung der Vergütungspflicht *Edenfeld/Bieder*, Erman BGB, § 611a Rn. 50.

Entgeltzahlung *und*[367] Unterhaltsbeitrag.[368] Obwohl also im Ausbildungsverhältnis nicht der Austausch von Arbeitsleistung und Arbeitsvergütung im Vordergrund steht, hat der Auszubildende in gewisser Weise Arbeit zu leisten und wird dafür vergütet.[369]

Aus lohnsteuerrechtlicher Perspektive stellt sich erneut die Frage, ob sich die Ausbildungsvergütung für den (potentiellen) Arbeitnehmer als Frucht oder Gegenleistung seiner Arbeitsleistung für den Arbeitgeber darstellt.[370] Zur Beantwortung dieser Frage stützt sich der BFH auf die aus § 1 Abs. 2 LStDV gewonnenen Merkmale des Tätigwerdens unter fremder Leitung und der Weisungsgebundenheit.[371] Unabhängig von der privatrechtlichen Einordnung des Ausbildungsverhältnisses und seinem Zweck habe der Auszubildende jedenfalls im Rahmen seiner Dienstleistungen Weisungen Folge zu leisten und werde hierfür auch entlohnt.[372] Dass die Ausbildungsvergütung Entgeltzahlung und Unterhaltsbeitrag ist, sei für das Lohnsteuerrecht irrelevant, denn sie wird nur gewährt, wenn der Auszubildende dem Dienstherrn seine Dienste, wenn auch zum Zwecke der Ausbildung, zur Verfügung stellt und wenn er sich dessen Weisungen unterwirft.[373] Der Auszubildende erbringt bei Vollzug des Ausbildungsverhältnisses

367 Darüber hinaus soll die Ausbildungsvergütung auch generell – ohne Bezug auf das Gegenseitigkeitsverhältnis – die Heranbildung eines ausreichenden Nachwuchses an qualifizierten Fachkräften gewährleisten, so BAG v. 24.10.2002 – 6 AZR 626/00, AP BBiG § 10 Nr. 12; BAG v. 15.12.2005 – 6 AZR 224/05, AP BBiG § 10 Nr. 15; BAG v. 16.7.2013 – 9 AZR 784/11, AP BBiG § 17 Nr. 10; BAG v. 29.4.2015 – 9 AZR 108/14, AP BBiG § 17 Nr. 13; auch BAG v. 11.10.1995 – 5 AZR 258/94, AP BBiG § 10 Nr. 6, st. Rspr.; zustimmend *Hergenröder*, H/W/K ArbR BBiG, § 17 Rn. 1; *Spinner*, MüKo BGB, § 611a Rn. 1196; vgl. auch BT-Drs. V/4260, S. 9.

368 BAG v. 13.12.1972 – 4 AZR 89/72, AP BGB Lehrverhältnis Nr. 26; BAG v. 11.10.1995 – 5 AZR 258/94, AP BBiG § 10 Nr. 6; BAG v. 24.10.2002 – 6 AZR 626/00, AP BBiG § 10 Nr. 12; BAG v. 15.12.2005 – 6 AZR 224/05, AP BBiG § 10 Nr. 15; BFH v. 18.7.1985 – VI R 93/80, BStBl. II 1985, 644 (645); vgl. auch BT-Drs. V/4260, S. 9.

369 Im Wesentlichen (unter Bezugnahme auf das EFZG) BAG v. 20.8.2003 – 5 AZR 436/02, AP EntgeltFG § 3 Nr. 20; auch *Edenfeld/Bieder*, Erman BGB, § 611a Rn. 50.

370 Vgl. zu dieser Frage bei Qualifikation der Ausbildungsvergütung als Einkünfte aus nichtselbstständiger Arbeit BFH v. 18.7.1985 – VI R 93/80, BStBl. II 1985, 644.

371 Zur Bedeutung dieser Merkmale in der Definition des Arbeitgeberbegriffs der Finanzgerichtsbarkeit oben S. 55 ff.

372 Grundlegend BFH v. 18.7.1985 – VI R 93/80, BStBl. II 1985, 644.

373 BFH v. 18.7.1985 – VI R 93/80, BStBl. II 1985, 644 (645); so auch zu öffentlich-rechtlichen Ausbildungsverhältnissen insbesondere BFH v. 12.8.1983 – VI R 155/80, BStBl. II 1983, 718.

weisungsabhängige Dienste gegen Entgelt. Auf diesen Leistungsaustausch blickt das (Lohn-)Steuerrecht.

(cc) Das Organverhältnis

Regelmäßig werden Einkünfte, denen ein „echtes" privates Dienstverhältnis zugrunde liegt, nicht als solche aus nichtselbstständiger Arbeit nach § 19 EStG zu qualifizieren sein, denn es fehlt (regelmäßig) gerade an der Nichtselbstständigkeit. Ein privatrechtlich als „echt" oder „selbstständig" zu qualifizierendes Dienstverhältnis, das im Einkommensteuerrecht zu Einkünften aus nichtselbstständiger Arbeit führt, liegt regelmäßig nur zwischen Organen juristischer Personen und der jeweiligen juristischen Person vor. Prinzipiell ist bei Vertretern juristischer Personen zwischen der Organstellung und dem ihr zugrundeliegenden Anstellungsverhältnis zu unterscheiden.[374] Beide Verhältnisse sind dem gesellschaftsrechtlichen Trennungsgrundsatz entsprechend in ihrem Bestand voneinander unabhängig.[375] Rechtsfragen der Organstellung unterliegen allein den jeweiligen gesellschaftsrechtlichen Vorschriften.[376] So sind die Bestellung und die Abberufung des Vertretungsorgans ausschließlich körperschaftliche Rechtsakte, vgl. § 6 Abs. 3 S. 2, § 46 Nr. 5 GmbHG, § 84 AktG. Durch sie werden gesetzliche und satzungsmäßige Kompetenzen übertragen oder entzogen.[377] Davon ist die Anstellung einer natürlichen Person zum Zwecke des Tätigwerdens

---

374 Aus privatrechtlicher Perspektive *Fischinger*, Staudinger BGB, § 611a Rn. F 374; *Spinner*, MüKo BGB, § 611 Rn. 40; *Schwedhelm/Wollweber*, FormB RS, A. 6.26 Rn. 8; *Thüsing*, H/W/K ArbR BGB, § 611a Rn. 12 ff.; aus gesellschaftsrechtlicher Sicht *Altmeppen*, Altmeppen GmbHG, § 6 Rn. 79; *W. Goette*, MüKo GmbHG, § 6 Rn. 78; *Spindler*, MüKo AktG, § 84 Rn. 64; *Wisskirchen/Zoglowek*, BeckOK GmbHG, § 6 Rn. 66 f.

375 BFH v. 20.10.2010 – VIII R 34/08, BFH/NV 2011, 585 (586 f.); BFH v. 4.11.2021 – VI R 22/19, BStBl. II 2022, 562 (565); BGH v. 26.6.1995 – II ZR 109/94, NJW 1995, 2850 (2850); BGH v. 10.5.2010 – II ZR 70/09, NZA 2010, 889 (890); FG München v. 18.4.2012 – 9 K 1249/09, EFG 2012, 1550 (1552); FG Rheinland-Pfalz v. 31.10.2018 – 1 K 1880/17, EFG 2019, 861 (862).

376 BAG v. 26.5.1999 – 5 AZR 664/98, NZA 1999, 987 (989); BFH v. 20.10.2010 – VIII R 34/08, BFH/NV 2011, 585 (586 f.); *Altmeppen*, Altmeppen GmbHG, § 6 Rn. 81; *W. Goette*, MüKo GmbHG, § 6 Rn. 78; *Fischinger*, Staudinger BGB, § 611a Rn. E 374; *Spindler*, MüKo AktG, § 84 Rn. 64.

377 BFH v. 20.10.2010 – VIII R 34/08, BFH/NV 2011, 585 (586 f.); FG Rheinland-Pfalz v. 31.10.2018 – 1 K 1880/17, EFG 2019, 861 (862); *Spinner*, MüKo BGB, § 611 Rn. 40.

als Vertretungsorgan zu unterscheiden.[378] Insofern wird meist ein schuldrechtlicher gegenseitiger Vertrag geschlossen.[379] Wird das Organ, wie üblich, gegen Entgelt tätig, ist der Anstellungsvertrag (regelmäßig) als (Geschäftsbesorgungs-) Dienstvertrag zu qualifizieren.[380] Für einen Arbeitsvertrag fehlt es (regelmäßig) an der zivilrechtlichen Unselbstständigkeit.[381] Dieser (freie) Dienstvertrag ist auf eine Geschäftsbesorgung durch Ausübung der entsprechenden Organtätigkeit gerichtet.[382] Nachrangig zum gesellschaftsrechtlichen Organverhältnis regelt er diejenigen Rechtsbeziehungen zur Gesellschaft, die nicht bereits durch die organschaftliche Stellung vorgegeben sind.[383] Steigt ein Arbeitnehmer innerhalb der Arbeitsorganisation der Gesellschaft, zu der er in einem Arbeitsverhältnis steht, zu einem Organ auf, so wandelt sich dieses Arbeitsverhältnis regelmäßig in ein freies Dienstverhältnis um.[384]

Das Arbeitsverhältnis ist eine besondere Form des Dienstverhältnisses. Deshalb gilt das Gros obiger Ausführungen zum Arbeitsvertragsrecht auch für das zivilrechtliche Dienstverhältnis. Insbesondere sind sowohl der Arbeitnehmer als auch der Dienstverpflichtete zur Leistung der versprochenen Dienste verpflichtet, § 611 Abs. 1 Alt. 1 BGB. Dienstleistungen sind hier wie dort Gegenstand des

---

378 BFH v. 20.10.2010 – VIII R 34/08, BFH/NV 2011, 585 (586 f.); BFH v. 4.11.2021 – VI R 22/19, BStBl. II 2022, 562 (565); *Fischinger*, Staudinger BGB, § 611a Rn. F 374; *W. Goette*, MüKo GmbHG, § 6 Rn. 78; *Spinner*, MüKo BGB, § 611 Rn. 40.

379 *Altmeppen*, Altmeppen GmbHG, § 6 Rn. 79; *W. Goette*, MüKo GmbHG, § 6 Rn. 78; *Spinner*, MüKo AktG, § 84 Rn. 64; *ders.*, MüKo BGB, § 611 Rn. 40.

380 BAG v. 24.11.2005 – 2 AZR 614/04, AP KSchG 1969 § 1 Wartezeit Nr. 19; BAG v. 21.1.2019 – 9 AZB 23/18, AP ArbGG 1979 § 5 Nr. 75 (Ls.); BAG v. 127.4.2021 – 2 AZR 540/20, AP KSchG 1969 § 23 Nr. 53; BFH v. 20.10.2010 – VIII R 34/08, BFH/NV 2011, 585 (586 f.); BGH v. 11.7.1953 – II ZR 126/52, NJW 1953, 1465 (Ls.); BGH v. 9.11.1967 – II ZR 64/67, NJW 1968, 396 (396); BGH v. 10.5.2010 – II ZR 70/09, NZA 2010, 889 (890); *Fischinger*, Staudinger BGB, § 611a Rn. E 374; *Spinner*, MüKo BGB, § 611 Rn. 40; *Schwedhelm/Wollweber*, FormB RS, A. 6.26 Rn. 9; *Wisskirchen/Zoglowek*, BeckOK GmbHG, § 6 Rn. 68.

381 Darauf verweisen *Schwedhelm/Wollweber*, FormB RS, A. 6.26 Rn. 9; auch *Altmeppen*, Altmeppen GmbHG § 6 Rn. 79; *Spindler*, MüKo AktG, § 84 Rn. 64.

382 Vgl. BAG v. 21.1.2019 – 9 AZB 23/18, AP ArbGG 1979 § 5 Nr. 75 (Ls.); BGH v. 10.5.2010 – II ZR 70/09, NZA 2010, 889 (890).

383 Vgl. BGH v. 10.5.2010 – II ZR 70/09, NZA 2010, 889 (890).

384 *Spinner*, MüKo AktG, § 84 Rn. 64; *ders.*, MüKo BGB, § 611 Rn. 42; jeweils unter Bezugnahme auf BAG v. 7.10.1993 – 2 AZR 260/93, AP ArbGG 1979 § 5 Nr. 16; BAG v. 21.2.1994 – 2 AZB 28/93, AP ArbGG 1979, § 5 Rn. 17; BAG v. 14.6.2006 – 5 AZR 592/05, AP ArbGG 1979, § 5 Nr. 62.

Vertrags; die Leistungspflichten sind zeitbezogen bestimmt.[385] Den Vertragstyp des Dienstvertrags prägt, dass der Schuldner seine Dienste demjenigen, dem er sie versprochen hat, für eine Zeit zur Disposition stellt.[386] Der maßgebliche Unterschied zwischen selbstständigem Dienst- und Arbeitsvertrag liegt in der abhängigen Erbringung von Arbeit, im Wesentlichen konkretisiert durch das Leitungsrecht des Arbeitgebers.[387]

(Vertretungs-)Organe einer juristischen Person sind weisungsgebunden. Exemplarisch zeigt sich dies bei GmbH und AG. Während sich die Weisungsgebundenheit des Geschäftsführers einer GmbH aus § 37 Abs. 1 GmbHG ergibt, erscheint der Vorstand einer Aktiengesellschaft auf den ersten Blick allerdings gerade nicht weisungsgebunden, hat er doch die Gesellschaft unter eigener Verantwortung zu leiten, § 76 Abs. 1 AktG. Dennoch unterliegt der Vorstand – ungeachtet seiner unbeschränkbaren Vertretungsbefugnis – im Innenverhältnis gewissen Bindungen.[388] Diese Bindungen werden durch § 82 Abs. 2 AktG abgebildet: Im Rahmen der gesetzlichen Vorschriften hat der Vorstand die Beschränkungen einzuhalten, die die Satzung, der Aufsichtsrat, die Hauptversammlung und die Geschäftsordnungen des Vorstands und des Aufsichtsrats für die Geschäftsführungsbefugnis getroffen haben. Indem die Hauptversammlung über die Satzung und die Wahl der Aufsichtsratsmitglieder (vgl. § 119 Abs. 1 Nr. 1 und 6 AktG) beschließt, entscheidet sie mittelbar[389] über Fragen der Geschäftsführung, an die der Vorstand gebunden ist.[390] Dies gilt gleichermaßen für eigentlich durch den Vorstand zu treffende Entscheidungen, die derart tief in die Mitgliedschaftsrechte der Aktionäre eingreifen, dass der Vorstand vernünftigerweise nicht annehmen kann, er dürfe die Entscheidung in eigener Verantwortung ohne Beteiligung der

---

385 Übersichtlich *Richardi*, NZA 2002, 1004 (1006); im Wesentlichen *Dütz/Thüsing*, ArbR, Rn. 33.

386 Prägnant *Richardi*, NZA 2002, 1004 (1006).

387 *Hromadka*, DB 1995, 2601 (2601); auch *Dütz/Thüsing*, ArbR, Rn. 2.

388 *Grigoleit*, Grigoleit AktG, § 76 Rn. 13 ff., § 82 Rn. 14; vgl. auch *Fleischer*, BeckOGK AktG, § 82 Rn. 26; *Spindler*, MüKo AktG, § 82 Rn. 30; *Weber*, Hölters/Weber AktG, § 82 Rn. 15.

389 In § 119 AktG werden der Hauptversammlung sehr eng definierte Einzelkompetenzen eingeräumt. Eine umfassende Allkompetenz oder Kompetenz-Kompetenz steht der Hauptversammlung gerade nicht zu, vgl. § 119 Abs. 2 AktG; dies betonend *Drinhausen*, Hölters/Weber AktG, § 119 Rn. 1 f.; *Herrler*, Grigoleit AktG, § 119 Rn. 1; *Hoffmann*, BeckOGK AktG, § 119 Rn. 2.

390 Vgl. *Spindler*, MüKo AktG, § 82 Rn. 42.

Hauptversammlung treffen.[391] Eine solche Maßnahme muss Veränderungen gleichkommen, die sonst nur durch Satzungsänderung herbeigeführt werden können und damit die Kernkompetenz der Hauptversammlung betreffen.[392] Darüber hinaus ist der Vorstand unmittelbar verpflichtet, Maßnahmen, die in die Zuständigkeit der Hauptversammlung fallen, nicht nur vorzubereiten, sondern auch entsprechend auszuführen, § 83 Abs. 1 S. 1, Abs. 2 AktG. Der Vorstand der Aktiengesellschaft ist also in gewisser Weise an „Weisungen" der Hauptversammlung gebunden.

Diese Weisungsgebundenheit des Geschäftsführers und des Vorstands ist ersichtlich nicht im Anstellungsverhältnis zu verorten, sondern allein in der Organstellung begründet. Sie ist deshalb auch nicht Ausdruck einer persönlichen Abhängigkeit,[393] wie sie Typusmerkmal für das Arbeitsverhältnis ist.[394] Vielmehr kennzeichnen das Weisungsrecht der Gesellschafter und die damit korrespondierende Folgepflicht der Organe das Organisationsstatut der juristischen Person.[395] Bei Betrachtung der den jeweiligen Verhältnissen entstammenden Rechte und Pflichten ist deshalb sorgfältig zu differenzieren.[396]

Zu den Kriterien, aus denen sich ergibt, dass Vertretungsorgane einer juristischen Person in einem einkommensteuerrechtlichen Dienstverhältnis stehen, äußert sich die Finanzgerichtsbarkeit weniger klar als bei vorgehend untersuchten Arbeits- oder Ausbildungsverhältnissen. Typischerweise beschränkt sich die Rechtsprechung darauf zu betonen, dass die Frage, ob ein Steuerpflichtiger eine Tätigkeit selbständig oder nichtselbständig ausübt, anhand einer Vielzahl in Betracht kommender Merkmale nach dem Gesamtbild der Verhältnisse zu

---

391 Grundlegend BGH v. 25.2.1982 – II ZR 174/90, BGHZ 83, 122 (131 f.) = NJW 1982, 1703 (1705); zustimmend *Spindler*, MüKo AktG, § 82 Rn. 43; *Weber*, Hölters/Weber AktG, § 82 Rn. 16.

392 BGH v. 26.4.2004 – II ZR 155/02, BGHZ 159, 30 (Ls.) = NJW 2004, 1860 (1860).

393 Eine etwaige Weisungsgebundenheit kann dementsprechend allerdings dann Typusmerkmal für ein Arbeitsverhältnis sein, „*wenn die Gesellschaft gegenüber dem Geschäftsführer eine – über ihr gesellschaftsrechtliches Weisungsrecht hinausgehende – Weisungsbefugnis auch bezüglich der Umstände hat, unter denen dieser seine Leistung zu erbringen hat, und die konkreten Modalitäten der Leistungserbringung durch arbeitsbegleitende und verfahrensorientierte Weisungen bestimmen kann*", so BAG v. 21.1.2019 – 9 AZB 23/18, AP ArbGG 1979 § 5 Nr. 75 (Ls.); vgl. außerdem BAG v. 27.4.2021 – 2 AZR 540/20, AP KSchG 1969 § 23 Nr. 53.

394 Im Wesentlichen *Joussen*, RdA 2006, 129 (135).

395 Vgl. erneut *Joussen*, RdA 2006, 129 (135).

396 Auch hierauf verweist *Joussen*, RdA 2006, 129 (135); allgemeiner BGH v. 26.6.1995 – II ZR 109/94, NJW 1995, 2850 (2850).

beurteilen ist.[397] Nur selten wird betont, dass die Frage, ob ein einkommensteuerrechtliches Dienstverhältnis vorliegt, auch bei Vertretungsorganen juristischer Personen danach beurteilt wird, ob sich die Vergütung für den (potentiellen) Arbeitnehmer als Frucht oder Gegenleistung seiner Arbeitsleistung für den Arbeitgeber darstellt.[398] Dennoch kann angenommen werden, dass die Finanzgerichte ganz grundsätzlich vom Kriterium der Frucht für die Arbeitsleistung ausgehen, dieses allerdings schlicht voraussetzen und nicht konkret benennen. Dies zum einen deshalb, weil kein Anlass zum Abweichen von den dargestellten Grundsätzen ersichtlich scheint; ein Grund, für die Ermittlung eines (einkommensteuerrechtlichen) Dienstverhältnisses bei Organmitgliedern auf Sonderkriterien abzustellen, besteht nicht. Zum anderen geht die jeweils vorzunehmende Gesamtbetrachtung der Umstände des Einzelfalls gerade vom Kriterium der Frucht der Arbeitsleistung aus, denn dieses ergibt sich aus § 19 Abs. 1 S. 1 Nr. 1 EStG: Die Vergütung muss *für* eine Beschäftigung im öffentlichen oder privaten Dienst gezahlt werden. Erst daraus ergeben sich die Umstände, die in die Gesamtbetrachtung einzubeziehen sind. Die anzulegende Perspektive ist Ausdruck des Veranlassungsprinzips; es ist nicht ersichtlich, dass die Rechtsprechung von diesem bei Vertretern juristischer Personen abweichen möchte.

Abhängig vom Einzelfall kann also auch ein Vertretungsorgan einer juristischen Person weisungsabhängige Arbeit gegen Entgelt verrichten. Insoweit ist auch im Organverhältnis eine Prägung durch die synallagmatische Verknüpfung von Leistung abhängiger, fremdbestimmter Dienste gegen Entgelt erkennbar – allerdings genau in gegenteiliger Perspektive zum Ausbildungsverhältnis: Das Ausbildungsverhältnis ist bei privatrechtlicher Betrachtung nicht durch das Synallagma von Arbeitsleistung gegen Lohn, hingegen aber – aufgrund des starken Weisungsgebundenheit des Auszubildenden – von Abhängigkeit und Fremdbestimmtheit geprägt. Der Anstellungsvertrag eines Organs einer juristischen Person hingegen ist vom Synallagma von Dienstleistung gegen Entgelt geprägt, es fehlt allerdings an Fremdbestimmtheit im privaten Dienstverhältnis. Die Fremdbestimmtheit der Tätigkeit ergibt sich vielmehr aus dem Organverhältnis. Das Steuerrecht beachtet den Trennungsgrundsatz nur bedingt und blickt auf die tatsächlichen Gegebenheiten des Sachverhalts. Auch wenn also aus dem das Anstellungsverhältnis ausgestaltenden Dienstvertrag keine Fremdbestimmtheit folgt, kann sich diese aus der Organstellung ergeben.

---

397 So BFH v. 9.10.1996 – XI R 47/96, BStBl. II 1997, 255 (255 f.); BFH v. 10.3.2005 – V R 29/03, BStBl. II 2005, 730 (731); BFH v. 23.4.2009 – VI R 81/06, BStBl. II 2012, 262 (264); BFH v. 20.10.2010 – VIII R 34/08, BFH/NV 2011, 585 (586).

398 Beispielsweise bei FG München v. 18.4.2012 – 9 K 1249/09, EFG 2012, 1550 (1552).

(dd) Das Beamtenverhältnis

Im Gegensatz zu Arbeitsverhältnis, Ausbildungsverhältnis und Organverhältnis unterfällt ein öffentlich-rechtliches Dienstverhältnis nicht dem Privatrecht. Gleichordnung und Selbstbestimmung der Parteien sind dem öffentlichen Recht fremd. Dennoch stellen Vergütungen für eine Beschäftigung im öffentlichen Dienst Einkünfte aus nichtselbstständiger Arbeit nach § 19 Abs. 1 S. 1 Nr. 1 EStG dar. Auch im Vollzug eines öffentlich-rechtlichen Dienstverhältnisses liegt also ein einkommensteuerrechtliches Dienstverhältnis. Stellvertretend für das öffentlich-rechtliche Dienstverhältnis wird im Folgenden das Beamtenverhältnis beleuchtet.

Beamte sind dazu berufen, die dem Staat und den übrigen juristischen Personen des öffentlichen Rechts übertragenen Gemeinschaftsaufgaben als Sachwalter und Treuhänder der Gesamtheit der Staatsbürger wahrzunehmen.[399] Art. 33 Abs. 4 und 5 GG normieren den institutionellen Schutz des Beamtentums.[400] Dies wiederum dient der Sicherung von Legalität und Neutralität der Verwaltung.[401] Jedem Hoheitsträger stehen hoheitliche Befugnisse zu und er braucht Beamte, um diese zu erfüllen.[402] Das Berufsbeamtentum dient so als Garant[403] des Rechtsstaates. Auf diese Aufgabe bezogen ist die Ausgestaltung des Rechtsverhältnisses.[404] Das Grundgesetz gibt wesentliche Inhalte der Ausgestaltung des Beamtentums mit Art. 33 Abs. 5 GG vor; eine Vielzahl an beamtenrechtlichen Vorgaben muss entsprechend dem beamtenrechtlichen Gesetzesvorbehalt per Gesetz geregelt

399 Unter Bezugnahme auf die Verfassung des Freistaates Bayern BayVerfGH v. 9.9.2014 – Vf. 2-VII-14, NVwZ 2015, 434 (434 f.); zustimmend *Wolff*, L/M/W BV, Art. 95 Rn. 10; im Wesentlichen auch *Isensee*, ZBR 1998, 295 (296).

400 *Hense*, BeckOK GG, Art. 33 Rn. 51; *Isensee*, FS Fromme, S. 41 (52); *ders.*, ZBR 1998, 295 (297, 304); *Wichmann*, Wichmann/Langer ÖDR, Rn. 19; auch *Badura*, Düring/Herzog/Scholz GG, Art. 33 Rn. 48, 50.

401 *Badura*, Düring/Herzog/Scholz GG, Art. 33 Rn. 31; *ders.*, ZBR 1996, 321 (321); ähnlich *Remmert*, JZ 2005, 53 (59).

402 *Badura*, ZBR 1996, 321 (321); *Wichmann*, Wichmann/Langer ÖDR, Rn. 22; auch *Loschelder*, FS Fürst, S. 219 (222, 226).

403 So jedenfalls *Badura*, Düring/Herzog/Scholz GG, Art. 33 Rn. 48, 55; sinngemäß außerdem *ders.*, ZBR 1996, 321 (321); *Günther*, DÖV 2012, 678 (682); *Remmert*, JZ 2005, 53 (58); *Wichmann*, Wichmann/Langer ÖDR, Rn. 22.

404 *Wolff*, L/M/W BV, Art. 95 Rn. 10; im Wesentlichen auch *Lenders/Baumanns*, BeamtStG, § 3 Rn. 3.

werden.[405] Eine abschließende Aufzählung der in Art. 33 Abs. 5 GG in Bezug genommenen hergebrachten Grundsätze des Berufsbeamtentums ist allerdings nicht möglich, da es keinen verfassungsrechtlichen Katalog der Grundsätze gibt und gerade deren Fortentwicklung verfassungsrechtlich abgesichert ist.[406] Das Bundesverfassungsgericht erkennt als hergebrachte Grundsätze des Berufsbeamtentums *„einen Kernbestand von Strukturprinzipien, die allgemein oder doch ganz überwiegend und während eines längeren, Tradition bildenden Zeitraums, mindestens unter der Reichsverfassung von Weimar, als verbindlich anerkannt und gewahrt worden sind.“*[407]

Obwohl sich die Grundsätze nicht abschließend benennen lassen, so lassen sie sich doch gleichwohl unter verschiedenen Gesichtspunkten fokussieren, die allesamt mehr oder weniger zusammenspielen.[408] Wesensprägend sind insoweit

---

405 BVerfG v. 12.6.2018 – 2 BvR 1738/12, 1395/13, 1068/14, 646/15, BVerfGE 148, 296 (346); zudem BVerfG v. 30.3.1997 – 2 BvR 1039, 1045/75, BVerfGE 44, 249 (264); allgemeiner BVerfG v. 11.6.1958 – 1 BvR 1, 46/52, BVerfGE 8, 1 (15 ff.). Dies entspricht dem beamtenrechtlichen Gesetzesvorbehalt, dessen verfassungsrechtlicher Anknüpfungspunkt (im Grundgesetz) allerdings unklar ist; dazu *Summer*, Beamtenrecht, S. 223 (223 ff.); auch *Jarass*, Jarass/Pieroth GG, Art. 33 Rn. 57; *A. Leisner*, FS Fürst, S. 185 (193); *Wolff*, L/M/W BV, Art. 95 Rn. 5. Auf Bundesebene ist der Gesetzesvorbehalt wohl im Wortlaut des Art. 33 Abs. 5 GG verankert; *A. Leisner*, FS Fürst, S. 185 (193); *Summer*, Beamtenrecht, S. 223 (227); a.A. *Jarass*, Jarass/Pieroth GG, Art. 33 Rn. 57, der ihn im rechtsstaatlichen Gesetzesvorbehalt des Art. 20 GG verankert sieht. Länderverfassungen normieren teilweise einen eigenen beamtenrechtliches Gesetzesvorbehalt, so insbesondere Art. 95 Abs. 1 S. 1 BV. Demgemäß sind die Grundlagen des Beamtenverhältnisses durch Gesetz zu regeln.

406 *Wichmann*, Wichmann/Langer ÖDR, Rn. 24; vgl. außerdem *Hense*, BeckOK GG, Art. 33 Rn. 39; lediglich andeutungsweise *Badura*, Düring/Herzog/Scholz GG, Art. 33 Rn. 66.

407 Grundlegend BVerfG v. 2.12.1958 – 1 BvL 27/55, BVerfGE 8, 332 (Ls., 343); weiterhin BVerfG v. 11.12.1962 – 2 BvL 4/61, BVerfGE 15, 167 (195 f.); BVerfG v. 11.10.1997 – 2 BvR 407/76, BVerfGE 46, 97 (117); BVerfG v. 23.6.1981 – 2 BvR 1067/80, BVerfGE 58, 68 (76 f.); BVerfG v. 14.12.1982 – 2 BvR 1261/79, BVerfGE 62, 374 (382 f.); BVerfG v. 16.12.2015 – 2 BvR 1958/31, BVerfGE 141, 56 (69); BVerfG v. 23.5.2017 – 2 BvR 883, 905/14, BVerfGE 145, 304 (323).

408 BVerfG v. 12.6.2018 – 2 BvR 1738/12, 1395/13, 1068/14, 646/15, BVerfGE 148, 296 (346 f.); *Hense*, BeckOK GG, Art. 33 Rn. 41; *Jarass*, Jarass/Pieroth GG, Art. 33 Rn. 54.

- die Treuepflicht des Beamten,[409]
- die Sicherstellung der Effektivität und Effizienz der Verwaltung,[410]
- die hoheitsrechtliche Struktur des Beamtenverhältnisses, die durch die einseitige Regelungskompetenz des Staates über das Dienstrecht bedingt ist,[411]
- die Fürsorge des Staates gegenüber seinen Beamten[412] sowie
- die Institution des Beamtentums als Einheit.[413]

Als hergebrachten Grundsätze des Berufsbeamtentums sind allerdings jedenfalls das Alimentationsprinzip, der Laufbahngrundsatz, das Leistungsprinzip und das Lebenszeitprinzip anzusehen,[414] wobei lediglich das Leistungsprinzip unmittelbar in der Verfassung durch Art. 33 Abs. 2 GG verankert ist.[415]

---

409 *Hense*, BeckOK GG, Art. 33 Rn. 41 ff.; *Isensee*, FS Fromme, S. 41 (53); *Strauß*, Berufsbeamtentum, S. 90; *Wichmann*, Wichmann/Langer ÖDR, Rn. 29; auch *Wolff*, L/M/W BV, Art. 95 Rn. 10.

410 *Hense*, BeckOK GG, Art. 33 Rn. 41, 43 ff.; *Strauß*, Berufsbeamtentum, S. 116; *Wolff*, L/M/W BV, Art. 95 Rn. 35; außerdem *Badura*, ZBR 1996, 321 (323); *Isensee*, FS Fromme, S. 41 (53); *Lemhöfer*, FS Fürst, S. 205 (205); *Schnellenbach*, DVBl 1995, 1155 (1156); im weiteren Sinne auch *Summer*, Beamtenrecht, S. 177 (182 ff.); *Wichmann*, Wichmann/Langer ÖDR, Rn. 17.

411 *Hense*, BeckOK GG, Art. 33 Rn. 41, 44; außerdem *Summer*, Beamtenrecht, S. 223 (223 ff.); im Ansatz auch *Steiner*, ZBR 2014, 109 (109); *Wichmann*, Wichmann/Langer ÖDR, Rn. 15 f.

412 *Hense*, BeckOK GG, Art. 33 Rn. 41, 45 ff.; *Jarass*, Jarass/Pieroth GG, Art. 33 Rn. 54, 76 ff.; *Sauerland*, Beamtenrecht, S. 130; *Schnellenbach*, Schnellenbach/Bodanowitz Beamtenrecht, § 10 Rn. 2; *Strauß*, Berufsbeamtentum, S. 90; *Summer*, Beamtenrecht, S. 177 (181); *Ziemske*, ZBR 2001, 1 (2, 4).

413 *Hense*, BeckOK GG, Art. 33 Rn. 41, 47; auch *Bauschke*, FS Fürst, S. 57 (65); *Steiner*, ZBR 2014, 109 (110).

414 BVerfG v. 10.12.1985 – 2 BvL 18/83, BVerfGE 71, 255 (268); ähnlich BVerfG v. 3.7.1985 – 2 BvL 16/82, BVerfGE 70, 251 (266); BVerfG v. 12.6.2018 – 2 BvR 1738/12, 1395/13, 1068/14, 646/15, BVerfGE 148, 296 (346); außerdem *Badura*, Düring/Herzog/Scholz GG, Art. 33 Rn. 64; *Battis*, NJW 1997, 1033 (1033); *Franke*, FS Fürst, S. 101 (103); *Isensee*, FS Fromme, S. 41 (52); *Jarass*, Jarass/Pieroth GG, Art. 33 Rn. 54; *Sauerland*, Beamtenrecht, S. 9; *Summer*, Beamtenrecht, S. 177 (181); *Wichmann*, Wichmann/Langer ÖDR, Rn. 24 ff.; *Wolff*, L/M/W BV, Art. 95 Rn. 22 ff.

415 *Hense*, BeckOK GG, Art. 33 Rn. 8, 39; auch *Badura*, Düring/Herzog/Scholz GG, Art. 33 Rn. 68; *Franke*, FS Fürst, S. 101 (112); *Wichmann*, Wichmann/Langer ÖDR, Rn. 17, 26; zur Verankerung in Art. 33 Abs. 2 GG BVerfG v. 4.2.1981 – 2 BvR 570 u.a., BVerfGE 56, 146 (163); BVerfG v. 14.12.1982 – 2 BvR 1261/79, BVerfGE 62, 374 (383); BVerfG v. 26.11.2010 – 2 BvR 2435/10, NVwZ 2011, 746 (747).

Die Institution des Berufsbeamtentums hat als Kernstück das durch Gesetz geregelte öffentlich-rechtliche Dienst- und Treueverhältnis (vgl. Art. 33 Abs. 4 GG).[416] Dieses wird in der Regel durch den Verwaltungsakt der Ernennung begründet, durch weitere Verwaltungsakte gestaltet und inhaltlich durch gegenseitige Rechte und Pflichten des Dienstherrn und des Beamten bestimmt.[417] Mit dem Eintritt in das Beamtenverhältnis wird der Beamte verpflichtet, sich voll für den Dienstherrn einzusetzen und diesem seine gesamte Arbeitskraft zur Verfügung zu stellen.[418] Der Beamte hat mit der Berufung in das Beamtenverhältnis unter Einsatz seiner ganzen Persönlichkeit dem Dienstherrn – grundsätzlich auf Lebenszeit[419] – seine volle Arbeitskraft zur Verfügung

416 *Badura*, Düring/Herzog/Scholz GG, Art. 33 Rn. 50, 58; *ders.*, ZBR 1996, 321 (321); *Bauschke*, FS Fürst, S. 57 (62); *Günther*, DÖV 2012, 678 (679); *Rieger*, MM/R/S/Z BeamtStG, Einf. S. 60; *Wichmann*, Wichmann/Langer ÖDR, Rn. 19; *Wolff*, L/M/W BV, Art. 95 Rn. 10; *Ziemske*, ZBR 2001, 1 (2).

417 Erneut *Badura*, Düring/Herzog/Scholz GG, Art. 33 Rn. 50; auch *Zentgraf*, MM/R/S/Z BeamtStG, § 8 S. 109; eingehend *Summer*, Beamtenrecht, S. 337 (337 ff.).

418 So BVerfG v. 19.9.2007 – 2 BvF 3/02, BVerfGE 119, 247 (263); vgl. auch BVerfG v. 11.4.1967 – 2 BvL 3/62, BVerfGE 21, 329 (345); BVerfG v. 12.2.2003 – 2 BvL 2/00, BVerfGE 107, 218 (237); BVerfG v. 23.5.2017 – 2 BvL 10/11, 28/14, BVerfGE 145, 249 (272).

419 Das Beamtenverhältnis auf Lebenszeit bildet den einfachgesetzlichen Regeltypus, § 6 Abs. 1 S. 2 BBG, § 4 Abs. 1 S. 2 BBG. Es dient gerade der dauerhaften Wahrnehmung von Aufgaben nach § 5 BBG oder § 3 Abs. 2 BeamtStG, § 6 Abs. 1 S. 1 BBG, § 3 Abs. 2 BeamtStG. Darüber hinaus existiert das Beamtenverhältnis *auf Zeit*, das der befristeten Wahrnehmung derartiger Aufgaben dient, § 4 Abs. 2 BeamtStG, § 6 Abs. 2 BBG. Beamte auf Zeit sind insbesondere kommunale Wahlbeamte, vgl. exemplarisch Art. 1 Abs. 3 S. 1 BayKWBG. Das Beamtenverhältnis *auf Probe* hingegen ist im Wesentlichen ein notweniges „Durchgangsbeamtenverhältnis"; so *Wichmann*, Wichmann/Langer ÖDR, Rn. 65; zustimmend *Sauerland*, Beamtenrecht, S. 31; ähnlich *Kurr*, ZBR 2000, 158 (158 f.); *Lenders/Baumanns*, BeamtStG, § 4 Rn. 30. Es dient zur Benennung eines Beamten auf Lebenszeit oder zur dauerhaften Übertragung einer Leitungsfunktion, § 4 Abs. 3 BeamtStG, § 6 Abs. 3 BBG. Ein Beamtenverhältnis *auf Widerruf* wird entweder zur Ableistung des Vorbereitungsdienstes oder zur vorübergehenden Wahrnehmung hoheitlicher Aufgaben begründet, § 4 Abs. 4 BeamtStG, § 6 Abs. 4 BBG. *Ehren*beamte nehmen ihre Aufgaben unentgeltlich wahr, § 5 Abs. 1 BeamtStG, § 6 Abs. 5 S. 1 BBG. Ein Ehrenbeamtenverhältnis kann nicht in ein Beamtenverhältnis anderer Art und ein Beamtenverhältnis anderer Art kann nicht in ein Ehrenbeamtenverhältnis umgewandelt werden, § 5 Abs. 3 BeamtStG, § 6 Abs. 5 S. 2 BBG. Auch gelten die beamtenrechtlichen Vorschriften nur mit Einschränkungen für Ehrenbeamte, vgl. § 133 Abs. 1 BBG, exemplarisch Art. 134 Abs. 1 BayBG.

zu stellen.[420] Innerhalb dieses Dienst- und Treueverhältnisses ist der Beamte zu striktem Gehorsam verpflichtet.[421] Amtsträger müssen im Sinne des Demokratie- und Rechtsstaatsprinzips im Auftrag und nach Weisung der Regierung handeln.[422] So wird die Dienstverpflichtung des Beamten maßgeblich durch Weisungen des Dienstherrn konkretisiert. Beamte sind verpflichtet, dienstliche Anordnungen ihrer Vorgesetzten, sofern sie zu ihrem Aufgabenbereich gehören,[423] auszuführen und deren allgemeine Richtlinien zu befolgen (§ 35 Abs. 1 S. 2 BeamtStG, § 62 Abs. 1 S. 2 BBG). Zum Aufgabenbereich eines Beamten gehören über die gesetzlich geregelten Pflichten hinaus all diejenigen Handlungen und Verhaltensweisen, die dem durch die Laufbahn geprägten Berufsbild wesensgemäß sind.[424] Auch bei organisatorischen Veränderungen haben Beamte ihrem Dienstherrn Folge zu leisten (§ 35 Abs. 2 BeamtStG, § 62 Abs. 2 BBG). Mit dem Begriff „organisatorische Veränderungen" umschreibt der Gesetzgeber Maßnahmen im Rahmen der Personal- und Organisationshoheit des Dienstherrn.[425] Solchen organisatorischen Veränderungen liegen sogenannte „dienstlich-persönliche Weisungen" zugrunde, die außer der Art der Aufgabenerfüllung auch die Rechtsstellung oder die persönliche Sphäre und dadurch möglicherweise auch persönliche Rechte des Beamten berühren.[426]

Im Beamtenverhältnis steht der Beamte seinem Dienstherrn gegenüber. Der Beamte wird unter Aushändigung einer Ernennungsurkunde (§ 8 Abs. 2 BeamtStG, § 10 Abs. 2 S. 1 BBG) in ein öffentlich-rechtliches Dienst- und Treueverhältnis zu einer dienstherrnfähigen juristischen Person des öffentlichen Rechts

---

420 BVerfG v. 12.3.1975 – 2 BvL 10/74, BVerfGE 39, 196 (201); BVerfG v. 15.5.1985 – 2 BvL 24/82, BVerfGE 70, 69 (80); BVerfG v. 12.2.2003 – 2 BvL 2/00, BVerfGE 107, 218 (237); *W. Leisner*, DÖV 2002, 763 (766); *Metzler-Müller*, MM/R/S/Z BeamtStG, § 34 S. 346; *Wichmann*, Wichmann/Langer ÖDR, Rn. 24; *Ziemske*, ZBR 2001, 1 (2).

421 Die Begriffe der Folge- und der Gehorsamspflicht werden in dieser Arbeit synonym gebraucht. Ursprünglich sprachen die Gesetze einheitlich von der Gehorsamspflicht der Beamten. Im DNeuG vom 5.2.2009, BGBl. I 2009, 160 wurde der Begriff der Gehorsamspflicht durch den der Folgepflicht ersetzt.

422 *Lemhöfer*, FS Fürst, S. 205 (209); *Werres*, BeckOK BeamtR Bund BeamtStG, § 35 Rn. 1; *Wolff*, L/M/W BV, Art. 95 Rn. 26.

423 Das betonen *Lenders/Baumanns*, BeamtStG, § 35 Rn. 3; *Sauerland*, Beamtenrecht, S. 99; im Wesentlichen auch *Steiner*, ZBR 2014, 109 (109); *Werres*, BeckOK BeamtR Bund BeamtStG, § 35 Rn. 7 ff.

424 OVG Koblenz v. 11.12.2003 – 2 B 11864/03; vgl. außerdem BVerwG v. 8.9.1978 – 2 B 31/78, BVerwGE 56, 277; zustimmend *Sauerland*, Beamtenrecht, S. 99 f.

425 Vgl. BT-Drs. 19/4117, S. 12.

426 BT-Drs. 19/4117, S. 12.

(§ 2 BeamtStG, § 2 BBG) berufen.[427] Die Dienstherrnfähigkeit, also die Fähigkeit (oder das Recht),[428] Beamte zu haben, steht nur (bestimmten) juristischen Personen des öffentlichen Rechts als Ausdruck ihrer Hoheitsgewalt zu.[429] Sie ist Voraussetzung für die Ausübung der Personalhoheit gegenüber den Beamten und zugleich dafür, dass zwischen dem Dienstherrn und dem Beamten ein Dienst- und Treueverhältnis im Sinne des Art. 33 Abs. 4 GG bestehen kann.[430] So besitzen jedenfalls der Bund, die Länder, die Gemeinden und Gemeindeverbände[431] Dienstherrnfähigkeit (§ 2 Nr. 1 BeamtStG).[432] Die aus der Dienstherrngewalt folgenden Befugnisse sind unteilbar, so kann die Dienstherrneigenschaft nicht aufgespalten werden.[433] Als juristische Person kann der Dienstherr allein durch seine Organe handeln. Handelnde Organe des Dienstherrn gegenüber dem Beamten sind die oberste Dienstbehörde, der Dienstvorgesetzte und der Vorgesetzte.[434] Die oberste Dienstbehörde ist grundsätzlich die oberste Behörde des Dienstherrn, in deren Geschäftsbereich der Beamte ein Amt wahrnimmt, § 3 Abs. 1 BBG, exemplarisch für die Landesgesetze Art. 3 S. 1 BayBG. Der obersten Dienstbehörde sind als dem höchsten Organ des Dienstherrn zahlreiche wesentliche Entscheidungen

---

427 *Wichmann*, Wichmann/Langer ÖDR, Rn. 45; im Wesentlichen außerdem *Lenders/Baumanns*, BeamtStG, § 1 Rn. 19, § 2 Rn. 2; *Loschelder*, FS Fürst, S. 219 (226); *Papier/Shirvani*, Düring/Herzog/Scholz GG, Art. 34 Rn. 105; *Strauß*, Berufsbeamtentum, S. 21.

428 So zumindest *Reich*, BeamtStG, § 2 Rn. 1.

429 Das folgt schon aus dem Funktionsvorbehalt des Art. 33 Abs. 4 GG.

430 *Brinktrine*, BeckOK BeamtR Bund BeamtStG, § 2 Rn. 4; *Lenders/Baumanns*, BeamtStG, § 2 Rn. 2; ähnlich *Wichmann*, Wichmann/Langer ÖDR, Rn. 45; zur Personalhoheit grundlegend BVerfG v. 27.4.1959 – 2 BvF 2/58, BVerfGE 9, 268 (283).

431 Für Gemeinden und Gemeindeverbände ist § 2 Nr. 1 BeamtStG Ausfluss der durch das Grundgesetz gewährleisteten Personalhoheit. Art. 28 Abs. 2 GG gewährt den Gemeinden (S. 1) und den Gemeindeverbänden (S. 2) die Befugnis, *„die Gemeindebeamten und sonstigen Beschäftigten auszuwählen, anzustellen, zu befördern und zu entlassen"*; BVerfG v. 7.7.2020 – 2 BvR 696/12, BVerfGE 155, 310 (335); vgl. auch BVerfG v. 26.11.1963 – 2 BvL 12/62, BVerfGE 17, 172 (181 f.); BVerfG v. 26.10.1994 – 2 BvR 445/91, BVerfGE 91, 228 (245).

432 Darüber hinaus können auch sonstige Körperschaften, Anstalten und Stiftungen des öffentlichen Rechts dienstherrnfähig sein, wenn sie dieses Recht im Zeitpunkt des Inkrafttretens des BeamtStG schon besaßen oder es ihnen durch ein Landesgesetz oder aufgrund eines Landesgesetzes verliehen wird, § 2 Nr. 2 BeamtStG.

433 BVerwG v. 7.6.1984 – 2 C 84/81, BVerwGE 69, 303 (306); zustimmend *Wichmann*, Wichmann/Langer ÖDR, Rn. 53.

434 *Lenders/Baumanns*, BeamtStG, § 2 Rn. 6 ff.; *Wichmann*, Wichmann/Langer ÖDR, vor Rn. 54; auch *Sauerland*, Beamtenrecht, S. 27 ff.

vorbehalten.[435] Dienstvorgesetzter ist, wer für die beamtenrechtlichen Entscheidungen in persönlichen Belangen des Beamten zuständig ist (§ 3 Abs. 2 BBG, exemplarisch Art. 3 S. 1 BayBG), während Vorgesetzter ist, wer einem Beamten dienstliche Anordnungen erteilen darf (§ 3 Abs. 3 BBG, exemplarisch Art. 3 S. 2 BayBG). Dienstliche Anordnungen sind Weisungen, die das konkret-funktionelle Amt betreffen,[436] also den tatsächlichen Einsatz innerhalb eines bestimmten Aufgabenbereichs bei einer Behörde.[437]

Als „Gegenleistung"[438] für die volle Hingabe im Dienst *und* zur Sicherung der loyalen Pflichterfüllung garantiert der Dienstherr schon bei Begründung des lebenslangen Beamtenverhältnisses, „*den Beamten von der der Ehe und Familiengemeinschaft entspringenden natürlichen Sorge um das wirtschaftliche Wohl seiner Angehörigen auch für die Zeit nach seinem Tod freizustellen.*"[439] Das damit umschriebene Alimentationsprinzip verpflichtet den Dienstherrn zur Wahrung der materiellen Interessen des Beamten in besonderer Weise.[440] Dazu zählt die Besoldung und die Versorgung des Beamten sowie seiner Familie, die auf einen angemessenen Lebensunterhalt entsprechend der allgemeinen wirtschaftlichen und finanziellen Verhältnisse unter Berücksichtigung der mit den Dienstaufgaben verbundenen Verantwortung zielt (vgl. § 14 Abs. 1 BBesG).[441] Insbesondere ist der Dienstherr durch das Alimentationsprinzip zur Gewährung eines an Dienstrang, Bedeutung und Verantwortung des Amtes orientierten und damit

---

435 Zu einigen dieser wesentlichen Entscheidungen *Wichmann*, Wichmann/Langer ÖDR, Rn. 54.

436 *Lenders/Baumanns*, BeamtStG, § 2 Rn. 8; *Wichmann*, Wichmann/Langer ÖDR, Rn. 56.

437 *Bodanowitz*, Schnellenbach/Bodanowitz Beamtenrecht, § 3 Rn. 11; auch *Summer*, Beamtenrecht, S. 45 (49); *Zentgraf*, MM/R/S/Z BeamtStG, § 8 S. 113 ff.

438 Ausdrücklich BVerfG v. 12.3.1975 – 2 BvL 10/74, BVerfGE 39, 196 (201); BVerfG v. 12.2.2003 – 2 BvL 2/00, BVerfGE 107, 218 (237); sinngemäß BVerfG v. 23.5.2017 – 2 BvL 10/11, 28/14, BVerfGE 145, 249 (272 f.); bezogen auf das Leistungsprinzip auch BVerfG v. 4.2.1981 – 2 BvR 570 u.a., BVerfGE 56, 146 (163 ff.).

439 BVerfG v. 12.3.1975 – 2 BvL 10/74, BVerfGE 39, 196 (201 f.).

440 *Badura*, Düring/Herzog/Scholz GG, Art. 33 Rn. 72; *Hense*, BeckOK GG, Art. 33 Rn. 45.2; ähnlich *Isensee*, ZBR 1998, 295 (300); *Jarass*, Jarass/Pieroth GG, Art. 33 Rn. 61.

441 Auch BVerfG v. 24.10.1998 – 2 BvL 26-91 u.a., BVerfGE 99, 300 (315); *Badura*, Düring/Herzog/Scholz GG, Art. 33 Rn. 63; *Hense*, BeckOK GG, Art. 33 Rn. 45.2; *Jarass*, Jarass/Pieroth GG, Art. 33 Rn. 53, 59 ff.; *Ziemske*, ZBR 2001, 1 (3).

Dienstverpflichtung und Dienstleistung berücksichtigenden[442] angemessenen Lebensunterhalts verpflichtet.[443] Dabei ist die Alimentation kein Entgelt im Sinne einer Entlohnung für konkrete Dienste.[444] Vielmehr stellt sie eine – auf die volle Lebenszeit des Beamten ausgerichtete[445] – Gegenleistung des Dienstherrn dafür dar, dass sich der Beamte ihm mit seiner ganzen Persönlichkeit zur Verfügung stellt und gemäß den jeweiligen Anforderungen seine Dienstpflicht nach Kräften erfüllt.[446]

---

442 An dieser Stelle zeigt sich der Zusammenhang zwischen Leistungsprinzip und Alimentationsprinzip. So ist es gleichermaßen hergebrachter Grundsatz des Berufsbeamtentums, dass mit einem höheren Amt in aller Regel auch höhere Dienstbezüge verbunden sind; BVerfG v. 14.6.1960 – 2 BvL 7/60, BVerfGE 11, 203 (215); BVerfG v. 4.2.1981 – 2 BvR 570 u.a., BVerfGE 56, 146 (163); *Badura*, Düring/Herzog/Scholz GG, Art. 33 Rn. 68; *Summer/Rometsch*, Beamtenrecht, S. 1 (33 ff.). *Franke*, FS Fürst, S. 101 (112) und *Wichmann*, Wichmann/Langer ÖDR, Rn. 26 hingegen führen dies unmittelbar auf das Leistungsprinzip zurück. Der Grundsatz der *funktionsgerechten Besoldung* kann daher (außerdem) als Subprinzip des Alimentationsprinzips verstanden werden; so beispielsweise *Summer/Rometsch*, Beamtenrecht, S. 1 (35); *Wolff*, L/M/W BV, Art. 95 Rn. 35.

443 BVerfG v. 12.3.1975 – 2 BvL 10/74, BVerfGE 39, 196 (202); BVerfG v. 30.3.1977 – 2 BvR 1039, 1045/75, BVerfGE 44, 249 (265); BVerfG v. 7.7.1982 – 2 BvL 14/78 u.a., BVerfGE 61, 43 (57); BVerfG v. 3.7.1985 – 2 BvL 16/82, BVerfGE 70, 251 (267); zustimmend *Summer/Rometsch*, Beamtenrecht, S. 1 (2 f.); *Ziemske*, ZBR 2001, 1 (3); im Wesentlichen gleichsinnig *Badura*, Düring/Herzog/Scholz GG, Art. 33 Rn. 72; *Hense*, BeckOK GG, Art. 33 Rn. 45.2; *Isensee*, ZBR 1998, 295 (300); auch *Ziekow*, DÖV 2008, 569 (573).

444 BVerfG v. 12.2.2003 – 2 BvL 2/00, BVerfGE 107, 218 (237); BVerfG v. 23.5.2017 – 2 BvL 10/11, 28/14, BVerfGE 145, 249 (272); BVerfG v. 12.10.2018 – 2 BvR 1738/12, 1395/13, 1068/14, 646/15, BVerfGE 148, 296 (348); *Isensee*, ZBR 1998, 295 (300); *Jarass*, Jarass/Pieroth GG, Art. 33 Rn. 59; *Wichmann*, Wichmann/Langer ÖDR, Rn. 30; *Wolff*, L/M/W BV, Art. 95 Rn. 52.

445 Diesen Umstand betonen *Summer/Rometsch*, Beamtenrecht, S. 1 (4); *Ziemske*, ZBR 2001, 1 (2); ebenso *W. Leisner*, DÖV 2002, 763 (763 f.); *Wolff*, L/M/W BV, Art. 95 Rn. 52.

446 Ausdrücklich BVerfG v. 12.2.2003 – 2 BvL 2/00, BVerfGE 107, 218 (237); ähnlich BVerfG v. 23.5.2017 – 2 BvL 10/11, 28/14, BVerfGE 145, 249 (272 f.); BVerfG v. 12.10.2018 – 2 BvR 1738/12, 1395/13, 1068/14, 646/15, BVerfGE 148, 296 (348); zustimmend *Isensee*, ZBR 1998, 295 (300); *W. Leisner*, DÖV 2002, 763 (763, 767); *Summer/Rometsch*, Beamtenrecht, S. 1 (4); *Wichmann*, Wichmann/Langer ÖDR, Rn. 30; *Wolff*, L/M/W BV, Art. 95 Rn. 52; *Ziemske*, ZBR 2001, 1 (2).

Basis der Besoldungsregelungen ist (dennoch) die Arbeitszeit des Beamten.[447] Grundsätzlich gilt deshalb (einfachgesetzlich): Volle Alimentation erhält der Beamte bei voller Hingabe im Dienst.[448] Obwohl der Besoldungsanspruch des Beamten als Ausdruck der Fürsorge des Staates im Gesamten eine Gegenleistung für die Hingabe des Beamten im Dienst und dessen Treue darstellt, ist die Pflicht des Dienstherrn zur Alimentierung nicht völlig losgelöst von der konkreten Dienstverpflichtung und der effektiven Dienstleistung des Beamten.[449] Hinter der Alimentation als Globalvergütung steht die zumindest stundenorientierte Bezahlung von geleisteten Arbeitsstunden des Beamten.[450]

So werden bei Teilzeitbeschäftigung des Beamten[451] dessen Dienstbezüge anteilig im Verhältnis der Arbeitszeit gekürzt, § 6 Abs. 1 BBesG, exemplarisch Art. 6 BayBesG. Teilzeitbeschäftigung des Beamten ist grundsätzlich zu ermöglichen und muss voraussetzungslos auf Antrag des Beamten hin gewährt werden;[452] im Wesentlichen allein aufgrund dienstlicher Belange kann ein entsprechender Antrag abgelehnt werden, vgl. § 91 Abs. 1 BBG, exemplarisch Art. 88 Abs. 1 BayBG. Beantragt der Beamte Teilzeitbeschäftigung, so verzichtet er auf Grund eines freiwilligen Entschlusses partiell auf die ihm zustehende Besoldung, was deren Bezug auf die Arbeitszeit hervorhebt.[453] Zwangsweise gegen den Willen des Beamten kann der Dienstherr Teilzeitbeschäftigung nicht anordnen.[454] Nur der Beamte kann also aufgrund seines (eigenverantwortlichen) Willens die sein Beamtenverhältnis prägenden Strukturprinzipien der Vollzeitbeschäftigung auf

---

447 *Ziemske*, ZBR 2001, 1 (4); im Wesentlichen auch *Battis*, Battis BBG, § 87 Rn. 3.

448 Prägnant erneut *Ziemske*, ZBR 2001, 1 (4); im Kern *Badenhausen-Fähnle*, BeckOK BeamtR Bund BBG, § 88 Rn. 1.

449 Dies betont *Franke*, FS Fürst, S. 101 (105).

450 Prägnant *W. Leisner*, DÖV 2002, 763 (771); auch *Ziemske*, ZBR 2001, 1 (1 ff.).

451 Differenziert zur Teilzeitbeschäftigung im öffentlich-rechtlichen Dienstverhältnis *Franke*, FS Fürst, S. 101 (101 ff.); zu deren grundsätzlichen verfassungsrechtlichen Zulässigkeit *Bürger*, NVwZ 1999, 820 (820 ff.).

452 *Battis*, Battis BBG, § 91 Rn. 1; *Franke*, FS Fürst, S. 101 (105); *Wichmann*, Wichmann/Langer ÖDR, Rn. 246; *Ziemske*, ZBR 2001, 1 (5).

453 *Ziemske*, ZBR 2001, 1 (5).

454 BVerfG v. 19.9.2007 - 2 BvF 3/02, BVerfGE 119, 247 (Ls.); BVerwG v. 6.7.1989 - 2 C 52/87, BVerwGE 82, 196 (Ls.); BVerwG v. 2.3.2000 - 2 C 1/99, BVerwGE 110, 363 (Ls.); BVerwG v. 8.5.2013 - 2 B 25.13, BeckRS 2013, 51946 (Ls.); *Battis*, Battis BBG, § 92 Rn. 13 f.; *Bürger*, NVwZ 1999, 820 (823); *Franke*, FS Fürst, S. 101 (109, 112); *Heizer*, BeckOK BeamtR Bayern BayBG, Art. 88 Rn. 3; *Ziemske*, ZBR 2001, 1 (5).

Lebenszeit und der Alimentation einschränken.[455] Die Bedeutung der Eigenverantwortlichkeit des Beamten im öffentlichen Dienstrecht zeigt sich auch an den Folgen des (verschuldeten) Fernbleibens vom Dienst. Denn eine Alimentation des Beamten für die Zeit, in der er trotz Dienstfähigkeit seiner Dienstpflicht nicht nachkommt und seine durch Weisungen konkretisierte Dienstleistung nicht erbringt, existiert außerhalb der das Beamtenverhältnis mitgestaltenden Elemente des Erholungsurlaubs, der Fortbildung und der kurzfristigen Dienstbefreiung nicht.[456] Bleibt der Beamte deshalb schuldhaft dem Dienst fern, so verliert er für die Zeit des Fernbleibens seine Bezüge, § 9 BBesG, exemplarisch Art. 9 Abs. 1 BayBesG.[457]

Betrachtet das Lohnsteuerrecht das Beamtenverhältnis, so stellt sich auch für dieses die Frage, ob sich die Alimentation für den (potentiellen) Beamten als Frucht oder Gegenleistung seiner Arbeitsleistung für den Arbeitgeber darstellt. Zur Beantwortung dieser Frage werden durch den BFH erneut die aus § 1 Abs. 2 LStDV gewonnenen Merkmale des Tätigwerdens unter fremder Leitung und der Weisungsgebundenheit herangezogen. Damit stellt sich das Beamtenverhältnis im Wesentlichen als Verhältnis dar, das

1. auf den gegenseitigen Austausch von Leistungen ausgerichtet ist

und in dem

2. die Gewährung der Alimentation vom qualitativen und quantitativen Umfang der *konkret* geleisteten (beziehungsweise zu leistenden) Dienste abhängig ist, mithin bestimmte Elemente der Eigenverantwortlichkeit existieren,

sowie darüber hinaus

3. der Dienstherr die Dienste des Beamten einseitig fremdbestimmen kann.

---

455 Vgl. *Battis*, Battis BBG, § 92 Rn. 13 f.; *Heizer*, BeckOK BeamtR Bayern BayBG, Art. 88 Rn. 3 ff.; *Ziemske*, ZBR 2001, 1 (5); auch *Franke*, FS Fürst, S. 101 (109), die diesbezüglich einen Interessengleichlauf der Interessen des Beamten und derer des Dienstherrn bezüglich der Flexibilisierung der Arbeitszeit und der Attraktivität des Beamtenverhältnisses erkennt.

456 So formuliert *Ziemske*, ZBR 2001, 1 (5).

457 Das gilt auch bei einem Fernbleiben vom Dienst für Teile eines Tages, § 9 BBesG, exemplarisch Art. 9 Abs. 1 S. 2 BayBesG. Dabei ist die kleinste Zeiteinheit eine Stunde, BVerwG v. 29.7.1985 – 1 DB 36.85, BVerwGE 83, 37 (Ls.); BVerwG v. 1.7.1997 – 1 DB 8/97, BVerwGE 113, 105 (106); grundlegend BayVGH v. 1.8.1984 – C 84 A.1278, BayVBl. 1984, 725 (Ls.); zustimmend *Wichmann*, Wichmann/Langer ÖDR, Rn. 329; auch *Sauerland*, Beamtenrecht, S. 146; *Summer/Rometsch*, Beamtenrecht, S. 1 (32 f.); *Ziemske*, ZBR 2001, 1 (5).

Die lebenslängliche volle Hingabe der Arbeitskraft und die Treue gegenüber dem Dienstherrn kann als eine große „Globalleistung“ gegenüber dem Dienstherrn verstanden werden,[458] die aber auch auf die konkrete Dienstverpflichtung und Dienstleistung des Beamten herabgebrochen werden kann. Dies gilt gleichermaßen für die dem gegenüberstehende Pflicht des Dienstherrn zur Fürsorge. Diese stellt im Gesamten eine Gegenleistung[459] für die Hingabe des Beamten im Dienst und dessen Treue (ebenfalls im Gesamten) dar. Insoweit kann man die beamtenrechtliche Alimentation als Globalvergütung für die Dienste und Treue des Beamten begreifen,[460] die gleichermaßen auf die konkrete Dienstverpflichtung und Leistung herabgebrochen werden kann. Das Beamtenverhältnis kann also, wie die zuvor beleuchteten Vertragsverhältnisse auch, im Wesentlichen als Austausch von weisungsgebundenen Diensten gegen Geld verstanden werden. Der Beamte ist in die betriebliche Organisation des Dienstherrn eingebunden, diesem gegenüber weisungsgebunden und er wird die Alimentation als Frucht seiner Arbeitsleistung gegenüber dem Dienstherrn begreifen.

(ee) Das öffentlich-rechtliche Ausbildungsverhältnis

Abschließend gilt es, das öffentlich-rechtliche Ausbildungsverhältnis zu betrachten, denn auch dieses führt typischerweise zu Einkünften aus nichtselbstständiger Arbeit, ist aber weder privatrechtliches Dienstverhältnis noch Beamtenverhältnis. Traditionell waren sogenannte Monopolausbildungsgänge als Beamtenverhältnis auf Widerruf ausgestaltet.[461] Ein solches Beamtenverhältnis auf Widerruf ist grundsätzlich notwendiges Vorstadium zum Beamtenverhältnis auf Probe.[462] Alternativ zum Beamtenverhältnis auf Widerruf können – und werden – diese

---

458 So *W. Leisner*, DÖV 2002, 763 (766).

459 Ausdrücklich BVerfG v. 12.3.1975 – 2 BvL 10/74, BVerfGE 39, 196 (201); BVerfG v. 12.2.2003 – 2 BvL 2/00, BVerfGE 107, 218 (237); im Wesentlichen auch BVerfG v. 23.5.2017 – 2 BvL 10/11, 28/14, BVerfGE 145, 249 (272 f.); bezogen auf das Leistungsprinzip BVerfG v. 4.2.1981 – 2 BvR 570 u.a., BVerfGE 56, 146 (163 ff.); zustimmend *W. Leisner*, DÖV 2002, 763 (767); *Sauerland*, Beamtenrecht, S. 95, 144; *Ziemske*, ZBR 2001, 1 (2); gleichsinnig weiterhin *Isensee*, ZBR 1998, 295 (300).

460 Den Begriff der Globalvergütung nutzt in diesem Zusammenhang insbesondere *W. Leisner*, DÖV 2002, 763 (763, 767); ähnlich *Ziemske*, ZBR 2001, 1 (2), der von „Gesamtgegenleistung“ spricht.

461 *Wichmann*, Wichmann/Langer ÖDR, Rn. 66.

462 *Kurr*, ZBR 2000, 158 (158 f.); *Wichmann*, Wichmann/Langer ÖDR, Rn. 66; vgl. schon oben Fn. 419.

(mittlerweile)[463] als öffentlich-rechtliche Ausbildungsverhältnisse ausgestaltet werden (vgl. exemplarisch Art. 2 BaySiGjurVD, § 7 LBG NRW). Auf ein öffentlich-rechtliches Ausbildungsverhältnis sind grundsätzlich die für Beamte auf Widerruf geltenden Bestimmungen anzuwenden (vgl. exemplarisch Art. 2 Abs. 2 S. 1 BaySiGjurVD, § 7 Abs. 1 S. 3 LBG NRW). Anwärter und Referendare[464] unterfallen nicht dem Alimentationsprinzip.[465] Sie müssen[466] nicht alimentiert werden.[467] Anwärter und (Rechts-) Referendare erhalten vielmehr eine sognannte „Unterhaltsbeihilfe" (exemplarisch Art. 3 BaySiGjurVD). Dementsprechend sind Bezüge auch nicht auf Vollalimentation ausgelegt.[468] Sie stellen lediglich eine Hilfe zum Bestreiten des Lebensunterhalts während der Ausbildungszeit dar und dienen damit in erster Linie der Ableistung des Vorbereitungsdienstes.[469] Dennoch führt diese „Unterhaltsbeihilfe" grundsätzlich zu Einkünften aus

463 Ermöglicht wurde dies durch die Öffnungsklausel des ehemaligen § 14 Abs. 1 BRRG vom 24.2.1997, BGBl. I 1997, 322 (323). Danach konnte das Verhältnis zu Laufbahnbewerbern, wenn deren Vorbereitungsdienst auch Voraussetzung für die Ausübung eines Berufs außerhalb des öffentlichen Dienstes ist, als öffentlich-rechtliches Ausbildungsverhältnis ausgestaltet werden. Durch die Föderalismusreform 2006 wurde diese Regel obsolet.

464 Die Ausführungen beziehen sich sowohl auf Referendare, bei welchen das Referendarsverhältnis als Beamtenverhältnis auf Widerruf (besonderer Art) ausgestaltet ist, als auch auf die, die in einem öffentlich-rechtlichen Ausbildungsverhältnis stehen.

465 *Wichmann*, Wichmann/Langer ÖDR, Rn. 30; bezogen auf die Anwärterbezüge BVerfG v. 12.4.1972 - 2 BvR 704/70, BVerfGE 33, 44 (50); BVerwG v. 13.6.1988 - 2 B 82/88, NVwZ-RR 1989, 86 (87); BVerwG v. 27.2.1992 - 2 C 28/91, NVwZ 1993, 373 (375); bezogen auf Referendare BVerwG v. 25.9.2003 - 2 C 20/02, NVwZ 2004, 347 (348); BayVGH v. 13.2.1997 - 7 NE 96.4138, NVwZ-RR 1997, 417 (419); a.A. BFH v. 12.8.1983 - VI R 155/80, BStBl. II 1983, 718 (718 f.).

466 Nichtsdestotrotz kann der Gesetzgeber dabei auf Regeln zurückgreifen, die der beamtenrechtlichen Alimentation seit jeher zu eigen sind, so BVerwG v. 25.9.2003 - 2 C 20/02, NVwZ 2004, 347 (348); bezogen auf Anwärter BVerfG v. 12.4.1972 - 2 BvR 704/70, BVerfGE 33, 44 (50 f.).

467 BVerwG v. 25.9.2003 - 2 C 20/02, NVwZ 2004, 347 (348); BayVGH v. 13.2.1997 - 7 NE 96.4138, NVwZ-RR 1997, 417 (419); *Wichmann*, Wichmann/Langer ÖDR, Rn. 30.

468 BVerwG v. 13.6.1988 - 2 B 82/88, NVwZ-RR 1989, 86 (87); BVerwG v. 27.2.1992 - 2 C 28/91, NVwZ 1993, 373 (375); *Wichmann*, Wichmann/Langer ÖDR, Rn. 30.

469 Ausdrücklich BVerwG v. 13.6.1988 - 2 B 82/88, NVwZ-RR 1989, 86 (87); BVerwG v. 25.9.2003 - 2 C 20/02, NVwZ 2004, 347 (348).

nichtselbstständiger Arbeit und unterliegt der Lohnsteuer.[470] Ursprünglich begründete dies der BFH – ähnlich zu den privatrechtlichen Ausbildungsverhältnissen – damit, dass die Auszubildenden in den Organismus eines Unternehmens oder einer sonstigen Organisation eingegliedert seien und Arbeitslohn erhielten.[471] Dies wurde später dahingehend konkretisiert, dass der Auszubildende dem Dienstherrn seine Dienste, wenn auch weitgehend zum Zwecke der Ausbildung, zur Verfügung stellt und er sich grundsätzlich dessen Weisungen unterwirft.[472] Er ist in der Betätigung seines geschäftlichen Willens der Leitung der für ihre Ausbildung zuständigen Behörde unterstellt und damit zugleich dem geschäftlichen Organismus dieses Dienstherrn eingegliedert.[473] So hat der Rechtsreferendar zur Weiterbildung und Vertiefung seiner Kenntnisse aus dem Studium im Referendariat die ihm aufgetragene Fertigung von Entwürfen und Gutachten und die Erledigung von Aufträgen bei Gerichten oder anderen Stellen auszuführen sowie an Sitzungen, Beratungen und Unterrichtsveranstaltungen teilzunehmen.[474] Damit geht der BFH erneut vom Dienstverhältnis als Anknüpfungspunkt aus – wobei das Schulden der Arbeitsleistung nicht erwähnt wird – und konkretisiert dieses durch die Weisungsgebundenheit und betriebliche Eingliederung. Auch das öffentlich-rechtliche Ausbildungsverhältnis stellt sich damit im Wesentlichen als Austausch von weisungsgebundenen Diensten gegen Geld dar.

(ff) Das „Schulden der Arbeitsleistung“

All den vorgenannten Verhältnissen ist zu eigen, dass sich deren Vollzug im tatsächlichen Leistungsaustausch von weisungsabhängigen Diensten gegen Entgelt darstellt. Diesen Leistungsaustausch versteht die Finanzgerichtsbarkeit als Dienstverhältnis im Sinne der §§ 19 und 38 EStG, also als die die Einkunftsart der nichtselbstständigen Arbeit prägende persönliche Beziehung zwischen Arbeitnehmer und Arbeitgeber. Dieser Leistungsaustausch ist es, den der BFH mit der Formulierung umschreibt, der Arbeitnehmer müsse den Vorteil vernünftigerweise als Frucht seiner Leistung für den Arbeitgeber ansehen.

Die Rechtsprechung befasst sich freilich stets nur mit dem Einzelfall. Vorangegangene Ausführungen haben von den Entscheidungen abstrahiert und damit

470 Grundlegend BFH v. 1.7.1954 – IV 276/52 U, BStBl. III 1955, 14; daran anknüpfend BFH v. 10.12.1971 – VI R 112/70, BStBl. II 1972, 251; BFH v. 12.8.1983 – VI R 155/80, BStBl. II 1983, 718.

471 BFH v. 1.7.1954 – IV 276/52 U, BStBl. III 1955, 14 (16).

472 So jedenfalls BFH v. 12.8.1983 – VI R 155/80, BStBl. II 1983, 718 (718 f.).

473 BFH v. 10.12.1971 – VI R 112/70, BStBl. II 1972, 251 (253).

474 BFH v. 10.12.1971 – VI R 112/70, BStBl. II 1972, 251 (253).

auf das Gesamtbild der Rechtsprechung geschlossen. Dieses Gesamtbild, wonach für das Vorliegen eines Dienstverhältnisses entscheidend ist, dass der Arbeitnehmer den Vorteil vernünftigerweise als Frucht seiner Leistung für den Arbeitgeber ansehen müsse, gilt es zu konkretisieren. Treffend erscheint hier der Ansatz *Breinersdorfers* in dessen Kommentierung zu § 19 EStG. *Breinersdorfer* beschreibt das Dienstverhältnis im Sinne des § 19 EStG im Ausgangspunkt dahingehend, dass dem Dienstverhältnis keine Rechtsbeziehung zugrunde liegen müsse, es trotzdem aber mehr sei als ein bloßer tatsächlicher Zustand.[475] Die Einkunftsart der nichtselbstständigen Arbeit habe in Bezug auf den privaten Dienst ihren Kernanwendungsbereich immerhin dort, wo im Wirtschaftsleben ein Arbeitsvertrag gegeben ist.[476] Im Bereich des öffentlichen Dienstes sei das grundsätzliche Vorhandensein einer Rechtsbeziehung im Wesentlichen aufgrund des beamtenrechtlichen Gesetzesvorbehalts sogar noch evidenter.[477] Deshalb sei das Dienstverhältnis vorrangig als Bestandteil eines Arbeitsvertrags oder sonstigen Rechtsverhältnisses zu sehen.[478] Das bezeichnet *Breinersdorfer* als *normatives Dienstverhältnis*. Dort allerdings, wo es (ausnahmsweise) ohne Rechtsbeziehungen[479] zwischen den Beteiligten zu einem gleichartigen Leistungsaustausch – gemeint ist die Erbringung unselbstständiger Dienste gegen Entgelt – kommt, folge aus der wirtschaftlichen Betrachtungsweise im Steuerrecht, dass sich das Dienstverhältnis auch faktisch begründen lasse. Dies bezeichnet *Breinersdorfer* als *faktisches Dienstverhältnis*.

Normatives und faktisches Dienstverhältnis stünden in einem Alternativitätsverhältnis.[480] Ein Dienstverhältnis im Sinne des § 19 EStG liege entweder vor, wenn ein Rechtsverhältnis die Pflicht des Arbeitgebers begründe, als Gegenleistung für die Zur-Verfügung-Stellung von weisungsgebundener Arbeitskraft einen Arbeitslohn an den Arbeitnehmer zu zahlen (normatives Dienstverhältnis), oder der tatsächliche Leistungsaustausch zwischen Arbeitgeber und Arbeitnehmer die Merkmale eines normativen Dienstverhältnisses vollziehe, ohne dass eine entsprechende Rechtsbeziehung besteht (faktisches Dienstverhältnis). Dass sich normatives und faktisches Dienstverhältnis allerdings nicht gegenseitig ausschließen, zeigt – mit arbeitsrechtlichem Hintergrund – *Boemke* auf. Dieser vertritt im Wesentlichen die Auffassung, dass neben der vertraglichen Begründung von

---

475 *Breinersdorfer*, K/S/M EStG, § 19 EStG, Rn. B 42.
476 *Breinersdorfer*, K/S/M EStG, § 19 EStG, Rn. B 42.
477 *Breinersdorfer*, K/S/M EStG, § 19 EStG, Rn. B 42.
478 *Breinersdorfer*, K/S/M EStG, § 19 EStG, Rn. B 42.
479 *Breinersdorfer* meint mit „ohne Rechtsbeziehung" das Fehlen einer dem unselbstständigen Dienstverhältnis gleichartigen oder zumindest ähnlichen Rechtsbeziehung.
480 *Breinersdorfer*, K/S/M EStG, § 19 EStG, Rn. B 43.

Arbeitsverhältnissen auch durch die tatsächliche Leistung weisungsabhängiger Dienste arbeitsrechtliche Beziehungen und damit Arbeitsverhältnisse entstehen, auch wenn kein Verpflichtungstatbestand zugrunde liegt.[481] Auch wenn diese Ansicht – mit den Worten *Spinners* – arbeitsrechtlich *„in mehrfacher Hinsicht unzureichend abgesichert"*[482] sein mag, so enthält sie doch durch die Inbezugnahme der tatsächlichen Leistung einen Kern, der im Rahmen der wirtschaftlichen Betrachtungsweise für das (Lohn-)Steuerrecht zutreffen kann.

Boemkes Betrachtung geht allgemein vom Schuldverhältnis aus. Aus diesem ergeben sich Rechtsfolgen und Rechtswirkungen.[483] Diese Rechtsfolgen und Rechtswirkungen könnten entweder an den Grund der Leistung/der Verpflichtung zur Leistung oder an die Erfüllung anknüpfen.[484] Dementsprechend sei nach zwei Ebenen zu differenzieren. Diese würden beispielsweise als Verpflichtungs- und Verfügungsgeschäfte, Grund- und Erfüllungsgeschäfte oder einer Mischung aus diesen Begriffspaaren bezeichnet.[485] Richtigerweise betont *Boemke*, dass diese Begriffspaare jeweils unabhängige, selbstständige Rechtsgeschäfte umschreiben, aber dennoch beide zum umfassenden Schuldverhältnis gehören.[486] Diese Unterscheidung findet sich auch im Trennungs-/Abstraktionsprinzip,[487] wonach die Wirksamkeit des abstrakten Rechtsgeschäfts von der Wirksamkeit des entsprechenden Rechtsgrundes unabhängig ist.[488]

Dementsprechend unterscheidet *Boemke* zwischen Grund- und Erfüllungsverhältnis.[489] Mit dem Grundverhältnis würde der Inhalt des Schuldverhältnisses geregelt.[490] Aus ihm bestimmten sich Leistungsgegenstand, Leistungszweck und Leistungsmodalitäten.[491] Das Erfüllungsverhältnis hingegen beschreibe die durch

481 Vgl. *Boemke*, Schuldvertrag und Arbeitsverhältnis, S. 226 ff.

482 *Spinner*, MüKo BGB, § 611a Rn. 81, dort auch zu arbeitsrechtlich durchaus zutreffender Kritik.

483 *Boemke*, Schuldvertrag und Arbeitsverhältnis, S. 24; im Wesentlichen auch *Schlechtriem/Schmidt-Kessel*, Schuldrecht Allgemeiner Teil, Rn. 2.

484 *Boemke*, Schuldvertrag und Arbeitsverhältnis, S. 32.

485 *Boemke*, Schuldvertrag und Arbeitsverhältnis, S. 31.

486 *Boemke*, Schuldvertrag und Arbeitsverhältnis, S. 32.

487 Knapp erläuternd *Medicus/Petersen*, Bürgerliches Recht, Rn. 495 und *Staake*, Gesetzliche Schuldverhältnisse, § 2 Rn. 9.

488 *Ellenberger*, Grüneberg BGB, Überbl. v. § 104; dazu auch *Oechsler*, MüKo BGB, § 929 Rn. 8 ff.; zum Abstraktionsprinzip bei der Vollmacht *Schäfer*, BeckOK BGB, § 164 Rn. 19.

489 *Boemke*, Schuldvertrag und Arbeitsverhältnis, S. 220 ff.

490 *Boemke*, Schuldvertrag und Arbeitsverhältnis, S. 58.

491 *Boemke*, Schuldvertrag und Arbeitsverhältnis, S. 58 ff.

Leistungshandlung mit Bezug auf ein Grundverhältnis begründete Rechtsbeziehung.[492] Es komme zustande, indem die Parteien einvernehmlich mit dem Willen zueinander in Kontakt treten, in Zusammenhang mit einem Grundverhältnis stehende Leistungen zu erbringen oder entgegenzunehmen, und sei in seinem Bestand vom Grundverhältnis unabhängig.[493] Da der Arbeitsvertrag eine besondere Form des Dienstvertrages, mithin einen schuldrechtlichen, gegenseitigen Vertrag darstellt, gelten die Regelungen des allgemeinen Schuldrechts. Damit steht für *Boemke* fest, dass auch beim Arbeitsverhältnis zwischen Grund- und Erfüllungsverhältnis unterschieden werden könne.[494] Die Einzelheiten des Leistungsaustausches würden durch das Grundverhältnis festgelegt,[495] das Grundverhältnis selbst entstehe im Regelfall erst mit Beginn der Vertragslaufzeit, dem vereinbarten Dienstantritt.[496] Das Erfüllungsverhältnis entstehe demgegenüber durch tatsächliche Vornahme der Erfüllungs- und Leistungshandlungen als Herbeiführung des im Grundverhältnis bezweckten Erfolgs.[497]

Für das Arbeitsverhältnis bedeutet das im Einzelnen: Die Hauptleistungspflichten der Vertragspartner ergäben sich aus dem Grundverhältnis:[498] Der Arbeitnehmer wird im Dienste eines anderen zur Leistung weisungsgebundener fremdbestimmter Arbeit in persönlicher Abhängigkeit verpflichtet; den Arbeitgeber trifft die Verpflichtung zur Zahlung der vereinbarten Vergütung. Beide Hauptleistungspflichten stehen im Gegenseitigkeitsverhältnis; sie sind synallagmatisch miteinander verknüpft. Ein arbeitsrechtliches Erfüllungsverhältnis bestehe dann, wenn Leistungen mit Bezug auf das Grundverhältnis erbracht/ausgetauscht werden.[499] Der notwendige Bezug bestehe typischerweise darin, dass die Parteien die im Grundverhältnis begründeten Pflichten erfüllen wollen.[500] Auf Arbeitnehmerseite besteht, wie dargelegt, die Leistungshandlung in der Leistung weisungsabhängiger Dienste – auf Arbeitgeberseite in der Zahlung der vereinbarten Vergütung.[501] Unabhängig vom arbeitsrechtlichen Hintergrund zeigt *Boemke*, dass auf dem Rechtsverhältnis, innerhalb dessen sich die Parteien

492 *Boemke*, Schuldvertrag und Arbeitsverhältnis, S. 156.
493 *Boemke*, Schuldvertrag und Arbeitsverhältnis, S. 156.
494 Vgl. *Boemke*, Schuldvertrag und Arbeitsverhältnis, S. 198.
495 *Boemke*, Schuldvertrag und Arbeitsverhältnis, S. 221.
496 *Boemke*, Schuldvertrag und Arbeitsverhältnis, S. 222.
497 *Boemke*, Schuldvertrag und Arbeitsverhältnis, S. 222.
498 *Boemke*, Schuldvertrag und Arbeitsverhältnis, S. 256, 276.
499 *Boemke*, Schuldvertrag und Arbeitsverhältnis, S. 279.
500 *Boemke*, Schuldvertrag und Arbeitsverhältnis, S. 280.
501 *Boemke*, Schuldvertrag und Arbeitsverhältnis, S. 279 f.

zum Austausch von unselbstständigen Diensten gegen Entgelt verpflichten, ein weiteres, tatsächliches Verhältnis aufbaut. Begreift man dieses Erfüllungsverhältnis als faktisches Dienstverhältnis im Sinne von *Breinersdorfer*, so zeigt sich, dass dieses faktische Dienstverhältnis auch beim Vollzug eines Arbeitsverhältnisses oder sonstigen Dienstverhältnisses besteht. Wird ein normatives Dienstverhältnis vollzogen, besteht ein tatsächlicher Leistungsaustausch; es existiert – im Sinne von *Breinersdorfer* – ein faktisches Dienstverhältnis. Dieses ist (lediglich) im Regelfall zum normativen Dienstverhältnis deckungsgleich. Konkretisiert man die Meinung der Rechtsprechung durch die Ansätze *Breinersdorfers* und *Boemkes*, so ergibt sich, dass zur Bestimmung des Dienstverhältnisses durch das einkommensteuerrechtliche Merkmal des Schuldens der Arbeitsleistung auf die tatsächliche Erbringung weisungsabhängiger Dienste gegen Entgelt und damit auf dieses tatsächliche Austauschverhältnis geblickt wird. Bloße Verpflichtungen sind gerade nicht entscheidend. Die Definition des lohnsteuerrechtlichen Arbeitgeberbegriffs der Finanzgerichtsbarkeit kann also – konkretisiert durch die Fruchtbarmachung der Ansätze *Breinersdorfers* und *Boemkes* – dergestalt formuliert werden, dass Arbeitgeber derjenige ist, dem der Arbeitnehmer im Dienstverhältnis, das sich in einem tatsächlichen Synallagma darstellt, gegenübersteht. Zur Ermittlung dieses tatsächlichen Synallagmas werden die Kriterien der betrieblichen Eingliederung und der Weisungsgebundenheit herangezogen, wobei als Ausgangspunkt freilich das normative Dienstverhältnis im Sinne von *Breinersdorfer* dienen wird. Dementsprechend sind die Kriterien der Weisungsgebundenheit und der betrieblichen Eingliederung keinesfalls als abschließender Katalog notwendiger Tatbestandsmerkmale zu verstehen, sondern entscheidend ist eine Gesamtwürdigung aller Umstände des Einzelfalls.

(2) Der Arbeitgeber und die Dritten

Die Funktionsfähigkeit dieses Arbeitgeberbegriffs der Finanzgerichtsbarkeit – konkretisiert durch die Fruchtbarmachung der Ansätze *Breinersdorfers* und *Boemkes* – beweist sich im Lohnsteuerrecht in den Situationen, in denen ein Dritter das Arbeitsverhältnis beeinflusst. Die Definition des Arbeitgeberbegriffs muss als Kriterium für Abgrenzung des Dritten vom Arbeitgeber geeignet sein. Ein Arbeitsverhältnis ist grundsätzlich durch Gegenseitigkeit geprägt. Der Arbeitnehmer stellt dem Arbeitgeber im Wesentlichen seine Arbeitskraft in der vertraglich ausgehandelten Art und Dauer zur Verfügung und erhält als Gegenleistung hierfür die Lohnzahlungen.[502] Dritte können an diesem Gegenseitigkeitsverhältnis

502 Exemplarisch *Stallknecht*, Vereinfachungsnormen, S. 73.

sowohl auf Seiten der Arbeitsleistung als auch auf Seiten der Lohnzahlung teilhaben. Der Arbeitnehmer kann seine Arbeitsleistung gegenüber einem Dritten erbringen oder ein Dritter kann Lohn für die erbrachte Arbeitsleistung gewähren. Schon aus der oben vorgenommenen Annäherung an den Arbeitgeberbegriff[503] geht hervor, dass der Arbeitgeber vom Dritten abzugrenzen ist, denn § 38 Abs. 1 S. 1 Nr. 2 EStG knüpft an einen Arbeitgeber an, der einem Dritten (Entleiher) Arbeitnehmer gewerbsmäßig zur Arbeitsleistung im Inland überlasst. Über diese Anknüpfung hinaus nimmt § 38 EStG den Dritten noch in § 38 Abs. 1 S. 3 EStG in Bezug,[504] indem der Lohnsteuer auch der im Rahmen des Dienstverhältnisses von einem Dritten gewährte Arbeitslohn unterliegt, wenn der Arbeitgeber weiß oder erkennen kann, dass derartige Vergütungen erbracht werden; dies ist insbesondere anzunehmen, wenn Arbeitgeber und Dritter verbundene Unternehmen im Sinne von § 15 AktG sind. Das Gesetz geht offenbar davon aus, dass der Dritte grundsätzlich die Fähigkeit innehat, als Arbeitgeber angesehen zu werden, ansonsten bestünde nicht der Bedarf, diesem im Wortlaut als Dritten in Bezug zu nehmen. Diese Konstellationen werden nachfolgend dargestellt, der Umgang der Rechtsprechung (gegebenenfalls unter Bezugnahme auf die Konkretisierungen *Breinersdorfers* und *Boemkes*) mit diesen Situationen hinsichtlich des Arbeitgeberbegriffs wird aufgezeigt und es wird überprüft, ob sich dieser Umgang durch Auslegung der Norm stützen lässt.

---

503 Siehe S. 19 ff.

504 Weitere Anknüpfungen an Dritte finden sich in § 38 Abs. 3a S. 1 und 2 EStG. Zu diesen Regelungen unten S. 188 ff. Durch § 38 Abs. 3a S. 1 und 2 EStG werden die lohnsteuerrechtlichem Pflichten einem Dritten auferlegt, soweit sich im Wesentlichen tarifvertragliche Ansprüche des Arbeitnehmers unmittelbar gegen einen Dritten richten und von diesem durch die Zahlung von Geld erfüllt werden oder das Finanzamt zulässt, dass ein Dritter mit Wohnsitz, Geschäftsleitung oder Sitz im Inland die Pflichten des Arbeitgebers im eigenen Namen erfüllt. Weiterhin existiert § 38 Abs. 3 S. 2 EStG, hierzu unten S. 167 f. Nach § 38 Abs. 3 S. 2 EStG hat bei juristischen Personen des öffentlichen Rechts die öffentliche Kasse, die den Arbeitslohn zahlt, die Pflichten des Arbeitgebers. Die Norm spricht nicht von einem Dritten, setzt aber voraus, dass Arbeitgeber die juristische Person des öffentlichen Rechts ist, während die öffentliche Kasse „lediglich" die lohnsteuerrechtlichen Pflichten dieses Arbeitgebers zu erfüllen hat.

(a) Drittleistungen

Leistet ein Dritter an einen Arbeitnehmer, so stellt sich im Einkommensteuerrecht zunächst die Frage, ob diese Leistung zu Einkünften aus nichtselbstständiger Arbeit führt.[505] Ist dies der Fall, wird im Lohnsteuerrecht bei Drittleistungen regelmäßig unterschieden, ob eine echte oder unechte Lohnzahlung eines Dritten vorliegt.[506] Bei einer echten Lohnzahlung greift § 38 Abs. 1 S. 3 EStG. Der gewährte Arbeitslohn unterliegt der Lohnsteuer, wenn der Arbeitgeber weiß oder erkennen kann, dass derartige Vergütungen erbracht werden. Auch die auf eine unechte Lohnzahlung eines Dritten anfallende Lohnsteuer wird vom Arbeitgeber einbehalten und abgeführt, dann allerdings gemäß § 38 Abs. 1 S. 1[507] EStG.[508] Insoweit unterscheiden sich § 38 Abs. 1 S. 1 und S. 3 EStG bei pragmatischer Betrachtung

505 Hierzu oben S. 62 ff.

506 So im Wesentlichen R 38.4 LStR; BFH v. 30.5.2001 - VI R 123/00, BStBl. II 2002, 230 (232); BFH v. 7.11.2006 - VI R 81/02, BFH/NV 2007, 426 (428); BFH v. 12.4.2007 - VI R 36/04, BFH/NV 2007, 1851 (1852); grundlegend zur unechten Lohnzahlung durch Dritte BFH v. 28.3.1958 - VI 233/56 S, BStBl. III 1958, 268 (270 f.); BFH v. 27.1.1961 - VI 249/60 U, BStBl. III 1961, 167 (168); insbesondere auch *Karbe-Geßler*, K/K/B EStG § 38 Rn. 21; *Krüger*, Schmidt EStG, § 38 Rn. 5; *van Lishaut*, FR 2004, 203 (203 f.); *Stallknecht*, Vereinfachungsnormen, S. 57; *Wackerbeck*, Brandis/Heuermann EStG, § 38 Rn. 90; zur Ausgangslage vor Einführung des § 38 Abs. 3a EStG in diesem Zusammenhang BFH v. 21.2.2003 - VI R 74/00, BStBl. II 2003, 496.

507 *Stallknecht*, Vereinfachungsnormen, S. 112 sieht für derartige Situationen das Bestehen einer Regelungslücke, da, auch wenn der BFH § 38 Abs. 1 S. 1 EStG anwendet, das Gesetz nach Meinung *Stallknechts* für die Situation der unechten Lohnzahlung durch Dritte schweigt. Diese Ansicht vermag nicht zu überzeugen, denn der BFH definiert lediglich den Begriff der Zahlung eigenständig entsprechend seines Bedeutungszusammenhangs. Selbst wenn *Stallknecht* die Situation einer unechten Lohnzahlung durch Dritte nicht unter § 38 Abs. 1 S. 1 EStG fassen möchte, unterfiele sie aufgrund der Einschaltung eines Dritten jedenfalls § 38 Abs. 1 S. 3 EStG. Eine entsprechende Regelungslücke besteht damit in keinem Fall.

508 BFH v. 30.5.2001 - VI R 123/00, BStBl. II 2002, 230 (232); BFH v. 21.2.2003 - VI R 74/00, BStBl. II 2003, 496 (497); BFH v. 28.6.2007 - VI R 45/02, BFH/NV 2007, 1871 (1872); hierzu auch R 38.4 Abs. 1 S. 3 LStR; *Albert*, FR 2009, 857 (859); *Eisgruber*, Kirchhof/Seer EStG, § 38 Rn. 11 f.; *van Lishaut*, FR 2004, 203 (203); *Pflüger*, H/H/R EStG, § 38 Rn. 40; *Stallknecht*, Vereinfachungsnormen, S. 57; *Seifert*, Korn EStG, § 38 Rn. 20 f.

lediglich im Tatbestandsmerkmal der Kenntnis beziehungsweise des Erkennenkönnens des Arbeitgebers von der Lohnzahlung.[509]

Die Abgrenzung zwischen echter und unechter Lohnzahlung des Dritten hat in erster Linie historische Hintergründe, denn bis zum 6.8.1974[510] war der Arbeitgeber nur lohnsteuereinbehaltungspflichtig, wenn er selbst den Arbeitslohn „zahlt", vgl. § 38 Abs. 1 S. 1 EStG. Drittleistungen wurden erst durch den damaligen § 38 Abs. 1 S. 2 EStG der Lohnsteuer unterworfen. Kurz vor dieser Unterwerfung der Drittleistung unter den Lohnsteuerabzug durch das EStRG 1974 und der damit einhergehenden Rechtsauffassung des BFH, dass nur Arbeitslohn den Tatbestand des § 19 Abs. 1 S. 1 Nr. 1 EStG verwirkliche,[511] hatte sich das Gericht umfassend mit der Frage auseinandergesetzt, ob Drittleistungen dem Lohnsteuerabzug unterfallen. So war das Gericht der Meinung:

> Das Lohnsteuerrecht „*enthält keine ausdrückliche Regelung über die Grenzen der Einbehaltungs- und Abführungspflichten des Arbeitgebers. Mit Rücksicht auf das Wesen des Lohnsteuer-Abzugsverfahrens – Erhebung der Steuer an der Quelle – neigt der Senat der Auffassung zu, dass eine Einbehaltungs- und Abführungspflicht regelmäßig nur in dem Umfang besteht, in dem der Arbeitgeber in irgendeiner Form tatsächlich oder rechtlich in die Zahlung des Arbeitslohnes eingeschaltet ist. Soweit der Arbeitgeber weder tatsächlich noch rechtlich in die Zahlung des Arbeitslohnes eingeschaltet ist, liegen der Hauptgrund und die wichtigste Rechtfertigung für den Steuerabzug vom Arbeitslohn nicht vor; insoweit kann von einem Lohnsteuerabzug ‚an der Quelle' nicht gesprochen werden.*"[512]

Fehlte es also an dieser rechtlichen oder tatsächlichen Einschaltung des Arbeitgebers in den Zahlungsvorgang, so lagen zwar Einkünfte aus nichtselbstständiger Arbeit, nicht aber lohnsteuerpflichtiger Arbeitslohn vor. Zahlte – in einem tatsächlichen Verständnis – allerdings ein Dritter und der Arbeitgeber war in den Zahlungsvorgang eingeschaltet, hatte der Arbeitgeber die Lohnsteuer abzuziehen und einzubehalten. Der Arbeitgeber blieb im Sinne des Gesetzes derjenige, der den Arbeitslohn zahlt.

---

509 Das betonen *Albert*, FR 2009, 857 (859); *Stallknecht*, Vereinfachungsnormen, S. 58; im Ergebnis außerdem BFH v. 21.2.2003 – VI R 74/00, BStBl. II 2003, 496 (497); allgemein *Krüger*, Schmidt EStG, § 38 Rn. 5; lediglich im Ansatz *Mösbauer*, Haftung, S. 160.

510 An diesem Tag trat das Einkommensteuerreformgesetz vom 5. 8. 1974, BGBl I 1974, 1769, in Kraft, vgl. Art. 8 EStRG 1974.

511 Hierzu schon oben S. 57 f.

512 BFH v. 13.3.1974 – VI R 212/70, BStBl. II 1974, 411 (412 f.).

(aa) Unechte Lohnzahlungen durch Dritte

Mit dem Kriterium, dass der Arbeitgeber in irgendeiner Form tatsächlich oder rechtlich in die Zahlung des Arbeitslohnes (durch den Dritten) eingeschaltet sein muss, bildet der BFH die Situation der unechten Lohnzahlung durch Dritte ab. Diese geht zurück auf Rechtsprechung aus dem Jahre 1958, wonach der Arbeitgeber, der eine Kasse[513] mit Mitteln ausstattet, die steuerlichen Pflichten des Arbeitgebers zu erfüllen, insbesondere die Lohnsteuer einzubehalten habe, auch wenn diese den Lohn tatsächlich auszahlt.[514] Entscheidend sei, dass sich der Sachverhalt wirtschaftlich betrachtet so darstelle, als ob der Arbeitgeber dem Arbeitnehmer einen Betrag zur Verfügung stellt.[515] Diese Situation der unechten Lohnzahlung eines Dritten wird auch heute regelmäßig angenommen, wenn der Dritte als Zahlstelle oder Leistungsmittler des Arbeitgebers fungiert.[516] Dafür müsse der Dritte die Stellung einer Kasse des Arbeitgebers haben oder im Auftrag des Arbeitgebers handeln.[517] Die Stellung einer Kasse hätte der Dritte beispielsweise dann, wenn die Mittel, die der Dritte dem Arbeitnehmer gewährt, vom Arbeitgeber bereitgestellt würden.[518] Dies sei im Wesentlichen danach zu ermitteln, ob der Dritte oder der Arbeitgeber die wirtschaftliche Last der Lohnzahlung zu tragen hat.[519] Im „Auftrag des Arbeitgebers“ im Sinne dieser Rechtsprechung handele der Dritte nur

---

513 Der Begriff der *Kasse* wird ersichtlich nicht im Sinne eines Geräts oder Gegenstandes, sondern im Sinne der entsprechenden Funktion – wie beispielsweise auch bei Sparkasse, Krankenkasse oder Versorgungskasse – gebraucht.

514 BFH v. 28.3.1958 – VI R 233/56 S, BStBl. III 1958, 268 (Ls.).

515 BFH v. 28.3.1958 – VI R 233/56 S, BStBl. III 1958, 268 (269).

516 Beispielsweise BFH v. 30.5.2001 – VI R 123/00, BStBl. II 2002, 230 (232); BFH v. 23.7.2001 – VI B 63/99, BFH/NV 2001, 1557 (1558); BFH v. 21.2.2003 – VI R 74/00, BStBl. II 2003, 496 (497); BFH v. 4.4.2006 – VI R 11/03, BStBl. II 2006, 668 (669); BFH v. 10.5.2006 – IX R 82/98, BStBl. II 2006, 669 (671); BFH v. 7.11.2006 – VI R 81/02, BFH/NV 2007, 426 (428); BFH v. 28.6.2007 – VI R 45/02, BFH/NV 2007, 1871 (1872); FG Niedersachsen v. 17.11.2011 – 11 K 128/10, EFG 2012, 364 (364); vgl. außerdem R 38.4 Abs. 1 S. 1 LStR.

517 BFH v. 21.2.2003 – VI R 74/00, BStBl. II 2003, 496 (497); BFH v. 4.4.2006 – VI R 11/03, BStBl. II 2006, 668 (669); BFH v. 7.11.2006 – VI R 81/02, BFH/NV 2007, 426 (428); BFH v. 28,6,2007 – VI R 45/02, BFH/NV 2007, 1871 (1872).

518 Grundlegend BFH v. 28.3.1958 – VI R 233/56 S, BStBl. III 1958, 268 (Ls.); BFH v. 27.1.1961 – VI 249/60 U, BStBl. III 1961, 167 (168); auch BFH v. 30.5.2001 – VI R 123/00, BStBl. II 2002, 230 (232).

519 So *Stallknecht*, Vereinfachungsnormen, S. 113; vgl. außerdem BFH v. 21.2.2003 – VI R 74/00, BStBl. II 2003, 496; BFH v. 10.4.2006 – IX R 82/98, BStBl. II 2006, 669; BFH v. 28.6.2007 – VI R 45/02, BFH/NV 2007, 1871.

dann, wenn der Arbeitgeber Einfluss auf die konkrete Vorteilsgewährung an seine Arbeitgeber haben kann.[520] Auf ein Auftragsverhältnis im privatrechtlichen Sinne komme es nicht an.[521] Während die Abgrenzung zwischen echter und unechter Lohnzahlung Dritter entsprechend der Kriterien der Rechtsprechung durchaus als stimmig erscheint, wirkt das Kriterium der wirtschaftlichen und organisatorischen Verbundenheit zwischen Arbeitgeber und Drittem, das von *Stallknecht* vertreten wird, hingegen nicht zielführend.[522] So steht keineswegs fest, dass im Konzern, in dem eine solche Verbundenheit regelmäßig gegeben sein wird, die eine Konzerngesellschaft als Kasse einer anderen Konzerngesellschaft tätig wird. Auch wird es sich in einer solchen Situation bei wirtschaftlicher Betrachtung nicht zwingend so darstellen, als ob der Arbeitgeber dem Arbeitnehmer den entsprechenden Betrag zur Verfügung stellt.

Die Unterscheidung zwischen echter und unechter Drittleistung findet sich auch im Arbeitsrecht. Wenn der Dritte die Zuwendung selbst wirtschaftlich nicht zu tragen hat, liegt eine unechte Lohnzahlung durch Dritte (im Sinne des Arbeitsrechts) vor.[523] Wenn der Arbeitgeber die Zahlung lediglich unter Zuhilfenahme eines Dritten als Zahlstelle gewährt, ist dies dem Arbeitgeber ohne Weiteres zuzurechnen.[524] Der Sache nach handelt es sich in diesem Fall nicht um Dritt-, sondern um Arbeitgeberzuwendungen.[525]

Im Ergebnis erscheint eine Differenzierung zwischen echten und unechten Lohnzahlungen Dritter jedenfalls als sinnvoll. Da der Dritte als verlängerter Arm des Arbeitgebers tätig wird, ergibt sich bei wirtschaftlicher Betrachtung kein Unterschied, ob Arbeitgeber oder Dritter leistet. Historisch betrachtet war es deshalb sinnvoll, dass sich der Arbeitgeber nicht durch die Einschaltung eines Dritten in den Zahlvorgang der lohnsteuerrechtlichen Pflichten entledigen konnte. Mit Unterwerfung von Drittleistungen unter die Lohnsteuer durch den heutigen § 38 Abs. 1 S. 3 EStG verliert die Abgrenzung allerdings an (praktischer) Bedeutung, denn § 38 Abs. 1 S. 1 und S. 3 EStG unterscheiden sich lediglich im Tatbestandsmerkmal der Kenntnis beziehungsweise des Erkennenkönnens des Arbeitgebers von der Lohnzahlung. Wenn es erfüllt ist, führt dies zu identischen Rechtsfolgen:

---

520 BFH v. 12.4.2007 – VI R 36/04, BFH/NV 2007, 1851 (1852); zustimmend insbesondere *Geserich*, NWB 2012, 4032 (4032).

521 Vgl. BFH v. 12.4.2007 – VI R 36/04, BFH/NV 2007, 1851 (1852), wo auf eine rechtliche oder tatsächliche Handhabe abgestellt wird.

522 So aber *Stallknecht*, Vereinfachungsnormen, S. 113.

523 *Wobst*, Drittlohn, S. 23.

524 *Wobst*, Drittlohn, S. 23.

525 Prägnant erneut *Wobst*, Drittlohn, S. 23.

Der Arbeitgeber hat die Lohnsteuer abzuziehen und einzubehalten. Da sich der Arbeitgeber bei einer unechten Lohnzahlung Dritter deutlich näher am tatsächlichen Zahlungsvorgang befindet als bei einer echten Drittzahlung, indem die entsprechenden Mittel durch den Arbeitgeber bereitgestellt werden oder er Einfluss auf die konkrete Vorteilsgewährung nehmen kann, hat er Kenntnis von der konkreten Lohnzahlung. So wäre im Fall der unechten Lohnzahlung Dritter § 38 Abs. 1 S. 3 EStG stets erfüllt. Weil das Tatbestandsmerkmal der Kenntnis oder des Erkennenkönnens für unechte Lohnzahlungen irrelevant ist, sind diese unter § 38 Abs. 1 S. 1 EStG zu fassen.

(bb) Echte Lohnzahlungen durch Dritte

Zur Überprüfung der Funktionsfähigkeit des Arbeitgeberbegriffs der Finanzgerichtsbarkeit erscheint es zielführend, echte Lohnzahlungen Dritter zu betrachten, denn bei diesen handelt der Dritte nicht als verlängerter Arm des Arbeitgebers, sondern grundsätzlich aus eigenwirtschaftlichen Gründen.[526] Im Sinne des Gesetzeswortlauts ist bei einer echten Drittleistung der Arbeitgeber nicht derjenige, von dem der Arbeitslohn im Sinne des Gesetzes gezahlt wird (vgl. § 38 Abs. 1 S. 1 EStG). Derjenige, der als Zahlender angesehen wird, ist der Dritte, also jemand, der an der eigentlichen Austauschbeziehung zwischen Arbeitgeber und Arbeitnehmer nicht (direkt) beteiligt ist. Warum Drittleistungen Einkünfte aus nichtselbstständiger Arbeit darstellen, wurde schon oben beleuchtet. An dieser Stelle kommt es darauf an, wie das Lohnsteuerrecht unter Annahme des Arbeitgeberbegriffs der Finanzgerichtsbarkeit mit diesen Drittleistungen umgeht.

(α) Die historische Entwicklung des § 38 Abs. 1 S. 3 EStG

Blickt man auf die historische Entwicklung des Umgangs des Lohnsteuerrechts mit (echten) Lohnzahlungen Dritter, so ist erneut auf das Einkommensteuerreformgesetz 1975[527] zurückzukommen. Bis zu dessen Inkrafttreten fanden Drittleistungen in § 38 EStG keine Erwähnung. Nur unechte Lohnzahlungen Dritter unterfielen der Lohnsteuer. Auch differenzierte der BFH bis dahin zwischen Einkünften aus nichtselbstständiger Arbeit und Arbeitslohn. Echte Lohnzahlungen Dritter konnten zwar Einkünfte aus nichtselbstständiger Arbeit darstellen, sie waren nach Ansicht der Rechtsprechung aber keinesfalls lohnsteuerpflichtiger Arbeitslohn, weil für die Rechtsprechung das Wesen des Lohnsteuer-Abzugsverfahrens als Quellenabzugsverfahren sowohl für die Bestimmung

526 Vgl. hierzu oben S. 62.
527 BGBl. I 1974, 1769.

des Arbeitslohns also auch für die der Arbeitgebereigenschaft im Vordergrund stand.[528] Das Wesen des Quellenabzugsverfahrens habe vorausgesetzt, dass der Arbeitgeber in die Zahlung des Arbeitslohnes eingeschaltet ist.[529]

Mit dem Einkommensteuerreformgesetz allerdings ergänzte der Gesetzgeber § 38 Abs. 1 EStG um einen Satz 2, wonach der im Rahmen des Dienstverhältnisses *üblicherweise von einem Dritten* für die Arbeitsleistung *gezahlte* Arbeitslohn der Lohnsteuer unterliegt. Diese Formulierung entstammt dem ursprünglichen Gesetzesentwurf der Bundesregierung.[530] Mit diesem Gesetzesentwurf sollte eine umfassende Reform des Einkommensteuergesetzes erreicht werden, § 38 EStG wäre im reformierten EStG § 132 geworden.[531] Trotz dieser umfassenden Reform sollte ausweislich der Gesetzgebungsmaterialien der Anknüpfungspunkt der Lohnsteuer nicht verändert werden. Scheinbar sollte schlicht „klargestellt" werden, dass der Lohnsteuer auch der im Rahmen eines Dienstverhältnisses von einem Dritten für eine Arbeitsleistung gezahlte Arbeitslohn unterliegt.[532] Dennoch wurde offensichtlich ein neuer Anknüpfungspunkt der lohnsteuerrechtlichen Pflichten in das Gesetz eingeführt. Der „Dritte" war bis dahin § 38 EStG unbekannt. Dementsprechend wurde auch eine Art Abgrenzungskriterium in den Gesetzgebungsmaterialien ausgewiesen, indem andere Vergütungen, die zwar mit dem Dienstverhältnis in Zusammenhang stehen, aber nicht *für* eine Arbeitsleistung gezahlt werden (z. B. Streikunterstützungen), nicht dem Lohnsteuerabzug unterliegen sollten.[533] Daraus folgt, dass die Bundesregierung bei der Gesetzesänderung nicht vom Wesen der Lohnsteuer als Quellensteuer ausging, sondern – soweit es tatsächlich möglich ist – alle Einkünfte aus nichtselbstständiger Arbeit dem Lohnsteuerabzug unterwerfen wollte. Der damalige Finanzausschuss teilte diese Intention offenbar, denn er fügte lediglich und ohne weitere Ausführungen den durch die Bundesregierung vorgeschlagenen Wortlaut in § 38 EStG ein.[534] In diesem Sinne wird die Unterwerfung von Drittleistungen unter die Lohnsteuer auch nicht als Reformziel des Einkommensteuerreformgesetzes genannt.[535]

---

528 Vgl. BFH v. 13.3.1974 – VI R 212/70, BStBl. II 1974, 411 (412 f.). Eingehend zum ursprünglichen Arbeitgeberbegriff des Lohnsteuerrechts unten S. 180 ff.; zu dessen Entwicklung S. 197 ff.

529 Eingehend BFH v. 13.3.1974 – VI R 212/70, BStBl. II 1974, 411 (413).

530 BT-Drs. 7/1470, S. 78.

531 BT-Drs. 7/1470, S. 78.

532 BT-Drs. 7/1470, S. 303.

533 BT-Drs. 7/1470, S. 303.

534 BT-Drs. 7/2164, S. 17.

535 BT-Drs. 7/2180, S. 2.

Bezüglich dieser Gesetzesänderung führt der BFH aus: „*Mit der Neukodifizierung des Lohnsteuerverfahrens im EStRG 1975 wurden verschiedene Regelungslücken geschlossen, wobei u. a. die Einbeziehung von üblichen Drittlöhnen in den Lohnsteuerabzug eröffnet wurde.*“[536] Damit stützt sich der BFH auf den Wortlaut der Norm und auf die Intention des Gesetzgebers. Nötig für den Lohnsteuerabzug durch den Arbeitgeber sei allerdings, dass dieser über die Höhe der Drittleistung in Kenntnis gesetzt wird, sei es dadurch, dass der Arbeitgeber in den Zahlungsvorgang eingeschaltet werde,[537] oder seine Arbeitnehmer über derartige Zuflüsse Angaben[538] machten.[539] Diese vom BFH in Bezug genommenen Kriterien entstammen dem damals geltenden „Rabatterlass“ der Finanzverwaltung.[540] Hatte der Arbeitgeber hingegen keine Kenntnis von der konkreten Drittleistung, so hatte er auch keine Handhabe darüber, eine solche zu erlangen,[541] denn die damals bestehende Mitteilungspflicht des Arbeitnehmers war lediglich in R 106 Abs. 2 S. 3 LStR 2002 normiert und hatte damit zum einen nur verwaltungsinterne Wirkung, zum anderen hatte der Arbeitgeber keine Möglichkeit, den Arbeitgeber zu einer entsprechenden Mitteilung zu bewegen.[542] Der Arbeitgeber hatte die auf die Drittleistung entfallende Lohnsteuer also nur dann einzubehalten, wenn er von Existenz und Höhe der konkreten Drittleistung Kenntnis hatte.[543] Wurde der

536 BFH v. 24.10.1997 – VI R 23/94, BStBl. II 1999, 323 (324).

537 Zum hier angesprochenen Kriterium der Mitwirkung auch BT-Drs. 15/1562, S. 4; außerdem FG München v. 26.6.2009 – 8 K 307/07, EFG 2009, 1749 (Ls.); FG München v. 26.9.2013 – 5 K 1660/12, EFG 2014, 142 (144); übersichtlich *Eismann*, DStR 2004, 1585 (1588).

538 Hierzu auch BFH v. 28.6.2007 – VI R 45/02, BFH/NV 2007, 1871 (1873); zustimmend *Geserich*, NWB 2012, 4032 (4032); *ders.*, NWB 2015, 1610 (1616).

539 BFH v. 24.10.1997 – VI R 23/94, BStBl. II 1999, 323 (324); auch BFH v. 21.2.1986 – VI R 9/80, BStBl. II 1986, 768 (769 f.); BFH v. 28.6.2007 – VI R 45/02, BFH/NV 2007, 1871 (1873); zustimmend *Geserich*, NWB 2012, 4032 (4032); *ders.*, 2015, 1610 (1616).

540 BMF v. 27.9.1993 – IV B 6-S 2334-152/93, BStBl. I 1993, 814.

541 BFH v. 24.10.1997 – VI R 23/94, BStBl. II 1999, 323 (324).

542 Zur fehlenden Handhabe des Arbeitgebers BFH v. 24.10.1997 – VI R 23/94, BStBl. II 1999, 323 (324).

543 BFH v. 24.10.1997 – VI R 23/94, BStBl. II 1999, 323 (324); BFH v. 20.7.2000 – VI R 10/98, DStRE 2000, 1313 (1313) = BFH/NV 2001, 35 (35); BFH v. 30.5.2001 – VI R 123/00, BStBl. II 2002, 230 (232); BFH v. 21.2.2003 – VI R 74/00, BStBl. II 2003, 496 (498); BFH v. 28.6.2007 – VI R 45/02, BFH/NV 2007, 1871 (1873); *Geserich*, NWB 2012, 4032 (4032); *ders.*, 2015, 1610 (1616).

Arbeitgeber über die Zahlungen des Dritten nicht in Kenntnis gesetzt, so musste er insoweit keine Lohnsteuer einbehalten.[544]

Der Gesetzgeber wollte dem entgegenwirken, indem er eine Mitteilungspflicht des Arbeitnehmers an den Arbeitgeber mit dem StÄndG 2003[545] normierte.[546] Darüber hinaus sah er die Regelung des damaligen § 38 Abs. 1 S. 2 EStG als änderungsbedürftig an, da zum einen das Tatbestandsmerkmal des „*üblicherweise*" von einem Dritten *gezahlten* Arbeitslohns Anwendungsprobleme bereitete und zum anderen die Rechtsprechung die unechte Lohnzahlung durch Dritte bereits ohne Bezugnahme auf dieses Tatbestandsmerkmal definiert[547] hatte.[548] Weiterhin sollte klargestellt werden, dass die entsprechende Einbehaltungspflicht des Arbeitgebers auch für von dritter Seite gewährte Sachbezüge gilt.[549] Dementsprechend lautete der mit dem Gesetzesentwurf vorgeschlagene neue Wortlaut:

> *„Der Lohnsteuer unterliegt auch der im Rahmen des Dienstverhältnisses*
>
> 1. *von einem Dritten in Form von Geld zugewendete Arbeitslohn und*
> 2. *von einem Dritten in Form von Sachbezügen zugewendete Arbeitslohn, wenn der Arbeitgeber an der Verschaffung des Sachbezugs mitgewirkt hat.*
>
> *Der Arbeitnehmer ist verpflichtet, Arbeitslohnzahlungen im Sinne des Satzes 2 dem Arbeitgeber für jeden Lohnzahlungszeitraum schriftlich mitzuteilen."*[550]

Der heutige Gesetzeswortlaut des § 38 Abs. 1 S. 3 EStG und auch des mit diesem korrespondierenden Abs. 4 S. 3 geht zurück auf die Stellungnahme des Bundesrats[551] zu diesem Gesetzesentwurf.[552] Den neuen Gesetzeswortlaut begründet der Bundesrat wie folgt:

---

544 BFH v. 24.10.1997 – VI R 23/94, BStBl. II 1999, 323 (324); BFH v. 20.7.2000 – VI R 10/98, DStRE 2000, 1313 (1313) = BFH/NV 2001, 35 (35); BFH v. 24.1.2001 – I R 119/98, BStBl. II 2001, 512 (Ls.); BFH v. 21.2.2003 – VI R 74/00, BStBl. II 2003, 496 (498).

545 StÄndG 2003 v. 15.12.2003, BGBl. I 2003, 2645 (2646).

546 BT-Drs. 15/1562, S. 34. Der Gesetzesentwurf der Bundesregierung (BT-Drs. 15/1561) ist inhaltsgleich zum Gesetzesentwurf der damaligen Koalitionsfraktionen (BT-Drs. 15/1562). Erstgenannte Drucksache beschränkt sich daher darauf, inhaltlich auf die zweitgenannte zu verweisen.

547 Zur entsprechenden Abgrenzung soeben S. 109 ff.

548 So zumindest BT-Drs. 15/1562, S. 33 f.

549 BT-Drs. 15/1562, S. 34.

550 BT-Drs. 15/1562, S. 4; ebenso BR-Drs. 630/1/03, S. 4.

551 Die Stellungnahme des Bundesrats geht wiederum zurück auf die Empfehlung des Finanzausschusses und des Wirtschaftsausschusses; vgl. BR-Drs. 630/1/03, S. 7 ff.

552 BR-Drs. 630/03 (B), S. 7.

> „[Der Gesetzesentwurf] *beruht* [...] *auf einem früheren Stadium der Fachdiskussion und ist nicht vollständig ausgereift. Die Regelung ist bezogen auf Barlohn zu weitgehend, weil der Arbeitgeber von der Leistung des Dritten u.U. nichts weiß oder wissen kann. Auch ist nicht sicher, dass der Arbeitnehmer der vorgesehenen Anzeigepflicht nachkommt. Bezogen auf Sachbezüge ist die Regelung nicht praktikabel. Dass der Arbeitgeber an der Verschaffung des Arbeitslohns ‚mitgewirkt' hat, ist in der Praxis von der Finanzverwaltung vielfach nicht nachzuweisen. Dies gilt gerade für die Fälle, die den Anlass für die geplante Gesetzesänderung geben (Aktienoptionen ausländischer Muttergesellschaften, Rabatte an Arbeitnehmer konzernangehöriger Gesellschaften in der Versicherungswirtschaft, etc). Wenn § 38 Abs. 1 Satz 2 EStG schon neu formuliert wird, dann sollte er diese Anlassfälle nunmehr auch wirklich erfassen. Die Vorteilsgewähr im Konzern etc. ist zwar in der Gesetzesbegründung der Bundesregierung angesprochen, eine gerichtsfeste Regelung muss aber im Gesetz selbst erfolgen. Vor dem dargestellten Hintergrund haben sich die Referatsleiter Lohnsteuer in Kenntnis der Entwurfsfassung der Bundesregierung nahezu einstimmig für die hier vorgeschlagene Fassung entschieden.*“[553]

Der heutige Gesetzeswortlaut zeichnet sich insbesondere dadurch aus, dass der Lohnsteuer nicht mehr der üblicherweise von einem Dritten gezahlte Arbeitslohn, sondern der im Rahmen des Dienstverhältnisses von einem Dritten gewährte Arbeitslohn unterliegt, wenn der Arbeitgeber weiß oder erkennen kann, dass *derartige Vergütungen* erbracht werden. Diese Kenntnis oder das Erkennenkönnen wird vermutet, wenn Arbeitgeber und Dritter verbundene Unternehmen im Sinne von § 15 des Aktiengesetzes sind. Dies geht mit der Verpflichtung des Arbeitnehmers nach § 38 Abs. 4 S. 3 HS. 1 EStG einher, dem Arbeitgeber die von einem Dritten gewährten Bezüge nach Abs. 1 S. 3 am Ende des jeweiligen Lohnzahlungszeitraums anzugeben.[554] Wenn der Arbeitnehmer keine Angabe oder eine erkennbar unrichtige Angabe macht, hat der Arbeitgeber dies dem Betriebsstättenfinanzamt anzuzeigen, § 38 Abs. 4 S. 3 HS. 2 EStG.[555] Die deshalb zu wenig einbehaltene Lohnsteuer hat das Finanzamt vom Arbeitnehmer nachzufordern, § 38 Abs. 4 S. 4 EStG.

---

553 BR-Drs. 630/03 (B), S. 7 f.

554 Nach Ansicht der Finanzverwaltung hat der Arbeitgeber nach R 38.4 Abs. 2 S. 4 LStR seine Arbeitnehmer auf diese Verpflichtung hinzuweisen.

555 Zu praktischen Schwierigkeiten beim Befolgen dieser Hinweispflichten insbesondere *Eismann*, DStR 2004, 1585 (1591).

(β) Der Umgang des Lohnsteuerrechts mit echten Drittleistungen

Im Ausgangspunkt ist diese Regelung damit sachgerecht:[556] Drittleistungen unterliegen grundsätzlich der Lohnsteuer, über deren Existenz und Höhe hat der Arbeitnehmer den Arbeitgeber zu informieren. Unterbleibt diese Information – oder erfolgt eine erkennbar unrichtige Angabe – hat sich das Finanzamt an den Arbeitnehmer zu wenden. Im Einzelnen geht mit dieser Regelung allerdings eine Vielzahl an offenen Fragen und Problemen einher:

Zuallererst kann der Arbeitgeber seinen lohnsteuerrechtlichen Pflichten nur dann nachkommen, wenn er konkrete Sachverhaltskenntnis hat. Kann der Arbeitgeber hingegen nur erkennen, dass „*derartige Vergütungen*" erbracht werden, kann er rein tatsächlich seine Pflichten nicht erfüllen. Dieser Umstand ist auch dem Gesetzgeber bewusst.[557] Er wollte den Arbeitgeber nicht vor unerfüllbare Aufgaben stellen, sondern in erster Linie sicherstellen, dass der Arbeitnehmer seiner in § 38 Abs. 4 S. 3 EStG vorgesehenen Anzeigepflicht nachkommt und der Arbeitgeber die auf die ihm so bekanntgewordenen Drittleistungen entfallende Lohnsteuer entrichtet. Die Formulierung der „derartigen Vergütungen" ersetzte die des „üblicherweise von einem Dritten gezahlten Arbeitslohns". Was der Gesetzgeber ursprünglich mit dieser Formulierung ausdrücken wollte, ist ihm offenbar selbst nicht klar.[558] Von den Gerichten wurde die Formulierung wie eine Leerformel behandelt, indem sie in den Entscheidungen zwar wiedergegeben, allerdings nicht mit Inhalt gefüllt wurde.[559] Aus diesen Gründen kann der Wortlaut der Norm dergestalt verstanden werden, dass sich die Formulierung der derartigen Vergütungen auf die Kenntnis und das Erkennenkönnen einer konkrete Drittleistung beziehen muss.[560] Deshalb muss das Tatbestandsmerkmal im Wesentlichen dahingehend verstanden werden, dass der Arbeitgeber seine Augen nicht vor solchen steuererheblichen Sachverhalten verschließen darf, die sich ihm geradezu aufdrängen.[561] Ist dies der Fall und es drängen sich dem Arbeitgeber

556 So auch *Wobst*, Drittlohn, S. 203.

557 Vgl. soeben S. 111 ff., BR-Drs. 630/03 (B), S. 7.

558 Vgl. S. 110, BT-Drs. 15/1562, S. 34.

559 Vgl. BFH v. 24.10.1997 – VI R 23/94, BStBl. II 1999, 323 (324); BFH v. 20.7.2000 – VI R 10/98, BFH/NV 2001, 35 (35); BFH v. 24.1.2001 – I R 119/98, BStBl. II 2001, 512 (513); BFH v. 21.2.2003 – VI R 74/00, BStBl. II 2003, 496 (498).

560 Gleichermaßen FG München v. 26.9.2013 – 5 K 1660/12, rkr., EFG 2014, 142 (144); zustimmend *Wobst*, Drittlohn, S. 203; außerdem *Gersch*, Bochumer Lohnsteuertag, S. 109 (117); *Leuner/Dumser*, DStR 2006, 2017 (2018).

561 So auch FG München v. 26.9.2013 – 5 K 1660/12, rkr., EFG 2014, 142 (144); sinngemäß auch *Strohner*, H/H/R EStG, § 38 Rn. 40; a.A. beispielsweise *Meyer*, BeckOK EStG, § 38 Rn. 50.1, der das Tatbestandsmerkmal im Sinne der Fahrlässigkeit versteht.

steuererhebliche Sachverhalte auf, so hat er sich die für den Lohnsteuerabzug erforderlichen Daten – per Informationspflicht seines Arbeitnehmers gemäß § 38 Abs. 4 S. 3 HS. 1 EStG – zu beschaffen.[562] Kann sich der Arbeitgeber hingegen keine positive Kenntnis verschaffen, so kann er auch nicht zum Lohnsteuerabzug verpflichtet sein, weil er ihn rein tatsächlich nicht durchführen kann.[563]

Dies gilt der Sache nach auch für Drittleistungen im Konzern, für die die Kenntnis des Arbeitgebers mit § 38 Abs. 1 S. 3 HS. 2 EStG vermutet wird. Diese Vermutung ist widerlegbar,[564] womit eine zweite der offenen Fragen beantwortet ist. Auch dies geht aus der Stellungnahme des Bundesrats hervor, die davon spricht, dass eine Mitwirkung an der Verschaffung des Arbeitslohns im Konzernumfeld in der Praxis von der Finanzverwaltung vielfach nicht nachzuweisen sei. Unabhängig davon, dass eine Mitwirkung des Arbeitgebers mittlerweile bedeutungslos ist,[565] möchte der Gesetzgeber mit der Regelung Beweisschwierigkeiten auf Seiten der Finanzverwaltung entgegenwirken. Eine konstitutive Unterwerfung sämtlicher Drittleistungen im Konzern unter die Lohnsteuer ist offensichtlich nicht gewollt. Auch rein tatsächlich wird ein Arbeitgeber lediglich typischerweise, nicht aber stets, über Zahlungen seiner Mutter- oder Schwesterunternehmen informiert sein oder sich über diese informieren können.[566] Beispielsweise kann eine Konzernmutter ein berechtigtes Interesse daran haben, dass die Höhe der Konzernboni für leitende Mitarbeiter der Konzerntöchter geheim bleibt.[567]

---

562 FG München v. 26.9.2013 – 5 K 1660/12, rkr., EFG 2014, 142 (144); zustimmend *Wackerbeck*, Brandis/Heuermann, § 38 Rn. 94.

563 Diese Schluss ziehen insbesondere FG München v. 26.9.2013 – 5 K 1660/12, rkr., EFG 2014, 142 (143); *Eisgruber*, Kirchhof/Seer, § 38 Rn. 12; *Gersch*, Bochumer Lohnsteuertag, S. 109 (117); *Leuner/Dumser*, DStR 2006, 2017 (2018); *Wackerbeck*, Brandis/Heuermann, § 38 Rn. 94.

564 FG München v. 26.9.2013 – 5 K 1660/12, rkr., EFG 2014, 142 (143); *Gersch*, FR 2004, 938 (940); *Leuner/Dumser*, DStR 2006, 2017 (2018); *van Lishaut*, FR 2004, 203 (204 f.); *Wackerbeck*, Brandis/Heuermann, § 38 Rn. 94; *Wobst*, Drittlohn, S. 205; zustimmend *Krüger*, Schmidt EStG, § 38 Rn. 6; offen *Geserich*, NWB 2012, 4032 (4033); *ders.*, NWB 2015, 1610 (1616).

565 Siehe dazu oben S. 62 ff.

566 Darauf verweist *Wobst*, Drittlohn, S. 205; auch *Leuner/Dumser*, DStR 2006, 2017 (2018).

567 *Wobst*, Drittlohn, S. 205; auch *Eismann*, DStR 2004, 1585 (1588); *Leuner/Dumser*, DStR 2006, 2017 (2018).

Als in tatsächlicher Hinsicht problematisch erweist sich die Informationspflicht des Arbeitnehmers nach § 38 Abs. 4 S. 3 EStG. Aufgrund dieser gilt die Regelung des § 38 Abs. 1 S. 3 EStG als teilweise undurchführbar.[568] Allerdings sind die Fälle, in welchen diese Pflicht virulent werden könnte, ausgesprochen gering:[569] Kennt der Arbeitgeber die konkrete Drittleistung, ist diese nach § 38 Abs. 1 S. 3 HS. 1 EStG lohnsteuerpflichtig. Kann der Arbeitgeber die Drittleistung nicht kennen, kann sie auch nicht der Lohnsteuer unterliegen. Nur für den Fall, dass der Arbeitgeber eine konkrete Drittleistung erkennen kann, kommt es für den Arbeitgeber auf die Informationspflicht des Arbeitnehmers an. Kommt der Arbeitnehmer dieser nach, kennt der Arbeitgeber die konkrete Drittleistung. Kommt der Arbeitnehmer dieser nicht nach, hat der Arbeitgeber dies dem Betriebsstättenfinanzamt anzuzeigen und das Finanzamt hat sich an den Arbeitnehmer zu wenden, § 38 Abs. 4 S. 4 EStG. Der Arbeitgeber kennt in dieser Situation die konkrete Drittleistung nicht und kann deshalb keine Lohnsteuer einbehalten und abführen. Aus der Formulierung des § 38 Abs. 4 S. 4 EStG lässt sich folgern, dass der Arbeitgeber in diesem Fall auch nicht für die „zu wenig einbehaltene Lohnsteuer"[570] haftet.[571] Dies bestätigt § 42d Abs. 2 EStG.

Kommt der Arbeitnehmer seiner Informationspflicht hingegen nicht nach und zeigt der Arbeitgeber dies gegenüber dem Betriebsstättenfinanzamt entgegen § 38 Abs. 4 S. 3 HS. 2 EStG nicht an, so spricht einerseits schon § 38 Abs. 4 S. 4 EStG gegen eine Inanspruchnahme des Arbeitgebers; S. 4 ist global für alle Sätze des Abs. 4 formuliert. Auf eine etwaige (Mitteilungs-)Pflicht*verletzung* durch den Arbeitgeber bezieht er sich hingegen nicht. Andererseits kann der Arbeitgeber auch in dieser Konstellation nicht als Haftungsschuldner in Anspruch genommen werden. Für eine solche Inanspruchnahme spricht, dass die Verletzung einer Anzeigepflicht nach § 38 Abs. 4 EStG durch den Arbeitgeber nach Ansicht des

---

568 Insbesondere *Eismann*, DStR 2004, 1585 (1592); *Geserich*, NWB 2012, 4032 (4033); *Leuner/Dumser*, DStR 2006, 2017 (2018); *Wackerbeck*, Brandis/Heuermann, § 38 Rn. 94; eingehend zu den entsprechenden Problemen *Wobst*, Drittlohn, S. 203 ff.

569 Dazu *Wobst*, Drittlohn, S. 206 ff., 221.

570 Soeben wurde festgestellt, dass Drittleistungen, die der Arbeitgeber weder kennt noch kennen muss, nicht lohnsteuerpflichtig sind. Deshalb existiert in diesem Zusammenhang die „zu wenig einbehaltene Lohnsteuer", von der § 38 Abs. 4 S. 4 EStG spricht, nicht; darauf verweist zutreffend *Wobst*, Drittlohn, S. 206.

571 So jedenfalls *Gersch*, Bochumer Lohnsteuertag, S. 109 (119).

BFH zu einer entsprechenden Haftung analog § 42d Abs. 1 Nr. 1 EStG führt.[572] Die Haftungsschuld nach § 42d EStG ist allerdings an das Vorhandensein der Lohnsteuerschuld geknüpft.[573] Deshalb ist es erforderlich, dass die Steuerschuld, für die gehaftet werden soll, also die Lohnsteuerschuld, entstanden ist und noch besteht.[574] Hat der Arbeitgeber allerdings keine konkrete Kenntnis von der Drittleistung und kann er sich diese auch nicht beschaffen, weil der Arbeitnehmer seiner Informationspflicht nicht nachkommt, besteht kein Lohnsteueranspruch und damit auch kein Haftungsanspruch.[575] Eine Inanspruchnahme des Arbeitgebers als Haftungsschuldner ist deshalb nicht lediglich ermessenswidrig,[576] sondern vielmehr durch das Gesetz ausgeschlossen.

Dies zeigt sich auch an der Regelung des § 38 Abs. 3a S. 1 EStG.[577] Diese geht, wie auch die aktuelle Fassung des § 38 Abs. 1 S. 3 EStG, auf das StÄndG 2003[578] zurück. Die Regelung knüpft an besondere Situationen der Lohnzahlung durch Dritte an, bürdet allerdings in diesen Situationen die eigentlich vom Arbeitgeber zu erfüllenden Pflichten dem Dritten auf. Der Dritte im Sinne des § 38 Abs. 3a EStG hat die lohnsteuerrechtlichen Arbeitgeberpflichten gerade selbst zu erfüllen. Die Einführung des § 38 Abs. 3a S. 1 EStG geht zurück auf ein Urteil des BFH aus dem Februar 2003.[579] Wesentliche Erkenntnis dieses Urteils ist, dass bei damaliger Rechtslage – also vor Einführung des heutigen § 38 Abs. 1 S. 3 und Abs. 3a EStG – Entschädigungszahlungen der Urlaubs- und Lohnausgleichskasse der Bauwirtschaft für verfallene Urlaubsansprüche nicht dem Steuerabzug vom Arbeitslohn unterliegen, obwohl sie Einkünfte des Arbeitnehmers aus

---

572 BFH v. 9.10.2002 – VI R 112/99, BStBl. II 2002, 884 (Ls.); offen *Wobst*, Drittlohn, S. 206; ablehnend *Eisgruber*, DStR 2003, 141 (141 ff.); *Gersch*, H/H/R EStG, § 42d Rn. 40.

573 *Beermann*, FR 1992, 262 (262); *Dißars/Dißars*, DStR 1995, 1817 (1817); *Gersch*, H/H/R EStG, § 42d Rn. 20; *J. Martens*, StuW 1970, 309 (312); *Martin*, Lademann EStG, § 42d Rn. 25, 45; *Meyer*, BeckOK EStG, § 38 Rn. 53.1; *Mösbauer*, Haftung, S. 156; *Nacke*, Steuerschulden, Rn. 173; *Nistegge*, BeckOK EStG, § 42d Rn. 4; *Heuermann*, StuW 1998, 219 (224); *ders.*, Systematik, S. 341 f.; allgemein *Mösbauer*, Haftung, S. 4.

574 BFH v. 15.10.1996 – VII R 46/96, BStBl. II 1997, 171 (172); *Gersch*, H/H/R EStG, § 42d Rn. 20; *Heuermann*, Systematik, S. 293, 297; *Martin*, Lademann EStG, § 42d Rn. 25; *Mösbauer*, Haftung, S. 156; *Nacke*, Steuerschulden, Rn. 200.

575 Zutreffend *Wobst*, Drittlohn, S. 206 f.

576 Beispielsweise *Geserich*, NWB NWB 2012, 4032 (4033); *ders.*, 2015, 1610 (1617); *Krüger*, Schmidt EStG, § 38 Rn. 7.

577 Eingehend zu den Regelungen des § 38 Abs. 3a EStG unten S. 188 ff.

578 StÄndG 2003 v. 15.12.2003, BGBl. I 2003, 2645 (2647).

579 BFH v. 21.2.2003 – VI R 74/00, BStBl. II 2003, 496.

nichtselbstständiger Arbeit darstellen.[580] Dass die Entschädigungszahlungen der Urlaubs- und Lohnausgleichskasse nicht der Lohnsteuer unterlagen, ist auf die schon in Bezug genommene höchstrichterliche Rechtsprechung zurückzuführen, wonach der Arbeitgeber die Lohnsteuer nur dann einzubehalten hat, wenn er über deren Existenz und Höhe Kenntnis hat, beispielsweise durch seine Einschaltung oder Einbeziehung in den Zahlungsvorgang oder durch Angaben der Arbeitnehmer.[581] Wurde der Arbeitgeber über die Zahlungen des Dritten nicht in Kenntnis gesetzt, so musste er insoweit keine Lohnsteuer einbehalten.[582] Da der Gesetzgeber im Sinne einer effektiven Steuererhebung anstrebt, in den Grenzen des tatsächlich Möglichen sämtliche Einkünfte aus nichtselbstständiger Arbeit dem Lohnsteuerabzug zu unterwerfen, schuf er § 38 Abs. 3a S. 1 EStG.[583]

Der Gesetzgeber erlegt die lohnsteuerrechtlichen Pflichten deshalb dem Dritten auf, weil er davon ausgeht, dass der (lohnsteuerrechtliche) Arbeitgeber regelmäßig die konkrete Lohnzahlung durch den Dritten nicht kennt.[584] Würde im Rahmen des § 38 Abs. 1 S. 3 EStG ein bloßes Erkennenkönnen der grundsätzlichen Gewährung von Drittleistungen für die lohnsteuerrechtlichen Pflichten des Arbeitgebers ausreichen, wäre die Regelung des § 38 Abs. 3a S. 1 EStG obsolet.[585] Die Urlaubs- und Lohnausgleichskasse der Bauwirtschaft wird aus den Beiträgen der Arbeitgeber gespeist.[586] Allein durch die Existenz der Urlaubs- und Lohnausgleichskasse, das Abführen von Beiträgen und die Besonderheiten der Baubranche[587] kann jeder in dieser Branche tätige Arbeitgeber grundsätzlich von der Gewährung von Drittlohn an den Arbeitnehmer wissen. Die Zahlungen

---

580 Vgl. BFH v. 21.2.2003 – VI R 74/00, BStBl. II 2003, 496 (Ls.).

581 BFH v. 24.10.1997 – VI R 23/94, BStBl. II 1999, 323 (324); BFH v. 20.7.2000 – VI R 10/98, DStRE 2000, 1313 (1313); BFH v. 21.2.2003 – VI R 74/00, BStBl. II 2003, 496 (498).

582 BFH v. 24.10.1997 – VI R 23/94, BStBl. II 1999, 323 (324); BFH v. 20.7.2000 – VI R 10/98, DStRE 2000, 1313 (1313); BFH v. 24.1.2001 – I R 119/98, BStBl. II 2001, 512 (Ls.); BFH v. 21.2.2003 – VI R 74/00, BStBl. II 2003, 496 (498).

583 Vgl. BT-Drs. 15/1562, S. 31.

584 Vgl. BT-Drs. 15/1562, S. 31.

585 Dies gilt grundsätzlich auch für die Situationen des § 38 Abs. 3a S. 2 EStG. Durch entsprechende Zentralisierung der lohnsteuerrechtlichen Pflichten an einer Stelle, beziehungsweise der privatrechtlichen Verpflichtung zur Übernahme der lohnsteuerrechtlichen Pflichten (S. 2, 3 Nr. 1), liegt ein gewisser Bezug des Arbeitgebers zur Lohnzahlung vor.

586 § 8 Nr. 15.1 Bundesrahmentarifvertrag für das Baugewerbe vom 28. September 2018 in der Fassung vom 5. November 2021 und 10. November 2022.

587 Siehe dazu insbesondere Geschäftsbericht SOKA-BAU 2022, S. 12.

unterfielen ohne Weiteres § 38 Abs. 1 S. 3 EStG. Da der Gesetzgeber allerdings davon ausgeht, dass der Arbeitgeber die konkrete Zahlung im Regelfall nicht kennt, erlegt er die lohnsteuerrechtlichen Pflichten dem Dritten auf. Das Gesetz will dem Arbeitgeber nichts Unmögliches abverlangen.

Darüber hinaus wird die Relevanz des § 38 Abs. 1 S. 3 EStG dadurch eingeschränkt, dass durch die oben abgebildete Rechtsprechung[588] und die daran zumindest anknüpfende Verwaltungspraxis immer weniger Drittleistungen Einkünfte aus nichtselbstständiger Arbeit darstellen. Von oben genannten „Problemfällen“ können – der Rechtsprechung folgend – nur Personalrabatte zu Einkünften aus nichtselbstständiger Arbeit führen. Die Einschränkungen durch den an die Rechtsprechung des BFH knüpfenden Rabatterlass der Finanzverwaltung[589] führen ersichtlich dazu, dass auch Personalrabatte nur noch in Ausnahmefällen zu Einkünften aus nichtselbstständiger Arbeit führen.[590]

(γ) Keine Verfassungswidrigkeit des § 38 Abs. 1 S. 3 EStG

Freilich existieren auch andere Auffassungen zum Regelungsinhalt des § 38 Abs. 1 S. 3 EStG. Sofern entsprechende Auffassungen dem Wortlaut folgend die Einbehaltungspflicht des Arbeitgebers unmittelbar an das Erkennenkönnen knüpfen, erweist sich die Regelung tatsächlich als undurchführbar.[591] Dies würde wiederum zu einem Verstoß gegen das Rechtsstaatsprinzip führen, Art. 20 Abs. 3 GG.[592] Das Rechtsstaatsprinzip an sich enthält keine bis in alle Einzelheiten eindeutig

588 Siehe S. 62 ff.

589 BMF v. 20.1.2015 – IV C 5 – S 2360/12/10002, BStBl. I 2015, 143.

590 FG Hamburg v. 29.11.2017 – 1 K 111/16, EFG 2018, 490 (491); insbesondere auch *Strohner*, DB 2015, 580 (580); *ders.*, DB 2019, 925 (927); ähnlich *Geserich*, NWB 2015, 1610 (1670); schon im Jahre 2012 *ders.*, NWB 2012, 4140 (4140). Tatsächlich hätte der BFH mit Urteil v. 10.4.2014 – VI R 62/11, BStBl. II 2015, 191 die Möglichkeit gehabt zu klären, wie das Tatbestandsmerkmal des Erkennenkönnens in § 38 Abs. 1 S. 3 HS. 1 EStG zu verstehen ist. Da nach Ansicht des BFH die Drittleistung allerdings nicht zu Einkünften aus nichtselbstständiger Tätigkeit führte, blieb (und bleibt) die Frage höchstrichterlich ungeklärt; vgl. hierzu die Entscheidung der Vorinstanz FG München v. 28.10.2011 – 8 K 3176/08, EFG 2012, 456; außerdem *Geserich*, NWB 2012, 4040 (4143). Ähnlich verhielt es sich bei BFH v. 20.5.2010 – VI R 41/09, BStBl. II 2010, 1022, wo gleichermaßen das Tatbestandsmerkmal des Erkennenkönnens hätte relevant werden können.

591 Insbesondere *Meyer*, BeckOK EStG, § 38 Rn. 50.1, dessen Normverständnis wesentlich vom funktionalen Arbeitgeberbegriff – dazu knapp oben S. 30 f., eingehend unten S. 179 ff. – geprägt wird; offener *Wackerbeck*, Brandis/Heuermann, § 38 Rn. 94.

592 Vgl. *Wackerbeck*, Brandis/Heuermann, § 38 Rn. 94.

bestimmten Gebote oder Verbote, sondern bedarf vielmehr der Konkretisierung entsprechend den jeweiligen sachlichen Gegebenheiten.[593] Im Ausgangspunkt fordert es, dass fundamentale Elemente des Rechtsstaats gewahrt bleiben.[594] Dies erfasst insbesondere, dass der Bürger rechtlichen Verpflichtungen folgen können muss,[595] denn nur dann kann eine Norm ihrem Sinn gerecht werden, menschliches Verhalten zu regulieren.[596] Verlangt also eine Norm vom Bürger Unmögliches, so verstößt sie gegen das Rechtsstaatsprinzip. Im Rahmen einer entsprechenden verfassungskonformen Auslegung ist allerdings dem Auslegungsergebnis Vorrang einzuräumen, das mit den verfassungsrechtlichen Vorgaben in Einklang steht.[597] Eine verfassungskonforme Auslegung ist – insbesondere aufgrund des Demokratieprinzips,[598] Art. 20 Abs. 1, 2 GG, Art. 28 Abs. 1 GG – nur insoweit möglich, als *„die Grenzen des Wortlauts nicht überschritten und die wesentlichen gesetzgeberischen Grundentscheidungen und Wertungen nicht angetastet werden"*.[599] Die wesentlichen gesetzgeberischen Grundentscheidungen und Wertungen in Bezug auf Drittleistungen im Lohnsteuerrecht wurden vorhergehend dargestellt. Mit diesen steht das hier vertretende Verständnis der Norm im Einklang.

---

593 Vgl. BVerfG v. 24.7.1957 – 1 BvL 23/52, BVerfGE 7, 89 (92 f.); BVerfG v. 22.11.1983 – 2 BvL 25/81, BVerfGE 65, 283 (290); BVerfG v. 17.6.2004 – 2 BvR 383/03, BVerfGE 111, 54 (82); weiterhin BVerfG v. 14.10.2004 – 2 BvR 1481/04, BVerfGE 111, 307 (325); zustimmend *Felix*, Rechtsordnung, S. 237; *Meyer*, Steuerliches Leistungsfähigkeitsprinzip, S. 95; *Rux*, BeckOK GG, Art. 20 Rn. 141.

594 Prägnant *Meyer*, Steuerliches Leistungsfähigkeitsprinzip, S. 95 unter Bezugnahme auf BVerfG v. 22.11.1983 – 2 BvL 25/81, BVerfGE 65, 283 (290).

595 Vgl. *Meyer*, Steuerliches Leistungsfähigkeitsprinzip, S. 96. *Höpfner*, Auslegung, S. 51 spricht diesbezüglich davon, dass das Rechtsstaatsprinzip verlangt, dass sich der Bürger zwischen Recht und Unrecht entscheiden kann.

596 Erneut *Meyer*, Steuerliches Leistungsfähigkeitsprinzip, S. 65; auch *Felix*, Rechtsordnung, S. 246 f.; *Kischel*, AöR 1999 (124), 174 (210).

597 Vgl. BVerfG v. 7.5.1953 – 1 BvL 104/52, BVerfGE 2, 266 (282); BVerfG v. 15.10.1996 – 1 BvL 44,48/92, BVerfGE 95, 64 (93); *Koenig*, Koenig AO, § 4 Rn. 104; *Walter*, Düring/Herzog/Scholz GG, Art. 93 Rn. B 112.

598 Dem Demokratieprinzip entsprechend muss alle Staatsgewalt – und damit auch alles staatliche Recht; ausdrücklich *Sodan*, JZ 1999, 864 (869) – vom Volke ausgehen. Die im parlamentarischen Verfahren beschlossenen Gesetze sind also unmittelbarer Ausdruck demokratisch legitimierter Herrschaft; *Thiemann*, FS BFH, Bd. I S. 129 (132).

599 BVerfG v. 3.11.1982 – 1 BvR 900/78, BVerfGE 62, 117 (166); BVerfG v. 8.2.1983 – 1 BvL 20/81, BVerfGE 63, 131 (147 f.); BVerfG v. 22.11.2000 – 1 BvR 2307/94, BVerfGE 102, 254 (327); zustimmend *Walter*, Düring/Herzog/Scholz GG, Art. 93 Rn. B 113.

Problematisch könnte sich allerdings die Wortlautgrenze erweisen, die vermeintlich die Grenze der vertretbaren Auslegung darstellt.[600]

Gesetzesauslegung ist immer Auslegung eines sprachlichen Textes.[601] Von diesem darf sich die Auslegung deshalb niemals vollständig lösen.[602] Es gilt allerdings, zwischen Wortlaut und Wortsinn zu unterscheiden. Allgemein beschreibt der Wortlaut den Gegenstand der Auslegung und der Wortsinn dessen Ziel.[603] Für den Sinn einer Norm oder eines Rechtsbegriffs ist weder der allgemeine Sprachgebrauch noch der (steuer-)gesetzliche Sprachgebrauch – die sich freilich beide keinesfalls decken müssen – entscheidend.[604] Entscheidend ist allein, was das (Steuer-) Gesetz ausdrücken will.[605] Trotz der vermeintlichen Wortlautgrenze soll deshalb zur Sinnermittlung nicht am Wortlaut des Gesetzes gehaftet werden.[606] Bei Einschränkung des Anwendungsbereichs der verfassungskonformen Auslegung erfüllt die Wortlautgrenze deshalb keinen Zweck; allein entscheidend ist, dass die wesentlichen gesetzgeberischen Grundentscheidungen und Wertungen nicht angetastet werden.[607]

---

600 BVerfG v. 11.6.1958 – 1 BvL 149/52, BVerfGE 8, 28 (34 f.); BVerfG v. 19.6.1973 – 1 BvL 39/69, 14/72, BVerfGE 35, 263 (280); BVerfG v. 11.6.1980 – 1 PBvU 1/79, BVerfGE 54, 277 (299); zuletzt BVerfG v. 22.3.2018 – 2 BvR 780/16, BVerfGE 148, 69 (130 f.); BVerfG v. 27.10.2021 – 2 BvL 12/11, BVerfGE 159, 149 (171 f.); BVerfG v. 19.12.2023 – 2 BvL 9/16, BeckRS 2023, 40744 (Rn. 43).

601 So *Tipke*, Steuerrechtsordnung, Bd. III S. 1624.

602 Erneut *Tipke*, Steuerrechtsordnung, Bd. III S. 1624; außerdem *Müller/Christensen*, Methodik Bd. I, S. 40; *Strauß*, Berufsbeamtentum, S. 65; differenzierter *Engisch*, Einführung, S. 248 ff.

603 Einem solchen Verständnis differenziert gegenüberstehend *Müller/Christensen*, Methodik Bd. I, S. 328 ff.; im Kern auch *Wank/Maties*, Auslegung, S. 44.

604 *Söhn*, DStJG Bd. 3 (1980), S. 13 (23); ähnlich *Heuermann*, Systematik, S. 3, wonach Rechtsbegriffe nicht direkt und nicht nur die Funktion haben, ein logisches Schließen zu ermöglichen.

605 Treffend *Söhn*, DStJG Bd. 3 (1980), S. 13 (23); ähnlich *Koenig*, Koenig AO, § 4 Rn. 105.

606 BVerfG v. 23.10.1958 – 1 BvL 45/56, BVerfGE 8, 210 (221); zustimmend *Strauß*, Berufsbeamtentum, S. 65.

607 Dies zeigt auch, dass die Ansicht fehlgeht, wonach Auslegung entgegen dem Wortlaut nur dann ausnahmsweise möglich sei, wenn eine sinnvolle Anwendung des Gesetzes es zwingend erfordert; so beispielsweise BVerfG v. 8.1.1959 – 1 BvR 396/55, BVerfGE 9, 89 (104 f.); BVerfG v. 19.12.1961 – 2 BvL 6/59, BVerfGE 13, 261 (268); BVerfGE v. 24.5.1967 – 1 BvL 18/65, BVerfGE 22, 28 (37); zustimmend *Strauß*, Berufsbeamtentum, S. 66. Eine derartige Begrenzung würde auf einen undefinierbaren Wortsinn abstellen, der dem Wortlaut umgangssprachlich innewohnt; hierzu richtigerweise *Wank/Maties*, Auslegung, S. 44.

Meyer erkennt diese gesetzgeberische Grundentscheidung in einem Anknüpfen der lohnsteuerrechtlichen Arbeitgeberpflichten am Erkennenkönnen und stützt sich dabei auf den Wortlaut des § 38 Abs. 1 S. 3 EStG und die oben in Bezug genommene BR-Drs. 630/1/03.[608] Die schon oben dargestellte Gesetzgebungshistorie stützt diese Ansicht allerdings nicht. Der ursprüngliche Gesetzesentwurf spricht davon, dass der Arbeitgeber seine Pflichten ohne die Verpflichtung des Arbeitnehmers, dem Arbeitgeber Drittleistungen anzuzeigen, nicht erfüllen könnte.[609] Die Stellungnahme des Bundesrats knüpft unmittelbar daran an, indem sie die Gefahr benennt, dass der Arbeitgeber trotz der Mitteilungspflicht in Form des ursprünglichen Gesetzesentwurfs von der Drittleistung nichts weiß und auch nichts wissen kann.[610] Gerade deshalb sollte durch den vorgeschlagenen Gesetzeswortlaut sichergestellt werden, dass der Arbeitnehmer seiner Anzeigepflicht nachkommt.[611] Insoweit verpflichtet die verfassungskonforme Auslegung dazu, einem Auslegungsergebnis den Vorrang einzuräumen, das nicht zur Verfassungswidrigkeit der Norm gelangt. § 38 Abs. 1 S. 3 EStG ist deshalb nicht verfassungswidrig.

(cc) Besondere echte Lohnzahlungen Dritter[612]

Obwohl die Relevanz des § 38 Abs. 1 S. 3 EStG insgesamt immer weiter abnimmt, gelangt er insbesondere dann zu Bedeutung, wenn der Arbeitnehmer typischerweise durch Vertrag mit dem Arbeitgeber Anspruch auf die Leistung des Dritten hat. Ganz grundsätzlich kann die Vergütungspflicht von einem Dritten übernommen werden, dem der Anspruch auf die Arbeitsleistung nicht zusteht.[613]

---

608 *Meyer*, BeckOK EStG, § 38 Rn. 50.1.

609 BT-Drs. 15/1562, S. 34.

610 BR-Drs. 630/1/03, S. 8. Der genaue Wortlaut ist oben auf S. 112 wiedergegeben.

611 BR-Drs. 630/1/03, S. 8.

612 Den im Folgenden dargestellten Situationen ist zu eigen, dass diese stets einzelfallabhängig zu betrachten sind. Etwaige Ausgestaltungen und Durchführungen können stark variieren. So spricht *Münzel*, NJW 2001, 1752 (1752 f.) bezüglich der sogleich zu diskutierenden Liquidationspools davon, dass die Landeskrankenhausgesetze der Länder in ihren Gestaltungsformen hinsichtlich der Mitarbeiterbeteiligung „in bemerkenswerter Vielfalt differieren." Wenn Krankenhausgesetze entsprechende Regelungen enthalten, so seien diese in unterschiedlichsten Formen ausgestaltet. Die Ausführungen dieser Arbeit bezüglich der Liquidationspools legen eine dem Urteil des BAG v. 3.8.1983 – 5 AZR 306/81, AP BGB § 611 Ärzte, Gehaltsansprüche Nr. 36 entsprechende Ausgestaltung zu Grunde, da dies diejenige zu sein scheint, die am häufigsten von Rechtsprechung und Literatur in Bezug genommen wird.

613 Siehe schon oben S. 78.

(α) Liquidationspools von Chefärzten

So verhält es sich insbesondere bei Liquidationspools von Chefärzten.[614] Dabei bedarf zunächst der Begriff des Liquidationspools Klärung. Unter einem Liquidations*recht* wird das Recht von Krankenhausärzten – insbesondere von Chefärzten – verstanden, für bestimmte (wahl-) ärztliche Leistungen, die in Person des jeweiligen Arztes erbracht werden, eine besondere Vergütung vom Patienten zu fordern[615] – man spricht von Berechtigung zur Liquidation.[616] Grundsätzlich liegt das Liquidationsrecht für wahlärztliche Leistungen beim Krankenhaus.[617] Dieses kann die wahlärztlichen Leistungen entweder selbst durch angestellte (Chef-)Ärzte erbringen lassen oder einzelnen Ärzten das Liquidationsrecht einräumen.[618] Mit dem Liquidationsrecht des Chefarztes geht im Arbeitsvertrag die Berechtigung einher, dass der Arzt unter Inanspruchnahme von Personal und Sachmitteln des Krankenhausträgers die ihn zur Liquidation berechtigten Leistungen erbringen darf.[619] Dementsprechend sind die beim Krankenhausträger angestellten Ärzte regelmäßig arbeitsvertraglich dazu verpflichtet, den Chefarzt zu unterstützen, und werden dafür an den Erlösen beteiligt.[620] So tritt zum Liquidationsrecht des Chefarztes typischerweise die Pflicht aus § 29 Abs. 3 MBO-Ä[621] als Ausprägung der Pflicht zur kollegialen Zusammenarbeit:

---

614 Chefärzte selbst bewegen sich im Grenzbereich des Arbeit*nehmer*begriffs: Ein Chefarzt ist typischerweise fachlich weisungsfrei und bei der Erfüllung der dienstlichen Pflichten weitgehend selbstständig; hierzu aus einkommensteuerrechtlicher Sicht beispielsweise *Bergkemper*, FR 2006, 142 (144); *Lang*, DStJG Bd. 9 (1986), S. 15 (25). Zum Chefarzt als lohnsteuerrechtlichen Arbeitnehmer beispielsweise BFH v. 5.10.2005 – VI R 152/01, BStBl. II 2006, 94.

615 *Ricken*, Huster/Kaltenborn KHR, § 13 Rn. 69; *Reichold*, W/T/R ArbR KH, Teil 3 D Rn. 27; vgl. BAG v. 3.8.1983 – 5 AZR 306/81, AP BGB § 611 Ärzte, Gehaltsansprüche Nr. 36; im Ansatz auch *Wobst*, Drittlohn, S. 192.

616 *Quaas*, Q/Z/C MedR, § 16 Rn. 20, 46; *Ricken*, Huster/Kaltenborn KHR, § 13 Rn. 69; *Reichold*, W/T/R ArbR KH, Teil 3 D Rn. 27.

617 *Patt*, Uleer/Miebach/Patt KHEntgG, § 17 Rn. 77; vgl. außerdem BFH v. 5.10.2005 – VI R 152/01, BStBl. II 2006, 94 (95).

618 *Patt*, Uleer/Miebach/Patt KHEntgG, § 17 Rn. 77; auch *Münzel*, NJW 2001, 1752 (1752).

619 *Ricken*, Huster/Kaltenborn KHR, § 13 Rn. 71; vgl. auch BFH v. 5.10.2005 – VI R 152/01, BStBl. II 2006, 94 (94).

620 *Wobst*, Drittlohn, S. 192.

621 Muster-Berufsordnung für die in Deutschland tätigen Ärztinnen und Ärzte in der Fassung der Beschlüsse des 114. Deutschen Ärztetages 2011.

> *„Ärzte mit aus einem Liquidationsrecht resultierenden oder anderweitigen Einkünften aus ärztlicher Tätigkeit (z.B. Beteiligungsvergütung) sind verpflichtet, den von ihnen dazu herangezogenen Kollegen eine angemessene Vergütung zu gewähren bzw. sich dafür einzusetzen, dass die Mitarbeit angemessen vergütet wird.“*

Dieser Pflicht entsprechend wird zumeist im Arbeitsvertrag des zur Liquidation berechtigten Arztes mit dem Krankenhausträger vereinbart, Teile des Liquidationserlöses in einen Fonds abzuführen, an dem nachgeordnete Ärzte zu beteiligen sind.[622] Der Liquidationspool wird aus den Honorareinnahmen der Chefärzte gespeist, er wird vom Arbeitgeber der Chefärzte, dem Krankenhausträger, verwaltet.[623] Insoweit ist die Situation der des *Spielbanktroncs* nicht unähnlich.[624] Allerdings werden die Mittel, die in den Liquidationspool fließen, nicht freiwillig dorthin abgeführt. Nur der Krankenhausträger ist berechtigt, Ansprüche auf Zahlung *in* den Pool gegen den liquidationsberechtigten Arzt durchzusetzen.[625] Die im Liquidationspool angesammelten Fondsbeiträge bilden ein eigenes Vermögen, über dessen Verteilung der sogenannte Fondsausschuss entscheidet.[626] Dem Fondsausschuss gehören typischerweise der Krankenhausträger, die liquidationsberechtigten Ärzte und das aus dem Pool begünstigte medizinische Personal an.[627]

Begehrt der nachgeordnete Mitarbeiter Auszahlung des auf ihn entfallenden Anteils am Fonds, so hat er sich an seinen privatrechtlichen Arbeitgeber, den Krankenhausträger, zu halten.[628] Dabei hat er grundsätzlich keinen Anspruch auf Zahlung eines bestimmten Betrages, sondern kann nur Auszahlung des auf ihn entfallenden Anteils am Mitarbeiterfonds verlangen.[629] Dies sind nur die Beträge, die der Fondsausschuss zugunsten eines Mitarbeiters festgesetzt hat, was voraussetzt, dass diese Beträge tatsächlich in den Fonds hineingelangt sind.[630]

---

622 *Quaas*, Q/Z/C MedR, § 16 Rn. 46; *Ricken*, Huster/Kaltenborn KHR, § 13 Rn. 73; auch *Wobst*, Drittlohn, S. 192; vgl. außerdem BAG v. 3.8.1983 – 5 AZR 306/81, AP BGB § 611 Ärzte, Gehaltsansprüche Nr. 36; BAG v. 30.3.2022 – 10 AZR 419/19, AP BGB § 611 Arzt-Krankenhaus-Vertrag Nr. 53 (Ls.).

623 *Trzaskalik*, K/S/M EStG, § 38 Rn. B 14; *Ricken*, Huster/Kaltenborn KHR, § 13 Rn. 73; *Wobst*, Drittlohn, S. 192; vgl. BAG v. 16.6.1998 – 1 ABR 67/97, NZA 1998, 1185 (1187).

624 Zu Spielbanktroncs oben S. 66 ff.

625 *Ricken*, Huster/Kaltenborn KHR, § 13 Rn. 73.

626 BAG v. 3.8.1983 – 5 AZR 306/81, AP BGB § 611 Ärzte, Gehaltsansprüche Nr. 36; auch *Ricken*, Huster/Kaltenborn KHR, § 13 Rn. 73.

627 *Ricken*, Huster/Kaltenborn KHR, § 13 Rn. 73.

628 Vgl. BAG v. 3.8.1983 – 5 AZR 306/81, AP BGB § 611 Ärzte, Gehaltsansprüche Nr. 36.

629 BAG v. 3.8.1983 – 5 AZR 306/81, AP BGB § 611 Ärzte, Gehaltsansprüche Nr. 36.

630 BAG v. 3.8.1983 – 5 AZR 306/81, AP BGB § 611 Ärzte, Gehaltsansprüche Nr. 36.

Sind die entsprechenden Beträge (noch) nicht in den Fonds gelangt, kann auch nichts verteilt und ausgezahlt werden. In keinem Falle ist der Krankenhausträger verpflichtet, Anteile der nachgeordneten Ärzte aus eigenem Vermögen zu zahlen.[631] Zwischen dem Chefarzt und den nachgeordneten Mitarbeitern der Klinik bestehen im Regelfall keine vertraglichen Beziehungen.[632] Nur wenn im Ausnahmefall eine ausdrückliche vertragliche Vereinbarung vorliegt, hat der nachgeordnete Arzt einen direkten Anspruch auf Beteiligung gegenüber dem liquidationsberechtigten Arzt.[633]

Zur Ermittlung der lohnsteuerrechtlichen Arbeitgebereigenschaft nach Ansicht der Finanzgerichtsbarkeit – konkretisiert durch die Fruchtbarmachung der Ansätze *Breinersdorfers* und *Boemkes* – gilt es festzustellen, zwischen welchen Beteiligten ein faktisches Synallagma besteht. Es gilt zu ermitteln, wem gegenüber der Arbeitnehmer seine Vergütung als Frucht der von ihm erbrachten Arbeitsleistung zu verstehen hat, wem gegenüber also der Arbeitnehmer Arbeitsleistung gegen Entgelt erbringt. Zur Bestimmung dieses tatsächlichen Synallagmas werden die Kriterien der betrieblichen Eingliederung und der Weisungsgebundenheit herangezogen, wobei eine Gesamtwürdigung aller Umstände des Einzelfalls vorzunehmen ist. Der nachgeordnete Mitarbeiter steht – im zugrunde gelegten Sachverhalt – in einem privatrechtlichen Arbeitsverhältnis zum Krankenhausträger. Der nachgeordnete Mitarbeiter ist arbeitsvertraglich verpflichtet, den Weisungen des Krankenhausträgers zu folgen und der Mitarbeiter ist in den Betrieb des Krankenhausträgers eingebunden. Die tatsächlichen Kriterien der Weisungsgebundenheit und der Eingliederung in den Organismus des Arbeitgebers, die der BFH zur Ermittlung des Dienstverhältnisses und auch des Arbeitgeberbegriffs heranzieht, nutzt auch das BAG. Von der Ansicht der Finanzgerichte ausgehend, zeigt sich durch die Fruchtbarmachung der Ansätze *Breinersdorfers* und *Boemkes*, dass Steuer- und Arbeitsrecht die Prägung des entsprechenden Leistungsaustauschs ermitteln möchten, um daran jeweils eigene Rechtsfolgen zu knüpfen. Für beide Rechtsgebiete geht es um die Sachverhaltsfeststellung unter Herausarbeitung des tatsächlichen oder sachlichen Zustands oder Vorgangs. Für das Arbeitsrecht gilt, dass die Qualifikation eines tatsächlich existierenden Austauschverhältnisses

---

631 BAG v. 3.8.1983 – 5 AZR 306/81, AP BGB § 611 Ärzte, Gehaltsansprüche Nr. 36; zu einer abweichenden Fallgestaltung BAG v. 30.3.2022 – 10 AZR 419/19, AP BGB § 611 Arzt-Krankenhaus-Vertrag Nr. 53.

632 BAG v. 3.8.1983 – 5 AZR 306/81, AP BGB § 611 Ärzte, Gehaltsansprüche Nr. 36; BAG v. 30.3.2022 – 10 AZR 419/19, AP BGB § 611 Arzt-Krankenhaus-Vertrag Nr. 53 (Ls.).

633 OLG Celle v. 21.6.1995 – 20 U 84/94, NJW RR 1996, 430 (Ls.); zustimmend *Ricken*, Huster/Kaltenborn KHR, § 13 Rn. 73.

von Leistung und Gegenleistung als Arbeitsverhältnis nur anhand einer wertenden Gesamtbetrachtung aller Umstände des Einzelfalls ermittelt werden kann, vgl. § 611a Abs. 1 S. 5 BGB. Wesentliche Kriterien der Zuordnung sind dabei insbesondere – wie auch für das Einkommensteuerrecht – die der Weisungsgebundenheit und der betrieblichen Eingliederung. Deshalb ist nur richtig, wenn aus der oben geschilderten Ausgestaltung der Vergütung aus einem Liquidationspool auch für das Steuerrecht Schlüsse gezogen werden. Für seine Arbeitsleistung gegenüber dem Krankenhausträger wird der nachgeordnete Mitarbeiter auch vergütet.

Bezüglich der Auszahlung des entsprechenden Anteils am Liquidationspool an den Mitarbeiter ergeben sich grundsätzlich zwei Möglichkeiten. Zum einen kann der nachgeordnete Mitarbeiter neben seinem einkommensteuerrechtlichen Dienstverhältnis zum Krankenhausträger – in atypisch gelagerten Fällen – in einem eigenständigen Dienstverhältnis zum Chefarzt stehen.[634] Krankenhausträger und Chefarzt sind dann jeweils Arbeitgeber in zwei selbstständigen Dienstverhältnissen. Zum anderen kann insgesamt nur ein Dienstverhältnis zwischen nachgeordnetem Mitarbeiter und Krankenhausträger bestehen. Für diesen Fall könnten sich die Einnahmen aus dem Pool als Drittleistungen darstellen, wenn sie durch das Dienstverhältnis veranlasst sind und (damit) im Wesentlichen nicht aus eigenwirtschaftlichen Gründen des Dritten erbracht werden. Die Fragen nach der Arbeitgeberstellung und des Dienstverhältnisses können also nicht zusammenhanglos voneinander beantwortet werden. Vielmehr ergibt die Beantwortung der Frage, zwischen welchen Parteien ein Dienstverhältnis vorliegt, auch die Beantwortung der Frage nach der Arbeitgeberstellung.

Ausgangspunkt dieser Betrachtung ist im Sinne *Breinersdorfers* das normative Dienstverhältnis. Dieses bestimmt sich nach der – in diesem Falle privatrechtlichen – Vereinbarung. In der zugrunde gelegten Konstellation besteht ein Arbeitsvertrag allein zwischen Krankenhausträger und nachgeordnetem Mitarbeiter. Die sich daraus ergebenden Pflichten werden erfüllt. Zieht man das Kriterium der betrieblichen Eingliederung heran, so ist der nachgeordnete Mitarbeiter allein in den Betrieb des Krankenhausträgers eingebunden. Denn sogar der Chefarzt selbst ist bei Ausübung der wahlärztlichen Leistungen in den Betrieb des Krankenhausträgers eingegliedert.[635] So greift der Chefarzt bei Ausübung der ihn zur Liquidation berechtigenden Leistungen auf Personal und Sachmittel des Krankenhausträgers zurück. Außerdem ist er regelmäßig zur Zusammenarbeit mit dem Krankenhausträger, anderen Ärzten und der Krankenhausverwaltung

---

634 Für ein solches Verständnis *Trzaskalik*, K/S/M EStG, § 38 Rn. B 14.
635 Vgl. BFH v. 5.10.2005 – VI R 152/01, BStBl. II 2006, 94.

verpflichtet.[636] Weisungsgebunden ist der nachgeordnete Mitarbeiter hingegen sowohl dem Krankenhausträgern und den in der Krankenhaushierarchie ihm Vorgesetzten als auch dem Chefarzt selbst. Erhält der nachgeordnete Mitarbeiter also Weisungen vom Chefarzt, ist zunächst nach Art der Tätigkeit zu differenzieren: Handelt der Mitarbeiter nicht im Rahmen der wahlärztlichen Leistungen, so resultiert das Weisungsrecht des Chefarztes schlicht aus der typischen arbeitsvertraglichen Verpflichtung gegenüber dem Arbeitgeber. Handelt der Mitarbeiter hingegen im Rahmen der Erbringung der wahlärztlichen Leistungen, so ist er dem Chefarzt gegenüber zwar auch aus dem Arbeitsvertrag weisungsgebunden, allerdings nicht aus dem arbeitgeberischen Direktionsrecht heraus, sondern aufgrund (gesonderter) arbeitsvertraglicher Verpflichtung mit dem Krankenhausträger. Ohne vertragliche Verpflichtung mit dem Krankenhausträger würde der nachgeordnete Mitarbeiter nicht für den Chefarzt tätig werden – zumindest, wenn keine eigene vertragliche Beziehung mit dem Chefarzt besteht. Deshalb erbringt bei objektiver Betrachtung der Arbeitnehmer seine Arbeitsleistung gegenüber dem Krankenhausträger. Vom Krankenhausträger erhält der Arbeitnehmer auch das Gros seiner Vergütung. Bei den Liquidationsbeträgen – also den Zahlungen *in* den Liquidationspool – handelt es sich grundsätzlich um einen Teil der Vergütung des leitenden Krankenhausarztes.[637] Sie stellen in der Regel eine Gegenleistung für die vom leitenden Krankenhausarzt erbrachte Arbeitsleistung dar.[638] Die Zahlungen *aus* dem Liquidationspool werden auf die berufsrechtliche Pflicht des Chefarztes nach § 29 Abs. 3 MBO-Ä hin geleistet – und zwar für die Tätigkeit, die der nachgeordnete Mitarbeiter dem Krankenhausträger als Arbeitnehmer erbringt. Dass dies per Fonds organisiert wird, liegt im Vertrag zwischen Chefarzt und Krankenhausträger begründet.

Besteht also kein eigenständiges Dienstverhältnis im Sinne des Einkommensteuerrechts zwischen nachgeordnetem Mitarbeiter und liquidationsberechtigtem Arzt, so stellen sich die Zahlungen aus dem Liquidationspool an den nachgeordneten Mitarbeiter als Zahlungen des Chefarztes, eines Dritten, dar.[639] Auch nach

---

636 Vgl. BFH v. 5.10.2005 – VI R 152/01, BStBl. II 2006, 94 (94).

637 *Ricken*, Huster/Kaltenborn KHR, § 13 Rn. 69.

638 BAG v. 15.9.2011 – 8 AZR 846/09, AP BGB § 280 Nr. 10; zustimmend *Ricken*, Huster/Kaltenborn KHR, § 13 Rn. 69; auch *Wobst*, Drittlohn, S. 192; einschränkend LAG Düsseldorf v. 20.4.2015 – 9 Sa 151/15, BeckRS 2015, 69656.

639 Vgl. BFH v. 11.11.1971 – IV R 241/70, BStBl. II 1972, 213 (Ls.); FG Baden-Württemberg v. 3.2.2009 – 6 K 2319/07, rkr., EFG 2009, 1286 (1286); außerdem BAG v. 1.2.1995 – 5 AZR 789/93, BeckRS 1995, 30923047; auch *Münzel*, NJW 2001, 1752 (1754); *Stache*, Bordewin/Brandt EStG, § 38 Rn. 48.

Stache, der das finanzgerichtliche Verständnis des Dienstverhältnisses zugrunde legt, ist im Regelfall davon auszugehen, dass die Mitarbeit im Liquidationsbereich im Rahmen des Dienstverhältnisses zum Krankenhausträger geschuldet wird, und zwar auch dann, wenn die Tätigkeit zwar im Arbeitsvertrag nicht ausdrücklich vorgesehen ist, ihre Erfüllung aber vom Krankenhausträger nach der tatsächlichen Gestaltung des Dienstverhältnisses und nach der Verkehrsauffassung erwartet werden kann.[640] Kann allerdings ausgeschlossen werden, dass der Arbeitnehmer für den Krankenhausträger weisungsabhängige Dienste erbringt, beispielsweise weil der Arbeitnehmer ausschließlich aufgrund einer Vereinbarung mit dem Chefarzt im Liquidationsbereich tätig wird, ist der liquidationsberechtigte Arzt als Arbeitgeber in einem vom Dienstverhältnis mit dem Krankenhausträger unabhängigen Dienstverhältnis mit dem Chefarzt selbst anzusehen.[641] Es zeigt sich damit, dass der Arbeitgeberbegriff der Finanzgerichtsbarkeit – konkretisiert durch die Fruchtbarmachung der Ansätze *Breinersdorfers* und *Boemkes* – bei Vorliegen eines Liquidationspools zu tragfähigen Ergebnissen kommt. Aus dem Begriff heraus ergibt sich, dass typischerweise lohnsteuerrechtlicher Arbeitgeber der Krankenhausträger ist und der Chefarzt selbst lediglich Dritter. Zahlungen aus dem Pool unterliegen als echte Drittleistung der Lohnsteuer, einbehaltungspflichtig ist allein der Krankenhausträger.

(β) Zugang zu Gemeinschaftseinrichtungen und -diensten nach § 13b AÜG

Ein weiterer Sonderfall der Lohnzahlung Dritter kann bei Situationen des § 13b AÜG bestehen. Auch diese gilt es zu betrachten, um die Funktionsfähigkeit des Arbeitgeberbegriffs der Finanzgerichtsbarkeit, konkretisiert durch die Fruchtbarmachung der Ansätze *Breinersdorfers* und *Boemkes*, zu untersuchen. In Situationen des § 13b AÜG ist ein Dritter sowohl auf Seiten der Arbeitsleistung als auch auf Seiten der Lohnzahlung am Dienstverhältnis beteiligt. So setzt die Norm eine Arbeitnehmerüberlassung voraus und führt gegebenenfalls aus lohnsteuerrechtlicher Perspektive zur Gewährung von Arbeitslohn von dritter Seite. Die Arbeitnehmerüberlassung wird unten aus arbeitsrechtlicher und lohnsteuerrechtlicher Perspektive im Rahmen der Untersuchung von Situationen, in denen die Arbeitsleistung gegenüber Dritten erbracht wird, betrachtet. Da § 13b AÜG eine Arbeitnehmerüberlassung im Sinne des AÜG voraussetzt, aber in seiner Rechtsfolge lohnsteuerrechtlich zur Gewährung von Arbeitslohn von dritter Seite führen

---

640 *Stache*, Bordewin/Brandt EStG, § 38 Rn. 48.

641 Vgl. *Stache*, Bordewin/Brandt EStG, § 38 Rn. 48.

kann, wird die Norm an dieser Stelle beleuchtet. Dies erfordert einen knappen Vorgriff auf untenstehende Ausführungen.[642]

Bei einer Arbeitnehmerüberlassung ist der Arbeitnehmer regelmäßig arbeitsvertraglich an den Verleiher gebunden, der den Arbeitnehmer für einen gewissen Zeitraum einem anderen, dem Entleiher, zur Verfügung stellt.[643] Der Entleiher wiederum nimmt für die Zeit der Leihe aus arbeitsrechtlicher Perspektive einen Teil der Arbeitgeberfunktionen wahr. Typischerweise verrichten beim Entleiher sowohl dessen eigene Arbeitnehmer als auch Leiharbeitnehmer Tätigkeiten. Die Leiharbeitnehmer sind den eigenen Arbeitnehmern grundsätzlich gleichgestellt. Das Verleihunternehmen ist dementsprechend aus § 8 AÜG verpflichtet, das Entleihunternehmen aus den §§ 13a und 13b AÜG. Beide letztgenannten Vorschriften sind europarechtlich veranlasst. So müssen die wesentlichen *Arbeits- und Beschäftigungsbedingungen* der Leiharbeitnehmer während der Dauer ihrer Überlassung an ein entleihendes Unternehmen mindestens denjenigen entsprechen, die für sie gelten würden, wenn sie von jenem genannten Unternehmen unmittelbar für den gleichen Arbeitsplatz eingestellt worden wären, Art. 5 Abs. 1 RL 2008/104/EG (Leiharbeitsrichtlinie).[644] In diesem Sinne ist Leiharbeitnehmern im aufnehmenden Unternehmen der Zugang zu Gemeinschaftseinrichtungen und -diensten zu den gleichen Bedingungen wie den unmittelbar von dem Unternehmen beschäftigten Arbeitnehmern zu ermöglichen, Art. 6 Abs. 4 RL 2008/104/EG. Genau dies regelt im deutschen Recht § 13b AÜG, der Entleiher unmittelbar verpflichtet, den ihnen überlassenen Leiharbeitnehmern Zugang zu ihren Gemeinschaftsreinrichtungen und -diensten zu gewähren.[645] Die Norm soll aber lediglich soziale Teilhabe, nicht finanzielle Gleichstellung der Leiharbeitnehmer mit den Stammarbeitnehmern erreichen.[646] In diesem Sinne ist unter einer

642 Zur Arbeitnehmerüberlassung aus Perspektive des Arbeitsrechts unten S. 133 ff.; zur Perspektive des Lohnsteuerrechts unten S. 139 ff.

643 Siehe dazu schon oben S. 31 ff.

644 Umgesetzt wurde die Leiharbeitsrichtlinie durch das Erste Gesetz zur Änderung des Arbeitnehmerüberlassungsgesetzes – Verhinderung von Missbrauch der Arbeitnehmerüberlassung (AÜGÄndG), BGBl. I 2011, 642.

645 § 13b AÜG zeichnet aus, dass er im Gegensatz zu § 8 AÜG nicht tarifdispositiv ausgestaltet ist, vgl. § 8 Abs. 2 AÜG. So räumt § 13b AÜG dem Leiharbeitnehmer einen eigenen Anspruch gegen den Entleiher ein, der unabhängig von der Gleichstellungsverpflichtung des Verleihers besteht; vgl. BT-Drs. 17/4804, S. 10; *Hamann*, RdA 2011, 321 (326); *Kock*, BB 2012, 323 (324); *ders.*, BeckOK ArbR AÜG, § 13b Rn. 2; *ders.*, Thüsing AÜG, §§ 13a, 13b Rn. 15; *Lembke*, NZA 2011, 319 (323).

646 *Kock*, BeckOK ArbR AÜG, § 13b Rn. 7; *ders.*, Thüsing AÜG, §§ 13a, 13b, Rn. 14; *Vielmeier*, NZA 2012, 535 (536).

„Gemeinschaftseinrichtung“ eine gewisse Institutionalisierung und Organisation zu verstehen, mithin eine physisch nutzbare gegenständliche Einrichtung,[647] die der Gemeinschaft der Arbeitnehmer zur Verfügung gestellt wird.[648] Unter den Begriff der Gemeinschaftsdienste fallen hingegen alle tatsächlichen Dienst- und Serviceleistungen des Arbeitgebers gegenüber seinen Arbeitnehmern.[649] Sowohl Gemeinschaftseinrichtungen als auch -dienste müssen den Arbeitnehmern aufgrund ihres täglichen Tätigwerdens im Betrieb und gerade nicht aufgrund arbeitsvertraglicher Dauerbeziehung zur Verfügung gestellt werden.[650] In diesem Sinne werden „Leistungen mit Entgeltcharakter“ im Sinne des Arbeitsrechts nicht von § 13b AÜG erfasst.[651] Entgeltansprüche kann der Leiharbeitnehmer grundsätzlich nur im Rahmen seines Arbeitsverhältnisses mit dem Verleiher geltend machen.[652]

Dennoch können bei Nutzung von Gemeinschaftseinrichtungen und -diensten für den Leiharbeitnehmer geldwerte Vorteile entstehen.[653] Ob und in welcher Art und Weise dies möglich ist, ist allein vom Einzelfall abhängig. *Eismann* und *Kock* nennen als Beispiele das verbilligte Tanken an einer betriebseigenen Tankstelle oder subventioniertes Kantinenessen.[654] Finanzgerichtliche Rechtsprechung zu den Situationen des § 13b AÜG ist – soweit ersichtlich – noch nicht ergangen. Insoweit gilt es, die oben erarbeiteten Grundsätze zum lohnsteuerrechtlichen Arbeitgeberbegriff auf die Situation des § 13b AÜG anzuwenden und damit auf ihre Tragfähigkeit hin zu untersuchen.

---

647 So *Kock*, Thüsing AÜG, §§ 13a, 13b Rn. 19; auch *ders.*, BB 2012, 323 (325). Dies entspricht gleichfalls dem Inhalt von Art. 6 Abs. 4 der RL 2008/104/EG; vgl. LAG Hessen v. 9.9.2016 – 10 Sa 474/16, NZA-RR 2017, 236 (238); zumindest im Ergebnis zustiimmend *Kolbe*, EuArbRK RL 2008/104/EG, Art. 6 Rn. 14.

648 Vgl. LAG Hessen v. 9.9.2016 – 10 Sa 474/16, NZA-RR 2017, 236 (238); sehr ähnlich *Lembke*, NZA 2011, 319 (323 f.).

649 Vgl. LAG Hessen v. 9.9.2016 – 10 Sa 474/16, NZA-RR 2017, 236 (238); ähnlich *Kock*, BB 2012, 323 (325); *ders.*, Thüsing AÜG, §§ 13a, 13b Rn. 21.

650 *Kock*, Thüsing AÜG, §§ 13a, 13b Rn. 19, 21; *Lembke*, NZA 2011, 319 (323 f.); *Vielmeier*, NZA 2012, 535 (536 f.).

651 LAG Hessen v. 9.9.2016 – 10 Sa 474/16, NZA-RR 2017, 236 (238); *Kock*, BeckOK ArbR AÜG, § 13b Rn. 7; *ders.*, Thüsing AÜG, §§ 13a, 13b, Rn. 14; *Lembke*, BB 2012, 2497 (2503); *Vielmeier*, NZA 2012, 535 (536 f.).

652 Ausdrücklich LAG Hessen v. 9.9.2016 – 10 Sa 474/16, NZA-RR 2017, 236 (238).

653 Darauf verweisen insbesondere *Eismann*, DStR 2011, 2381 (2382); *Kock*, BB 2012, 323 (325); *ders.*, Thüsing AÜG, §§ 13a, 13b Rn. 29; *Vielmeier*, NZA 2012, 535 (537).

654 *Eismann*, DStR 2011, 2381 (2382); *Kock*, BB 2012, 323 (325); *ders.*, Thüsing AÜG, §§ 13a, 13b Rn. 29.

Situationen drittbezogenen Arbeitseinsatzes erfordern grundsätzlich kein Abweichen von der oben unter Hinzuziehung der Ansätze *Boemkes* und *Breinersdorfers* konkretisierten Rechtsprechung. Die Frage nach der (lohnsteuerrechtlichen) Arbeitgebereigenschaft beantwortet sich danach, ob der Arbeitnehmer den Vorteil, den er von dem Dritten empfangen hat, wirtschaftlich als Frucht seiner Dienstleistung für den Arbeitgeber verstehen muss. Der Leiharbeitnehmer empfindet in Situationen drittbezogenen Arbeitseinsatzes das, was er vom Verleiher bekommt, grundsätzlich als Frucht seines Arbeitsverhältnisses mit dem Verleiher.[655] Weil der Verleiher typischerweise den Leiharbeitnehmer im eigenen Namen und für eigene Rechnung entlohnt, wird dementsprechend der Verleiher als lohnsteuerrechtlicher Arbeitgeber angesehen. Dies deckt sich für die Situation des § 13b AÜG mit der Ansicht der Arbeitsgerichte, nach der eine Entgeltabrechnung und die Versteuerung geldwerter Vorteile in dem Verhältnis Entleiher – Leiharbeitnehmer gerade nicht durch das AÜG vorgesehen ist.[656] Nach einhelliger Ansicht ist, wenn der Zugang zu den Gemeinschaftseinrichtungen und Diensten (im Ausnahmefall) als geldwerter Vorteil anzusehen ist, er als echte Drittleistung vom Verleiher zu versteuern.[657]

Insoweit kommt das Problem der Kenntnis und des Erkennenkönnens im Sinne des § 38 Abs. 1 S. 3 EStG zum Tragen. Grundsätzlich gilt, was oben ausgeführt wurde: Kennt der Arbeitgeber die konkrete Drittleistung, ist diese nach § 38 Abs. 1 S. 3 HS. 1 EStG lohnsteuerpflichtig. Dies erscheint für die Situation des § 13b AÜG insbesondere deshalb nicht als unrealistisch, weil der Entleiher den auf die Leiharbeitnehmer entfallenden Anteil an den Aufwendungen für die Gemeinschaftseinrichtungen und -dienste dem Verleiher entgegen halten wird.[658] Allein die Existenz des § 13b AÜG sorgt dafür, dass der Verleiher erkennen kann, dass „derartige Vergütungen“ in Sinne des § 38 Abs. 1 S. 3 HS. 1 EStG durch den Entleiher geleistet werden. In der Tat erscheint dies als Fall, in dem sich dem Arbeitgeber ein steuererheblicher Sachverhalt geradezu aufdrängt, und er seine Augen vor diesem nicht verschließen darf.[659] Entsprechend obiger Ausführungen

655 Siehe schon oben S. 31 ff.; grundlegend BFH v. 2.4.1982 – VI R 34/79, BStBl. II 1982, 502 (505).

656 LAG Hessen v. 9.9.2016 – 10 Sa 474/16, NZA-RR 2017, 236 (238, Rn. 34).

657 Aus Sicht der Finanzverwaltung R 38.4. Abs. 2 S. 2 LStR; aus Sicht der Arbeitsgerichte LAG Hessen v. 9.9.2016 – 10 Sa 474/16, NZA-RR 2017, 236 (238); zu etwaigen Literaturvertretern oben Fn. 653.

658 Darauf verweist *Eismann*, DStR 2011, 2381 (2383).

659 Siehe schon S. 114 f.; insbesondere auch FG München v. 26.9.2013 – 5 K 1660/12, rkr., EFG 2014, 142 (144).

kommt es also auf die Informationspflicht des Arbeitnehmers nach § 38 Abs. 4 S. 3 HS. 1 EStG an.[660] Kommt der Arbeitnehmer dieser nach, kennt der Arbeitgeber die konkrete Drittleistung. Kommt der Arbeitnehmer dieser nicht nach, hat der Arbeitgeber dies dem Betriebsstättenfinanzamt anzuzeigen und das Finanzamt hat sich an den Arbeitnehmer zu wenden, § 38 Abs. 4 S. 4 EStG. Der Arbeitgeber kennt in dieser Situation die konkrete Drittleistung nicht und kann deshalb keine Lohnsteuer einbehalten und abführen. An den Entleiher als Vertragspartner hat sich der Arbeitgeber nicht zu wenden.[661] Der Entleiher hat gegenüber dem Verleiher keine Auskunftspflicht, die der des Arbeitnehmers entspricht. Bezüglich des Dritten herrscht damit eine Rechtslage, die der des Arbeitnehmers vor Einführung des § 38 Abs. 4 S. 3 EStG ähnelt: Der Arbeitgeber hat keine (gesetzliche) Möglichkeit, die für den Lohnsteuerabzug erforderlichen Informationen zu erhalten.[662] Beide Parteien können eine entsprechende Auskunftspflicht vereinbaren, was aus praktischen Gesichtspunkten auch deshalb sinnvoll erscheinen mag, weil der Entleiher dem Finanzamt entsprechende Angaben bezüglich seiner eigenen Mitarbeiter sowieso zu machen hat.[663] Wenn der Entleiher der (vertraglichen) Auskunftspflicht sodann nachkommt, hat der Arbeitgeber Kenntnis von der konkreten Drittleistung und kann (und muss) den Lohnsteuerabzug vornehmen. Eine Pflicht für den Verleiher, eine entsprechende Auskunftspflicht privatrechtlich zu begründen, besteht allerdings nicht. Es bleibt damit ohne Einschränkung bei den oben dargestellten Grundsätzen.

(b) Der drittbezogene Arbeitseinsatz

Die Funktionsfähigkeit der verschiedenen lohnsteuerrechtlichen Arbeitgeberbegriffe beweist sich am Umgang mit Dritten. Je nachdem, an welchen Merkmalen die Arbeitgeberstellung festgemacht wird, sind entweder Drittleistungen oder Situationen des drittbezogenen Arbeitseinsatzes für die Arbeitgeberbegriffe herausfordernderer. Unbenommen der bisher geschilderten Probleme stellen sich Drittleistungen für den Arbeitgeberbegriff der Finanzgerichtbarkeit – konkretisiert durch die Ansätze *Breinersdorfers* und *Boemkes* – als weniger heikel dar. Immerhin wird der Arbeitgeber anhand einer Austauschbeziehung bestimmt, deren Anhaltspunkte (insbesondere) die Weisungsgebundenheit und

660 In diesem Zusammenhang insbesondere *Eismann*, DStR 2011, 2381 (2383).

661 Diesbezüglich offen *Kock*, Thüsing AÜG, §§ 13a, 13b Rn. 29.

662 Vgl. oben S. 111; zur damals fehlenden Handhabe, eine Auskunftspflicht durchzusetzen BFH v. 24.10.1997 – VI R 23/94, BStBl. II 1999, 323 (324).

663 So *Kock*, Thüsing AÜG, §§ 13a, 13b Rn. 29.

die Eingliederung in den betrieblichen Organismus sind. Liegt also „lediglich" eine Drittleistung vor, so fällt es relativ leicht, den Arbeitgeber zu bestimmen. Anders verhält es sich grundsätzlich bei Situationen drittbezogenen Arbeitseinsatzes, in denen die Merkmale der Weisungsgebundenheit und der betrieblichen Eingliederung in (Rechts-) Verhältnissen zu mehreren potentiellen Arbeitgebern bestehen können.[664]

(aa) Die Arbeitnehmerüberlassung aus Perspektive des Arbeitsrechts

Ausgangspunkt der Betrachtung des drittbezogenen Arbeitseinsatzes[665] ist die Arbeitnehmerüberlassung. Der arbeitsrechtliche Begriff der Arbeitnehmerüberlassung[666] ist in § 1 Abs. 1 S. 1 AÜG legaldefiniert. Danach liegt eine Arbeitnehmerüberlassung vor, wenn Arbeitgeber, die als Verleiher Dritten (Entleihern) Arbeitnehmer (Leiharbeitnehmer) im Rahmen ihrer wirtschaftlichen Tätigkeit zur Arbeitsleistung überlassen. Konkretisierung[667] erfährt diese Legaldefinition

664 Andeutungsweise schon oben S. 31 ff.

665 Auch im öffentlichen Dienstrecht existiert mit der *Abordnung* die Möglichkeit zu drittbezogenem Arbeitseinsatz. So können Beamte aus dienstlichen Gründen vorübergehend ganz oder teilweise zu einer dem übertragenen Amt entsprechenden Tätigkeit in den Bereich eines (anderen) Dienstherrn abgeordnet werden, § 14 Abs. 1 BeamtStG, § 27 Abs. 1 BBG. Die Abordnung wird von dem abgebenden im Einverständnis mit dem aufnehmenden Dienstherrn verfügt, § 14 Abs. 4 S. 2 BeamtStG, § 27 Abs. 4 S. 1 BBG, und bedarf (grundsätzlich) der Zustimmung des Beamten, § 14 Abs. 3 BeamtStG, § 27 Abs. 3 BBG. Auch bei der Abordnung ist die „Arbeitgeberstellung" gespalten: Beamtenrechtliche Entscheidungen, die die neue Tätigkeit betreffen, trifft der Dienstvorgesetzte der aufnehmenden Behörde, während die anderen beamtenrechtlichen Entscheidungen vom Dienstvorgesetzten der Stammbehörde getroffen werden; prägnant *Grigoleit*, Battis BBG, § 27 Rn. 18. Die Verpflichtung zur Vergütungszahlung bleibt beim ursprünglichen Dienstherrn, wobei der aufnehmende Dienstherr als zusätzlicher Garant hinzutritt; so *Reich*, BeamtStG, § 14 Rn. 18. Beide Dienstherren haften für den Besoldungsanspruch als Gesamtschuldner, vgl. § 14 Abs. 4 S. 3 BeamtStG, § 27 Abs. 6 BBG.

666 Die Arbeitnehmerüberlassung unterscheidet sich grundlegend von der Arbeitsvermittlung, *Edenfeld/Bieder*, Erman BGB, § 611a Rn. 80; *Hamann*, Schüren/Hamann AÜG, § 1 Rn. 45; *Höpfner*, H/W/K ArbR AÜG, § 1 Rn. 42; *Thüsing*, Thüsing AÜG, Einf. Rn. 3; auch *Roloff*, ErfK AÜG, § 1 Rn. 2 f. Letztere wird durch § 35 Abs. 1 S. 2 SGB III charakterisiert, wonach sie alle Tätigkeiten erfasst, die darauf gerichtet sind, Ausbildungssuchende mit Arbeitgebern zur Begründung eines Ausbildungsverhältnisses und Arbeitsuchende mit Arbeitgebern zur Begründung eines Beschäftigungsverhältnisses zusammenzuführen.

667 So *Thüsing*, Thüsing AÜG, Einf. Rn. 1.

durch § 1 Abs. 1 S. 2 AÜG, wonach Arbeitnehmer[668] dann zur Arbeitsleistung überlassen werden, wenn sie in die Arbeitsorganisation des Entleihers eingegliedert sind und seinen Weisungen unterliegen. Der Verleiher ist verpflichtet, dem Leiharbeitnehmer das geschuldete Entgelt für dessen Tätigkeit zu entrichten, wobei sich dessen Höhe (mindestens) nach der des Entgelts für einen beim Entleiher angestellten vergleichbaren Arbeitnehmer zu richten hat, vgl. § 8 Abs. 1 S. 1 AÜG. Entgeltansprüche kann der Leiharbeitnehmer grundsätzlich nur im Rahmen seines Arbeitsverhältnisses mit dem Verleiher geltend machen.[669] Dementsprechend werden Arbeitgeberfunktionen teilweise auf den Entleiher übertragen.[670] Die Arbeitgeberstellung ist deshalb insoweit *„gespalten"*, als einerseits den Verleiher die arbeitsvertraglichen Verpflichtungen treffen und andererseits der Entleiher den Leiharbeitnehmer vorübergehend – für die Dauer der Überlassung – in seine Arbeitsorganisation eingliedert, ihn nach seinen Weisungen einsetzt und dessen Arbeitskraft nutzt.[671]

Nicht jede Art drittbezogenen Arbeitseinsatzes ist eine Arbeitnehmerüberlassung im Sinne des AÜG.[672] Arbeitnehmerüberlassung im Sinne des AÜG ist strukturell durch eine spezifische Ausgestaltung – entscheidend ist gemäß § 12 Abs. 1 S. 2 AÜG die tatsächliche Durchführung – der Vertragsbeziehungen zwischen Verleiher und Entleiher einerseits (dem Arbeitnehmerüberlassungsvertrag) und zwischen Verleiher und Arbeitnehmer andererseits (dem Leiharbeitsvertrag)

668 Seit Inkrafttreten der Leiharbeitsrichtlinie (RL 2008/104/EG) bestimmt sich der Arbeitnehmerbegriff des AÜG nicht mehr nach nationalem Recht, sondern nach dem in der Leiharbeitsrichtlinie zugrunde gelegten Arbeitnehmerbegriff; EuGH v. 17.11.2016 – C-216/15, NZA 2017, 41 (42); zustimmend *Hamann*, Schüren/Hamann AÜG, § 1 Rn. 48. Die Richtlinie verweist bezüglich der Definition des Arbeitnehmerbegriffs mit Art. 3 Abs. 1 lit. a auf das nationale Begriffsverständnis zurück. Obwohl man deshalb annehmen könnte, dass der Arbeitnehmerbegriff der Richtlinie mit dem des (jeweiligen) nationalen Rechts deckungsgleich ist, ist Arbeitnehmer im Sinne der Leiharbeitsrichtlinie auch derjenige, zu dem kein Arbeitsvertrag besteht und dem deshalb nach nationalem Recht keine Arbeitnehmereigenschaft zukommt; EuGH v. 17.11.2016 – C-216/15, NZA 2017, 41 (42).

669 Ausdrücklich LAG Hessen v. 9.9.2016 – 10 Sa 474/16, NZA-RR 2017, 236 (238).

670 *Greiner*, NZA 2013, 697 (699); *Höpfner*, H/W/K ArbR AÜG, § 1 Rn. 9; *Thüsing*, Thüsing AÜG, Einf. Rn. 1.

671 Prägnant *Lembke*, BB 2012, 2497 (2497); ähnlich *Eismann*, DStR 2011, 2381 (2382). Zu einer Ausprägung dieser aufgespaltenen Arbeitgeberstellung oben Fn. 645.

672 *Höpfner*, H/W/K ArbR AÜG, § 1 Rn. 8; *Thüsing*, Thüsing AÜG, Einf. Rn. 2; ähnlich *Hamann*, Schüren/Hamann AÜG, § 1 Rn. 47 ff.; *Reinhart*, BB 1986, 500 (503 f.).

geprägt.[673] Darüber hinaus muss es *„an jeglicher arbeitsrechtlicher Beziehung*[674] *zwischen Entleiher und Arbeitnehmer fehlen"*.[675] Von der Arbeitnehmerüberlassung ist die Tätigkeit eines Arbeitnehmers bei einem Dritten aufgrund eines Werk- oder Dienstvertrags zu unterscheiden.[676] In diesen Fällen wird der Unternehmer für einen anderen tätig, indem er die zur Erreichung eines wirtschaftlichen Erfolgs notwendigen Handlungen nach eigenen betrieblichen Voraussetzungen organisiert und für die Erfüllung der im Vertrag vorgesehenen Dienste oder für die Herstellung des geschuldeten Werkes gegenüber dem Drittunternehmen verantwortlich bleibt.[677] Auch schließt das AÜG bestimmte Formen der Arbeitnehmerüberlassung aus einem wesentlichen Teil seines Anwendungsbereichs aus, vgl. § 1 Abs. 3 AÜG.

Notwendiger Inhalt eines Arbeitnehmerüberlassungsvertrags ist die Verpflichtung des Verleihers gegenüber dem Entleiher, diesem zur Förderung von dessen Betriebszwecken Arbeitnehmer zur Verfügung zu stellen.[678]

---

673 BAG v. 3.12.1997 – 7 AZR 764/96, AP AÜG § 1 Nr. 24; BAG v. 19.1.2000 – 7 AZR 6/90, BeckRS 30782548; BAG v. 25.10.2000 – 7 AZR 487/99, AP AÜG § 10 Nr. 15; BAG v. 27.9.2022 – 9 AZR 468/21, AP AÜG § 1 Nr. 51 (Ls.); zustimmend *Höpfner*, H/W/K ArbR AÜG, § 1 Rn. 6 ff.; *Thüsing*, Thüsing AÜG, Einf. Rn. 2; im Wesentlichen auch *Hamann*, Schüren/Hamann AÜG, § 1 Rn. 44, 95; *Reinhart*, BB 1986, 500 (503).

674 Jedenfalls besteht grundsätzlich *kein Arbeitsverhältnis* zwischen Entleiher und Arbeitnehmer. Dennoch existieren Rechtsbeziehungen, die *Schüren*, Schüren/Hamann AÜG, Einl. Rn 119 als rechtliches Band bezeichnet. Deren dogmatische Einordnung ist allerdings umstritten; zur Art der Beziehungen überblicksartig *Roloff*, ErfK AÜG, § 1 Rn. 89 ff.; tiefer *Schüren*, Schüren/Hamann AÜG, Einl. Rn. 120 ff.

675 BAG v. 3.12.1997 – 7 AZR 764/96, AP AÜG § 1 Nr. 24; BAG v. 19.1.2000 – 7 AZR 6/90, BeckRS 30782548; BAG v. 25.10.2000 – 7 AZR 487/99, AP AÜG § 10 Nr. 15; BAG v. 27.9.2022 – 9 AZR 468/21, AP AÜG § 1 Nr. 51 (Ls.); auch *Thüsing*, Thüsing AÜG, Einf. Rn. 2; differenzierter *Hamann*, Schüren/Hamann AÜG, § 1 Rn. 95.

676 BAG v. 22.6.1994 – 7 AZR 286/93, AP AÜG § 1 Nr. 16; ähnlich BAG v. 30.1.1991 – 7 AZR 497/89, AP AÜG § 10 Nr. 8; BAG v. 5.7.2022 – 9 AZR 323/21, AP AÜG § 1 Nr. 47; BAG v. 27.9.2022 – 9 AZR 468/21, AP AÜG § 1 Nr. 51; *Greiner*, NZA 2013, 697 (697 ff.); *Kock*, BeckOK ArbR AÜG, § 1 Rn. 52.

677 Erneut BAG v. 22.6.1994 – 7 AZR 286/93, AP AÜG § 1 Nr. 16; ähnlich BAG v. 30.1.1991 – 7 AZR 497/89, AP AÜG § 10 Nr. 8; BAG v. 5.7.2022 – 9 AZR 323/21, AP AÜG § 1 Nr. 47; BAG v. 27.9.2022 – 9 AZR 468/21, AP AÜG § 1 Nr. 51.

678 BAG v. 22.6.1994 – 7 AZR 286/93, AP AÜG § 1 Nr. 16; BAG v. 3.12.1997 – 7 AZR 764/96, AP AÜG § 1 Nr. 24; BAG v. 19.1.2000 – 7 AZR 6/90, BeckRS 30782548; BAG v. 25.10.2000 – 7 AZR 487/99, AP AÜG § 10 Nr. 15; zustimmend *Thüsing*, Thüsing AÜG, Einf. Rn. 2; auch *Hamann*, Schüren/Hamann AÜG, § 1 Rn. 46.

Das Arbeitsverhältnis dieser Arbeitnehmer zum Verleiher – regelmäßig als Grundverhältnis bezeichnet – ist an sich ein gewöhnliches (auch sozialversicherungspflichtiges) Arbeitsverhältnis, auf das die arbeitsrechtlichen Vorschriften Anwendung finden.[679] Die Besonderheit liegt allein darin, dass der Leiharbeitnehmer nicht bei seinem Vertragsarbeitgeber weisungsabhängig tätig wird, sondern beim Entleiher, an den der Verleiher im Rahmen des Arbeitnehmerüberlassungsvertrags das arbeitsrechtliche Direktionsrecht hinsichtlich des überlassenen Leiharbeitnehmers delegiert.[680] Der Entleiher setzt die Leiharbeitnehmer also nach seinen Vorstellungen und Zielen in seinem Betrieb wie eigene Arbeitnehmer ein.[681] Die Arbeitskräfte sind voll in den Betrieb des Entleihers eingegliedert und führen ihre Arbeiten allein nach dessen Weisungen aus.[682] So hat das Rechtsverhältnis zwischen Entleiher und Arbeitnehmer – wie auch das Grundverhältnis zwischen Verleiher und Arbeitnehmer – gewisse Züge eines Arbeitsverhältnisses und wird gemeinhin als „*Leiharbeitsverhältnis*“ bezeichnet.[683] Dennoch bleibt der Leiharbeitnehmer auch während der Dauer der Überlassung an den Entleiher nur Arbeitnehmer des Verleihers.[684] Dementsprechend erhält der Leiharbeitnehmer seine Vergütung und die sonstigen vertraglichen Nebenleistungen (typischerweise) allein vom Verleiher.[685] Weil das mit dem Verleiher begründete Leiharbeitsverhältnis während und zwischen den Fremdeinsätzen bestehen bleibt, wird außerdem gewährleistet, dass Arbeitnehmerschutzgesetze, die an

---

679 *Lembke*, BB 2012, 2497 (2497).

680 *Lembke*, BB 2012, 2497 (2497).

681 So BAG v. 22.6.1994 – 7 AZR 286/93, AP AÜG § 1 Nr. 16; ähnlich BAG v. 30.1.1991 – 7 AZR 497/89, AP AÜG § 10 Nr. 8; *Kock*, BeckOK ArbR AÜG, § 1 Rn. 21; *Martin*, Lademann EStG, § 42d Rn. 181; *Reinhart*, BB 1986, 500 (503); *Seifert*, Korn EStG, § 42d Rn. 48; *Thüsing*, Thüsing AÜG, Einf. Rn. 1.

682 BAG v. 22.6.1994 – 7 AZR 286/93, AP AÜG § 1 Nr. 16; ähnlich BAG v. 30.1.1991 – 7 AZR 497/89, AP AÜG § 10 Nr. 8; *Hamann*, Schüren/Hamann AÜG, § 1 Rn. 97, 116 f.; *Höpfner*, H/W/K ArbR AÜG, § 1 Rn. 27; *Kock*, BeckOK ArbR AÜG, § 1 Rn. 21; *Martin*, Lademann EStG, § 42d Rn. 181; *Reinhart*, BB 1986, 500 (503); *Seifert*, Korn EStG, § 42d Rn. 48; weniger differenzierend *Nacke*, Steuerschulden, Rn. 219.

683 Prägnant *Lembke*, BB 2012, 2497 (2498); zur Bezeichnung als Leiharbeitsverhältnis insbesondere BAG v. 15.3.2011 – 10 AZB 49/10, NZA 2011, 653 (654).

684 Dies betont insbesondere *Hamann*, Schüren/Hamann AÜG, § 1 Rn. 6; auch *Reinhart*, BB 1986, 500 (503); im Ansatz *Edenfeld/Bieder*, Erman BGB, § 611a Rn. 76; *Mösbauer*, Haftung, S. 158.

685 *Hamann*, Schüren/Hamann AÜG, § 1 Rn. 6; *Reinhart*, BB 1986, 500 (503).

die Dauer der Betriebszugehörigkeit anknüpfen, auch im Grundverhältnis zur Wirkung kommen können.[686]

(bb) Die illegale Arbeitnehmerüberlassung aus Perspektive des Arbeitsrechts

Das AÜG schafft die arbeitsrechtlichen Rahmenbedingungen für die Arbeitnehmerüberlassung und dient in erster Linie dem sozialen Schutz der Leiharbeitnehmer,[687] aber auch der flexiblen Handhabung von Personaleinsatz.[688] § 1 AÜG kann als Grundnorm des AÜG angesehen werden.[689] Sie regelt die erlaubte Arbeitnehmerüberlassung und soll der unerlaubten Arbeitnehmerüberlassung entgegenwirken.[690] So enthält § 1 AÜG ein präventives Verbot mit Erlaubnisvorbehalt:[691] Die Arbeitnehmerüberlassung im Rahmen der wirtschaftlichen Tätigkeit ist grundsätzlich verboten, kann aber dann ausgeübt werden, wenn der Verleiher über eine Erlaubnis (§ 2 AÜG) verfügt.[692] Fehlt die nach § 1 AÜG erforderliche Erlaubnis, so greift § 9 Abs. 1 Nr. 1 AÜG:[693] Arbeitnehmerüberlassungsvertrag und Leiharbeitsvertrag sind unwirksam. Eine nachträgliche Heilung der geschlossenen Verträge durch eine spätere Erteilung der Erlaubnis ist ausgeschlossen, weil die Erlaubnis nicht rückwirkend mit Genehmigungswirkung

---

686 Ausdrücklich *Hamann*, Schüren/Hamann AÜG, § 1 Rn. 6; vgl. BT-Drs. VI/2303, S. 9.

687 Hierzu *Thüsing*, Thüsing AÜG, Einf. Rn. 5 ff.; auch *Greiner*, NZA 2013, 697 (701); *Hamann*, Schüren/Hamann AÜG, § 1 Rn. 4; *Kock*, BeckOK ArbR AÜG, § 1 Rn. 3, 5.

688 *Höpfner*, H/W/K ArbR AÜG, § 1 Rn. 2 f.; *Kock*, BeckOK ArbR AÜG, § 1 Rn. 1 f.; ähnlich *Greiner*, NZA 2013, 697 (701); *Hamann*, Schüren/Hamann AÜG, § 1 Rn. 4; vgl. BT-Drs. 18/9232, S. 1; den Schutz der Leiharbeitnehmer als gleichrangig mit anderen Zwecken des Gesetzes ansehend *Roloff*, ErfK AÜG, § 1 Rn. 4.

689 Insbesondere *Hamann*, Schüren/Hamann AÜG, § 1 Rn. 1; *Thüsing*, Thüsing AÜG, § 1 Rn. 1.

690 BT-Drs. VI/2303, S. 9 f.; auch *Roloff*, ErfK AÜG, § 1 Rn 9; *Schüren*, Schüren/Hamann AÜG, Einl. Rn 2, 5; *Thüsing*, Thüsing AÜG, § 1 Rn. 1.

691 *Hamann*, Schüren/Hamann AÜG, § 1 Rn. 3; *Kock*, BeckOK ArbR AÜG, § 1 Rn. 3; *Roloff*, ErfK AÜG, § 1 Rn 9; *Thüsing*, Thüsing AÜG, § 1 Rn. 2.

692 So formuliert *Thüsing*, Thüsing AÜG, § 1 Rn. 2; ähnlich *Hamann*, Schüren/Hamann AÜG, § 1 Rn. 3, 708.

693 § 9 Abs. 1 AÜG enthält mit den Ziffern 1a und 1b mit Verstößen gegen Deklarierungs- und Konkretisierungspflichten gemäß § 1 Abs. 1 S. 5, 6 AÜG und Verstößen gegen die Höchstüberlassungsdauer gemäß § 1 Abs. 1b AÜG noch zwei weitere Unwirksamkeitstatbestände, die ebenfalls zu den Rechtsfolgen nach § 10 AÜG führen. Der Übersichtlichkeit halber werden diese allerdings nicht näher beleuchtet.

erteilt werden kann.[694] Für den Leiharbeitsvertrag ist diese Unwirksamkeit „lediglich" schwebend, denn sie tritt nicht ein, wenn der Leiharbeitnehmer – durch sogenannte Festhalteerklärung – erklärt, am Arbeitsvertrag mit dem Verleiher festzuhalten (§ 9 Abs. 1 Nr. 1 HS. 2 AÜG). Darüber hinaus verstößt der jeweilige Vertrag gegen ein gesetzliches Verbot.[695] So ist der Arbeitnehmerüberlassungsvertrag auch nach § 134 BGB i.V.m. § 1 Abs. 1 AÜG nichtig, der Leiharbeitsvertrag schwebend unwirksam.[696] Dies ist gerade deshalb sachgerecht, weil sich das Unwerturteil über die illegale Arbeitnehmerüberlassung nur gegen Verleiher und Entleiher richtet, während der Schutz des Leiharbeitnehmers nicht gemindert werden soll.[697]

Die Unwirksamkeit des Leiharbeitsvertrags nach § 9 AÜG führt zur Rechtsfolge des § 10 AÜG. Die Norm ist ein Eckpfeiler der gesetzgeberischen Konstruktion der Arbeitnehmerüberlassung.[698] Sie soll diejenigen, die Leiharbeit einsetzen, in die vom Gesetzgeber vorgesehenen Formen zwingen.[699] Gemäß § 10 Abs. 1 S. 1 AÜG gilt bei einer Unwirksamkeit gemäß § 9 Abs. 1 Nr. 1-1b AÜG ein Arbeitsverhältnis zwischen Entleiher und Leiharbeitnehmer als zustande gekommen. Es wird also ein Arbeitsverhältnis zwischen Entleiher und Leiharbeitnehmer in erster Linie zum Schutze des Leiharbeitnehmers fingiert.[700] Das fingierte Arbeits-

---

694 LAG Hamburg v. 29.10.2010 – 6 Sa 27/10, BeckRS 2011, 70968; *Mengel*, Thüsing AÜG, § 9 Rn. 14; auch *Höpfner*, H/W/K ArbR AÜG, § 9 Rn. 8; *Kock*, BeckOK ArbR AÜG, § 9 Rn. 8.

695 *Mengel*, Thüsing AÜG, § 9 Rn. 14; ähnlich *Höpfner*, H/W/K ArbR AÜG, § 9 Rn. 2; bezüglich des Überschreitens der Überlassungshöchstdauer *Schüren*, Schüren/Hamann AÜG, § 9 Rn. 3, 109 ff.

696 Zur Rechtsfolge der schwebenden Unwirksamkeit bei § 134 BGB insbesondere *Fischinger/Hengstberger*, Staudinger BGB, § 134 Rn. 144 ff.; auch *Armbrüster*, MüKo BGB, § 134 Rn. 180; *Ellenberger*, Grüneberg BGB, § 134 Rn. 11a; ablehnend BGH v. 27.6.1973 – IV ZR 117/71, BeckRS 1973, 31126981.

697 Prägnant *Höpfner*, H/W/K ArbR AÜG, § 9 Rn. 5.

698 So prägnant *Schüren*, Schüren/Hamann AÜG, § 10 Rn. 9; auch *Höpfner*, H/W/K ArbR AÜG, § 9 Rn. 1.

699 *Schüren*, Schüren/Hamann AÜG, § 10 Rn. 9; ähnlich *Höpfner*, H/W/K ArbR AÜG, § 9 Rn. 1.

700 BAG v. 20.9.2016 – 9 AZR 735/15, AP AÜG § 1 Nr. 39; *Brors*, NZA 2016, 672 (672 f.); *Edenfeld/Bieder*, Erman BGB, § 611a Rn. 84; *Höpfner*, H/W/K ArbR AÜG, § 10 Rn. 1 ff.; *Kock*, BeckOK ArbR AÜG, § 10 Rn. 1; *Mengel*, Thüsing AÜG, § 10 Rn. 1 f.; *Schüren*, Schüren/Hamann AÜG, § 9 Rn. 1 ff.; offen *Mösbauer*, Haftung, S. 158; a.A. *Roloff*, ErfK AÜG, § 10 Rn. 1.

verhältnis ist grundsätzlich ein vollwertiges Arbeitsverhältnis.[701] Sein Zustandekommen kompensiert den Verlust, den der Leiharbeitnehmer andernfalls in Folge der Unwirksamkeit gem. § 9 Abs. 1-1b erleiden würde.[702] Das Widerspruchsrecht des Arbeitnehmers durch Festhalteerklärung (§ 9 Abs. 2 AÜG) soll bei Ausübung gerade diese Fiktion eines Arbeitsverhältnisses mit dem Entleiher nach § 10 Abs. 1 AÜG verhindern.[703] Ist die Festhaltenserklärung wirksam erklärt worden, bleibt der Arbeitsvertrag zum Verleiher bestehen und ein Arbeitsverhältnis zum Entleiher wird nicht begründet.[704]

(cc) Die Arbeitnehmerüberlassung aus Perspektive des Lohnsteuerrechts

Im Lohnsteuerrecht findet die Arbeitnehmerüberlassung in zwei Regelungen Erwähnung. § 38 Abs. 1 S. 1 Nr. 2 EStG stellt auf grenzüberschreitende gewerbsmäßige Überlassungssituationen ab und knüpft die lohnsteuerrechtlichen Arbeitgeberpflichten an die Person des Verleihers. Außerdem nimmt § 42d EStG in den Absätzen 6 und 7 auf Arbeitnehmerüberlassungen nach dem AÜG Bezug. An sich braucht es zur Erfassung des drittbezogenen Arbeitseinsatzes allerdings keine Sonderregelungen im Lohnsteuerrecht. Zumindest im Ausgangspunkt genügen die allgemeinen Grundsätze, um die lohnsteuerrechtlichen Pflichten zu adressieren. Auf das AÜG nimmt das Lohnsteuerrecht nur in § 42d Abs. 6 EStG ausdrücklich Bezug. Dementsprechend vertritt die Finanzgerichtsbarkeit eine eigene Auffassung zum Vorliegen einer Arbeitnehmerüberlassung. So charakterisiert der BFH die (lohnsteuerrechtliche) Arbeitnehmerüberlassung im Allgemeinen wie folgt:

> *„Bei der Arbeitnehmerüberlassung erschöpft sich das Weisungsrecht des Arbeitgebers (‚Verleihers') i. d. R. darin, den Mitarbeiter anzuhalten, sich im Betrieb des Auftraggebers (‚Entleihers') einzufinden und diesem seine Arbeitskraft anzubieten. Der ‚Entleiher' übt für die ausbedungene ‚Leihzeit' das mit der Arbeitgeberstellung verknüpfte Direktionsrecht aus. Seine Direktionsbefugnis resultiert nicht aus einer eigenen – originären – Arbeitgeberstellung, sondern daraus, daß ihm diese Befugnis für die vereinbarte ‚Leihzeit' gegen Entgelt von dem ‚Verleiher' (Arbeitgeber) übertragen wurde. Der ‚Entliehene' (Arbeitnehmer)*

---

701 *Kock*, BeckOK ArbR AÜG, § 10 Rn. 1, 9; *Mengel*, Thüsing AÜG, § 10 Rn. 17; auch *Höpfner*, H/W/K ArbR AÜG, § 10 Rn. 13; sinngemäß BAG v. 20.9.2016 – 9 AZR 735/15, AP AÜG § 1 Nr. 39.

702 BAG v. 20.9.2016 – 9 AZR 735/15, AP AÜG § 1 Nr. 39 (Ls.); zustimmend *Kock*, BeckOK ArbR AÜG, § 10 Rn. 1.

703 *Brors*, NZA 2016, 672 (673); *Höpfner*, H/W/K ArbR AÜG, § 9 Rn. 27; *Mengel*, Thüsing AÜG, § 9 Rn. 19; *Schüren*, Schüren/Hamann AÜG, § 10 Rn. 4.

704 BayObLG v. 22.1.2020 – 201 ObOWi 2474/19, NJW 2020, 1597 (Ls); *Höpfner*, H/W/K ArbR AÜG, § 9 Rn. 26; *Kock*, BeckOK ArbR AÜG, § 9 Rn. 8.

> *unterwirft sich diesem Weisungsrecht nur aufgrund seiner Rechtsbeziehungen (dem Arbeitsverhältnis) zum ‚Verleiher', so insbesondere deswegen, weil er von diesem als seinem Arbeitgeber für seine nichtselbständige Arbeit im Betrieb des Dritten (‚Entleihers') entlohnt wird.*"[705]

Auch wenn sich diese Charakterisierung der Arbeitnehmerüberlassung wesentlich mit der des AÜG deckt, so wird doch ersichtlich, dass für den BFH die gespaltene (privatrechtliche) Arbeitgeberstellung bezüglich der Kriterien der Weisungsgebundenheit und der betrieblichen Eingliederung für die Arbeitnehmerüberlassung prägend ist. Für ihn ist nicht allein bedeutsam, dass die Arbeitgeberstellung gespalten ist, sondern warum dies bezüglich der jeweiligen Kriterien so ist: Der Leiharbeitnehmer unterwirft sich den Weisungen des Entleihers im Wesentlichen nur deshalb, weil er dafür vom Verleiher entlohnt wird. Diese Perspektive des BFH ist auf das tatsächliche Synallagma zurückzuführen, das der BFH zur Ermittlung des einkommensteuerrechtlichen Dienstverhältnisses und zur Ermittlung des Arbeitgeberbegriffs heranzieht. Dazu stellt der BFH die Frage, ob der Arbeitnehmer den Vorteil, den er von dem Dritten empfangen hat, wirtschaftlich als Frucht seiner Dienstleistung für den Arbeitgeber verstehen muss. Zur Beantwortung dieser Frage und damit zur Ermittlung des tatsächlichen Synallagmas zieht er sodann die Kriterien der betrieblichen Eingliederung und der Weisungsgebundenheit heran. Für eine Arbeitnehmerüberlassung ist charakteristisch, dass der Arbeitnehmer nach Weisung seines Vertragspartners, dem Verleiher, bei verschiedenen Entleihern zur Arbeitsleistung eingesetzt wird.[706] Die Tätigkeit beim Entleiher erfolgt grundsätzlich nur aufgrund der Verpflichtung gegenüber dem Verleiher. Der Leiharbeitnehmer betrachtet deshalb das, was er vom Verleiher bekommt, als Frucht seines Arbeitsverhältnisses mit dem Verleiher.[707] Aus Sicht des Arbeitnehmers erbringt er dem Verleiher gegenüber seine Arbeitsleistung und erhält dafür von diesem den Lohn. Im Ergebnis geht der BFH deshalb davon aus, dass derjenige als lohnsteuerrechtlicher Arbeitgeber anzusehen ist, der dem Arbeitnehmer den Lohn im eigenen Namen und für eigene Rechnung (unmittelbar) auszahlt.[708] Typischerweise führt dies dazu, dass der Verleiher lohnsteuerrechtlicher Arbeitgeber nach § 38 Abs. 1 S. 1 Nr. 1 EStG ist. Der Entleiher ist „lediglich" Dritter.[709] Allerdings ist lohnsteuerrechtlicher Arbeitgeber des Leiharbeitnehmers nicht stets der Verleiher. In besonderen Situationen kann es dazu kommen, dass das tatsächliche

705 BFH v. 18.1.1991 – VI R 122/87, BStBl. II 1991, 409 (411 f.).
706 Vgl. BFH v. 12.5.2022 – VI R 32/20, BFH/NV 2022, 1341 (1343).
707 Grundlegend BFH v. 2.4.1982 – VI R 34/79, BStBl. II 1982, 502 (505).
708 BFH v. 24.3.1999 – I R 64/98, BStBl. II 2000, 41 (43).
709 Vgl. dazu schon oben S. 128 ff.

Synallagma nicht zwischen Leiharbeitnehmer und Verleiher, sondern zwischen Leiharbeitnehmer und Entleiher vorliegt. Dann ist der Entleiher lohnsteuerrechtlicher Arbeitgeber nach § 38 Abs. 1 S. 1 Nr. 1 EStG. Insbesondere kann dies der Fall sein, wenn der Entleiher den Lohn in eigenem Namen und für eigene Rechnung (unmittelbar) auszahlt.[710]

All dies gilt uneingeschränkt auch für die *illegale* Arbeitnehmerüberlassung. Die Unwirksamkeit des Arbeitnehmerüberlassungsvertrags und des Leiharbeitsvertrags nach § 9 Abs. 1 Nr. 1 AÜG sowie die Fiktion des § 10 Abs. 1 AÜG ändern nichts an den für das Steuerrecht entscheidenden tatsächlichen Beziehungen zwischen Verleiher und Leiharbeitnehmer und zwischen Entleiher und Leiharbeitnehmer.[711] Entscheidend bleibt, zwischen welchen Parteien das tatsächliche Synallagma besteht. Obwohl der Entleiher bei illegaler Arbeitnehmerüberlassung nach § 10 Abs. 1 AÜG nach arbeitsrechtlicher Betrachtung als Arbeitgeber anzusehen ist, ist nach (lohn-)steuerrechtlicher Betrachtung grundsätzlich weiterhin der Verleiher Arbeitgeber. Aus objektivierter Sicht des Arbeitnehmers erbringt er seine Arbeitsleistung gegenüber dem Verleiher und wird dafür von ihm auch vergütet. Auch im Falle einer fehlenden Erlaubnis nach § 1 Abs. 1 S. 1 AÜG wird der Arbeitnehmer eine Zahlung des Verleihers grundsätzlich als Gegenleistung für die ihm gegenüber erbrachte Arbeitsleistung empfinden.[712] Nur im Ausnahmefall wird er den Verleiher als Leistungsmittler des Entleihers zu begreifen haben.[713]

---

710 Vgl. BFH v. 24.3.1999 – I R 64/98, BStBl. II 2000, 41 (43). Vgl. zudem insbesondere den der Entscheidung FG Nürnberg v. 22.12.2011 – 4 K 643/10, EFG 2012, 1191 zugrundeliegenden Sachverhalt, indem allein der Entleiher gegenüber den Leiharbeitnehmern weisungsbefugt war und die Leiharbeitnehmer den Entleiher einhellig als „Chef" bezeichneten. Im Urteil v. 13.7.2011 – VI R 84/10, BStBl. II 2011, 986 (987) benennt der BFH allein das Kriterium der Lohnzahlung im eigenen Namen und auf eigene Rechnung, bezieht sich aber diesbezüglich auf die vorangegangene Rechtsprechung, die auf das tatsächliche Synallagma abstellt.

711 In diesem Zusammenhang grundlegend BFH v. 2.4.1982 – VI R 34/79, BStBl. II 1982, 502 (503).

712 Vgl. BFH v. 2.4.1982 – VI R 34/79, BStBl. II 1982, 502 (505).

713 BFH v. 2.4.1982 – VI R 34/79, BStBl. II 1982, 502 (505).

(α) Die Haftung des Entleihers

Vorangegangene Ausführungen bilden die allgemeinen lohnsteuerrechtlichen Grundsätze zur Situation des drittbezogenen Arbeitseinsatzes ab. Lohnsteuerrechtlicher Arbeitgeber ist nach der entsprechend konkretisierten Ansicht der Finanzgerichtsbarkeit regelmäßig der Verleiher, im Ausnahmefall kann aber der Entleiher Arbeitgeber sein. Derjenige, der nicht Arbeitgeber (oder Arbeitnehmer) ist, ist grundsätzlich Dritter. In § 38 EStG findet die Situation des drittbezogenen Arbeitseinsatzes nur in der Sonderkonstellation des § 38 Abs. 1 S. 1 Nr. 2 EStG Erwähnung. Allerdings bezieht sich § 42d EStG in den Absätzen 6 und 7 auf Situationen drittbezogenen Arbeitseinsatzes. Im Grundsatz haftet nach § 42d Abs. 1 EStG nur der Arbeitgeber für die Lohnsteuer. Derjenige, der nur Dritter und nicht Arbeitgeber ist – also typischerweise der Entleiher – kann auch bei illegaler Arbeitnehmerüberlassung nicht nach § 42d Abs. 1 EStG in Anspruch genommen werden.[714] Dass überhaupt die Notwendigkeit eines Haftungsanspruchs besteht, liegt in der Indienstnahme des Arbeitgebers an sich begründet. Nur durch die Haftung kann die Durchsetzung der ordnungsgemäßen Erhebung und Abführung der Lohnsteuer sichergestellt werden. Dementsprechend ist das Lohnsteuerrecht durch primäre und sekundäre Leistungspflichten geprägt.[715]

Diesbezüglich kann auf die umfassende Analyse des lohnsteuerrechtlichen Systems durch *Heuermann* verwiesen werden, der im Ergebnis formuliert: *„Primäre Leistungspflichten entstehen mit dem Zufluss von Arbeitslohn und damit mit dem Entstehen der Lohnsteuer. Sie zielen darauf ab, die Einkommensteuer an der Quelle durch den Abzug von Lohnsteuer zu erheben. Sekundäre Leistungspflichten haben ihre Ursache in der Verletzung der primären Leistungspflichten und sollen deren Durchsetzung sicherstellen.*“[716]

§ 42d EStG normiert den lohnsteuerrechtlichen Haftungsanspruch. Die Haftung des § 42d EStG korrespondiert mit den Pflichten im Rahmen des Lohnsteuerabzugsverfahrens.[717] Als „Primäradressat des Lohnsteuerrechts“[718] ist der Arbeitgeber derjenige, der die Lohnsteuer (im Regelfall) einzubehalten (§ 38 Abs. 3 EStG) und abzuführen hat (§ 41a Abs. 1 EStG). Dem Sinn der

---

714 *Eisgruber*, Kirchhof/Seer EStG, § 42d Rn. 58; *Heß*, Lademann EStG, § 38 Rn. 57; *Reinhart*, BB 1986, 500 (501); auch *Strohner*, H/H/R EStG, § 38 Rn. 34; a.A. *Mösbauer*, Haftung, S. 158 f.

715 Insbesondere *Heuermann*, Systematik, S. 430; *ders.*, StuW 1998, 219 (221).

716 *Heuermann*, Systematik, S. 430; sehr ähnlich *ders.*, StuW 1998, 219 (221).

717 *Goez*, Quellenbesteuerung, S. 36; *Heuermann*, Systematik, S. 273; *Martin*, Lademann EStG, § 42d Rn. 46; *Strohner*, Bochumer Lohnsteuertag, S. 121 (127).

718 *Meyer*, DStJG Bd. 40 (2017), S. 177 (178).

lohnsteuerrechtlichen Sekundärpflichten entsprechend, die Durchsetzung der primären Leistungspflichten sicherzustellen, ist der Arbeitgeber auch primärer Haftungsadressat des Lohnsteuerrechts. Entsprechend dem Sicherungscharakter ist der Haftungstatbestand erfüllt, wenn der Arbeitgeber seine Pflichten objektiv verletzt hat; von einem Verschulden des Arbeitgebers ist sie nicht abhängig.[719] Deshalb, weil in Situationen des drittbezogenen Arbeitseinsatzes jedenfalls der Verleiher oder der Entleiher lohnsteuerrechtlicher Arbeitgeber ist, könnte man annehmen, dass die Erfüllung der primären Leistungspflichten hinreichend abgesichert ist. Insofern liegt es nicht auf der Hand, warum dadurch, dass nur der Arbeitgeber und nicht der Dritte als Haftungsschuldner in Anspruch genommen werden kann, eine Gesetzes- oder Vollstreckungslücke vorliegen soll.[720] Genau das Vorliegen einer solchen soll aber Anlass für die Einführung von § 38 Abs. 1 S. 1 Nr. 2 und § 42d Abs. 6 und 7 EStG[721] gegeben haben.[722]

Die Gesetzeslücke wird im Gesetzesentwurf im Wesentlichen darin gesehen, dass es keine dem § 393 RVO vergleichbare Regelung im Einkommensteuerrecht gegeben hat.[723] § 393 RVO regelte die Beitragszahlung zur gesetzlichen Krankenversicherung. Er lautete:

> *(1) Die Beiträge nach § 381 Abs. 1 haben die Arbeitgeber einzuzahlen.* […]
>
> *(3) Für die Erfüllung der Zahlungspflicht des Arbeitgebers haftet der Entleiher* […] *wie ein selbstschuldnerischer Bürge. Seine Haftung beschränkt sich auf die Beitragsschulden für die Zeit, für die ihm der Arbeitnehmer überlassen worden ist.* […]

---

719 BFH v. 13.5.1954 – IV 197/53 U, BStBl. III 1954, 225; *Eisgruber*, Kirchhof EStG, § 42d Rn. 18; *Goez*, Quellenbesteuerung, S. 36; *Heuermann*, Systematik, S. 273; *G. Kirchhof*, Erfüllungspflichten, S. 16; *Martin*, Lademann EStG, § 42d Rn. 65; *Mösbauer*, FR 1995, 173 (173); *ders.*, Haftung, S. 157; *Nacke*, Steuerschulden, Rn. 198; *Nistegge*, BeckOK EStG, § 42d Rn. 4, 86; ähnlich *Strohner*, Bochumer Lohnsteuertag, S. 121 (127). *Meyer*, DStJG Bd. 40 (2017), S. 177 (207) bezeichnet die verschuldensunabhängige Haftung des Arbeitgebers als Fremdkörper; kritisch außerdem *Gersch*, H/H/R EStG, § 42d Rn. 23; *Schick*, BB 1983, 1041 (1043 ff.).

720 So aber die Zielsetzung des Entwurfs eines Gesetzes zur Einführung einer Entleiherhaftung für Lohnsteuer der Leiharbeitnehmer, BT-Drs. 10/4119, S. 1.

721 BGBl. I 1985, 2439 (2447 f.).

722 BT-Drs. 10/4119, S. 1.

723 BT-Drs. 10/4119, S. 1.

§ 393 Abs. 3 RVO[724] wurde mit dem Arbeitnehmerüberlassungsgesetz eingeführt.[725] Er hat seinen Hintergrund darin, dass Verleiher vor Einführung des AÜG unzureichende behördliche Überwachungsmöglichkeiten dazu ausgenutzt hätten, Sozialversicherungsbeiträge für die von ihnen überlassenen Arbeitnehmer zu hinterziehen.[726] Insbesondere sei dies bei Arbeitnehmerüberlassungen aus dem Ausland der Fall gewesen.[727] § 393 Abs. 3 RVO sollte nichts daran ändern, dass es Aufgabe der Verleiher ist, den sozialversicherungsrechtlichen Pflichten nachzukommen.[728] So sollte der Entleiher (nur) subsidiär in die Verpflichtungen des Verleihers eintreten, wenn dieser seinen in Bezug auf den Leiharbeitnehmer bestehenden Pflichten nicht nachkommt.[729] Die Haftung des Entleiher entspricht so der eines selbstschuldnerischen Bürgens,[730] womit zum einen die Abführung der Sozialversicherungsbeiträge gewährleistet wird, zum anderen aber – auch durch eine neu zu schaffende Mitteilungspflicht des Entleihers in § 317a RVO gegenüber der Kasse – mittelbarer Zwang auf den Verleiher ausgeübt werden sollte, seinen gesetzlichen Verpflichtungen nachzukommen.[731] Der Gesetzgeber entschied sich aufgrund der Verhältnismäßigkeit bewusst gegen eine Gesamtschuld und für eine selbstschuldnerische Bürgschaft.[732]

Eine dem § 393 RVO entsprechende Regelung existierte im Einkommensteuerrecht tatsächlich nicht. Daraus folgt aber nicht, dass eine Gesetzeslücke bestand.

724 Eine dem § 393 Abs. 1 RVO ähnelnde Regelung findet sich heute in § 28e Abs. 1 S. 1 SGB IV, eine dem damaligen Absatz 3 im Wesentlichen entsprechende Regelung findet sich in § 28e Abs. 2 S. 1 und 2 SGB IV. Das Sozialversicherungsrecht folgt zur Bestimmung der Arbeitgebereigenschaft den Wertungen des AÜG. Dies ergibt sich unmittelbar aus den Formulierungen „*wirksamer Vertrag*" in § 28e Abs. 2 S. 1 SGB IV und „*obwohl der Vertrag nach § 9 Abs. 1 Nr. 1 bis 1b des AÜG unwirksam ist*" in § 28e Abs. 2 S. 3 SGB IV. Bei erlaubter Arbeitnehmerüberlassung ist deshalb nur das Grundverhältnis zwischen Verleiher und Leiharbeitnehmer ein sozialversicherungsrechtliches Beschäftigungsverhältnis; vgl. *Stäbler*, Krauskopf SGB IV, § 28e Rn. 14 f.; auch *Werner*, jurisPK SGB IV, § 28e Rn. 67. Bei illegaler Arbeitnehmerüberlassung folgt das Sozialversicherungsrecht der Rechtsfolge des § 10 Abs. 1 AÜG und ein Arbeitsverhältnis zwischen Entleiher und Leiharbeitnehmer gilt als zustande gekommen.

725 BGBl. I 1972, 1393 (1398).

726 So BT-Drs. VI/2303, S. 9.

727 Vgl. BT-Drs. VI/2303, S. 9, 16.

728 Vgl. BT-Drs. VI/2303, S. 9 f.

729 BT-Drs. VI/2303, S. 10.

730 BT-Drs. VI/2303, S. 16.

731 BT-Drs. VI/2303, S. 16.

732 BT-Drs. VI/2303, S. 16.

Erst recht entstand eine solche nicht durch das Urteil des BFH[733] vom 2.4.1982.[734] In der entsprechenden – auch oben schon in Bezug genommenen – Entscheidung erkannte der BFH, dass es aus steuerrechtlicher Perspektive für die Arbeitgebereigenschaft nicht auf die Wertungen und Rechtsfolgen des AÜG ankomme, sondern allein auf den tatsächlichen Austausch von Arbeitsleistung gegen Lohn abzustellen sei. Gerade deshalb sei im Regelfall der Verleiher und nicht der Entleiher Arbeitgeber im Sinne des Lohnsteuerrechts. Nur weil der BFH die Rechtslage anders auffasst als die Bundesregierung, gilt nicht, dass die Situation des drittbezogenen Arbeitseinsatzes nicht vom Lohnsteuerrecht erfasst wird. In einer entsprechend abweichenden Betrachtung kann keinesfalls eine Gesetzeslücke gesehen werden. Auch erscheint durch die Betrachtung des Leistungsaustauschs durch das Lohnsteuerrecht ein Hinwirken des Entleihers auf die Erfüllung der lohnsteuerrechtlichen Pflichten als nicht zielführend.

Allerdings verifiziert sich durch die Betrachtung der Hintergründe zu § 393 RVO, dass durch die Entscheidung des BFH tatsächlich eine Vollstreckungslücke aufgezeigt wurde. Denn wenn bei Arbeitnehmerüberlassungen aus dem Ausland im Regelfall der Verleiher als lohnsteuerrechtlicher Arbeitgeber anzusehen ist, treffen die lohnsteuerrechtlichen Rechte und Pflichten einen ausländischen Arbeitgeber, der für deutsche Finanzbehörden weniger gut greifbar ist.[735] Gerade um diese Vollstreckungslücke zu vermeiden, bestimmt § 42d Abs. 6 EStG eine zusätzliche Haftung des Entleihers – allerdings insoweit überschießend auch für den Fall der rein inländischen Arbeitnehmerüberlassung – neben dem Arbeitgeber als Gesamtschuldner.[736] So soll sichergestellt sein, dass der Entleiher in jedem Falle in Anspruch genommen werden kann, wenn der Verleiher seiner Verpflichtung, die Lohnsteuer für die von ihm entliehenen Arbeitnehmer einzubehalten und

733 BFH v. 2.4.1982 – VI R 34/79, BStBl. II 1982, 502.

734 So aber BT-Drs. 10/4119, S. 1.

735 *Martin*, Lademann EStG, § 42d Rn. 177 führt als Ziel der Norm an, einen Zustand wie vor Einführung derselben zu verhindern: Damals sei besonders bei unerlaubter Arbeitnehmerüberlassung aus dem Ausland die Lohnsteuer häufig nicht einbehalten oder abgeführt worden und die Vollstreckung beim lohnsteuerrechtlich als Arbeitgeber zu qualifizierenden Verleiher habe sich häufig als erfolglos erwiesen, wodurch unbillige Wettbewerbsvorteile erzielt worden seien. Ähnlich auch *Mösbauer*, FR 1996, 281 (281) oder knapper *Nistegge*, BeckOK EStG, § 42d Rn. 8, 209.

736 Auf diesen finalen Zusammenhang abstellend *Eisgruber*, Kirchhof/Seer EStG, § 42d Rn. 58; *Krüger*, Schmidt EStG, § 42d Rn. 66; *Martin*, Lademann EStG, § 42d Rn. 177; *Mösbauer*, FR 1996, 281 (281); *Nacke*, Steuerschulden, Rn. 214; von einer „Haftungslücke" spricht *Nistegge*, BeckOK EStG, § 42d Rn. 209.

abzuführen, nicht nachkommt.[737] Ergänzt wird § 42d Abs. 6 EStG durch § 42d Abs. 7 EStG, wonach der Verleiher wie ein Entleiher haftet, falls der Entleiher als Arbeitgeber – im Sinne des § 38 Abs. 1 EStG – anzusehen ist.[738] Allein § 42d Abs. 6 (und 7) EStG kann dies allerdings nicht gewährleisten, denn nach der damals gültigen Gesetzesfassung war nur ein inländischer Arbeitgeber entsprechend dem heutigen § 38 Abs. 1 S. 1 Nr. 1 EStG lohnsteuereinbehaltungspflichtig. Das Gesetz musste, um eine Entleiherhaftung herzustellen, auch den ausländischen Verleiher in die Pflicht nehmen. Allein deshalb wurde § 38 Abs. 1 S. 1 Nr. 2 EStG geschaffen.[739] Doppelbesteuerungsabkommen weisen zur Vermeidung von Doppelbesteuerungen das Besteuerungsrecht einem Staat zu.[740] Weil die Steuererhebung dieses Besteuerungsrecht nicht beeinträchtigt, stehen Doppelbesteuerungsabkommen der Anknüpfung an einen ausländischen Arbeitgeber nicht im Wege.[741]

---

737 Prägnant *Martin*, Lademann EStG, § 42d Rn. 26; ähnlich *Mösbauer*, FR 1996, 281 (281); im weiteren Sinne auch *Nacke*, Steuerschulden, Rn. 214.

738 Dieser Verweis ist allerdings nur in Teilen zweckmäßig. Die Begründung des Gesetzentwurfs gibt zur Erläuterung der Regelung im Wesentlichen den Wortlaut der Regelung selbst wieder; vgl. BT-Drs. 10/4119, S. 9. Sinnig erscheinen der Verweis darauf, dass nach § 42d Abs. 6 S. 1 EStG der Entleiher (bei Anwendung des Abs. 7 der Verleiher) neben dem Arbeitgeber haftet, der Verweis auf S. 3 und der auf S. 5 ff. Hingegen kann § 42d Abs. 6 S. 2 EStG nicht sinnvoll angewandt werden. Regelmäßig wird bei einer legalen Arbeitnehmerüberlassung der Verleiher Arbeitgeber im Sinne des Lohnsteuerrechts sein. Nur in Ausnahmesituationen wird der Entleiher bei legaler Arbeitnehmerüberlassung als Entleiher anzusehen sein können. Immerhin prägt es die Arbeitnehmerüberlassung nach dem AÜG, dass der Arbeitnehmer arbeitsvertraglich nur an den Verleiher gebunden ist und sich die Entlohnung allein im Verhältnis Verleiher-Arbeitnehmer abspielt; vgl. oben S. 132 ff. Es erscheint allerdings unmöglich, dass der Entleiher den nach § 51 Abs. 1 Nr. 2 lit. d EStG vorgesehenen Mitwirkungspflichten nachkommen könnte, denn diese Verpflichtungen hinsichtlich der Sicherung des deutschen Besteuerungsrechts träfen dann den ausländischen Verleiher. Eine entsprechende Rechtsverordnung ist allerdings bislang sowieso nicht ergangen, da es an den erforderlichen zwischenstaatlichen Regelungen fehlt; *Wagner*, BeckOK EStG, § 51 Rn. 52; ohne entsprechende Begründung auch *Seiler*, Kirchhof/Seer EStG, § 51 Rn. 48; *Riehl*, Brandis/Heuermann EStG, § 51 Rn. 28. Eine Beschränkung der Haftung auf die Lohnsteuer für die Zeit der konkreten Arbeitnehmerüberlassung nach S. 5 erscheint für die Haftung des Verleihers auch nicht sinnvoll, denn er ist es, der den Arbeitnehmer überlässt.

739 Vgl. BT-Drs. 10/4119, S. 7.

740 Hierzu unten S. 218 ff.

741 BT-Drs. 10/4119; vgl. auch *Strohner*, H/H/R, § 38 Rn. 30; *Trzaskalik*, K/S/M EStG, § 38 Rn. B 34.

Ihrem Existenzgrund wird die Vorschrift des § 38 Abs. 1 S. 1 Nr. 2 EStG heute aber nicht mehr (vollständig) gerecht. So ist der ausländische Verleiher nur im Falle einer gewerbsmäßigen Arbeitnehmerüberlassung lohnsteuerrechtlich verpflichtet. An sich war und ist das Tatbestandsmerkmal der Gewerbsmäßigkeit in Bezug auf § 1 AÜG vom 14.6.1985[742] formuliert[743] und wurde auch von der Haftungsregel des § 42d Abs. 6 EStG aufgegriffen. Allerdings wurde der Begriff der Gewerbsmäßigkeit durch Gesetzesänderung mit Wirkung zum 1.12.2011 aus weiten Teilen des AÜG gestrichen und in § 1 Abs. 1 S. 1 AÜG und entsprechenden Sinnzusammenhängen durch das Merkmal *„im Rahmen ihrer wirtschaftlichen Tätigkeit"* ersetzt.[744] Diese Änderung erfolgte aufgrund der Leiharbeitsrichtlinie,[745] die unter anderem nicht mit der im deutschen Recht bis dahin normierten Besserstellung der nicht gewerbsmäßigen Arbeitnehmerüberlassung vereinbar war.[746] Das Tatbestandsmerkmal „im Rahmen der wirtschaftlichen Tätigkeit" wird weder im deutschen Recht noch in der Leiharbeitsrichtlinie definiert.[747] Es wird allgemein als weiter empfunden als das der Gewerbsmäßigkeit,[748] da es nur auf eine wirtschaftliche Tätigkeit des Verleihers ankommt und nicht darauf, ob der Verleiher Erwerbszwecke verfolgt oder nicht (Art. 1 Abs. 2 RL 2008/104/EG).[749] Dementsprechend versteht der EuGH unter wirtschaftlicher Tätigkeit „jedes Handeln, mit dem Güter oder Dienstleistungen auf einem bestimmten Markt angeboten

---

742 BGBl. I 1986, 1085.

743 BT-Drs. 10/4119, S. 7; *Heß*, Lademann EStG, §38 Rn. 91; *Mösbauer*, FR 1996, 281 (282); *Reinhart*, BB 1986, 500 (500, 503); *Strohner*, H/H/R EStG, § 38 Rn. 31; *Wackerbeck*, Brandis/Heuermann EStG, § 38 Rn. 81.

744 Vgl. Art. 1 Nr. 1, Nr. 2 des 1. AÜGÄndG, BGBl. I 2011, 642.

745 Mit dem AÜGÄndG verfolgte der Gesetzgeber gleichrangig die Ziele, die Leiharbeitsrichtlinie in deutsches Recht umzusetzen und den Missbrauch der Arbeitnehmerüberlassung zu unterbinden; vgl. BT-Drs. 17/4804, S. 1 (1).

746 *Happ/van der Most*, BB 2017, 2809 (2811); *Leuchten*, NZA 2011, 608 (608 f.) im Kern auch *Hamann*, NZA 2011, 70 (71); *Kock*, BeckOK ArbR AÜG, § 1 Rn. 12; *Roloff*, ErfK AÜG, § 1 Rn. 43; *Waas*, Thüsing AÜG, § 1 Rn. 20.

747 *Gersch*, H/H/R EStG, § 42d Rn. 115; *Hamann*, Schüren/Hamann AÜG, § 1 Rn. 277; *Nistegge*, BeckOK EStG, § 42d Rn. 213.

748 *Eckert/Haas*, DStR 2011, 2100 (2101); *Gersch*, H/H/R EStG, § 42d Rn. 115; *Hamann*, NZA 2011, 70 (71); *ders.*, RdA 2011, 321 (323); *ders.*, Schüren/Hamann AÜG, § 1 Rn. 277; *Höpfner*, H/W/K ArbR AÜG, § 1 Rn. 38; *Roloff*, ErfK AÜG, § 1 Rn. 43; ähnlich *Kock*, BeckOK ArbR AÜG, § 1 Rn. 28.1; *Nistegge*, BeckOK EStG, § 42d Rn. 213.

749 BT-Drs. 17/4804, S. 1 (8); zustimmend *Eckert/Haas*, DStR 2011, 2100 (2101); *Gersch*, H/H/R EStG, § 42d Rn. 115; *Hamann*, Schüren/Hamann AÜG, § 1 Rn. 277; *Kock*, BeckOK ArbR AÜG, § 1 Rn. 28; *Roloff*, ErfK AÜG, § 1 Rn. 43.

werden, soweit dies nicht in Ausübung hoheitlicher Befugnisse geschieht".[750] In § 42d Abs. 6 EStG wurde das Tatbestandsmerkmal der Gewerbsmäßigkeit mit Wirkung zum 30.6.2013 durch einen starren Verweis auf § 1 Abs. 1 S. 1 des AÜG *„in der Fassung der Bekanntmachung vom 3. Februar 1995 (BGBl. I S. 158), das zuletzt durch Artikel 26 des Gesetzes vom 20. Dezember 2011 (BGBl. I S. 2854) geändert worden ist"*,[751] ersetzt.[752] Dies hat zur Folge, dass wenn es bei grenzüberschreitenden Arbeitnehmerüberlassungen im Rahmen der wirtschaftlichen Tätigkeit an der Gewerbsmäßigkeit fehlt, die Regelung des § 42d Abs. 6 EStG leerläuft.[753] Andererseits bezieht sich die Haftung des Entleihers nach § 42d Abs. 6 EStG nicht auf Situationen des § 1 Abs. 3 AÜG. § 38 Abs. 1 S. 1 Nr. 2 EStG kennt diese Ausnahme nicht. Ist die Arbeitnehmerüberlassung also gewerbsmäßig und fällt sie unter einen der Ausnahmetatbestände des § 1 Abs. 3 AÜG, so ist der ausländische Verleiher zwar zum Lohnsteuereinbehalt verpflichtet, der Entleiher haftet jedoch nicht nach § 42d Abs. 6 EStG.

(β) Der Zusammenhang zwischen den Regelungen des § 38 Abs. 1 S. 2 Nr. 2 und § 42d Abs. 6 und 7 EStG und der Rechtsprechung

Die Regelungen des § 38 Abs. 1 S. 2 Nr. 2 und § 42d Abs. 6 und 7 EStG bauen also auf der Rechtsprechung des BFH auf. Damit knüpfen sie daran an, dass der Arbeitgeberbegriff per tatsächlichem Leistungsaustausch Arbeitsleistung gegen Lohn und damit über das tatsächliche Synallagma bestimmt wird. Mithin ist der Gesetzgeber grundsätzlich der Meinung, dass die Rechtsprechung des BFH zutrifft. Das Ziel, die Entleiherhaftung gerade für Arbeitnehmerüberlassungen aus dem Ausland zu schaffen, wurde allerdings teilweise verfehlt. Zwar geht die Haftung einerseits zu weit, wenn sie auch reine Inlandssachverhalte erfasst, denn dem Gesetzgeber ging es in erster Linie nicht darum, einen zusätzlichen Haftungsschuldner zu gewinnen, sondern den Entleiher in Arbeitnehmerüberlassungen

---

750 Vgl. EuGH v. 18.6.1998 – C-35/96, BeckRS 1998, 55267; EuGH v. 6.9.2011 – C-108/10, NZA 2011, 1077 (1080); EuGH v. 17.11.2016 – C-216/15, NZA 2017, 41 (43), st. Rspr.; zustimmend *Gersch*, H/H/R EStG, § 42d Rn. 115; *Kock*, BeckOK ArbR AÜG, § 1 Rn. 45 ff.; *Nistegge*, BeckOK EStG, § 42d Rn. 213; *Ulber*, RdA 2018, 50 (56). Zum Inhalt dieser Definition siehe sogleich S. 111 ff.

751 Die aktuell letzte Änderung erfuhr das AÜG durch Art. 3 des Gesetzes zur Regelung der Entsendung von Kraftfahrern und Kraftfahrerinnen im Straßenverkehrssektor und zur grenzüberschreitenden Durchsetzung des Entsenderechts vom 28.6.2023, BGBl. I 2023 Nr. 172.

752 Vgl. Art. 2 Nr. 26 lit. a AmtshilfeRLUmsG, BGBl. I 2013, 1809.

753 *Meyer*, BeckOK EStG, § 38 Rn. 48.3.

aus dem Ausland als Haftungsschuldner in Anspruch zu nehmen. Allerdings trifft die Situation der unzureichenden Überwachungsmöglichkeiten – entsprechend obigen Ausführungen zu § 393 Abs. 3 RVO – grundsätzlich auf sämtliche Situationen drittbezogenen Arbeitseinsatzes zu; Auslandssachverhalte waren nicht ausschließlich, sondern lediglich insbesondere betroffen.[754]

Andererseits werden die zu vermeidenden Vollstreckungslücken durch unsaubere Abstimmung zwischen § 38 Abs. 1 S. 1 Nr. 2 und § 42d Abs. 6 ff. EStG gerade nicht vermieden, wenn eine Arbeitnehmerüberlassung zwar nicht gewerblich, aber im Rahmen der wirtschaftlichen Tätigkeit stattfindet oder die gewerbsmäßige Arbeitnehmerüberlassung von § 1 Abs. 3 AÜG erfasst wird. Mithin ist der Arbeitgeberbegriff der Finanzgerichtsbarkeit – konkretisiert durch die Ansätze *Breinersdorfers* und *Boemkes* – für die Situation des drittbezogenen Arbeitseinsatzes nicht nur funktionsfähig, sondern der Gesetzgeber legt ihn überdies (teilweise) selbst zugrunde. Etwaige Friktionen innerhalb der Gesetzessystematik sind nicht auf den Arbeitgeberbegriff, sondern auf eine entsprechend unsaubere Ausgestaltung und Abstimmung der Regelungen zurückzuführen.

(dd) Die konzerninterne Arbeitnehmerüberlassung

Die angesprochenen Friktionen der fehlenden Abstimmung zwischen § 38 Abs. 1 S. 1 Nr. 2 EStG und § 42d Abs. 6 EStG treten insbesondere bei der konzerninternen Arbeitnehmerüberlassung zu Tage. Zum einen kann eine konzerninterne Arbeitnehmerüberlassung nicht gewerbsmäßig ausgestaltet sein und zum anderen fällt die konzerninterne Arbeitnehmerüberlassung teilweise unter § 1 Abs. 3 Nr. 2 und 2a AÜG.

(α) Die wirtschaftliche Tätigkeit und Gewerbsmäßigkeit

Bisher steht lediglich fest, dass der Begriff der wirtschaftlichen Tätigkeit aus § 1 Abs. 1 S. 1 AÜG, der für § 42d Abs. 6 EStG maßgeblich ist, weiter ist als der der Gewerbsmäßigkeit in § 38 Abs. 1 S. 1 Nr. 2 EStG. Um zu ergründen, in welchen Fällen deshalb die Regelung des § 42d Abs. 6 EStG tatsächlich leerläuft, gilt es den Inhalt beider Tatbestandsmerkmale zu klären. Den Anwendungsfall im Konzern bilden konzerninterne Personalüberlassungsgesellschaften, die zum Selbstkostenpreis anderen Konzerngesellschaften die bei ihnen arbeitsvertraglich gebundenen Arbeitnehmer überlassen.[755] Das AÜG erfasst nach § 1 Abs. 1 S. 1

754 Vgl. BT-Drs. VI/2303, S. 9.

755 Die jeweiligen Arbeitnehmer werden dann zum Zwecke der Überlassung eingestellt und beschäftigt, deshalb greifen die Ausnahmetatbestände des § 1 Abs. 3 Nr. 2 und 2a AÜG nicht.

jede Überlassung von Arbeitnehmern durch Arbeitgeber, die Arbeitgeber „im Rahmen ihrer wirtschaftlichen Tätigkeit“ vornehmen. Dieses Anknüpfen an die wirtschaftliche Tätigkeit geht auf die oben schon in Bezug genommene Leiharbeitsrichtlinie zurück, vgl. Art. 1 Abs. 2 RL 2008/104/EG. Danach gilt die Leiharbeitsrichtlinie für öffentliche und private Unternehmen, bei denen es sich um Leiharbeitsunternehmen oder entleihende Unternehmen handelt, die eine wirtschaftliche Tätigkeit ausüben, unabhängig davon, ob sie Erwerbszwecke verfolgen der nicht. Der EuGH versteht unter wirtschaftlicher Tätigkeit *„jede Tätigkeit, die darin besteht, Güter oder Dienstleistungen auf einem bestimmten Markt anzubieten“*.[756] Darauf, ob das verleihende Unternehmen mit der Zurverfügungstellung von Arbeitnehmern unmittelbar oder mittelbar einen wirtschaftlichen Vorteil erstrebt, kommt es hingegen nicht an.[757] Nur bei völligem Fehlen eines Marktbezugs ist der Anwendungsbereich des AÜG nicht eröffnet.[758] Unklar ist allerdings, wann ein solcher Marktbezug vorliegt. Einerseits könnte ein Marktbezug schlicht beim Bestehen von Angebot und Nachfrage anzunehmen sein.[759] Andererseits erscheint es auch vorstellbar, dass der Marktbezug von einer Wettbewerbssituation abhängig ist.[760] Insoweit ist gerade fraglich, ob konzerninterne Personalüberlassungsgesellschaften ihre Dienstleistung auf einem bestimmten Markt anbieten.[761] Europarechtlich ist diese Frage höchst umstritten.[762] Der nationale

756 EuGH v. 10.1.2006 – C-222/04, EuZW 2006, 306 (310); EuGH, vom 1.7.2008 – C-49/07, EuZW 2008, 605 (697); EuGH v. 17.11.2016 – C-216/15, EuZW 2017, 68 (70); EuGH v. 11.11.2021 – C-948/19, NZA 2021, 1767 (1768).

757 *Hamann*, RdA 2011, 321 (323); *ders.*, Schüren/Hamann AÜG, § 1 Rn. 277.

758 *Hamann*, NZA 2011, 70 (71); *ders.*, RdA 2011, 321 (323); *Kock*, in BeckOK ArbR AÜG § 1 Rn. 30; im Wesentlichen auch *Waas*, Thüsing AÜG, § 1 Rn. 102.

759 LAG Bremen v. 12.7.2016 – 1 Sa 70/15 1, BeckRS 2016, 133837.

760 EuGH v. 11.11.2021 – C-948/19, NZA 2021, 1767 (1768 f.); zustimmend *Hamann*, Schüren/Hamann AÜG, § 1 Rn. 278.

761 Ablehnend LAG Düsseldorf v. 26.7.2012 – 15 Sa 1452/11, BeckRS 2012, 71608. Das LAG Düsseldorf ist der Meinung, dass sich die Beantwortung der Frage nach dem Vorliegen eines Marktbezugs in erster Linie danach richtet, ob die Dienstleistung allgemein auf dem Markt angeboten wird und daher bei eigener Ausübung in Konkurrenz zu externen Anbietern steht. Für ein derartiges Verständnis des Markbezugs auch *Rieble/Vielmeier*, EuZA 2011, 474 (480).

762 Übersichtlich zum Streitstand *Kolbe*, EuArbRK RL 2008/104/EG, Art. 1 Rn. 11-13. Überzeugender erscheint es – insbesondere in Hinblick auf den allgemeinen unionsrechtlichen Unternehmerbegriff – tatsächlich eine Wettbewerbssituation vorauszusetzen und konzerninterne Personalüberlassungsgesellschaften als nicht von der Leiharbeitsrichtlinie erfasst anzusehen.

Gesetzgeber will konzerninterne Personalüberlassungsgesellschaften allerdings ausdrücklich vom Anwendungsbereich des AÜG erfasst wissen.[763] Zudem liefe bei einer Nichterfassung konzerninterner Personalüberlassungsgesellschaften durch das AÜG der Ausnahmetatbestand des § 1 Abs. 3 Nr. 2 und 2a AÜG weitestgehend leer.[764] Ein weiteres nationales Verständnis der wirtschaftlichen Tätigkeit im AÜG steht den Wertungen der Leiharbeitsrichtlinie nicht entgegen, denn die Richtlinie lässt explizit das Recht der Mitgliedstaaten unberührt, für Arbeitnehmer günstigere Rechtsvorschriften anzuwenden oder zu erlassen, Art. 9 Abs. 1 RL 2008/104/EG. Vielmehr wäre die Nichterfassung von konzerninternen Personalüberlassungsgesellschaften durch das AÜG unter Berufung auf die Leiharbeitsrichtlinie europarechtswidrig, denn das BAG sieht seit Urteil vom 9.2.2011 konzerninterne Personalüberlassungsgesellschaften, die zum Selbstkostenpreis Arbeitnehmer an andere Konzerngesellschaften überlassen, als grundsätzlich vom Anwendungsbereich des AÜG erfasst an, weil ein für die Gewerbsmäßigkeit notwendiger angestrebte wirtschaftlicher Vorteil regelmäßig bei der Konzernmutter oder bei dem konzernzugehörigen Entleiher eintreten soll.[765] Würden diese Personalüberlassungsgesellschaften unter Berufung auf die Leiharbeitsrichtlinie vom Anwendungsbereich des AÜG ausgenommen, so stellte dies einen Verstoß gegen Art. 9 Abs. 2 RL 2008/104/EG dar.[766] Danach darf die Durchführung der Richtlinie unter keinen Umständen einen hinreichenden Grund zur Rechtfertigung einer Senkung des allgemeinen Schutzniveaus für Arbeitnehmer darstellen. Die Regelung verbietet zwar nicht, den nationalen Schutzstandard abzusenken,

---

763 BT-Drs. 17/4804, S. 8; vgl. dort zudem S. 1. Der Gesetzgeber ist der Meinung, dass die Leiharbeitsrichtlinie eine entsprechende Ansicht auch fordere. Allerdings sah er auch schon vor Einführung der Leiharbeitsrichtlinie die Arbeitnehmerüberlassung im Konzern als grundsätzlich vom Anwendungsbereich des AÜG erfasst an; vgl. BT-Drs. 10/3206, S. 17, 33.

764 Darauf verweisen *Rieble/Vielmeier*, EuZA 2011, 474 (480 f.), auch wenn sie die konzerninterne Personalüberlassungsgesellschaft nicht als vom Anwendungsbereich des AÜG erfasst ansehen. Zustimmend außerdem *Hamann*, Schüren/Hamann AÜG, § 1 Rn. 285.

765 BAG v. 9.2.2011 – 7 AZR 32/10, AP TzBfG § 14 Nr. 80 (Ls.).

766 Wohl konzerninterne Arbeitnehmerüberlassung als nicht von der Leiharbeitsrichtlinie erfasst ansehend EuGH v. 22.6.2023 – C-427/21, EuZW 2023, 1158 (1159 f.); zustimmend *Happ/Krämer*, BB 2023, 2164 (2165); kritisch zu dieser Entscheidung und einem entsprechenden Begriffsverständnis insbesondere *Lembke*, NZA 2024, 153 (160 f.); offen LAG Niedersachsen v. 12.1.2023 – 5 Sa 212/22, NZA-RR 2023, 289 (289).

sie untersagt allerdings, eine solche Verschlechterung „unter dem Deckmantel der Umsetzung" zu verstecken.[767]

Es steht damit fest, dass konzerninterne Personalüberlassungsgesellschaften dem Anwendungsbereich des AÜG und damit auch § 42d Abs. 6 EStG unterfallen. Fraglich ist allerdings, ob solche Gesellschaften auch im Sinne des § 38 Abs. 1 S. 1 Nr. 2 EStG gewerbsmäßig handeln. Grundsätzlich soll eine Arbeitnehmerüberlassung dann als gewerbsmäßig anzusehen sein, wenn „*die Voraussetzungen der gewerberechtlichen Gewerbsmäßigkeit vorliegen. Gewerbsmäßig handelt danach derjenige Unternehmer, der Arbeitnehmerüberlassung nicht nur gelegentlich, sondern auf Dauer betreibt und damit wirtschaftliche Vorteile erzielen will. Das gelegentliche Ausleihen von Arbeitnehmern zwischen selbständigen Betrieben zur Deckung eines kurzfristigen Personalmehrbedarfs fällt nicht unter die Regelung. Ferner greift sie z. B. nicht ein, wenn Arbeitnehmer in andere Betriebsstätten ihres Arbeitgebers entsandt werden, zu Arbeitsgemeinschaften freigestellt werden oder wenn das Überlassen von Arbeitnehmern als Nebenleistung anzusehen ist, wie im Falle der Vermietung von Maschinen, bei der der Vermieter zwar das Bedienungspersonal zur Verfügung stellt, aber der wirtschaftliche Wert der Vermietung überwiegt.*"[768]

Mit dem Anknüpfen dieser Definition an die Rechtsprechung des BAG[769] drückt der Gesetzgeber aus, dass das arbeitsrechtliche Verständnis der Gewerbsmäßigkeit auch für das Steuerrecht von Bedeutung sein soll. Problematisch ist das Tatbestandsmerkmal bei einer konzerninternen Arbeitnehmerüberlassung dann, wenn sie zum „Selbstkostenpreis" stattfindet.[770] Je nach angelegter Perspektive fehlt es in einer solchen Situation an einer Absicht, wirtschaftliche Vorteile zu erzielen, und damit auch an der Gewerbsmäßigkeit. Ursprünglich stellte das BAG

---

767 So *Kolbe*, EuArbRK RL 2008/104/EG, Art. 9 Rn. 2; vgl. auch EuGH v. 23.4.2009 – C-378/07, AP RL 99/70/EG Nr. 6.

768 BT-Drs. 10/4119, S. 7. Diese Definition weist starke Ähnlichkeit zu der Definition der Gewerbsmäßigkeit auf, die in den Gesetzgebungsmaterialien der urprünglichen Fassung des AÜG zugrunde gelegt wurde. Dort wurde die Gewerbsmäßigkeit allerdings noch nicht als solche im gewerberechtlichen Sinne bezeichnet und die Finalität der Überlassung zur Arbeitsleistung wurde betont; vgl. BT-Drs. VI/2303, S. 10. Die in BT-Drs. 10/4119, S. 7 verwandte Definition deckt sich mit der ständigen Rechtsprechung des BAG; vgl. BAG v. 8.11.1978 – 5 AZR 261/77, AP AÜG § 1 Nr. 2; BAG v. 15.6.1983 – 5 AZR 111/81, AP AÜG § 10 Nr. 5; BAG v. 21.3.1990 – 7 AZR 198/89, AP AÜG § 1 Nr. 15; BAG v. 2.6.2010 – 7 AZR 946/08, AP AÜG § 10 Nr. 22 (Ls.).

769 Siehe soeben zitierte Rechtsprechung in Fn. 768.

770 Aus Perspektive des Arbeitsrechts BAG v. 21.3.1990 – 7 AZR 198/89, AP AÜG § 1 Nr. 15; BAG v. 22.3.2000 – 7 ABR 34/98, AP AÜG § 14 Nr. 8; BAG v. 20.4.2005 – 7 ABR 20/04, NZA 2005, 1006; kritisch *Hamann*, NZA 2011, 70 (71 f.); *ders.*, RdA 2011, 321 (323 f.).

zur Beurteilung dieser Absicht allein auf das verleihende Konzernunternehmen ab.[771] Der Verleiher handelte mit Gewinnerzielungsabsicht, wenn er das Entgelt für die Überlassung des Leiharbeitnehmers so bemisst, dass es die Kosten übersteigt.[772] Wenn das Konzernunternehmen an sich mit der Überlassung gerade keine wirtschaftlichen Vorteile erzielen wollte, scheiterte es an der Gewerbsmäßigkeit. Diese Rechtsprechung änderte das BAG mit dem oben schon in Bezug genommenen Urteil vom 9.2.2011 dahingehend, dass bei konzerninterner Arbeitnehmerüberlassung von einer Gewerbsmäßigkeit nicht nur dann auszugehen sei, wenn das überlassende Unternehmen selbst einen Gewinn erzielen will, sondern auch dann, wenn der angestrebte wirtschaftliche Vorteil bei der Konzernmutter oder bei dem konzernzugehörigen Entleiher eintreten soll.[773] Dies sei insbesondere dann der Fall, wenn ein konzernzugehöriges Unternehmen Arbeitnehmer einstellt, um sie an andere Konzernunternehmen zu Bedingungen zu überlassen, die für diese Unternehmen mit geringeren Kosten verbunden sind, als wenn sie die Arbeitnehmer selbst einstellen würden.[774] Die neue, auf den gesamten Konzern abstellende Perspektive wurde damit begründet, dass das AÜG in erster Linie dem Sozialschutz der Leiharbeitnehmer diene und die Gefahr der Absenkung dieses Sozialschutzes gleichermaßen bei konzerninternen Unternehmen bestehe, wenn auch nur eingeschränkt.[775] Da das Tatbestandsmerkmal der Gewerbsmäßigkeit im AÜG schon 2011 durch das der wirtschaftlichen Tätigkeit ersetzt wurde, hat sich dieses Problem aus arbeitsrechtlicher Perspektive erledigt.

Für das Steuerrecht, das (zumindest teilweise) noch an die Gewerbsmäßigkeit anknüpft, ist die Frage allerdings weiterhin aktuell. Ursprünglich konnte angenommen werden, dass der Gesetzgeber einen gewissen Gleichklang zwischen AÜG und EStG schaffen wollte.[776] Das arbeitsrechtlich geprägte Verständnis der Gewerbsmäßigkeit sollte auch ins Einkommensteuerrecht übertragen werden. Dieser Gleichlauf ist auf eine dementsprechende Kongruenz im Sinne eines bewussten Nebeneinanders der Teilrechtsordnungen zurückzuführen.[777] Die das

771 BAG v. 22.3.2000 – 7 ABR 34/98, AP AÜG § 14 Nr. 8; BAG v. 20.4.2005 – 7 ABR 20/04, NZA 2005, 1006 (Ls.).

772 Ausdrücklich BAG v. 20.4.2005 – 7 ABR 20/04, NZA 2005, 1006 (1009).

773 BAG v. 9.2.2011 – 7 AZR 32/10, AP TzBfG § 14 Nr. 80 (Ls.).

774 BAG v. 9.2.2011 – 7 AZR 32/10, AP TzBfG § 14 Nr. 80.

775 BAG v. 9.2.2011 – 7 AZR 32/10, AP TzBfG § 14 Nr. 80.

776 So *Reinhart*, BB 1986, 500 (5039).

777 Vgl. zur Forderung nach Kongruenz der Teilrechtsordnungen *Flume*, Steuerwesen und Rechtsordnung, S. 6; *Hüttemann*, Eigenständigkeit, S. 115 (119); *T. Koller*, Privat- und Steuerrecht, S. 44; differenziert *Meyer*, Steuerliches Leistungsfähigkeitsprinzip, S. 59 ff.

AÜG prägende Wertung des Arbeitnehmerschutzes ist dem Einkommensteuerrecht allerdings fremd. Der ursprünglich angestrebte Gleichlauf spricht für ein Abstellen bezüglich der Gewerbsmäßigkeit allein auf die verleihende Konzerngesellschaft. Gleiches ergibt sich auch dadurch, dass der Gleichlauf zwischen AÜG und EStG zuerst durch die Änderung des AÜG entsprechend der Leiharbeitsrichtlinie und dann durch die Änderung allein des § 42d Abs. 6 EStG und nicht die des § 38 Abs. 1 S. 1 Nr. 2 EStG durchbrochen wurde. Letztgenannte Argumente sprechen allerdings nur scheinbar gegen ein Abstellen auf den gesamten Konzern und für ein solches auf die einzelne Konzerngesellschaft. Durch den Bruch des Gleichlaufs kommen allein steuerrechtliche Wertungen zum Tragen. Ziel der Einführung des § 38 Abs. 1 S. 1 Nr. 2 EStG war es allgemein, die Inanspruchnahme des Entleihers für die Lohnsteuer der bei ihm tätigen Leiharbeitnehmer zu ermöglichen.[778] Soll dieses Ziel möglichst umfassend erreicht werden, so gilt es, das Tatbestandsmerkmal der Gewerbsmäßigkeit möglichst weit zu verstehen. Gleichermaßen gilt es, den Leerlauf des § 42d Abs. 6 EStG möglichst gering zu halten und deshalb ein möglichst weites Verständnis der Gewerbsmäßigkeit zu pflegen. Insoweit ist bezüglich der Gewerbsmäßigkeit auch im Lohnsteuerrecht eine konzernübergreifende Perspektive anzulegen. Im Regelfall ist deshalb anzunehmen, dass auch im einkommensteuerrechtlichen Sinne konzerninterne Personaldienstleistungsgesellschaften, die zum Selbstkostenpreis im Konzern Personal überlassen, gewerbsmäßig handeln. Für derartige Gesellschaften deckt sich damit der Anwendungsbereich des § 38 Abs. 1 S. 1 Nr. 2 mit dem des § 42d Abs. 6 EStG.

(β) Die Ausnahmetatbestände des § 1 Abs. 3 AÜG

Durch die Inbezugnahme der Ausnahmetatbestände des § 1 Abs. 3 AÜG durch § 42d Abs. 6 S. 1 EStG kommt es zu Situationen drittbezogenen Arbeitseinsatzes, in denen der Entleiher nicht zur Haftung für die Lohnsteuer in Anspruch genommen werden kann (und soll). Dies betrifft zum einen die Fälle der rein inländischen Arbeitnehmerüberlassung. Dem Gesetz liegt die Wertung zugrunde, dass der Entleiher, wenn der Verleiher seinen durch das AÜG auferlegten Pflichten nachgekommen ist, nicht neben dem Verleiher als Arbeitgeber haften soll, vgl. § 42d Abs. 6 S. 2 EStG. Dies erklärt sich zum einen durch den angestrebten Gleichlauf zwischen EStG und AÜG im Sinne einer Kongruenz der Teilrechtsordnungen und zum anderen damit, dass die Bundesagentur für Arbeit, die für die Erteilung der Erlaubnis nach § 1 Abs. 1 S. 1 AÜG gemäß § 17 Abs. 1 S. 1 AÜG zuständig ist, sich im Rahmen der Erteilung der Erlaubnis auch mit der

778 BT-Drs. 10/4119, S. 1.

steuerlichen Verlässlichkeit des Antragstellers zu befassen hat.[779] Der Gesetzgeber geht also davon aus, dass wenn eine Erlaubnis nach § 1 AÜG vorliegt, der Verleiher seinen steuerrechtlichen Pflichten auch gewissenhaft nachkommt. § 42d Abs. 6 S. 3 EStG bringt in diesem Zusammenhang zum Ausdruck, dass das EStG nicht ausschließlich auf Wertungen des AÜG abstellt. Irrt der Entleiher ohne Verschulden über das Vorliegen einer Arbeitnehmerüberlassung,[780] so mag der Leiharbeitnehmer zwar (besonders) schutzbedürftig sein und deshalb das AÜG Anwendung finden, das EStG geht aber auch für diesen Fall davon aus, dass der Verleiher seinen steuerlichen Arbeitgeberpflichten nachkommt.[781] Der angestrebte Gleichlauf zwischen AÜG und EStG führt allerdings auch dazu, dass nach § 42d Abs. 6 S. 1 EStG die Ausnahmetatbestände des § 1 Abs. 3 AÜG Anwendung finden. Auch wenn eine Arbeitnehmerüberlassung im Rahmen der wirtschaftlichen Tätigkeit erfolgt, findet das AÜG – und auch § 42d EStG – bei Einschlägigkeit eines solchen Ausnahmetatbestands keine Anwendung. Da in solchen Situationen die lohnsteuerrechtlichen Primärpflichten des Arbeitgebers durch eine entsprechende Haftung seinerseits abgesichert werden und typischerweise Zugriff auf den Verleiher besteht,[782] entsteht auch keine Vollstreckungslücke.

Anders verhält es sich bei Situationen der Arbeitnehmerüberlassung aus dem Ausland. Gerade um hier die Erhebung der Lohnsteuer sicherzustellen, wurde die Haftung des inländischen Entleihers und die Anknüpfung des § 38 Abs. 1 S. 1 EStG an den ausländischen Verleiher geschaffen.[783] Greift nun im Falle einer gewerbsmäßigen Arbeitnehmerüberlassung einer der Ausnahmetatbestände des § 1 Abs. 3 AÜG ein, so ist der ausländische Verleiher zwar zum Lohnsteuereinbehalt verpflichtet, der Entleiher haftet jedoch nicht nach § 42d Abs. 6 EStG. Da dem ausländischen Verleiher lohnsteuerrechtliche Pflichten auferlegt werden, die nicht mit einer Haftung des Entleihers korrespondieren, lebt die eigentlich zu vermeidende – und ursprünglich auch vermiedene – Vollstreckungslücke wieder auf. Speziell bei der konzerninternen Arbeitnehmerüberlassung stellt sich das

779 Siehe hierzu fachliche Weisungen Arbeitnehmerüberlassungsgesetz des Bundesministeriums für Arbeit und Soziales, Nr. 1.1.2 Abs. 2, Nr. 3.1.2 Abs. 2, 3, Nr. 3.1.3 Abs. 2, Abs. 5, Abs. 6, Nr. 7.7 Abs. 2.

780 Des Gesetz erfasst nicht den Irrtum über das Vorliegen einer Erlaubnis zur Arbeitnehmerüberlassung.

781 Die Gesetzgebungsmaterialien schweigen zu den Hintergründen des § 42d Abs. 6 S. 3 EStG und betonen lediglich, dass der Entleiher in den im Gesetz bezeichneten Situationen nicht haften soll, vgl. BT-Drs. 10/4119, S. 8.

782 Hierzu schon oben S. 139 ff.

783 Erneut oben S. 139 ff.

Problem, dass die Arbeitnehmerüberlassung zwar gewerblich sein kann,[784] der Leiharbeitnehmer allerdings nicht zum Zwecke der Überlassung eingestellt oder beschäftigt wird, vgl. § 1 Abs. 3 Nr. 2 AÜG.[785] Schon in der ursprünglichen Fassung des § 42d Abs. 6 EStG wurden die Fälle des (damaligen) § 1 Abs. 3 AÜG von der Entleiherhaftung ausgenommen.[786] Für den Konzern beschränkte sich diese Ausnahme auf Arbeitnehmerüberlassungen zwischen Konzernunternehmen, wenn der Arbeitnehmer seine Arbeit vorübergehend nicht bei seinem Arbeitgeber leistet, § 1 Abs. 3 Nr. 2 AÜG 1985.[787] Da sich der Arbeitnehmer-„Austausch" nur im Konzern vollziehe, sah der damalige Gesetzgeber die davon betroffenen Leiharbeitnehmer als nicht sozial gefährdet an; die Anwendung der Vorschriften das AÜG stelle im Wesentlichen eine „bürokratische Förmlichkeit"[788] dar.[789] Diese Wertung übertrug der Gesetzgeber ohne Weiteres ins EStG.[790] Sie findet sich dort noch heute. Die insoweit bestehende Vollzugslücke entstand nicht durch durch den Bruch des Gleichlaufs zwischen § 38 Abs. 1 S. 1 Nr. 2 und § 42d Abs. 6 EStG, sondern war der Regelung seit ihrer Einführung zu eigen. Der Entleiher bei Arbeitnehmerüberlassung im Konzern haftet also nur für die Lohnsteuer, wenn die überlassenen Arbeitnehmer nicht zum Zwecke der Überlassung bei beim Verleihunternehmen eingestellt und beschäftigt werden.

---

784 Aufgrund des oben vertretenen Verständnisses der Gewerbsmäßigkeit (siehe soeben S. 149 ff.) gelten die Ausführungen unabhängig davon, ob die jeweiligen Arbeitnehmer zum Selbstkostenpreis überlassen werden oder nicht.

785 Da als Folge der Norm regelmäßig ein Großteil der Regelungen des AÜG auf eine konzerninterne Arbeitnehmerüberlassung keine Anwendung findet, wird die Regelung als „Konzernprivileg" bezeichnet; beispielsweise LAG Niedersachsen v. 12.1.2023 – 5 Sa 212/22, NZA-RR 2023, 289 (289 f.); *Hamann*, Schüren/Hamann AÜG, § 1 Rn. 601; *Happ/Krämer*, BB 2023, 2164 (2164 ff.); *Lembke*, NZA 2024, 153 (160).

786 Vgl. BGBl. I 1985, 2436 (2448). Auch damals wurde starr auf das AÜG verwiesen, allerdings noch in dessen Fassung der Bekanntmachung vom 14.6.1985 (BGBl. I 1985, 1068).

787 Vgl. BGBl. I 1985, 1068 (1069); BT-Drs. 10/3206, S. 33.

788 Ob die Regelung des § 1 Abs. 3 Nr. 2 AÜG europarechtskonform ist, ist hochumstritten. Die Frage ist eng damit verbunden, ob die Arbeitnehmerüberlassung im Konzern im Rahmen einer wirtschaftlichen Tätigkeit erfolgt. Hierzu schon oben Fn. 762. Sollte die Arbeitnehmerüberlassung im Konzern entgegen der hier vertretenen Meinung der Leiharbeitsrichtlinie unterfallen, gilt die Leiharbeitsrichtlinie gemäß Art. 1 Abs. 2 RL 2008/104/EG für alle öffentlichen und privaten Unternehmen, unabhängig davon, ob sie Erwerbszwecke verfolgen oder nicht. Ein Privileg der konzerninternen Arbeitnehmerüberlassung würde damit gegen die Richtlinie verstoßen.

789 BT-Drs. 10/3206, S. 33.

790 Vgl. BT-Drs. 10/4119, S. 8.

(γ) Der lohnsteuerrechtliche Arbeitgeberbegriff im Konzern

Damit steht fest, in welchem Rahmen die Arbeitnehmerüberlassung lohnsteuerrechtlich Relevanz entfaltet. Die sich anschließende Frage ist die, wie die Finanzgerichtsbarkeit die Arbeitgeberstellung bei Arbeitnehmerüberlassung im Konzern bestimmt. Aus Perspektive des Arbeitsrechts stellen Arbeitnehmerüberlassungen im Konzern grundsätzlich „normale" Arbeitnehmerüberlassungen dar, die gegebenenfalls aufgrund vorgenannter Gründe allerdings nicht dem AÜG unterfallen.[791] Der Grundsatz, dass Arbeitgeber im Sinne des Arbeitsrechts grundsätzlich der Vertragspartner des Arbeitnehmers ist,[792] gilt auch für Situationen drittbezogenen Arbeitseinsatzes im Konzern.[793] Im Konzern ist deshalb grundsätzlich nur die Anstellungsgesellschaft Arbeitgeberin, alle anderen, einschließlich der Konzernmutter, sind Dritte.[794] Es besteht allerdings (im Ausnahmefall) auch die Möglichkeit, dass auf Arbeitgeberseite mehrere natürliche oder juristische Personen oder mehrere rechtlich selbständige Gesellschaften an einem Arbeitsverhältnis beteiligt sind.[795] Erforderlich dafür ist ein rechtlicher Zusammenhang zwischen den arbeitsvertraglichen Beziehungen des Arbeitnehmers zu den einzelnen Arbeitgebern, der es verbietet, diese Beziehungen rechtlich getrennt zu behandeln.[796] Dies ist dann anzunehmen, wenn auf Arbeitgeberseite zwei oder mehr Parteien stehen und deren Vereinbarungen mit dem Arbeitnehmer so voneinander abhängen, dass sie miteinander stehen und fallen, mithin Teile eines Gesamtgeschäfts sein sollen.[797] Beispielsweise kann das der Fall sein, wenn der Arbeitnehmer vertragliche Beziehungen zu zwei Gesellschaften eines

---

791 Beispielsweise *Rid*, NZA 2011, 1121 (1122).

792 Eine der Ausnahmen von diesem Grundsatz wurde oben auf S. 137 ff. mit § 9 Abs. 1 Nr. 1 i.V.m. § 10 Abs. 1 AÜG aufgezeigt.

793 Insbesondere für die Konzernsituation *Wobst*, Drittlohn, S. 22.

794 Prägnant *Wobst*, Drittlohn, S. 22.

795 BAG v. 27.3.1981 - 7 AZR 523/78, AP BGB § 611 Arbeitgebergruppe Nr. 1; BAG v. 16.2.2006 - 8 AZR 211/05, AP BGB § 613a Nr. 301; BAG v. 15.12.2011 - 8 AZR 692/19, AP BGB § 613a Nr. 424; BAG v. 19.4.2012 - 2 AZR 186/11, AP KSchG 1969 § 14 Nr. 13 (Rn. 16); BAG v. 10.4.2014 - 2 AZR 647/13, AP BGB § 622 Nr. 69 (Rn. 27); zustimmend *Hergenröder*, MüKo KSchG, § 1 Rn. 15; *Preis*, ErfK BGB, § 611a Rn. 210; *Rid*, NZA 2011, 1121 (1121).

796 BAG v. 16.2.2006 - 8 AZR 211/05, AP BGB § 613a Nr. 301; BAG v. 15.12.2011 - 8 AZR 692/19, AP BGB § 613a Nr. 424; BAG v. 19.4.2012 - 2 AZR 186/11, AP KSchG 1969 § 14 Nr. 13 (Rn. 16); BAG v. 10.4.2014 - 2 AZR 647/13, AP BGB § 622 Nr. 69 (Rn. 27).

797 BAG v. 27.3.1981 - 7 AZR 523/78, AP BGB § 611 Arbeitgebergruppe Nr. 1; zustimmend *Rid*, NZA 2011, 1121 (1121).

Konzerns hegt, die praktiziert werden, indem der Arbeitnehmer einen Teil seiner Arbeitsleistung für die eine Gesellschaft und einen anderen Teil für die andere Gesellschaft erbringt, und die beiden Gesellschaften sich im Innenverhältnis die Lohnzahlungspflicht aufteilen.[798]

Eine dementsprechende Situation ist auch im Lohnsteuerrecht problematisch: Erbringt der Arbeitnehmer – gegebenenfalls durch ein und dieselbe Tätigkeit – eine Arbeitsleistung gegenüber zwei Arbeitgebern und wird er von diesen auch entlohnt, lässt sich nicht ohne Weiteres feststellen, wer Arbeitgeber im Sinne des Lohnsteuerrechts ist. Ausgangspunkt der Ermittlung des Arbeitgebers für die Finanzgerichtsbarkeit ist, dass auch im Konzern gilt, dass Arbeitgeber derjenige ist, dem der Arbeitnehmer die Arbeitsleistung (im steuerrechtlichen Sinne) schuldet.[799] Dies sei (auch) im Konzern regelmäßig der Vertragspartner des Arbeitnehmers, denn nur dieses Konzernunternehmen ist gegenüber dem Arbeitnehmer unmittelbar weisungsbefugt.[800] In Situationen drittbezogenen Arbeitseinsatzes sei Arbeitgeber derjenige, der dem Arbeitnehmer den Lohn im eigenen Namen und für eigene Rechnung auszahlt.[801] Dies gilt es – auch wenn es in den jeweiligen Entscheidungen zum Arbeitgeberbegriff im Konzern nur unvollständig wiedergegeben wird – dahingehend zu verstehen, dass Arbeitgeber derjenige ist, der dem Arbeitnehmer im tatsächlichen Synallagma gegenübersteht. Denn das Tatbestandsmerkmal des Schuldens versteht der BFH stets dahingehend, dass aus der Perspektive des Arbeitnehmers gefragt wird, ob dieser den erlangten Vorteil wirtschaftlich als Frucht (oder Gegenleistung) seiner Dienstleistung für den Arbeitgeber betrachten muss.[802] Lediglich Folge des tatsächlichen Synallagmas ist, dass regelmäßig in Situationen drittbezogenen Arbeitseinsatzes derjenige Arbeitgeber

---

798 Vgl. zu diesem Beispiel den Sachverhalt von BAG v. 27.3.1981 – 7 AZR 523/78, AP BGB § 611 Arbeitgebergruppe Nr. 1; diesen zusammenfassend *Rid*, NZA 2011, 1121 (1121); ähnlich *Preis*, ErfK BGB, § 611a Rn. 210.

799 BFH v. 21.2.1986 – VI R 9/80, BStBl. II 1986, 768 (770); BFH v. 19.2.2004 – VI R 122/00, BStBl. II 2004, 620 (621); FG München v. 22.4.2016 – 8 K 3290/14, rkr., DStRE 2018, 468 (Ls.).

800 BFH v. 21.2.1986 – VI R 9/80, BStBl. II 1986, 768 (770); FG München v. 22.4.2016 – 8 K 3290/14, rkr., DStRE 2018, 468 (470); im Wesentlichen auch BFH v. 19.2.2004 – VI R 122/00, BStBl. II 2004, 620 (621).

801 BFH v. 19.2.2004 – VI R 122/00, BStBl. II 2004, 620 (621).

802 Vgl. BFH v. 13.3.1974 – VI R 212/70, BStBl. II 1974, 411 (412); BFH v. 2.4.1982 – VI R 34/79, BStBl. II 1982, 502 (505); BFH v. 17.2.1995 – VI R 41/92, BStBl. II 1995, 390 (391 f.); BFH v. 24.3.1999 – I R 64/98, BStBl. II 2000, 41 (43); BFH v. 1.9.2016 – VI R 67/14, BStBl. II 2017, 69 (71); BFH v. 16.2.2022 – VI R 53/18, BFH/NV 2022, 587 (588); FG Nürnberg v. 22.12.2011 – 4 K 643/10, EFG 2012, 1191 (1191).

ist, der dem Arbeitnehmer den Lohn im eigenen Namen und für eigene Rechnung (unmittelbar) auszahlt.[803] Deshalb vermögen auch auf die Modalitäten der Lohnzahlung gerichtete interne Abreden zwischen den Konzerngesellschaften an der Arbeitgeberstellung nichts zu ändern.[804]

Ein Arbeitsverhältnis, das sich aus arbeitsrechtlicher Perspektive als einheitliches Arbeitsverhältnis zu mehreren Arbeitgebern darstellt, kann sich aus Sicht des Steuerrechts im Wesentlichen auf zwei Arten darstellen. Einerseits kann es sich um ein Dienstverhältnis zu einem der beiden potentiellen Arbeitgeber handeln. Falls der andere (arbeitsrechtliche) Arbeitgeber Lohn zahlt, wäre dies – abhängig von der tatsächlichen Durchführung – eine echte oder auch unechte Lohnzahlung eines Dritten. Möglich ist aber andererseits auch eine „Aufspaltung" des arbeitsrechtlichen Arbeitsverhältnisses auf mehrere steuerrechtliche Dienstverhältnisse.[805] Welche der Alternativen gilt, kann nur für den Einzelfall entsprechend ermittelt werden. Eine Verdopplung des Pflichtenkanons durch zwei Dienstverhältnisse zu unterschiedlichen Arbeitgebern ist der Funktionsfähigkeit des Lohnsteuerrechts zunächst nicht unzuträglich. § 38 Abs. 3a S. 1 EStG führt im Regelfall gleichermaßen zu einer entsprechenden Verdopplung.[806] Wichtig dabei ist allerdings, dass die Zuständigkeiten der verschiedenen Arbeitgeber klar aufgeteilt sind. Denn kommt es zu Überschneidungen der lohnsteuerrechtlichen Pflichten, kann dies der Funktionsfähigkeit des Steuerrechts und der Praktikabilität der Besteuerung unzuträglich sein, wenn damit erhöhter Verwaltungsaufwand der Finanzverwaltung entsteht.[807] Dies gelingt durch das Abstellen auf das tatsächliche Synallagma. Indem auf den tatsächlichen Leistungsaustausch von Arbeitsleistung gegen Lohn geblickt wird, wird grundsätzlich eine Aufteilung der Zuständigkeiten der verschiedenen Arbeitgeber entsprechend dem jeweiligen Teil der Bezüge erreicht.[808] Damit zeigt sich, dass sich die Situation der konzerninternen Arbeitnehmerüberlassung zwar komplexer gestaltet, der lohnsteuerrechtliche Arbeitgeberbegriff der Finanzgerichtsbarkeit – konkretisiert durch die

803 Vgl. BFH v. 24.3.1999 – I R 64/98, BStBl. II 2000, 41 (43).

804 Diese Irrelevanz interner Abreden zwischen Verleiher und Entleiher erachtet *Meyer*, BeckOK EStG, § 38 Rn. 27.4 für den Arbeitgeberbegriff des Lohnsteuerrechts als zwingend.

805 Sinngemäß BFH v. 19.2.2004 – VI R 122/00, BStBl. II 2004, 620 (621); FG München v. 22.4.2016 – 8 K 3290/14, rkr., DStRE 2018, 468 (470).

806 Vgl. hierzu unten S. 190.

807 Siehe unten S. 174 ff.

808 Ebenso verhält es sich in der Situation des § 38 Abs. 3a S. 1 EStG, vgl. erneut S. 190.

Fruchtbarmachung der Ansätze *Breinersdorfers* und *Boemkes* – aber auch für diese Konstellation zu tragfähigen Ergebnissen gelangt.

c) Die Steuerrechtsfähigkeit

Nachdem die Zusammenhänge des Arbeitgeberbegriffs der Finanzgerichtsbarkeit erarbeitet wurden und dessen Anwendung in problematischen Situationen aufgezeigt wurde, gilt es nun noch zu ermitteln, welche Voraussetzungen die Finanzgerichtsbarkeit an die Subjektfähigkeit des Arbeitgebers stellt. Hilfreich dafür erscheint es, zunächst den Begriff der Subjektfähigkeit zu bestimmen und danach zu ermitteln, ob es Grenzen gibt, innerhalb derer sich diese Begriffsbestimmung zu bewegen hat. Allgemein ist ein Rechtssubjekt das Zuordnungssubjekt eines Rechts oder einer Pflicht.[809] Der Begriff des Rechtssubjekts als solcher ist ein Funktionsbegriff.[810] Die Rechtsfähigkeit einer Person erstreckt sich nicht auf alle erdenklichen Rechtspositionen, sondern hängt vielmehr von den Rechtssätzen der einzelnen (Teil-) Rechtsgebiete ab.[811] Insoweit ist die Rechtsfähigkeit einer Person stets relativ.[812] Sie lässt sich nur unter Bezugnahme auf das jeweilige Regelungsumfeld bestimmen.[813] Steuersubjekt ist grundsätzlich das Rechtssubjekt eines Steuergesetzes, dem ein Steuerobjekt und die damit verbundene Steuerschuld zugerechnet wird.[814] Grundsätzlich spricht das Steuerrecht die

---

809 *Palm*, Person, S. 156; außerdem *Boeker*, H/H/S AO, § 33 Rn. 28a; *Fabricius*, Rechtsfähigkeit, S. 31 ff.; *Koenig*, Koenig AO, § 33 Rn. 2; *Lang*, DStJG Bd. 24 (2001), S. 49 (58 f.); *Rosenke*, BeckOK AO, § 33 Rn. 45.

810 Ausdrücklich *Palm*, Person, S. 155.

811 *Drüen*, Tipke/Kruse AO, § 33 Rn. 27; *Rosenke*, BeckOK AO, § 33 Rn. 45; sinngemäß auch *Lang*, Tipke/Lang (2010), Steuerrecht, § 6 Rn. 12 f.; *Rüsken*, Klein AO, § 33 Rn. 3; spezifisch unter Bezugnahme auf das Steuerrecht *Schindler*, Gosch AO, § 33 Rn. 24.

812 *Drüen*, Tipke/Kruse AO, § 33 Rn. 27; *Koenig*, Koenig AO, § 33 Rn. 4 ff.; *Palm*, Person, S. 156 ff.; *Rosenke*, BeckOK AO, § 33 Rn. 45; *Rüsken*, Klein AO, § 33 Rn. 3; grundlegend *Fabricius*, Rechtsfähigkeit, S. 42 ff., 53 ff.; spezifisch unter Bezugnahme auf das Steuerrecht erneut *Schindler*, Gosch AO, § 33 Rn. 24.

813 Sinngemäß *Drüen*, Tipke/Kruse AO, § 33 Rn. 27; *Koenig*, Koenig AO, § 33 Rn. 2; *Rosenke*, BeckOK AO, § 33 Rn. 45, 50; *Rüsken*, Klein AO, § 33 Rn. 3; auch *Fabricius*, Rechtsfähigkeit, S. 42 ff., 53 ff. und *Lang*, Tipke/Lang (2010), Steuerrecht, § 6 Rn. 12 f.

814 So *Lang*, Tipke/Lang (2010), Steuerrecht, § 7 Rn. 10; *ders.*, StuW 1974, 293 (303); zustimmend *Seer*, Tipke/Lang, Steuerrecht, Rn. 6.30; *Schell*, Subjektive Besteuerung, S. 31; übereinstimmend außerdem *Hey*, Tipke/Lang, Steuerrecht, Rn. 8.150; *P. Kirchhof*, StuW 2002, 3 (12); *Koenig*, Koenig AO, § 33 Rn. 2; *Rosenke*, BeckOK AO, § 33 Rn. 45; im Kern *Bayer*, BB 1991, 517 (521).

Steuersubjektfähigkeit demjenigen oder dem Gebilde zu, bei dem sich wirtschaftliche Leistungsfähigkeit verkörpert oder diese (zumindest) erfasst werden kann.[815] Akzeptiert das Steuerrecht auf Tatsachenseite Rechtsformen des Privatrechts, so geschieht dies nur, weil Leistungsfähigkeit nur im Rahmen von privatrechtlich anerkannten Rechtsformen existiert. Die durch das Privatrecht anerkannte Rechtsfähigkeit stellt deshalb in keinem Falle eine allgemeinrechtliche Realität dar, die im Zusammenhang mit der Vorherigkeit des Zivilrechts vom Steuerrecht akzeptiert werden muss.

Im Steuerrecht sind die Steuersubjekte nicht allgemein bestimmt; ihr Kreis ist je nach Steuerart oder Einzelsteuergesetz verschieden.[816] § 1 EStG bestimmt die natürliche Person als Rechtssubjekt und Steuerschuldner des Einkommensteuergesetzes. Im Einkommensteuerrecht ist der Einkommensbezieher Steuerschuldner – ihm wird das Einkommen zugerechnet.[817] Diese personale Anknüpfung fordert und ermöglicht die Besteuerung nach der individuellen wirtschaftlichen Leistungsfähigkeit.[818] Die Eigenschaft als Steuersubjekt führt zur Steuerrechtsfähigkeit:[819] Die Steuerrechtsfähigkeit ist die Fähigkeit, Träger steuerrechtlicher Rechte und Pflichten zu sein.[820] Da im Steuerrecht die Pflichten

---

815 *P. Kirchhof*, StuW 2002, 3 (18); *Seer*, Tipke/Lang, Steuerrecht, Rn. 6.31; auch *Drüen*, Tipke/Kruse AO, § 33 Rn. 53; indifferent *Bayer*, BB 1991, 517 (521); beispielhaft BFH v. 17.2.1995 – VI R 41/92, BStBl. II 1995, 390 (392).

816 *Seer*, Tipke/Lang, Steuerrecht, Rn. 6.32; im Wesentlichen auch *Boeker*, H/H/S AO, § 33 Rn. 3a, 28 f.; *Drüen*, Tipke/Kruse AO, § 33 Rn. 36; *Rosenke*, BeckOK AO, § 33 Rn. 50, 150 ff.; *Rüsken*, Klein AO, § 33 Rn. 1; *Koenig*, Koenig AO, § 33 Rn. 14 ff.; *Schell*, Subjektive Besteuerung, S. 30; dies voraussetzend *P. Kirchhof*, StuW 2002, 3 (12); exemplarisch BFH v. 17.2.1995 – VI R 41/92, BStBl. II 1995, 390.

817 *G. Kirchhof*, BeckOK EStG, § 2 Rn. 2; *Koenig*, Koenig AO, § 33 Rn. 27; *Lang*, StuW 1974, 293 (303); *Schell*, Subjektive Besteuerung, S. 30, 33; *Seer*, Tipke/Lang, Steuerrecht, Rn. 6.42; demgemäß außerdem *Drüen*, Tipke/Kruse AO, § 33 Rn. 68; *Hey*, Tipke/Lang, Steuerrecht, Rn. 8.150.

818 Beispielsweise *Lehner/Waldhoff*, K/S/M EStG, § 1 Rn. A 6; ähnlich *Bayer*, BB 1991, 517 (523); *Spilker/Stöber*, BeckOK EStG, § 1 Rn. 2 ff.; im weiteren Sinne auch *Drüen*, Tipke/Kruse AO, § 33 Rn. 68; *Seer*, Tipke/Lang, Steuerrecht, Rn. 6.30.

819 Prägnant *Seer*, Tipke/Lang, Steuerrecht, Rn. 6.30; sinngemäß auch *Boeker*, H/H/S AO, § 33 Rn. 28a; *Schell*, Subjektive Besteuerung, S. 31; allgemein *Fabricius*, Rechtsfähigkeit, S. 34; geradezu gegenteilig *Rüsken*, Klein AO, § 33 Rn. 3, nach dem Steuerpflichtigkeit und Steuerrechtsfähigkeit zwei Facetten ein und desselben Tatbestandes sind.

820 Insbesondere *Boeker*, H/H/S AO, § 33 Rn. 28a; *Drüen*, Tipke/Kruse AO, § 33 Rn. 1, 28; *Koenig*, Koenig AO, § 33 Rn. 2; *Rosenke*, BeckOK AO, § 33 Rn. 45; offener *Rüsken*, Klein AO, § 33 Rn. 3; grundsätzlich *Ellenberger*, Grüneberg BGB, Rn. 1 vor § 1; *Fabricius*, Rechtsfähigkeit, S. 31.

den Rechten gänzlich überwiegen, sprechen die Steuergesetze grundsätzlich vom „Steuerpflichtigen".[821] Damit ist § 1 EStG Ausdruck dessen, was das Einkommensteuerrecht als steuerrechtsfähig ansieht: die natürliche Person.[822]

aa) Der Arbeitgeber als Steuerrechtssubjekt

Der Arbeitnehmer als Steuerpflichtiger muss natürliche Person sein. Ihm gegenüber steht der Arbeitgeber, der natürliche Person sein kann, dies aber als Steuerentrichtungspflichtiger nicht zu sein braucht, denn er ist gerade nicht Steuerschuldner im materiellen Sinne. Ist ein Dritter beteiligt, ergibt sich schon allein aus der Bezeichnung als Dritter, dass dieser weder Arbeitgeber noch Arbeitnehmer ist. Bezüglich der Steuersubjektfähigkeit gelten deshalb dieselben Voraussetzungen wie für den Arbeitgeber – zumindest soweit diesem durch das Steuergesetz Pflichten auferlegt werden. Die Stellung des Arbeitgebers als Steuerentrichtungspflichtiger und die Haftung nach § 42d EStG machen allerdings auch den Arbeitgeber zum Rechtssubjekt der Einkommensteuer.[823] Er ist Steuerpflichtiger im technischen Sinne. Unter einem Steuerpflichtigen im technischen Sinne wird grundsätzlich derjenige oder das Gebilde verstanden, der/das von einem Steuergesetz als „Adressat" einer steuerrechtlichen Regelung angesprochen wird,[824] dem also aus diesem Rechte und Pflichten erwachsen und der damit Beteiligter eines Steuerrechtsverhältnisses sein kann.[825] § 33 Abs. 1 AO normiert dementsprechend in Form einer beispielhaften Aufzählung,[826] dass Steuerpflichtiger

---

821 Unter Bezug auf die AO *Lang*, Tipke/Lang (2010), Steuerrecht, § 6 Rn. 6; darauf aufbauend *Seer*, Tipke/Lang, Steuerrecht, Rn. 6.31; sinngemäß *Rüsken*, Klein AO, § 33 Rn. 3; kritisch *Koenig*, Koenig AO, § 33 Rn. 25; gerade die steuerlichen Rechte betonend *Boeker*, H/H/S AO, § 33 Rn. 28; dem ähnlich *Drüen*, Tipke/Kruse AO, § 33 Rn. 1 und *Eckhoff*, Rechtsanwendungsgleichheit, S. 336.

822 Vgl. dazu schon Verhandlungen der verfassungsgebenden Deutschen Nationalversammlung, Bd. 340, Drs. 1624, S. 16 f.

823 *Lang*, StuW 1975, 113 (117); in diesem Sinne auch *Birkenfeld*, DStJG Bd. 9 (1986), S. 245 (265 f.); *Martin*, Lademann EStG, § 42d Rn. 30; *Meyer*, BeckOK EStG, § 38 Rn. 19; auch im Kern außerdem *Goez*, Quellenbesteuerung, S. 36.

824 *Koenig*, Koenig AO, § 33 Rn. 1; *Rüsken*, Klein AO, § 33 Rn. 1; *Schindler*, Gosch AO, § 33 Rn. 2; auch *Boeker*, H/H/S AO, § 33 Rn. 2; sinngemäß außerdem *Martin*, Lademann EStG, § 42d Rn. 30.

825 *Drüen*, Tipke/Kruse AO, § 33 Rn. 25 f.; *Koenig*, Koenig AO, § 33 Rn. 1; *Rosenke*, BeckOK AO, § 33 Rn. 207; *Rüsken*, Klein AO, § 33 Rn. 1; *Schindler*, Gosch AO, § 33 Rn. 1 f., 24.

826 *Boeker*, H/H/S AO, § 33 Rn. 2; *Rosenke*, BeckOK AO, § 33 Rn. 200; *Schindler*, Gosch AO, § 33 Rn. 1.

(im Sinne der AO) insbesondere derjenige ist, der eine Steuer schuldet, der für eine Steuer haftet oder[827] der eine Steuer für Rechnung eines Dritten einzubehalten und abzuführen hat.[828]

Das Lohnsteuerrecht will nicht die wirtschaftliche Leistungsfähigkeit des Arbeitgebers erfassen, sondern möchte die gleichmäßige Steuererhebung beim Arbeitnehmer sicherstellen und damit für dessen leistungsfähigkeitsgerechte Besteuerung sorgen. Die Rechtsanwendungsgleichheit und deren Ausprägung in Form des Grundsatzes der Gleichmäßigkeit der Besteuerung fordern Gleichheit (auch) im Belastungserfolg.[829] Es ist deshalb nicht ohne Weiteres ersichtlich, welche Anforderungen hinsichtlich der Subjektfähigkeit des lohnsteuerrechtlichen Arbeitgebers zu stellen sind.[830] In Betracht kommt zum einen, dass das Lohnsteuerrecht an die privatrechtliche Rechtsfähigkeit und die öffentlich-rechtliche Dienstherrnfähigkeit anknüpft oder das Lohnsteuerrecht die Subjektfähigkeit eigenständig bestimmt. Beide Ansätze werden von den Finanzgerichten vertreten.

---

827 Oftmals sind diese, von § 33 Abs. 1 AO genannten Verpflichtungen in einer Person nebeneinander gegeben. Regelmäßig – immerhin dient die Haftung des Arbeitgebers insbesondere dazu, seine Entrichtungspflicht abzusichern – ist der Steuerentrichtungspflichtige auch Haftungsschuldner; pauschal *Boeker*, H/H/S AO, § 33 Rn. 3. Der lohnsteuerrechtliche Arbeitgeber ist sowohl Steuerentrichtungspflichtiger als auch Haftungsschuldner.

828 Außerdem wird benannt, wer eine Steuererklärung abzugeben, Sicherheit zu leisten, Bücher und Aufzeichnungen zu führen oder andere ihm durch die Steuergesetze auferlegte Verpflichtungen zu erfüllen hat.

829 BVerfG v. 27.6.1991 – 2 BvR 1493/89, BVerfGE 84, 239 (268 ff.); BVerfG v. 9.3.2004 – 2 BvL 17/02, BVerfGE 110, 94 (112); BVerfG v. 1.7.2010 – V B 62/09, BFH/NV 2010, 2136 (2136 f.); zustimmend *Drüen*, Indienstnahme, S. 288, 345; *Ehrke-Rabel*, StuW 2015, 101 (101); *Kießling*, Einkommensbesteuerung, S. 4; *G. Kirchhof*, BeckOK EStG, § 2 Rn. 4, 53 ff.; *ders.*, H/H/R EStG, Einf. Rn. 205, 264; *P. Kirchhof*, FS Meyding, S. 3 (11); *ders.*, DStJG Bd. 21 (1998), S. 9 (26 f.); *Ruppe*, DStJG Bd. 21 (1998), S. 29 (36 ff.); *Seer*, DStJG 31 (2008), 7 (10 f.); *Waldhoff*, DStJG Bd. 27 (2004), S. 129 (144); *Weber-Grellet*, StuW 1993, 97 (99); ähnlich *Tipke*, StuW 2007, 201 (218).

830 Der Wortlaut des § 38 EStG selbst gibt darüber wenig Aufschluss. Zwar nimmt § 38 Abs. 1 Nr. 1 EStG unmittelbar auf die Definitionen der § 8 ff. AO Bezug und zeigt damit die Grenzen der Subjektfähigkeit des Arbeitgebers auf, er bestimmt aber nicht, wem innerhalb dieser Grenzen Subjektfähigkeit zukommt. Klar ist damit im Wesentlichen durch die Anknüpfung des § 38 Abs. 1 S. 1 Nr. 1 EStG an eine Betriebsstätte, § 12 AO, nur, dass eine solche selbst nicht Arbeitgeber sein kann.

bb) Die Steuerrechtsfähigkeit als Ausdruck des faktischen Synallagmas

Einerseits findet sich Rechtsprechung, nach der Arbeitgeber im Sinne des Lohnsteuerrechts nur sein kann, wer zivilrechtlich Träger von Rechten und Pflichten sein kann.[831] Dies wird teilweise darauf gestützt, dass lohnsteuerrechtlicher Arbeitgeber regelmäßig der Vertragspartner aus dem Dienstvertrag sei und dies wiederum nur sein kann, wer auch zivilrechtsfähig ist.[832] Ebenso wird allerdings aus der finanzgerichtlichen Definition des lohnsteuerrechtlichen Arbeitgeberbegriffs, dass Arbeitgeber derjenige ist, dem der Arbeitnehmer die Arbeitsleistung schuldet, unter dessen Leitung er tätig wird oder dessen Weisungen er zu folgen hat, abgeleitet, dass auch das Lohnsteuerrecht die Rechtsfähigkeit des Arbeitgebers eigenständig bestimmt.[833] Allein aus dem Umstand, dass regelmäßig der (zivilrechtliche) Vertragspartner lohnsteuerrechtlicher Arbeitgeber ist, könne nicht der Schluss gezogen werden, dass der lohnsteuerrechtliche Arbeitgeber die Fähigkeit haben muss, auch zivilrechtlicher Vertragspartner zu sein.[834] Vielmehr sei entscheidend, dass die tatsächlichen Merkmale der Weisungsgebundenheit und der betrieblichen Eingliederung erfüllt seien.[835] Der BFH stellt also auch zur Bestimmung der Subjektfähigkeit auf das faktische Synallagma ab. Das Kriterium, dass der Arbeitnehmer den erlangten Vorteil wirtschaftlich als Frucht (oder Gegenleistung) seiner Dienstleistung für den Arbeitgeber betrachten können muss, führt zu einer Akzeptanz der Zivilrechtsfähigkeit. Denn dadurch wird abgebildet, wem gegenüber sich der Arbeitnehmer verpflichten kann, was dazu führt, dass der Arbeitnehmer den entsprechenden Personen oder Vereinigungen Arbeitsleistung erbringen kann. Jedenfalls kann also lohnsteuerrechtlicher Arbeitgeber sein, wer auch zivilrechtsfähig ist. Dies ist aber nicht Ausdruck einer Bindung des Steuerrechts an das Zivilrecht, sondern allein tatsächlichen Gegebenheiten geschuldet.

Nur im Ausnahmefall weicht das Lohnsteuerrecht von der Zivilrechtsfähigkeit ab. Ein solches Abweichen sah die Finanzgerichtsbarkeit vor der Zivilrechtsfähigkeit

831 BFH v. 25.3.1983 – VI R 207/82, BeckRS 1983, 5460; Hessisches FG v. 11.9.1990 – 11 K 11305/87, EFG 1991, 279 (279).

832 Hessisches FG v. 11.9.1990 – 11 K 11305/87, EFG 1991, 279 (279).

833 BFH v. 17.2.1995 – VI R 41/92, BStBl. II 1995, 390 (391 f.); FG Berlin v. 28.2.2001 – 6 K 2396/98, EFG 2001, 1500 (1501).

834 BFH v. 17.2.1995 – VI R 41/92, BStBl. II 1995, 390 (391 f.); FG Köln v. 27.8.1993 – 10 Ko 21/93, EFG 1994, 59 (59).

835 BFH v. 17.2.1995 – VI R 41/92, BStBl. II 1995, 390 (392); FG Berlin v. 28.2.2001 – 6 K 2396/98, EFG 2001, 1500 (1501).

der GbR[836] als geboten an.[837] Denn wenn der Arbeitnehmer nicht mit der Gesellschaft, sondern lediglich mit deren Gesellschaftern arbeitsvertraglich gebunden ist, der tatsächliche Leistungsaustausch aber zwischen der Gesellschaft und dem Arbeitnehmer erfolgt, so wird der Arbeitnehmer die Entlohnung als Frucht für die Arbeitsleistung gegenüber der GbR und nicht gegenüber den Gesellschaftern empfinden.[838] Ein solches Abweichen von der Zivilrechtsfähigkeit ist ein den tatsächlichen Gegebenheiten geschuldeter Sonderfall, der eine entsprechende Rechtsentwicklung voraussetzt. So war die GbR zum Zeitpunkt der damaligen Grundsatzentscheidung des BFH schon als Rechtssubjekt der Umsatzsteuer und[839]

836 Zur Zivilrechtsfähigkeit der GbR BGH v. 29.1.2001 – II ZR 331/00, BGHZ 146, 341 sowie nunmehr § 705 Abs. 2 HS. 1 BGB.

837 Vgl. BFH v. 17.2.1995 – VI R 41/92, BStBl. II 1995, 390; FG Berlin v. 28.2.2001 – 6 K 2396/98, EFG 2001, 1500; FG Köln v. 27.8.1993 – 10 Ko 21/93, EFG 1994, 59.

838 Vgl. BFH v. 17.2.1995 – VI R 41/92, BStBl. II 1995, 390 (392); FG Berlin v. 28.2.2001 – 6 K 2396/98, EFG 2001, 1500 (1501).

839 Der BFH rechnet in der zitierten Entscheidung BFH v. 17.2.1995 – VI R 41/92, BStBl. II 1995, 390 auch die Gewerbesteuer zu den Steuerarten, in denen die GbR zum Entscheidungszeitpunkt als Steuersubjekt bereits anerkannt gewesen sei. Dabei ist dies bis heute nach herrschender Meinung allerdings nicht der Fall. Vielmehr wird die GbR im Gewerbesteuerrecht als Personengesellschaft transparent besteuert; vgl. BFH v. 17.2.1989 – III R 36/856, BStBl. II 1989, 664 (665); BFH v. 3.4.2008 – IV R 54/04, BStBl. II 2008, 742 (745); BFH v. 25.4.2018 – IV R 8/16, BStBl. II 2018, 484 (486); *Drüen*, Brandis/Heuermann GewStG, § 2 Rn. 43 f.; *Franke*, W/S/M/H GewStG, § 2 Rn. 28. Es gilt anzunehmen, dass der BFH auf § 5 Abs. 1 S. 3 GewStG Bezug nehmen will, wonach Steuerschuldner die Gesellschaft ist, wenn die Tätigkeit einer Personengesellschaft Gewerbebetrieb ist. § 5 Abs. 1 S. 3 GewStG will nicht ausdrücken, dass die Gesellschaft selbst Unternehmerin des Gewerbebetriebs ist; BFH v. 17.2.1989 – III R 36/856, BStBl. II 1989, 664 (665); BFH v. 3.4.2008 – IV R 54/04, BStBl. II 2008, 742 (745); BFH v. 25.4.2018 – IV R 8/16, BStBl. II 2018, 484 (486); *Gosch*, Brandis/Heuermann GewStG, § 5 Rn. 39; *Reis*, BeckOK GewStG, § 5 Rn. 115; *Sarrazin*, Lenski/Steinberg GewStG, § 5 Rn. 70. Aufgrund § 2 Abs. 1 GewStG sind Unternehmer nur die einzelnen Gesellschafter selbst; BFH v. 3.4.2008 – IV R 54/04, BStBl. II 2008, 742 (745); *Gosch*, Brandis/Heuermann GewStG, § 5 Rn. 39; *Reis*, BeckOK GewStG, § 5 Rn. 115; *Sarrazin*, Lenski/Steinberg GewStG, § 5 Rn. 70. Wäre die Gesellschaft selbst Unternehmerin, so wäre wegen § 5 Abs. 1 S. 1 GewStG die Regelung des S. 3 überflüssig; so *Gosch*, Brandis/Heuermann GewStG, § 5 Rn. 39; *Reis*, BeckOK GewStG, § 5 Rn. 115. Insofern hat S. 3 nicht lediglich klarstellende Bedeutung; *Gosch*, Brandis/Heuermann GewStG, § 5 Rn. 39; *Reis*, BeckOK GewStG, § 5 Rn. 115. § 5 Abs. 1 S. 3 GewStG bezweckt zum einen, dass der Steuergläubiger in das Vermögen der Gesellschaft vollstrecken kann, und zum anderen, dass der Gewerbesteuer-Messbescheid an die Gesellschaft selbst zu richten ist; so BT-Drs. 7/5458, S. 11.

der Grunderwerbsteuer anerkannt.[840] Ihre Zivilrechtsfähigkeit wurde sechs Jahre später erkannt.[841] Derzeit ist keine Situation ersichtlich, in der die Steuerrechtsfähigkeit des Arbeitgebers von der Zivilrechtsfähigkeit abweicht.

cc) Die Dienstherrnfähigkeit als Voraussetzung der Steuerrechtsfähigkeit?

Insbesondere gebietet auch das öffentliche Dienstrecht kein solches Abweichen. Zu einer gegenteiligen Annahme könnte verleiten, dass der Beamte – als Musterbeispiel für eine Beschäftigung im öffentlichen Dienst – bei Begründung des öffentlich-rechtlichen Dienstverhältnisses in ein öffentlich-rechtliches Dienst- und Treueverhältnis zu einer *dienstherrnfähigen* juristischen Person des öffentlichen Rechts (§ 2 BeamtStG, § 2 BBG) berufen wird.[842] Die Dienstherrnfähigkeit steht nicht allen, sondern nur bestimmten juristischen Personen des öffentlichen Rechts als Ausdruck ihrer Hoheitsgewalt zu. Dies könnte wiederum zu dem Schluss verleiten, dass der lohnsteuerrechtliche Arbeitgeber abhängig von der jeweils zugrundeliegenden Verpflichtung entweder zivilrechtsfähig oder dienstherrnfähig sein muss. Eine solche Betrachtung geht allerdings fehl. Den Arbeitgeberbegriff der Finanzgerichtsbarkeit – konkretisiert durch die Ansätze *Breinersdorfers* und *Boemkes* – zugrunde gelegt, blickt das Lohnsteuerrecht mit dem faktischen Synallagma auf den tatsächlichen Austausch von Arbeitsleistung gegen Lohn. Die Fragen nach der entsprechenden Rechtsgrundlage und den Besonderheiten des Beamtenrechts stellen sich nicht. Insbesondere blickt das Lohnsteuerrecht nicht darauf, wozu die Arbeitsleistung gegen Entgelt ausgetauscht wird, und damit auch nicht auf die Ausübung von Hoheitsrechten durch die Berufsbeamten. Deshalb ist es für das Lohnsteuerrecht irrelevant, dass ein Beamtenverhältnis nur zu dienstherrnfähigen juristischen Personen des öffentlichen Rechts bestehen kann. Die Zivilrechtsfähigkeit ist Ausdruck dessen, was der Rechtsverkehr als verpflichtungsfähig ansieht. Juristische Personen des öffentlichen Rechts sind auch

---

840 Vgl. BFH v. 17.2.1995 – VI R 41/92, BStBl. II 1995, 390 (392).
841 BGH v. 29.1.2001 – II ZR 331/00, BGHZ 146, 341.
842 Siehe oben S. 91 f.

zivilrechtsfähig.[843] Der Arbeitnehmer kann den erlangten Vorteil wirtschaftlich als Frucht (oder Gegenleistung) seiner Dienstleistung für den (zivilrechtsfähigen) Arbeitgeber betrachten.

§ 38 Abs. 3 S. 2 EStG bestätigt dies in zweierlei Hinsicht. Die Regelung liefert Aufschluss darüber, welche Rechtsfähigkeit der Gesetzgeber bei Beschäftigung im öffentlichen Dienst voraussetzt. Die Regelung erlegt (vorgeblich)[844] die lohnsteuerlichen Arbeitgeberpflichten bei juristischen Personen des öffentlichen Rechts der öffentlichen Kasse auf, die den Arbeitslohn zahlt. Mit dem Begriff der Kasse ist die Verwaltungsstelle gemeint, welche die Arbeitgeberpflichten hinsichtlich des Lohnsteuereinbehalts erfüllt.[845] Auch wenn der Sinngehalt der Vorschrift unklar[846] und sie zudem systematisch deplatziert ist,[847] so setzt sie doch (in Verbindung mit § 38 Abs. 1 S. 1) voraus, dass die juristische Person des öffentlichen Rechts als Arbeitgeber anzusehen ist. Damit lässt die Norm gleichermaßen den Schluss zu, dass die öffentliche Kasse selbst nicht Arbeitgeberin sein kann. Bestätigt wird dieser Schluss durch die historische Entwicklung des § 38 Abs. 3 S. 2 EStG. Die Reglung wurde mit dem Einkommensteuerreformgesetz vom 5.8.1974[848] mit anderen, bis dahin nur in der LStDV enthaltenen Vorschriften

---

843 Exemplarisch für Gebietskörperschaften ergibt sich dies für bayerische Gemeinden aus Art. 1 S. 1 BayGO, Art. 11 Abs. 2 BV, Art. 28 Abs. 2 GG, die als ursprüngliche Gebietskörperschaften auch juristische Personen des öffentlichen Rechts sind. Als solche können sie sich sowohl öffentlich-rechtlicher als auch privatrechtlicher Handlungsformen bedienen; vgl. *Engels*, BeckOK KommR Bayern, BayGO Art. 1 Rn. 3; *Gaß*, Glaser BayGO, Art. 1 Rn. 9; auch *Wolff*, L/M/W BV, Art. 11 Rn. 14. Für den Freistaat Bayern ergibt sich Entsprechendes aus Art. 1 Abs. 1 BV. Für den Bund wird das typischerweise schlicht vorausgesetzt; vgl. *Schwennicke*, Staudinger BGB, Einl. § 21 Rn. 16. Für Personalkörperschaften ergibt sich dies (allein) aus entsprechenden Sonderregelungen; beispielsweise für Rechtsanwaltskammern aus § 62 Abs. 1 BRAO.

844 Vgl. hierzu BT-Drs. 15/1562, S. 31 und BR-Drs. 630/1/03, S. 51, die § 38 Abs. 3 S. 2 EStG diese Bedeutung zuschreiben. In BT-Drs. 15/1562, S. 31 und BR-Drs. 630/1/03, S. 51 finden sich Erläuterungen zu § 38 Abs. 3a EStG. Der Gesetzgeber sieht die Funktion beider Regelungen als vergleichbar an.

845 *Trzaskalik*, K/S/M EStG, § 38 Rn. D 21.

846 *Meyer*, BeckOK EStG, § 38 Rn. 64.2; *Trzaskalik*, K/S/M EStG, § 38 Rn. D 21 ff.; lediglich im Ansatz *Rommel*, DStZ 1986, 122 (123).

847 *Meyer*, BeckOK EStG, § 38 Rn. 64.1 verweist darauf, dass die Vorschrift nicht nur den Einbehalt der Steuer (§ 38 Abs. 3 S. 1 EStG), sondern sämtliche Arbeitgeberpflichten betrifft.

848 BGBl. I 1974, 1769; BStBl. I 1974, 530.

des Lohnsteuerabzugverfahrens in das EStG übernommen.[849] § 38 Abs. 3 S. 2 EStG entspricht seinem Wortlaut nach dem durch ihn ersetzen § 49 Abs. 1 S. 2 LStDV. Für die Situation, dass mehrere Dienstverhältnisse zu verschiedenen Arbeitgebern des öffentlichen Rechts bestanden, wurde die Vorschrift durch § 36 LStDV ergänzt.[850] Bis zum 31.12.1967[851] fand sich in S. 3 des damals den Zwecken des § 36 LStDV entsprechenden § 14 LStDV der Wortlaut, dass eine weitere Lohnsteuerkarte nicht auszuschreiben war, „*wenn der aus mehreren Dienstverhältnissen herrührende Arbeitslohn von derselben öffentlichen Kasse, d.h. demselben Arbeitgeber gezahlt*" wurde. So waren die Begriffe der öffentlichen Kasse und des Arbeitgebers gleichgesetzt.[852] Der Gesetzgeber übertrug ein solches Verständnis gerade nicht in das EStG und bestätigte damit, dass lohnsteuerrechtlicher Arbeitgeber die juristische Person, nicht aber deren Kasse ist.[853]

d) Fazit

Der lohnsteuerrechtliche Arbeitgeberbegriff der Finanzgerichtsbarkeit knüpft durch das Kriterium, dass der Arbeitnehmer die Vergütung als Frucht seiner Arbeitsleistung für den Arbeitgeber erkennen muss, an ein faktisches Synallagma an. Entscheidend für die Finanzgerichte ist, dass der Arbeitgeber dem Arbeitnehmer in diesem faktischen Synallagma gegenübersteht; der Rückgriff auf die Definitionen des LStDV ist unnötig. Der BFH macht den Arbeitgeberbegriff in erster Linie am „Schulden" der Arbeitsleistung fest und füllt dieses Merkmal mit eigenständigem Inhalt. Maßgebend für das Begriffsverständnis ist, dass der Gesetzgeber durch die Unterwerfung der Drittleistungen unter die Lohnsteuer[854] möglichst sämtliche Einkünfte aus nichtselbstständiger Arbeit der Lohnsteuer

849 So *Rommel*, DStZ 1986, 122 (123); sinngemäß auch *Trzaskalik*, K/S/M EStG, § 38 Rn. D 21.

850 *Rommel*, DStZ 1986, 122 (123).

851 Der in Bezug genommene § 14 S. 3 LStDV wurde durch die Verordnung zur Änderung und Ergänzung der LStDV v. 18.12.1967, BStBl. I 1967, 478 ersatzlos gestrichen.

852 Zu diesem Schluss gelangt auch *Rommel*, DStZ 1986, 122 (123).

853 Deshalb handelt es sich bei den Situationen des § 38 Abs. 3 S. 2 EStG auch nicht um Lohnzahlungen eines Dritten.

854 Drittleistungen wurden durch den damaligen § 38 Abs. 1 S. 2 EStG der Lohnsteuer unterworfen. Im Kern entsprach dieser dem heutigen § 38 Abs. 1 S. 3 EStG. Eingeführt wurde der wesentliche Regelungsgehalt des heutigen Abs. 1 S. 3 als S. 2 mit dem Einkommensteuerreformgesetz vom 5. 8. 1974, BGBl I 1974, 1769; vgl. schon oben Fn. 232.

unterwerfen wollte.[855] Nicht nur Besteuerungsgleichheit und Praktikabilität der Besteuerung verlangen, dass auch Drittzuwendungen möglichst weitgehend dem Steuerabzug durch den Arbeitgeber unterliegen,[856] vielmehr kann diese Wertung auch an den Regelungen des § 38 EStG festgemacht werden.[857] Deshalb kann der einschränkende Ansatz, dass ausschließlich Arbeitslohn den Tatbestand des § 19 Abs. 1 S. 1 Nr. 1 EStG verwirkliche,[858] nicht überzeugen. Ein synonymes Verständnis von Einkünften aus nichtselbstständiger Arbeit und Arbeitslohn ist gerade ob der Einschränkung des Veranlassungsprinzips und der damit entstehenden Besteuerungslücken nicht zu rechtfertigen. Sinnvoller erscheint es, zwischen Einkünften aus nichtselbstständiger Arbeit und Arbeitslohn zu unterscheiden und die Wertung, dass Einkünfte aus nichtselbstständiger Arbeit möglichst umfassend der Lohnsteuer unterliegen sollen, bei Auslegung der §§ 19 und 38 EStG zu berücksichtigen.

An dieser Stelle zeigt sich, dass der zivilrechtliche Arbeitgeberbegriff der Literaturvertreter[859] nur insoweit mit dem der Rechtsprechung identisch ist, als dass es auf ein eigenes steuerrechtliches Verständnis des „Schuldens" ankommt. Wenn die Definition allein auf zivilrechtliche Kriterien abstellt, verkennt sie hingegen die Eigenständigkeit des Steuerrechts. Beim Abstellen auf die *„wirtschaftliche Stellung"*[860] des Arbeitgebers wird (lediglich) das Kriterium der betrieblichen Eingliederung des Arbeitnehmers besonders betont, das als tatsächliches Kriterium auch von den Finanzgerichten herangezogen wird. Ansonsten erscheint die Ansicht mit der der Finanzgerichte deckungsgleich. Wird der Arbeitgeber als *„Abnehmer"*[861] der schuldrechtlichen Leistung angesehen, wird zwar gleichermaßen die tatsächliche Natur des faktischen Synallagmas erkannt, die Definition ist allerdings insofern ungenau, weil aus ihr nicht hervorgeht, von wem die abzunehmende Leistung ausgehen muss. Deshalb liefert sie – insbesondere in Situationen des drittbezogenen Arbeitseinsatzes – keinen Beitrag zur Ermittlung der Arbeitgebereigenschaft. Darüber hinaus existiert im (öffentlich-rechtlichen) Dienstverhältnis keine schuldrechtliche Leistung, die abgenommen werden

---

855 BFH v. 24.10.1997 – VI R 23/94, BStBl. II 1999, 323 (324).

856 Prägnant *Wobst*, Drittlohn, S. 221.

857 Hierfür sprechen insbesondere § 38 Abs. 1 S. 3 EStG und das Zusammenspiel von § 38 Abs. 1 S. 1 Nr. 2 EStG mit § 42d Abs. 6 EStG.

858 Hierzu oben S. 57.

859 Oben S. 27 ff.

860 Siehe S. 29 f.

861 Gleichfalls oben S. 29.

könnte.[862] Neben dem Arbeitgeberbegriff der Finanzgerichtsbarkeit erscheinen deshalb lediglich der steuerverfahrensrechtliche und der funktionale Arbeitgeberbegriff als möglicherweise zutreffend.

2. Überprüfung des steuerverfahrensrechtlichen Arbeitgeberbegriffs

Dem steuerverfahrensrechtlichen Arbeitgeberbegriff entsprechend, den *Trzaskalik*[863] und auch *Wackerbeck*[864] vertreten, ist Arbeitgeber im Sinne des Lohnsteuerrechts jeder Rechtsträger, der die Schuldnerposition in dem Rechtsverhältnis innehat, das zur Qualifikation der Vermögensmehrung als Bezug i.S.d. § 19 EStG führt. Damit könnten nur natürliche, juristische Personen und Personengesellschaften Arbeitgeber im Sinne des Lohnsteuerrechts sein.[865] Mit dem in Bezug genommenen Rechtsverhältnis ist das privat- oder öffentlich-rechtliche Dienstverhältnis gemeint.[866] In diesem Sinne ist auch die Schuldnerposition zu verstehen, womit sich die Auffassung wesentlich vom Arbeitgeberbegriff der Finanzgerichtsbarkeit unterscheidet. *Trzaskalik* und auch *Wackerbeck* begründen das Anknüpfen an die privat- oder öffentlich-rechtliche Schuldnerstellung damit, dass der (Vergütungs-)Schuldner im Dienstverhältnis derjenige sei, der den Zufluss der steuerpflichtigen Bezüge veranlasse.[867] Der steuerverfahrensrechtliche Arbeitgeberbegriff erfordert also zunächst den Blick auf das Dienstverhältnis im Sinne des § 19 EStG. Daran anknüpfend ist zu ermitteln, welches öffentlich- oder privatrechtliche Dienstverhältnis dem zugrunde liegt und wer die Schuldnerposition in diesem Rechtsverhältnis innehat.

Trzaskalik geht im Ausgangspunkt von der theoretischen Erwägung aus, dass jeder, der tatsächlich in der Lage sei, einen Zufluss von Arbeitslohn zu veranlassen, zum Lohnsteuereinbehalt verpflichtet sein sollte.[868] Dass dies allerdings nicht der Gesetzesrealität entspricht, sei darauf zurückzuführen, dass es sich

---

862 Vgl. oben S. 90 ff.; insbesondere S. 96. Im Beamtenverhältnis stehen sich die Globalleistungen der Dienstverpflichtung und Treue auf Lebenszeit und die Fürsorge des Staates gegenüber.

863 *Trzaskalik*, K/S/M EStG, § 38 Rn. B 8.

864 *Wackerbeck*, Brandis/Heuermann EStG, § 38 Rn. 65.

865 *Trzaskalik*, K/S/M EStG, § 38 Rn. B 7.

866 Vgl. *Trzaskalik*, K/S/M EStG, § 38 Rn. B 8.

867 *Trzaskalik*, K/S/M EStG, § 38 Rn. A 2; *Wackerbeck*, Brandis/Heuermann EStG, § 38 Rn. 65.

868 *Trzaskalik*, K/S/M EStG, § 38 Rn. B 9.

bei der Zahlung von Arbeitslohn – aus zivilrechtlicher Perspektive – um eine Leistungsbewirkung nach § 267 BGB handle und § 267 BGB auf dem Gedanken beruhe, dass es dem Gläubiger regelmäßig gleichgültig sei, wer ihn befriedige.[869] Wäre der Arbeitnehmer mehreren Steuerentrichtungspflichtigen – für ein Dienstverhältnis – ausgesetzt, könne ihm das nicht zugemutet werden, da eine fehlerhafte Abstimmung zwischen den Steuerentrichtungspflichtigen zu seinen Lasten als Steuerschuldner ginge.[870] So erkläre sich auch die Existenz des § 38 Abs. 1 S. 3 EStG.[871] Dieser stelle grundsätzlich eine Bevorteilung des Arbeitgebers dar, da durch ihn bestimmte Einkünfte aus nichtselbstständiger Arbeit vom Lohnsteuereinbehalt ausgenommen würden.[872] Der Arbeitgeber solle aber gerade nicht bevorteilt werden, wenn er zum Zwecke der Lohnzahlung einen Dritten einschalte.[873] Denn durch die zivilrechtlich zulässige Einschaltung von Dritten in den Zahlungsvorgang könne man sich nicht von öffentlich-rechtlichen Pflichten entlasten.[874]

Bezüglich des steuerverfahrensrechtlichen Arbeitgeberbegriffs stellen sich folgende Fragen:

1. Kann überzeugen, dass die Schuldnerposition in dem dem lohnsteuerrechtlichen Dienstverhältnis zugrundeliegenden öffentlich-rechtlichen oder privatrechtlichen Rechtsverhältnis deshalb den Arbeitgeberbegriff prägt, weil der Arbeitgeber als Schuldner den Zufluss der steuerpflichtigen Bezüge veranlasst? Kann die Funktionsweise zur Ermittlung des Arbeitgebers per mittelbarer Inbezugnahme des Dienstverhältnisses im Sinne des § 19 EStG überzeugen?
2. In welchem Zusammenhang stehen § 267 BGB und § 38 Abs. 1 S. 3 EStG?
3. (Wie) Gelingt dem steuerverfahrensrechtlichen Arbeitgeberbegriff der Umgang mit Dritten im Lohnsteuerrecht? Wird der Arbeitgeber in Situationen drittbezogenen Arbeitseinsatzes und bei Drittleistungen sinnvoll ermittelt?

869 *Trzaskalik*, K/S/M EStG, § 38 Rn. B 9.
870 Vgl. *Trzaskalik*, K/S/M EStG, § 38 Rn. B 9.
871 *Trzaskalik*, K/S/M EStG, § 38 Rn. B 9.
872 Vgl. *Trzaskalik*, K/S/M EStG, § 38 Rn. B 38.
873 *Trzaskalik*, K/S/M EStG, § 38 Rn. B 38.
874 *Trzaskalik*, K/S/M EStG, § 38 Rn. B 38.

a) Das Veranlassungsprinzip und dessen Bedeutung für die Schuldnerposition

Trzaskalik und *Wackerbeck* stellen zur Begründung des steuerverfahrensrechtlichen Arbeitgeberbegriffs maßgeblich auf das Veranlassungsprinzip ab.[875] Dieses gebiete ein Anknüpfen an die Schuldnerposition in dem Rechtsverhältnis, das dem einkommensteuerrechtlichen Dienstverhältnis zugrunde liegt. Oben wurde festgestellt, dass das Steuerrecht grundsätzlich nicht an den Arbeitgeberbegriff des Arbeitsrechts gebunden ist;[876] der lohnsteuerrechtliche Arbeitgeberbegriff darf vom arbeitsrechtlichen Verständnis abweichen. Die Frage, die sich beim steuerverfahrensrechtlichen Arbeitgeberbegriff stellt, ist allerdings beinahe die gegenteilige: Unter welchen Voraussetzungen darf das Steuerrecht unmittelbar an das Privatrecht[877] – oder auch das öffentliche Dienstrecht – anknüpfen? Vorgehend wurde schon erläutert, dass – zumindest nach Ansicht der Finanzgerichtsbarkeit – keine Vermutung existiert, das dem Zivilrecht entlehnte Tatbestandsmerkmal einer Steuerrechtsnorm im Sinne des zivilrechtlichen Verständnisses zu interpretieren. Deshalb unterliegt der Rechtsanwender bei Auslegung eines relativen Rechtsbegriffs im Steuerrecht keinerlei Beschränkungen aufgrund eines möglicherweise bestehenden Bedeutungsgehalts des Begriffs im Privatrecht.[878] Diese Ansicht wird auch wird in der Literatur geteilt.[879] Sie entspricht dem gefestigten Stand der Dogmatik.[880] Für die Anwendung dieses Grundsatzes im Einzelfall bedeutet dies: Nur wenn die Auslegung eines relativen Rechtsbegriffs im Steuerrecht ergibt, dass das Steuerrecht den zivilrechtlichen Bedeutungsinhalt des durch das Zivilrecht vorgeprägten Begriffs aufnimmt, dann ist dieser zivilrechtliche Begriffsinhalt maßgeblich.[881] Bestehen bei der Auslegung bezüglich der Anknüpfung aber Zweifel, so hat sich die Auslegung nicht an zivilrechtlichen Begriffsbestimmungen, sondern am

---

875 Vgl. *Trzaskalik*, K/S/M EStG, § 38 Rn. A 2; *Wackerbeck*, Brandis/Heuermann EStG, § 38 Rn. 65.

876 Siehe S. 40 ff.

877 Zum Arbeitsrecht als Teil des Privatrechts oben Fn. 140.

878 Siehe oben S. 49 ff.

879 Beispielsweise *Beisse*, StuW 1981, 1 (8); *Drüen*, Tipke/Kruse AO, § 4 Rn. 324; *Hüttemann*, Eigenständigkeit, S. 115 (123 f.); *Meyer*, Methoden, S. 141 (141 f.); *Tipke*, JuS 1970, 149 (152); *ders.*, Steuerrechtsordnung, Bd. III S. 1636 f.; *Schön*, StuW 2005, 247 (254); *Schulze-Osterloh*, StuW 1986, 74 (76); *Weber-Grellet*, StuW 1993, 195 (203); *ders.*, StuW 1999, 311 (312); *ders.*, StuW 2016, 226 (235).

880 *Meyer*, Methoden, S. 141 (142).

881 *Beisse*, StuW 1981, 1 (8); *Drüen*, Tipke/Kruse AO, § 4 Rn. 324; *Schön*, StuW 2005, 247 (254).

Grundsatz der Eigenständigkeit der steuerlichen Begriffsbildung zu orientieren.[882] Es ist also zu ermitteln, ob das Veranlassungsprinzip tatsächlich ein Anknüpfen an das der Schuldnerposition in dem dem lohnsteuerrechtlichen Dienstverhältnis zugrunde liegendem Rechtsverhältnis gebietet.

Das Veranlassungsprinzip wurde oben schon in Bezug genommen.[883] Es bestimmt insbesondere die Maßstäbe, nach welchen das Ertragsteuerrecht Einnahmen und Aufwendungen den steuerbaren Einkünften zuordnet. Erwerbsbezüge sind dann durch eine Einkunftsart veranlasst, wenn sie nach einer wertenden Beurteilung in einem steuerrechtlich anzuerkennenden Zusammenhang mit der Erwerbstätigkeit stehen. Diese Zuordnungsfrage ist eine des materiellen Einkommensteuerrechts. Sie würde dann für den Arbeitgeberbegriff des Lohnsteuerrechts bedeutsam, wenn dieser unmittelbar an ein Dienstverhältnis im Sinne des § 19 EStG anknüpft. Diesbezüglich unterscheiden sich die Auffassungen von *Trzaskalik* und *Wackerbeck*. Während *Trzaskalik* eine solche Anknüpfung verneint und den „Umweg" über § 19 EStG nur als Vehikel nutzt, um auf die Schuldnerposition abstellen zu können,[884] verweist *Wackerbeck* auf die Parallelität zwischen den §§ 19 und 38 EStG.[885] Konsequent ist der Bezug zum Veranlassungsprinzip nur, wenn es zur Begründung des Arbeitgeberbegriffs (unmittelbar) beiträgt.

Darüber hinaus erschließt sich der Zusammenhang zwischen Veranlassungsprinzip und Schuldnerstellung nicht. Zwar veranlasst der (Vergütungs-) Schuldner im Dienstverhältnis bei Leistung auf seine Schuld tatsächlich regelmäßig einen Zufluss von Einnahmen, die zu Einkünften aus nichtselbstständiger Arbeit führen – *er* muss es aber nicht sein, der einen solchen Zufluss veranlasst. Entscheidend ist nicht eine Veranlassung durch den Arbeitgeber, sondern eine Veranlassung durch das Dienstverhältnis. Die Vergütung muss *für eine Beschäftigung* im öffentlichen oder privaten Dienst gezahlt werden, vgl. § 19 Abs. 1 EStG. Auch Drittleistungen, die gerade nicht der Arbeitgeber veranlasst, unterliegen der Lohnsteuer, vgl. § 38 Abs. 1 S. 3 EStG. Das Veranlassungsprinzip geht von Kausalitätserwägungen aus, greift aber gleichermaßen auf Wertungen der Bestimmungsgründe des zu beurteilenden Aufwands oder der in Frage stehenden Einnahme zurück. Warum es an eine dem Privatrecht oder dem öffentlichen Dienstrecht entspringende Schuldnerposition anknüpfen soll, erschließt sich gerade nicht.

882 *Beisse*, StuW 1981, 1 (8).

883 Siehe S. 59 ff.

884 *Trzaskalik*, K/S/M EStG, § 38 Rn. B 6.

885 *Wackerbeck*, Brandis/Heuermann EStG, § 38 Rn. 65.

b) § 267 BGB und dessen Bezug zu § 38 Abs. 1 S. 3 EStG

Darüber hinaus erscheint auch ein Zusammenhang zwischen § 267 BGB und § 38 Abs. 1 S. 3 EStG fraglich. Schon *Trzaskaliks* Ausgangserwägung, dass jeder, der tatsächlich in der Lage ist, einen Zufluss von Arbeitslohn zu veranlassen, zum Lohnsteuereinbehalt verpflichtet ist, kann nicht überzeugen. Das Gesetz gewährt keinen Anhaltspunkt dafür, dass ein einheitliches steuerrechtliches Dienstverhältnis zu mehreren Arbeitgebern bestehen kann.[886] *Trzaskalik* begründet das Fehlen jeglicher diesbezüglichen Regelung damit, dass es dem Arbeitnehmer nicht zugemutet werden könne, mehreren Steuerentrichtungspflichtigen ausgesetzt zu sein.[887] Dies mag zwar zutreffen, der Grund dafür, dass nicht jeder, der für einen Zufluss von Arbeitslohn sorgen kann, lohnsteuereinbehaltungspflichtig ist, liegt aber im Grundsatz der Praktikabilität der Besteuerung in Verbindung mit dem der Gleichmäßigkeit der Besteuerung.

Gesetze müssen praktikabel sein, um gleichmäßig durchgeführt werden zu können.[888] Lohnsteuerrecht ist Massenfallrecht. Einkünfte aus nichtselbstständiger Arbeit bilden bei den meisten Steuerpflichtigen die wesentliche ökonomische Grundlage ihrer Lebensführung.[889] Spiegelbildlich dazu generiert die Besteuerung der Einkünfte aus nichtselbständiger Arbeit unter den sieben Einkunftsarten das höchste Aufkommen für den Fiskus.[890] Diesen Anforderungen entwächst (als Idealbild) das Quellenabzugsverfahren mit der Indienstnahme des Arbeitgebers. Würde jeder, der für den Zufluss von Arbeitslohn sorgen könnte, in Dienst genommen, so wäre dies im höchsten Maße impraktikabel. Die Finanzverwaltung müsste sich an eine Vielzahl von Steuerentrichtungspflichtigen halten, die

886 Zur Verdopplung des Pflichtenkanons durch zwei Dienstverhältnisse zu unterschiedlichen Arbeitgebern oben S. 159.

887 Vgl. *Trzaskalik*, K/S/M EStG, § 38 Rn. B 9.

888 *Lang*, Tipke/Lang (2010), Steuerrecht, § 4 Rn. 130; dies aufnehmend *Hey*, Tipke/Lang, Steuerrecht, § 3 Rn. 3.18, 3.145; *dies.*, StuW 2019, 3 (9); weiterhin *G. Kirchhof*, BeckOK EStG, § 2 Rn. 58 ff.; *Ruppe*, DStJG Bd. 21 (1998), S. 29 (30); *Tipke*, Einkommensteuerwirrwarr, S. 123; in diesem Sinne auch *Eckhoff*, Rechtsanwendungsgleichheit, S. 531; *G. Kirchhof*, Erfüllungspflichten, S. 90 f., 132; *P. Kirchhof*, FS Lang, S. 451 (452); *T. Koller*, Privat- und Steuerrecht, S. 77; *Seer*, FR 2004, 1037 (1038); *Stallknecht*, Vereinfachungsnormen, S. 13; *Weber-Grellet*, StuW 1999, 311 (319).

889 So *Bleschik*, BeckOK EStG, § 19 Rn. 1; *Eisgruber*, Kirchhof/Seer EStG, § 19 Rn. 1a; auch *Hey*, Tipke/Lang, Steuerrecht, Rn. 8.471; *Pflüger*, H/H/R EStG, § 19 Rn. 9.

890 *Bleschik*, BeckOK EStG, § 19 Rn. 1; *Breinersdorfer*, K/S/M EStG, § 19 Rn. A 4; *Eisgruber*, Kirchhof/Seer, § 19 Rn. 1a; so auch *Hey*, Tipke/Lang, Steuerrecht, Rn. 8.471; *Pflüger*, H/H/R EStG, § 19 Rn. 9.

teilweise für Kleinstbeträge einbehaltungspflichtig wären. Ein Veranlagungsverfahren, das durch das Quellenabzugsverfahren gerade vermieden werden soll, erschiene effektiver und auch effizienter.[891] Das EStG möchte deshalb nicht im Grundsatz jeden, der für den Zufluss von Arbeitslohn sorgen kann, zum Subjekt der Lohnsteuer machen. Es ist der Arbeitgeber, dem das EStG die lohnsteuerrechtlichen Pflichten auferlegt.

Dies führt dazu, dass auch der Rückgriff auf § 267 BGB – oder zumindest dessen Rechtsgedanken – nicht zum Tragen kommt. § 267 BGB geht tatsächlich davon aus, dass es dem Gläubiger regelmäßig gleichgültig ist, wer ihn befriedigt,[892] denn der Gläubiger ist in der Regel nur an der Herbeiführung des Leistungserfolgs und nicht an der Person des Leistenden interessiert.[893] Die Vorschrift setzt aber voraus, dass der Dritte auf fremde und gerade nicht auf eigene Schuld zu leisten hat.[894] Echte Drittleistungen im Lohnsteuerrecht beruhen im Regelfall auf eigener Rechtsbeziehung des Dritten zum Arbeitnehmer. Der Dritte leistet gerade nicht auf die Schuld des Arbeitgebers; er hat keinen Fremdtilgungswillen. Die von

---

891 Ein effizientes Steuererhebungsverfahren entspricht dem Wirtschaftlichkeitsgebot. Das Gebot verlangt, dass jegliche Staatsgewalt als Treuhänderin von Gemeinwohlinteressen ihre Ressourcen möglichst wirtschaftlich einsetzt; insbesondere *Seer*, DStJG 31 (2008), 7 (17 ff.); *ders.*, FR 2004, 1037 (1038); *ders.*, Tipke/Lang, Steuerrecht, Rn. 21.3; ähnlich *P. Kirchhof*, DStJG Bd. 21 (1998), S. 9 (16); außerdem *Lemhöfer*, FS Fürst, S. 205 (205); eingehend *Strauß*, Berufsbeamtentum, S. 116 ff.; hingegen lediglich im Ansatz *H. G. Fischer*, BB 1983, 1648 (1648); *Isensee*, StuW 1994, 3 (12) oder *Ruppe*, DStJG Bd. 21 (1998), S. 29 (34, 37). Der Staat ist verpflichtet, im Rahmen seiner Haushalts- und Wirtschaftsführung wirtschaftlich im Sinne der Effizienz zu handeln; *Strauß*, Berufsbeamtentum, S. 116. Speziell mit steuerrechtlichem Hintergrund wurzelt das Wirtschaftlichkeitsgebot zudem in dem Gedanken, dass eine umfassende Verwirklichung der Einzelfallgerechtigkeit an der Kapazität der Finanzverwaltung scheitert; *Isensee*, StuW 1994, 3 (9). Deshalb ist das Steuergesetz insbesondere so auszugestalten, dass der Gesetzeszweck bei der Sachverhaltsermittlung und der Verwirklichung der Rechtsfolgen verlässlich und kostensparend erfüllt werden kann; *P. Kirchhof*, DStJG Bd. 21 (1998), S. 9 (16); im Ansatz außerdem *Märkle*, FS Meyding, S. 117 (122 f.). Die Bearbeitung des einzelnen Steuerfalls muss deshalb in Relation zu der Aufgabe des gleichmäßigen Gesamtvollzugs gesetzt werden; *Waldhoff*, DStJG Bd. 27 (2004), S. 129 (144 f.); sinngemäß außerdem *Isensee*, StuW 1994, 3 (12); *Märkle*, FS Meyding, S. 117 (122 ff.).

892 Beispielsweise *Grüneberg*, Grüneberg BGB, § 267 Rn. 1; *Stadler*, Jauernig BGB, § 267 Rn. 1; auch *Krafka*, BeckOGK BGB, § 267 Rn. 2; *Lorenz*, BeckOK BGB, § 267 Rn. 1.

893 *Grüneberg*, Grüneberg BGB, § 267 Rn. 1; *Stadler*, Jauernig BGB, § 267 Rn. 1.

894 *Grüneberg*, Grüneberg BGB, § 267 Rn. 2; *Krafka*, BeckOGK BGB, § 267 Rn. 1; *Lorenz*, BeckOK BGB, § 267 Rn. 5; *Stadler*, Jauernig BGB, § 267 Rn. 5.

§ 267 BGB erfasste Situation wäre eher als unechte Lohnzahlung durch Dritte zu qualifizieren und würde damit § 38 Abs. 1 S. 3 EStG nicht unterfallen. Auch die Inbezugnahme der Perspektive des Arbeitnehmers als Gläubiger in dieser Situation entspricht nicht lohnsteuerrechtlichen Begebenheiten. § 38 Abs. 1 S. 3 EStG stellt auf die Perspektive des Arbeitgebers ab. Die Perspektive des Arbeitnehmers als Gläubiger würde sich (allein) mit einer Inbezugnahme des einkommensteuerrechtlichen Dienstverhältnisses erklären, denn für dieses gebietet das Veranlassungsprinzip, eine objektivierte subjektive Perspektive anzulegen.

c) Der Arbeitgeber und die Dritten

Obwohl damit schon erhebliche Zweifel an der Richtigkeit des steuerverfahrensrechtlichen Arbeitgeberbegriffs bestehen, so könnte sich dieser Arbeitgeberbegriff dennoch (allein) aufgrund seiner Funktionsfähigkeit als zumindest vorzugswürdig erweisen. Die Funktionsfähigkeit des jeweils zu überprüfenden Arbeitgeberbegriffs beweist sich, wenn es den Arbeitgeber von Dritten abzugrenzen gilt. Insoweit werden einige der schon beim Arbeitgeberbegriff der Finanzgerichtsbarkeit erläuterten Problemfälle unter dem Licht des steuerverfahrensrechtlichen Arbeitgeberbegriffs betrachtet. Von *Trzaskalik* selbst ausgewiesenes Musterbeispiel für die Funktionsfähigkeit des steuerverfahrensrechtlichen Arbeitgeberbegriffs ist die Behandlung von Trinkgeld – vor seiner Steuerfreiheit.[895] Zivilrechtlich ist Trinkgeld regelmäßig als remuneratorische Schenkung zu qualifizieren.[896] Bei ihr handelt es sich um eine rechtlich nicht geschuldete Zuwendung an den Empfänger für eine von diesem erbrachte Leistung.[897] Damit, dass das Trinkgeld nicht geschuldet wird, wird (privatrechtlich) eine Abgrenzung von der geschuldeten Vergütung der Arbeitsleistung erreicht. Nicht gemeint ist, dass es keine Rechtsgrundlage für die Zuwendung (und damit auch keinen Schuldner) gibt. Vielmehr übernimmt der Schenker keine gesetzliche Verpflichtung, die zivilprozessual durchgesetzt werden könnte, sondern er schafft durch die Einigung mit dem Beschenkten schlicht einen schuldrechtlichen Rechtsgrund für die mit der Zuwendung bewirkte Bereicherung.[898] Entsprechend der für (einkommensteuerrechtliche) Drittzuwendungen typischen doppelten Leistungsbeziehungen

895 *Trzaskalik*, K/S/M EStG, § 38 Rn. B 8.

896 *Hähnchen*, Erman BGB, § 516 Rn. 40; *Koch*, MüKo BGB, § 516 Rn. 31; *Mansel*, Jauernig BGB, § 516 Rn. 19; *Trzaskalik*, K/S/M EStG, § 38 Rn. B 8.

897 *Mansel*, Jauernig BGB, § 516 Rn. 19; auch *Maschmann*, BeckOGK GewO, § 107 Rn. 47; *Tillmanns*, BeckOK ArbR GewO, § 107 Rn. 9.

898 Treffend *Koch*, MüKo BGB, § 516 Rn. 2.

existieren zwei Rechtsverhältnisse mit jeweils einem Schuldner: (1.) Der Gast, der Trinkgeld gewährt, und (2.) der Arbeitgeber. Die Frage, welcher davon als Arbeitgeber im Sinne des Lohnsteuerrechts infrage kommt, beantwortet *Trzaskalik* nicht, sondern setzt deren Beantwortung als im Rahmen des § 19 EStG zu treffende Vorentscheidung voraus.[899] Er geht schlicht davon aus, dass das (privatrechtliche) Rechtsverhältnis zwischen (privatrechtlichem) Arbeitgeber und Arbeitnehmer zur Qualifikation der Einnahmen als solche im Sinne des § 19 EStG führt. Die Identifikation des Arbeitgebers erfolgt nicht im Rahmen des § 38 EStG, obwohl die Arbeitgeberbegriffe der §§ 19 und 38 EStG von *Trzaskalik* als nicht deckungleich angesehen werden.

Hinsichtlich Liquidationspools vertritt *Trzaskalik* die Meinung, die lohnsteuerrechtlichen Pflichten hätte zwar auch der Krankenhausträger, er hätte sie aber nicht aufgrund seiner Eigenschaft als lohnsteuerrechtlicher Arbeitgeber. Die lohnsteuerrechtlichen Pflichten des Krankenhausträgers bezüglich der Zahlung des Anteils am Liquidationserlös an den nachgeordneten Mitarbeiter ergäben sich aus der Stellung des Krankenhausträgers als Verwalter des Vermögens des Chefarztes nach § 34 Abs. 3 AO.[900] Entscheidend für die Arbeitgeberstellung sei nicht, dass der Mitarbeiter aufgrund seines Arbeitsvertrages zum Krankenhausträger dem liquidationsberechtigten Arzt für dessen Nebentätigkeit zur Verfügung steht.[901] Maßgeblich sei vielmehr, auf wessen Schuld die Zahlungen geleistet werden.[902] Die Folge dieser Ansicht benennt *Trzaskalik* allerdings nicht, er deutet sie lediglich an: Der nachgeordnete Mitarbeiter stünde in zwei lohnsteuerrechtlichen Dienstverhältnisses zu unterschiedlichen Arbeitgebern. Bezüglich der im Arbeitsvertrag mit dem Krankenhausträger benannten summenmäßigen Vergütung hätte der Krankenhausträger die Arbeitgeberstellung inne; bezüglich der im Arbeitsvertrag nur anteilsmäßig zugesagten Vergütung aus dem Liquidationspool hätte der Chefarzt die Arbeitgeberstellung inne. Da dieser wiederum nur für den Zufluss der Mittel zum Fonds, nicht aber für deren Auszahlung oder Verteilung verantwortlich ist, habe der Krankenhausträger als Vermögensverwalter die lohnsteuerrechtlichen Aufgaben des Chefarztes nach § 34 Abs. 3 AO zu erfüllen.[903] Aus dieser Meinung lässt sich abermals nicht ermitteln, warum der Chefarzt – anders als der Trinkgeldgeber – nicht lediglich Dritter im Sinne des § 38 Abs. 1 S. 3 EStG ist. Nach *Trzaskalik* sei der Krankenhausträger – mag der Arbeitnehmer mit

899 Vgl. *Trzaskalik*, K/S/M EStG, § 38 Rn. B 36.
900 *Trzaskalik*, K/S/M EStG, § 38 Rn. B 14.
901 *Trzaskalik*, K/S/M EStG, § 38 Rn. B 14.
902 *Trzaskalik*, K/S/M EStG, § 38 Rn. B 14.
903 Vgl. *Trzaskalik*, K/S/M EStG, § 38 Rn. B 14-16.

diesem auch vertraglich gebunden sein und sich der Anspruch auf Beteiligung am Liquidationserlös auch aus diesem Vertrag ergeben – im Wesentlichen nur dann als Arbeitgeber lohnsteuereinbehaltungspflichtig, wenn der liquidationsberechtigte Arzt und der Krankenhausträger einen Vertrag zugunsten Dritter abschließen, der den Arzt zur Zahlung einer Mitarbeiterbeteiligung verpflichtet.[904] Auf das Vertragsverhältnis zwischen Arbeitnehmer und Krankenhausträger stellt *Trzaskalik* hingegen nicht ab. Legt man diesen Maßstab auf die Situationen des § 13b AÜG an, indem man nicht auf das Vertragsverhältnis zwischen Arbeitnehmer und Verleiher abstellt, so gelangt man dazu, dass sowohl Verleiher als auch Entleiher jeweils Arbeitgeber im steuerrechtlichen Dienstverhältnis sind.

Auch in Situationen drittbezogenen Arbeitseinsatzes stellt *Trzaskalik* (zunächst) auf die Schuldnerposition ab. Deshalb sei regelmäßig der Verleiher lohnsteuerrechtlicher Arbeitgeber, dieser leiste an den Arbeitnehmer auf eigene Schuld.[905] Die Schuldnerposition sieht *Trzaskalik* allerdings bei illegaler Arbeitnehmerüberlassung nicht mehr als bedeutsam an. Denn auch wenn das Arbeitsverhältnis zwischen Verleiher und Entleiher nach § 9 AÜG im Falle einer illegalen Arbeitnehmerüberlassung unwirksam sein sollte und der Verleiher damit privatrechtlich gerade nicht Schuldner der Arbeitnehmervergütung ist, sei der Entleiher nur dann lohnsteuerrechtlicher Arbeitgeber, wenn er in Kenntnis der Unwirksamkeit des Vertrages zwischen Verleiher und Leiharbeitnehmer auf eigene Schuld leiste.[906] *Trzaskalik* entscheidet also in dieser Situation danach, ob der Entleiher auf eigene oder fremde Schuld leisten *will*.[907]

d) Fazit

Durch das Anknüpfen an die Qualifikation des Rechtsverhältnisses stellt der steuerverfahrensrechtliche Arbeitgeberbegriff zunächst einen Zusammenhang zwischen § 19 und § 38 EStG her. § 19 EStG wird allerdings nur als Vehikel herangezogen, um auf das dem steuerrechtlichen Dienstverhältnis zugrundeliegende privat- oder öffentlich-rechtliche Rechtsverhältnis abzustellen. Dass eine solche Betrachtung geboten sei, wird auf das Veranlassungsprinzip gestützt, das allerdings in § 38 EStG keine unmittelbare Anwendung findet. Vielmehr ergeben sich aus dem Abstellen auf die Schuldnerposition eine Vielzahl an Unzulänglichkeiten des steuerverfahrensrechtlichen Arbeitgeberbegriffs, die zu Ausnahmen

904 *Trzaskalik*, K/S/M EStG, § 38 Rn. B 15.
905 Vgl. *Trzaskalik*, K/S/M EStG, § 38 Rn. B 32.
906 *Trzaskalik*, K/S/M EStG, § 38 Rn. B 32.
907 *Trzaskalik*, K/S/M EStG, § 38 Rn. B 12, B 32.

und Abweichungen von diesem zwingen. Insbesondere ist das der Fall, wenn bei Drittleistungen ein selbstständiges Rechtsverhältnis zwischen Arbeitnehmer und Dritten besteht, das zu dem zwischen Arbeitnehmer und Arbeitgeber tritt, oder wenn in Situationen des drittbezogenen Arbeitseinsatzes der Vertrag zwischen Arbeitnehmer und Verleiher unwirksam ist. Darüber hinaus kommt es zu Friktionen bei der Subjektfähigkeit. Wenn man das Kriterium der Schuldnerposition ernst nimmt, gilt es bezüglich der Subjektfähigkeit zu differenzieren: Liegt ein öffentlich-rechtliches Dienstverhältnis vor, das nur zu einer juristischen Person des öffentlichen Rechts mit Dienstherrnfähigkeit bestehen kann, so kann auch nur eine solche Subjekt der Lohnsteuer sein. Eine derart gespaltene Subjektfähigkeit kann nicht sachgerecht sein. Insgesamt erscheint nur ein Anknüpfen an die tatsächliche Vertragsdurchführung beziehungsweise an den Vollzug des öffentlich-rechtlichen Dienstverhältnisses konsequent. Legte man dies dem steuerverfahrensrechtlichen Arbeitgeberbegriff zugrunde, würde er sich als im Wesentlichen deckungsgleich zu dem der Finanzgerichtbarkeit herausstellen.

3. Überprüfung des funktionalen Arbeitgeberbegriffs

So bleibt zuletzt die Überprüfung des funktionalen Arbeitgeberbegriffs. *Meyer*[908] und *Nistegge*[909] setzen zur Bestimmung des lohnsteuerrechtlichen Arbeitgeberbegriffs beim Sinn und Zweck des Lohnsteuerverfahrens an. Der Lohnsteuerabzug diene dazu, das Steueraufkommen an der Quelle abzusichern.[910] Daraus folge, dass dem Arbeitgeber eine Schlüsselstellung im Lohnsteuerrecht zukommt, denn er sei es, der den Zahlungsfluss beherrscht.[911] Der Staat selbst hingegen könne keinen Zugriff an der Quelle vornehmen.[912] Arbeitgeber sei deshalb derjenige, der die Herrschaft über den Zahlungsfluss innehat.[913] Wende man eine normative Perspektive an, so sei lohnsteuerrechtlicher Arbeitgeber die Person, die den Arbeitnehmer auf privatrechtlicher oder öffentlich-rechtlicher Basis beschäftige und deshalb zur Lohnzahlung verpflichtet sei.[914] Nur diese Person verfüge umgekehrt regelmäßig über die den Arbeitnehmer betreffenden Informationen, die die

---

908 *Meyer*, BeckOK EStG, § 38 Rn. 27; augenscheinlich setzt auch *Gersch*, FS Klein, S. 889 (898) diesen oder zumindest einen ähnlichen Arbeitgeberbegriff voraus.
909 *Nistegge*, BeckOK EStG, § 42d Rn. 49.
910 *Meyer*, BeckOK EStG, § 38 Rn. 25; *Nistegge*, BeckOK EStG, § 42d Rn. 49.
911 *Meyer*, BeckOK EStG, § 38 Rn. 25.
912 *Meyer*, BeckOK EStG, § 38 Rn. 25.
913 *Meyer*, BeckOK EStG, § 38 Rn. 27.
914 *Meyer*, BeckOK EStG, § 38 Rn. 27.

zutreffende Ermittlung der Lohnsteuer ermöglichten.[915] Gesetzliche Regelungen, die von diesen Grundsätzen abwichen, bedürften der Rechtfertigung.

Bezüglich des funktionalen Arbeitgeberbegriff stellen sich folgende Fragen, die im Anschluss geklärt werden:

1. Dient die Lohnsteuer (in erster Linie) wirklich dazu, das Steueraufkommen an der Quelle abzusichern? Folgt daraus zutreffend die Schlüsselstellung des Arbeitgebers beim Lohnsteuerabzug und das Kriterium der Herrschaft über den Zahlungsfluss?
2. Wie ist das Kriterium der Herrschaft über den Zahlungsfluss zu verstehen? (Warum) Ist eine normative Betrachtung geboten? Weshalb folgt aus dieser normativen Betrachtung, dass derjenige Herrschaft über den Zahlungsfluss und damit die Arbeitgebereigenschaft innehabe, der den Arbeitnehmer auf privatrechtlicher oder öffentlich-rechtlicher Basis beschäftigt und deshalb zur Lohnzahlung verpflichtet ist?
3. Zuletzt stellt sich auch beim funktionalen Arbeitgeberbegriff die Frage danach, wie bei Anwendung des Arbeitgeberbegriffs der Umgang mit Dritten gelingt.

a) Der Quellenabzug

Für die Zweckermittlung der Lohnsteuer wird an die historische Intention des Gesetzgebers angeknüpft. In der Begründung des Gesetzesentwurfs zum EStG 1920 führt der damalige Reichsminister der Finanzen *Erzberger* aus:

> „*Das Ideal einer* [Einkommensteuer] *wäre, die Steuer derart zu veranlagen und zu erheben, daß das tatsächlich bezogene Einkommen herangezogen und daß die Steuer möglichst in dem Augenblick entrichtet wird, in dem das Einkommen bezogen ist beziehungsweise daß die Entrichtung möglichst nahe an diesen Zeitpunkt herangeschoben wird. Diesen Forderungen kommt am nächsten die sogenannte Erhebung an der Quelle, bei der der Schuldner des Steuerpflichtigen verpflichtet ist, von dem seinen Gläubiger zu zahlenden Betrage die Steuer zu kürzen und an die Steuerkasse abzuführen. Diese* [ist] *an sich* [die] *ideale, übrigens auch praktisch einfache Erhebungsmöglichkeit* […]. [Das] *Prinzip des Schöpfens an der Quelle* [hat] *einen großen Vorteil, nämlich den, daß es ein zuverlässiges Steueraufkommen gewährleistet.*“[916]

915 *Nistegge*, BeckOK EStG, § 42d Rn. 49.

916 Verhandlungen der verfassungsgebenden Deutschen Nationalversammlung, Bd. 340, Drs. 1624, S. 35 f.

Der Lohnsteuerabzug dient damit tatsächlich dazu, das Steueraufkommen durch Zugriff an der Quelle abzusichern.[917] Damit sorgt die Lohnsteuer für einen gegenwartsnahen und effektiven Gesetzesvollzug des EStG.[918] Darüber hinaus ist der Lohnsteuer aber auch ein Vorauszahlungscharakter zu eigen. So entsteht die Lohnsteuer in dem Zeitpunkt, in dem der Arbeitslohn dem Arbeitnehmer zufließt (§ 38 Abs. 2 S. 2 EStG). Bei jeder Lohnzahlung hat der Arbeitgeber die Lohnsteuer für Rechnung des Arbeitnehmers einzubehalten (§ 38 Abs. 3 S. 1 EStG). Die Einkommensteuer hingegen entsteht erst mit Ablauf des Veranlagungszeitraums (§ 36 Abs. 1 EStG). Insoweit stellt § 38 Abs. 2 S. 2 EStG eine Ausnahme zu § 36 Abs. 1 EStG dar.[919] Die Einkommensteuer entsteht also nur als Jahressteuer (§ 2 Abs. 7 S. 2 EStG) mit Ablauf des Veranlagungszeitraums, während sie als Lohnsteuer bereits im laufenden Kalenderjahr mit Zufluss des Arbeitslohns entsteht.[920] In § 37 Abs. 2 Nr. 2 EStG und § 38 Abs. 1 S. 1 EStG geht das Gesetz damit davon aus, dass die Einkommensteuer schon vor ihrem Entstehen als Jahressteuer erhoben werden kann.[921] So liegt der Vorauszahlungscharakter darin begründet, dass die Lohnsteuer vor dem Entstehen der Einkommensteuerschuld (§ 36 EStG) eingenommen wird.[922] Denn da die Einkommensteuer, wenn sie durch die Lohnsteuer unterjährig erhoben wird, noch nicht entstanden und festgesetzt ist, kann es sich bei der Lohnsteuer nur um eine Vorauszahlung auf die Jahreseinkommensteuer des Arbeitnehmers handeln.[923] Innerhalb der einkommensteuerrechtlichen systematischen Grundentscheidung für Vorauszahlungen des

917 BFH v. 26.7.1974 – VI R 24/69, BStBl. II 1974, 756 (759); *Drüen*, FR 2004, 1134 (1134); *G. Kirchhof*, Erfüllungspflichten, S. 15 f.; *Meyer*, BeckOK EStG, § 38 Rn. 25; *Pflüger*, H/H/R EStG, § 38 Rn. 5; *Schick*, BB 1983, 1041 (1043).

918 So BVerfG v. 10.4.1997 – 2 BvL 77/92, BVerfGE 96, 1 (7 f.); zustimmend *Heuermann*, StuW 1998, 219 (219); *Mösbauer*, FR 1995, 173 (178); mit historischem Hintergrund *Stallknecht*, Vereinfachungsnormen, S. 6; kritisch *Drüen*, Indienstnahme, S. 226; *Gorski*, DStZ 1993, 613 (615).

919 *Heuermann*, FR 2013, 354 (354); auch *Drüen*, DStJG Bd. 40 (2017), S. 11 (13).

920 Sinngemäß BFH v. 18.7.1985 – VI R 208/82, BStBl. II 1986, 152 (153); wörtlich *Heuermann*, FR 2013, 354 (354); *ders.*, Systematik, S. 13, 15; zustimmend *Drüen*, DStJG Bd. 40 (2017), S. 11 (13); auch *J. Martens*, StuW 1970, 309 (309); *Wackerbeck*, Brandis/Heuermann EStG, § 38 Rn. 61.

921 Prägnant *Heuermann*, Systematik, S. 13; auch *ders.*, StuW 1998, 219 (221).

922 *Heuermann*, FR 2013, 354 (354); *ders.*, Systematik, S. 13; zustimmend *Drüen*, DStJG Bd. 40 (2017), S. 11 (13); *Goez*, Quellenbesteuerung, S. 30; auch *J. Martens*, StuW 1970, 309 (310).

923 *Heuermann*, Systematik, S. 13 f.

Steuerpflichtigen (§ 37 EStG)[924] ist die Lohnsteuer deshalb die „Vorauszahlungssteuer des Arbeitnehmers".[925]

Dieser Vorauszahlungscharakter ist darauf zurückzuführen, dass *Erzberger* den Steuerabzug an der Quelle als Idealbild der Steuererhebung ansieht, aber auch dessen Nachteile erkennt. So können insbesondere „*die persönlichen Verhältnisse der Steuerpflichtigen* [...] *nicht berücksichtigt werden* [...], *weil der Schuldner die Verhältnisse seines Gläubigers nicht kennt und auch nicht kennen kann und daher* [lediglich] *zum Abzug einer bestimmten Quote verpflichtet werden kann.*"[926] Dies könne allenfalls in einem Veranlagungsverfahren berücksichtigt werden, das aber andere Nachteile mit sich bringt.[927] Wenn *Erzberger* die Veranlagung auch als leistungsfähigkeitsgerechter empfindet, so möchte er im EStG doch die Vorteile der Steuererhebung an der Quelle nutzen, wo dies möglich erscheint.[928] In diesem Sinne führt er aus:

> „*Wird nämlich davon abgesehen, an der Quelle unmittelbar den von dem Pflichtigen geschuldeten Betrag zu erheben, so können doch an der Quelle beim Einkommen aus Arbeit Abschlagszahlungen auf die Steuerschuld in Form von Lohn- und Gehaltsabzügen erhoben werden, wenn dem Pflichtigen die Möglichkeit gegeben wird, diese ihm gemachten Abzüge auf seine demnächstige Steuerschuld aufzurechnen.*"[929]

Der Vorauszahlungscharakter der Lohnsteuer ist also lediglich eine Folge der Steuererhebung an der Quelle, der dazu dient, die persönlichen Verhältnisse

---

924 Das Vorauszahlungsverfahren für die anderen Einkunftsarten regelt § 37 EStG. Auch wenn § 38 ausschließlich für Einkünfte aus nichtselbstständiger Arbeit gilt, ist er dennoch nicht lex specialis; hierzu eingehend BFH v. 20.12.2004 – VI R 182/97, BStBl. II 2005, 358 (360); indifferent hingegen BFH v. 29.4.1992 – VI B 152/91, BStBl. II 1992, 752 (753), wonach das Lohnsteuer-Abzugsverfahren ein „Unterfall" des § 37 EStG sei; hierzu wiederum *Drenseck*, StuW 2000, 452 (453 f.). Vorauszahlungen nach § 37 EStG sind auch neben dem Lohnsteuerabzug bei ausschließlich erzieltem Arbeitslohn möglich, BFH v. 29.4.1992 – VI B 152/91, BStBl. II 1992, 752 (753); BFH v. 20.12.2004 – VI R 182/97, BStBl. II 2005, 358 (360); außerdem *Karbe-Geßler*, K/K/B EStG, § 38 Rn. 3.

925 So prägnant *Drüen*, DStJG Bd. 40 (2017), S. 11 (13) in Anlehnung an *Lewang*; auch *Eisgruber*, Kirchhof/Seer EStG, § 38 Rn. 1; ähnlich *J. Martens*, StuW 1970, 309 (310).

926 Verhandlungen der verfassungsgebenden Deutschen Nationalversammlung, Bd. 340, Drs. 1624, S. 36.

927 Vgl. Verhandlungen der verfassungsgebenden Deutschen Nationalversammlung, Bd. 340, Drs. 1624, S. 36 ff.

928 Vgl. Verhandlungen der verfassungsgebenden Deutschen Nationalversammlung, Bd. 340, Drs. 1624, S. 40.

929 Verhandlungen der verfassungsgebenden Deutschen Nationalversammlung, Bd. 340, Drs. 1624, S. 40.

des Steuerpflichtigen zu berücksichtigen. Primärer Zweck der Lohnsteuer ist die Sicherung des Steueraufkommens durch Zugriff an der Quelle.

Auch wenn *Erzberger* den Arbeitgeber nicht ausdrücklich benennt, so geht er doch von einer Schlüsselstellung desselben aus. Immerhin beschreibt er die Steuererhebung an der Quelle derart, dass *„der Schuldner des Steuerpflichtigen verpflichtet ist, von dem seinen Gläubiger zu zahlenden Betrage die Steuer zu kürzen und an die Steuerkasse abzuführen.“*[930] Er nimmt also in Gestalt des Schuldners des Steuerpflichtigen im Zusammenhang mit § 45 EStG 1920 auf den Arbeitgeber Bezug und geht davon aus, dass dieser den gekürzten Betrag an den Arbeitnehmer als Steuerpflichtigen auszuzahlen hat. Damit geht *Erzberger* gleichsam davon aus, dass es der Arbeitgeber ist, der aufgrund seiner Stellung als Schuldner und Zahlender des Arbeitslohns die Herrschaft über den Zahlungsfluss innehat.

b) Die Herrschaft über den Zahlungsfluss

Die Herrschaft über den Zahlungsfluss oder auch eine entsprechende Sachherrschaft werden auch heute noch regelmäßig als Voraussetzung des Lohnsteuerabzugs durch den Arbeitgeber oder ganz grundsätzlich als Grund für die Indienstnahme des Arbeitgebers genannt. Insbesondere durch die Unterwerfung von Drittleistungen unter die Lohnsteuer wird allerdings regelmäßig nicht mehr kumulativ an die Gläubigerstellung (im zivilrechtlichen Sinne) und an die tatsächliche Auszahlung angeknüpft. *Drüen* verzichtet deshalb ganz auf das Kriterium der Sachherrschaft. Vielmehr sei Indienstnahmegrund die Sachnähe;[931] im Wirkungskreis und der Einflusssphäre des Indienstgenommenen ereigne sich der quellensteuerrechtliche Vorgang.[932] Sachnähe und Einflusssphäre ergäben sich aus einer qualifizierten Beziehung rechtlicher oder wirtschaftlicher Art zwischen Steuerschuldner und Entrichtungspflichtigem.[933] Weitflächig wird allerdings weiterhin die Sachherrschaft als Grund der Indienstnahme angesehen.[934] Die Sachherrschaft bestehe dabei grundsätzlich aus der für den Lohnsteuerabzug

930 Verhandlungen der verfassungsgebenden Deutschen Nationalversammlung, Bd. 340, Drs. 1624, S. 35 f.

931 *Drüen*, Indienstnahme, S. 291; auch *ders.*, FR 2004, 1134 (1147).

932 *Drüen*, Indienstnahme, S. 291; sinngemäß außerdem *Heuermann*, StuW 1998, 219 (224); *Kloubert*, Rechtstellung, S. 69.

933 *Drüen*, Indienstnahme, S. 291.

934 *Crezelius*, DStJG 9 (1986), 85 (90); *Kloubert*, DStR 200, 231 (232); *Lang*, DStJG 9 (1986), 15 (70); *Meyer*, BeckOK EStG, § 38 Rn. 25; *Stolterfoth*, DStJG Bd. 5 (1982), S. 271 (298 f.); wohl auch BFH v. 13.3.1974 – VI R 212/70, BStBl. II 1974, 411 oder *Hey*, FR 2020, 1 (3).

notwendigen Sachverhaltskenntnis[935] und dem Innehaben der zur Entrichtung erforderlichen finanziellen Mittel.[936] Denn um den Lohnsteuerabzug vorzunehmen, muss der Arbeitgeber die zum Lohnsteuerabzug erforderlichen Daten – insbesondere bezüglich der Drittzahlungen – konkret kennen.[937] *Nistegge* drückt demgemäß aus, dass sich der Lohnzufluss zumindest dann im Herrschaftsbereich des Arbeitgebers ereigne, wenn dieser die Möglichkeit habe, sich über Höhe und Umfang der vom Dritten geleisteten Zahlungen zu informieren, ohne dass es aufwendiger Ermittlungen bedürfte.[938] Der Herrschaftsbereich wäre damit mit dem Bereich der möglichen Kenntniserlangung gleichzusetzen.[939]

Ein solches Verständnis ist allerdings weder mit dem Begriff der Sach*herrschaft* noch mit der Intention des Zugriffs an der Quelle vereinbar. Nur weil eine Möglichkeit zur Kenntnisnahme besteht, bedeutet dies nicht, dass der Arbeitgeber entsprechend an der Quelle des entsprechenden Zahlungsflusses zugreifen kann. Sachherrschaft – zumindest im ursprünglichen Sinne des Gesetzes – kann mit Blick auf die Zielrichtung des Lohnsteuerrechts, einen möglichst effektiven Steuerabzug an der Quelle sicherzustellen, nur dann vorliegen, wenn tatsächlich an der Quelle des Zahlungsflusses zugegriffen werden kann.[940] Kenntnis ist deshalb gerade keine Herrschaft. Die Lohnsteuer entsteht in dem Zeitpunkt, in dem der Arbeitslohn dem Arbeitnehmer zufließt, § 38 Abs. 2 S. 2 EStG. Dem Zuflussprinzip entsprechend sind Einnahmen grundsätzlich dann zugeflossen, wenn der Steuerpflichtige wirtschaftlich über sie verfügen kann. Auch für den Arbeitslohn gilt, dass dementsprechend dann ein Zufluss vorliegt, wenn die Einnahme in das Vermögen des Steuerpflichtigen übergegangen, also der Leistungserfolg eingetreten ist. Sachherrschaft hat dementsprechend, wer im Zeitpunkt dieses Vermögensübergangs die Herrschaft über den Zufluss innehat.

---

935 So insbesondere *Nistegge*, BeckOK EStG, § 42d Rn. 241; *Stallknecht*, Vereinfachungsnormen, S. 115; *Gersch*, FR 2004, 938 (939). Auch in der Rechtsprechung finden sich entsprechende Formulierungen, beispielsweise BFH v. 24.10.1997 – VI R 23/94, BStBl. II 1999, 323 (324); BFH v. 24.1.2001 – I R 119/98, BStBl. II 2001, 512 (513); BFH v. 30.5.2001 – VI R 123/00, BStBl. II 2002, 230 (232).

936 *Hey*, FR 2020, 1 (3).

937 *Drüen*, FR 2004, 1134 (1147); *Gersch*, FR 2004, 938 (941); *Eisgruber*, Kirchhof/Seer EStG § 38 Rn. 12; weniger prägnant *Heuermann*, FR 2013, 354 (358).

938 *Nistegge*, BeckOK EStG, § 42d Rn. 241.

939 Sinngemäß *Brick*, Nichtselbstständige Arbeit, S. 31.

940 *Meyer*, BeckOK EStG, § 38 Rn. 17, 25; *ders.*, DStJG Bd. 40 (2017), S. 177 (180); auch *Kruse*, DStJG Bd. 9 (1986), S. 1 (5); in der Konsequenz *Schick*, BB 1983, 1041 (1043).

Diese Person sei laut *Meyer* anhand einer normativen Betrachtung zu ermitteln.[941] Sachherrschaft und damit auch die Arbeitgeberstellung habe deshalb derjenige, der den Arbeitnehmer auf privatrechtlicher oder öffentlich-rechtlicher Basis beschäftige und deshalb zur Lohnzahlung verpflichtet sei.[942] „Normativ" meint an dieser Stelle ein durch Normen ausgestaltetes (Rechts-)Verhältnis, nicht lediglich die Bezugnahme einer Norm auf ein entsprechendes Verhältnis. Deshalb sei derjenige, der den Arbeitnehmer – im Sinne dieser Definition – *beschäftigt*, der Vertragspartner des Arbeitnehmers, wenn der Beschäftigung ein privatrechtliches Dienstverhältnis zugrunde liege.[943] Dementsprechend sei grundsätzlich eine zivilrechtliche Anknüpfung geboten.[944] Liegt der Beschäftigung ein öffentlich-rechtliches Dienstverhältnis zugrunde, so müsste der Dienstherr, der dem (lohnsteuerrechtlichen) Arbeitnehmer im öffentlich-rechtlichen Dienst- und Treueverhältnis gegenübersteht, Arbeitgeber sein. *Meyer* stellt diesbezüglich lediglich fest, dass lohnsteuerrechtlicher Arbeitgeber bei öffentlich-rechtlichen Beschäftigungsverhältnisses die „zugehörige" juristische Person des öffentlichen Rechts sei.[945] Trotz dieser vorzunehmenden normativen Betrachtung und der daraus resultierenden unmittelbaren Bedeutung des Privatrechts und des öffentlichen Rechts für das Lohnsteuerrecht sei der Arbeitgeberbegriff steuerrechtsautonom und damit „losgelöst von Zivil-, Sozial- und Abkommensrecht" zu bestimmen.[946] Dies äußere sich insbesondere darin, dass es für die Anknüpfung der lohnsteuerrechtlichen Pflichten nicht auf die *Wirksamkeit* des Beschäftigungsverhältnisses oder auf die Frage ankomme, ob auf den bezogenen Lohn ein *Anspruch* besteht.[947]

Auf den ersten Blick geht mit einer solch normativen Betrachtung Rechtssicherheit einher. Der Arbeitgeber ist aufgrund seiner Stellung als Vertragspartner in einem Rechtsverhältnis klar bestimmbar. Wer sich entschließt, als Arbeitgeber tätig zu werden, kann absehen, dass er (insbesondere) Subjekt der Lohnsteuer wird. Auch erweist sie sich im Wesentlichen als deckungsgleich zur historischen Intention *Erzbergers*, der mit der Bezugnahme auf die Schuldner- und Gläubigerstellung im Dienstverhältnis auf die Stellung als Vertragspartner abstellt.[948]

---

941 *Meyer*, BeckOK EStG, § 38 Rn. 27.
942 *Meyer*, BeckOK EStG, § 38 Rn. 27.
943 *Meyer*, BeckOK EStG, § 38 Rn. 27.2.
944 *Meyer*, BeckOK EStG, § 38 Rn. 27.2.
945 *Meyer*, BeckOK EStG, § 38 Rn. 29.
946 *Meyer*, BeckOK EStG, § 38 Rn. 29.
947 *Meyer*, BeckOK EStG, § 38 Rn. 27.7.
948 Vgl. Verhandlungen der verfassungsgebenden Deutschen Nationalversammlung, Bd. 340, Drs. 1624, S. 35 f.

Herrschaft über den Zahlungsfluss – im ursprünglichen Sinne – kann der Vertragspartner als Arbeitgeber allerdings nur so lange haben, wie er rechtlich oder tatsächlich in den Zahlungsfluss eingeschaltet ist.[949] Dies zeigt sich erneut in der Gesetzesbegründung des EStG 1920, wo *Erzberger* davon ausgeht, dass der Schuldner des Steuerpflichtigen den Arbeitslohn an diesen zu zahlen habe.[950] Diesen zu zahlenden Arbeitslohn habe der Arbeitgeber um die zu zahlende Steuer zu kürzen und diese wiederum an die Steuerkasse abzuführen.[951] Bei echten Drittleistungen führt dies dazu, dass der Arbeitgeber in keinem Falle Herrschaft über den Zahlungsfluss hat. Er ist typischerweise weder rechtlich noch tatsächlich in den Zahlungsfluss eingeschaltet; für die Anknüpfung des Lohnsteuerrechts ist (lediglich) eine entsprechende Kenntnis Voraussetzung.[952] Insoweit versagt der funktionale Arbeitgeberbegriff bei Drittleistungen. Nach Ansicht *Meyers* wird die Regelung des § 38 Abs. 1 S. 3 EStG deshalb nicht mehr *„vom Indienstnahmegrund der Herrschaft des Arbeitgebers über den Zahlungsfluss getragen.“*[953] Bei Anwendung des funktionalen Arbeitgeberbegriffs ist deshalb eine Art „Vorprüfung“ erforderlich: Bei echten Drittleistungen hat der Vertragspartner des Arbeitnehmers im Dienstverhältnis keine Sachherrschaft; diese hat der Dritte. Es kommt damit allein auf die Zahlungen an, bezüglich derer der Vertragspartner rechtlich oder tatsächlich in den Zahlungsvorgang eingeschaltet ist.

c) Der Arbeitgeber und die Dritten

Auch die Funktionsweise des funktionalen Arbeitgeberbegriffs zeigt sich am besten in Situationen drittbezogenen Arbeitseinsatzes oder bei den gerade schon in Bezug genommenen Drittleistungen. Den funktionalen Arbeitgeberbegriff zugrunde gelegt, ist auch in Situationen drittbezogenen Arbeitseinsatzes derjenige Arbeitgeber, der den Arbeitnehmer auf privatrechtlicher oder öffentlich-rechtlicher Basis beschäftigt und deshalb zur Lohnzahlung verpflichtet ist.[954] Im Leiharbeitsverhältnis ist dies regelmäßig der Verleiher. Auch wenn der Entleiher den Lohn in eigenem Namen und auf eigene Rechnung zahle, sei der Verleiher

949 In diesem Sinne BFH v. 13.3.1974 – VI R 212/70, BStBl. II 1974, 411 (412 f.).

950 Vgl. Verhandlungen der verfassungsgebenden Deutschen Nationalversammlung, Bd. 340, Drs. 1624, S. 35 f.

951 Verhandlungen der verfassungsgebenden Deutschen Nationalversammlung, Bd. 340, Drs. 1624, S. 35 f.

952 Siehe oben S. 109 ff.

953 *Meyer*, BeckOK EStG, § 38 Rn. 50.

954 Zu dieser Definition soeben S. 179 f. Zur Abordnung als Form des drittbezogenen Arbeitseinsatzes im öffentlich-rechtlichen Dienstverhältnis oben Fn. 665.

Arbeitgeber, wenn ihm die Lohnzahlungspflicht obliege.[955] Das Anknüpfen an die Schuldnerstellung führe auch dazu, dass bei illegaler Arbeitnehmerüberlassung mit der Rechtsfolge des § 10 AÜG der Entleiher lohnsteuerrechtlicher Arbeitgeber sei. Der Verleiher wäre also trotz gegebenenfalls tatsächlich weitergezahltem Lohn nicht einbehaltungspflichtig. Er würde (lediglich) nach § 42d Abs. 7 EStG wie ein Entleiher nach § 42d Abs. 6 EStG haften. Dies gilt an sich auch bei Arbeitnehmerüberlassung im Konzern. Lohnsteuerrechtlicher Arbeitgeber im Konzern ist dementsprechend die Konzerngesellschaft, mit der der Arbeitnehmer vertraglich gebunden ist.[956] Ist der Arbeitnehmer im Konzern allerdings an zwei Vertragspartner gebunden, führt dies dazu, dass jeder der beiden Schuldner des Arbeitslohns auch lohnsteuerrechtlicher Arbeitgeber ist – jeweils für den Arbeitslohn, den er schuldet.

Bei Drittleistungen hat der Vertragspartner des Arbeitnehmers keine Herrschaft über den Zahlungsfluss. Die Drittleistung wird vom Arbeitgeber nicht im privatrechtlichen oder öffentlich-rechtlichen Sinne „geschuldet". Unproblematisch ist dies beim Liquidationspool. Dort ist im typischen Falle der Krankenhausträger als Vertragspartner des nachgeordneten Mitarbeiters dessen lohnsteuerrechtlicher Arbeitgeber. Hingegen problematisch erscheint der funktionale Arbeitgeberbegriff bei Anwendung auf den Zugang zu Gemeinschaftseinrichtungen nach § 13b AÜG. Der funktionale Arbeitgeberbegriff geht davon aus, dass der Arbeitgeber den Arbeitnehmer auf privatrechtlicher oder öffentlich-rechtlicher Basis beschäftigt und deshalb zur Lohnzahlung verpflichtet ist.[957] Aus der (Schuldner-) Stellung im jeweiligen Dienstverhältnis folgt die Herrschaft über den Zahlungsfluss. § 13b AÜG gewährt dem Leiharbeitnehmer einen eigenen Anspruch gegen den Entleiher, ihm Zugang zu den Gemeinschaftsreinrichtungen und -diensten des Entleihers zu gewähren.[958] Schuldner des Anspruchs ist deshalb (allein) der Entleiher. Der Vergütungsanspruch des Leiharbeitnehmer besteht hingegen (typischerweise) allein gegen den Verleiher, dem Vertragspartner

---

955 *Meyer*, BeckOK EStG, § 38 Rn. 27.4.

956 Insoweit deckt sich der funktionale Arbeitgeberbegriff mit der teilweise von der Finanzgerichtsbarkeit vertretenen Ansicht, wonach allein die organschaftliche Stellung eine von der zivilrechtlichen Ausgangslage abweichende Beurteilung nicht rechtfertige; so BFH v. 19.2.2004 – VI R 122/00, BStBl. II 2004, 620 (621); FG München v. 22.4.2016 – 8 K 3290/14, rkr., DStRE 2018, 468 (470).

957 *Meyer*, BeckOK EStG, § 38 Rn. 27.

958 Vgl. BT-Drs. 17/4804, S. 10; *Hamann*, RdA 2011, 321 (326); *Kock*, BB 2012, 323 (324); *ders.*, BeckOK ArbR AÜG, § 13b Rn. 2; *ders.*, Thüsing AÜG, §§ 13a, 13b Rn. 15; *Lembke*, NZA 2011, 319 (323).

des Leiharbeitnehmers. Dieser ist Schuldner im Dienstverhältnis. Auch wenn Entleiher und Verleiher beide Schuldner des Arbeitnehmers sind, ist allein der Verleiher Schuldner im Dienstverhältnis. Dieser allein ist lohnsteuerrechtlicher Arbeitgeber nach dem funktionalen Arbeitgeberbegriff. Sollte der Zugang zu den Gemeinschaftseinkünften zum Zufluss von Arbeitslohn führen, ist dies als Drittleistung zu qualifizieren.[959] Dieses Ergebnis entspricht der einhelligen Ansicht von Arbeitsgerichten und Finanzverwaltung.[960]

d) Die Regelungen des § 38 Abs. 3a EStG

Knüpft man zur Bestimmung der Arbeitgebereigenschaft an das Kriterium der Herrschaft über den Zahlungsfluss an, so gilt es, auch die Regelungen des § 38 Abs. 3a EStG zu betrachten. Diese erlegen in bestimmten Situationen der Lohnzahlung Dritter[961] die lohnsteuerrechtlichen Pflichten dem Dritten auf. Man würde also erwarten, dass in diesen Situationen der Dritte allein oder zumindest ein gewisses Mehr im Vergleich zum Arbeitgeber an Herrschaft über den Zahlungsfluss hat. Die von der Norm erfassten Situationen sind in Satz 1 solche, in denen aus einem (früheren) Dienstverhältnis tarifvertragliche Ansprüche des Arbeitnehmers auf Arbeitslohn gegen einen Dritten bestehen und von diesem durch die Zahlung von Geld erfüllt werden, sowie in Sätzen 2-5 vorrangig solche, in denen ein Dritter freiwillig die lohnsteuerrechtlichen Arbeitgeberpflichten übernimmt.[962] Die jeweils abgebildeten Situationen sind streng zu unterscheiden:

aa) Die zentrale Erbringung tariflicher Teilleistungen

Nach § 38 Abs. 3a S. 1 EStG ist ein Dritter, der unmittelbar gegen sich gerichtete tarifvertragliche Arbeitslohnansprüche erfüllt, zum Lohnsteuerabzug verpflichtet, wenn es sich um Geldleistungen handelt.[963] Der Anspruch, der gegen den Dritten gerichtet ist, entstammt dem (arbeitsrechtlichen) Arbeitsverhältnis zwischen Arbeitgeber und Arbeitnehmer. Die Erfüllung der Ansprüche durch Geldzahlung ist die Gewährung von Arbeitslohn durch den Dritten. Die Situation ähnelt damit grundsätzlich der des Zugangs zu Gemeinschaftseinrichtungen und -diensten

---

959 *Meyer*, BeckOK EStG, § 38 Rn. 50.5.

960 Siehe oben Fn. 657.

961 Zum Zusammenhang zwischen § 38 Abs. 1 S. 3 und Abs. 3a S. 1 EStG siehe schon oben S. 117 ff.

962 § 38 Abs. 3a S. 6 und 7 EStG beziehen sich sowohl auf die Situation des § 38 Abs. 3a S. 1 EStG als auch auf die der Sätze 2-5.

963 BT-Drs. 15/1562, S. 34; ausdrücklich auch BMF v. 27.1.2004 – IV C 5 – S 2000 – 2/04, BStBl. I 2004, 173 (176).

nach § 13b AÜG: Der Dritte ist zwar (auch) Schuldner des Arbeitslohns, allerdings ist er nicht Vertragspartner des Arbeitnehmers im Dienstverhältnis und deshalb auch nicht lohnsteuerrechtlicher Arbeitgeber entsprechend dem funktionalen Arbeitgeberbegriff. Dass dem Dritten nach § 38 Abs. 3a S. 1 EStG selbst lohnsteuerrechtliche Pflichten auferlegt werden, soll nach Ansicht der Finanzverwaltung die steuerliche Erfassung dieses Arbeitslohns sicherstellen.[964] Dadurch unterstreicht die Norm grundsätzlich den Zweck des Lohnsteuerverfahrens, den sicheren Eingang der Steuer beim Staat zu gewährleisten.[965] Den funktionalen Arbeitgeberbegriff vorausgesetzt würde dies bedeuten, dass auf die eigene Schuldnerposition des Dritten abzustellen ist und dass das Schuldverhältnis zwischen Drittem und Arbeitnehmer zumindest stärker ausgeprägt ist als das zwischen Arbeitnehmer und Arbeitgeber. Dies ist hinsichtlich der Kontinuität des Schuldverhältnisses tatsächlich der Fall. § 38 Abs. 3a S. 1 EStG stellt auf Situationen ab, in denen ein Dritter – insbesondere die Sozialkassen des Baugewerbes – zentral tarifliche Teilleistungen erbringt, die als Arbeitslohn zu qualifizieren sind.[966] Die zentrale Erbringung tariflicher Teilleistungen hat ihren Hintergrund darin, dass insbesondere die Baubranche von kurzlebigen Arbeitsverhältnissen geprägt ist.[967] Ohne zentrale Erbringung tariflicher Leistungen stünde einer Vielzahl an Arbeitnehmern insbesondere kein Anspruch auf zusammenhängenden Erholungsurlaub zu.[968] Um solchen zu ermöglichen, können Urlaubsansprüche durch die Zentralfunktion der Urlaubs- und Lohnausgleichskasse von einem Arbeitgeber auf den nächsten übertragen werden.[969] Kann dieser Urlaub aufgrund bestimmter Voraussetzungen nicht gewährt werden, so steht dem Arbeitnehmer ein Anspruch auf Urlaubsabgeltung gegen den (letzten) Arbeitgeber zu.[970] Verfallen Urlaubsansprüche oder Urlaubsabgeltungsansprüche, steht dem Arbeitnehmer ein Anspruch auf Entschädigung gegen die Urlaubs- und Lohnausgleichskasse zu.[971] Während der Arbeitnehmer also eine Vielzahl von aufeinanderfolgenden Arbeitsverhältnissen zu verschiedensten Arbeitgebern eingehen kann, werden seine in den jeweiligen

---

964 BMF v. 27.1.2004 – IV C 5 – S 2000 – 2/04, BStBl. I 2004, 173 (176).

965 Daneben soll auch eine *„erhebliche Verwaltungsvereinfachung“* erreicht werden; so BT-Drs. 15/1562, S. 31.

966 BMF v. 27.1.2004 – IV C 5 – S 2000 – 2/04, BStBl. I 2004, 173 (176).

967 Vgl. Geschäftsbericht SOKA-BAU 2022, S. 12.

968 Vgl. Geschäftsbericht SOKA-BAU 2022, S. 12.

969 Vgl. Geschäftsbericht SOKA-BAU 2022, S. 12.

970 Vgl. § 8 Nr. 6 Bundesrahmentarifvertrag für das Baugewerbe vom 28.9.2018 in der Fassung vom 5.11.2021 und 10.11.2022.

971 Vgl. § 8 Nr. 6, Nr. 15 Bundesrahmentarifvertrag für das Baugewerbe vom 28.9.2018 in der Fassung vom 5.11.2021 und 10.11.2022.

Arbeitsverhältnisses erworbenen Ansprüche dauerhaft durch die Urlaubs- und Lohnausgleichskasse des Baugewerbes abgesichert. Insoweit liegt tatsächlich ein gewisses „Mehr" bezüglich der Herrschaft über den entsprechenden Zahlungsfluss vor. Dies verdeutlicht auch die Begründung des entsprechenden Gesetzentwurfs zur Einführung des § 38 Abs. 3a S. 1 EStG, der die Notwendigkeit der Norm in der Gewährleistung des sicheren Eingangs der Steuer beim Staat sieht.[972] Dem Dritten nach § 38 Abs. 3a S. 1 EStG müssten die lohnsteuerrechtlichen Pflichten auferlegt werden, weil sonst die Befolgung der lohnsteuerrechtlichen Pflichten durch den Arbeitgebers nicht sichergestellt werden könne.[973] Dies sei sowohl auf seine Unkenntnis als auch auf die des Finanzamtes zurückzuführen.[974] Ganz allgemein wird regelmäßig neben dem Dritten auch der Arbeitgeber Arbeitslohn leisten. In solchen Situationen kommt es zu einer Verdopplung des Pflichtenkanons, wobei die Zuständigkeit jedoch aufgeteilt ist und sich nach dem jeweils betroffenen Teil der Bezüge richtet.[975]

bb) Die Situationen des § 38 Abs. 3a S. 2 EStG

Auch in den Situationen des § 38 Abs. 3a S. 2 EStG erlegt das EStG dem Dritten die lohnsteuerrechtlichen Pflichten auf. Dies dient aber offenkundig weniger der Sicherung der Lohnsteuer als mehr der Praktikabilität und der Vereinfachung des Steuervollzugs.[976] Gemäß der Regelung kann ein Dritter die lohnsteuerrechtlichen Pflichten des Arbeitgebers unter den Voraussetzungen erfüllen,[977] dass

972 BT-Drs. 15/1562, S. 31.

973 BT-Drs. 15/1562, S. 31.

974 BT-Drs. 15/1562, S. 31.

975 So jedenfalls *Meyer*, BeckOK EStG, § 38 Rn. 67.4.

976 Vgl. auch hierzu BT-Drs. 15/1562, S. 31 f., wonach die Möglichkeit der Übernahme der lohnsteuerrechtlichen Pflichten durch den Dritten i.S.d. § 38 Abs. 3a S. 2, 3 EStG den Arbeitgebern bürokratischen Aufwand abnehme, indem jeweils eine einzige Person die Lohnsteuerberechnung und Anmeldung vornehmen muss und außerdem die Zusammenfassung von Löhnen aus mehreren Dienstverhältnissen durch den Arbeitnehmer nicht mehr vorgenommen werden muss. Des Weiteren würde die Finanzverwaltung entlastet, weil sich die Zahl der zu bearbeitenden Lohnsteuer-Anmeldungen und die Zahl der Veranlagungsfälle des § 46 Abs. 2 Nr. 2 EStG verringere.

977 Die Finanzverwaltung spricht (zumindest technisch) unzutreffend davon, dass durch § 38 Abs. 3a S. 2 EStG die Lohnsteuerabzugsverpflichtung vom Arbeitgeber auf einen Dritten übertragen werden könne, BMF v. 27.1.2004 – IV C 5 – S 2000 – 2/04, BStBl. I 2004, 173 (176). Richtigerweise gestattet es das Betriebsstättenfinanzamt des Dritten diesem, die eigentlich dem Arbeitgeber obliegenden lohnsteuerrechtlichen Pflichten zu erfüllen.

- der Dritte die Zustimmung seines Betriebsstättenfinanzamts einholt (§ 38 Abs. 3a S. 2, 4 EStG),
- sich der Dritte gegenüber dem (lohnsteuerrechtlichen) Arbeitgeber zur Erfüllung von dessen gesamten lohnsteuerrechtlichen Pflichten in eigenem Namen (privatrechtlich)[978] verpflichtet hat (§ 38 Abs. 3a S. 3 Nr. 1 EStG, vgl. R. 38.5 S. 2 LStR),
- der Dritte den Lohn auszahlt oder er nur Arbeitgeberpflichten[979] für von ihm vermittelte Arbeitnehmer übernimmt (§ 38 Abs. 3a S. 3 Nr. 2 EStG) und
- die Steuererhebung nicht beeinträchtigt wird (§ 38 Abs. 3a S. 3 Nr. 3 EStG), womit die Gewährleistung der zutreffenden Durchführung des Lohnsteuerabzugs gemeint sein dürfte.[980]

Wesentlich für die Übertragung der lohnsteuerrechtlichen Pflichten auf den Dritten nach § 38 Abs. 3a S. 2 EStG ist die „besondere rechtliche oder organisatorische Verflechtung" des Dritten mit dem lohnsteuerrechtlichen Arbeitgeber, aufgrund derer er den Arbeitslohn zahlt oder er – im Falle der studentischen Arbeitsvermittlung[981] – die Arbeitnehmer vermittelt hat.[982] Durch die Einführung von § 38 Abs. 3a S. 2 EStG sollte im Wesentlichen eine gesetzliche Grundlage für eine in bestimmten Fällen über lange Zeit von den Finanzämtern geübte und bis dahin ohne Rechtsgrundlage bestehende Verwaltungspraxis[983]

978 Dass die Verpflichtung zwischen Drittem im Sinne des § 38 Abs. 3a S. 2 EStG und Arbeitgeber privatrechtlicher Natur sein muss, wird bei Betrachtung der in der BT-Drs. 15/1562, S. 31 genannten Fallgruppen deutlich, bei welchen die Indienstnahme (allein) des lohnsteuerrechtlichen Arbeitgebers zu Vollzugsdefiziten geführt hat.

979 Das Tatbestandsmerkmal „nur Arbeitgeberpflichten für vermittelte Arbeitnehmer" ist auf die Erfassung von sogenannten *studentischen Arbeitsvermittlungen* gerichtet, vgl. BT-Drs. 15/1562, S. 31; BR-Drs. 630/1/03, S. 50 f. Bei solchen steht ein Arbeitnehmer in mehreren aufeinander folgenden kurzfristigen Arbeitsverhältnissen zu unterschiedlichen Arbeitgebern. Die studentische Arbeitsvermittlung vermittelt diese kurzfristigen Arbeitsverhältnisse; die Lohnzahlung erfolgt durch die verschiedenen (privatrechtlichen) Arbeitgeber. Außerdem fasst die studentische Arbeitsvermittlung als lohnsteuerrechtlicher Dritter die Löhne (verschiedener privatrechtlicher Arbeitgeber) zur Berechnung der Lohnsteuer zusammen und meldet die Lohnsteuer für eine Vielzahl von Arbeitnehmern unter eigenem Namen beim Betriebsstättenfinanzamt an und führt sie dorthin ab; vgl. erneut BT-Drs. 15/1562, S. 31.

980 So jedenfalls *Gersch*, FR 2004, 938 (943).

981 Hierzu schon soeben Fn. 979.

982 BT-Drs. 15/1562, S. 34.

983 Hierzu auch *Seifert*, Korn EStG, § 38 Rn. 37 f.; *Strohner*, H/H/R EStG, § 38 Rn. 52; *Krüger*, Schmidt EStG, § 38 Rn. 17.

geschaffen werden.[984] Erfasst werden sollten bestimmte Sondersituationen, wie beispielsweise die zusammengefasste Lohnabrechnung von Mehrfacharbeitsverhältnissen eines Arbeitnehmers im Konzernverbund (insbesondere bei Versicherungsgesellschaften mit Spartentrennung), studentische Arbeitsvermittlungen, zentrale Abrechnungsstellen bei den Kirchen und Einrichtungen der Wohlfahrtspflege, Arbeitnehmer von Wohnungseigentümergemeinschaften sowie Mitarbeiter von Landtags- und Bundestagsabgeordneten.[985] Durch § 38 Abs. 3a S. 2, 3 EStG ist damit eine Praxis legalisiert worden, die von der Finanzverwaltung bereits zuvor – im Widerspruch zum Legalitätsprinzip[986] – so akzeptiert und gelebt wurde.[987]

Den von § 38 Abs. 3a S. 1 und S. 2, 3 EStG erfassten Situationen ist gemein, dass die Lohnzahlung in Geld wesentliche Voraussetzung ist. Bei Abs. 3a S. 1 müssen die tarifvertraglichen Ansprüche in Geld erfüllt werden; auch die freiwillige Übernahme der Arbeitgeberpflichten setzt gemäß Abs. 3a S. 3 Nr. 2 voraus, dass der Dritte den Lohn selbst auszahlt oder er – im Falle der studentischen Arbeitsvermittlung – (nur) Arbeitgeberpflichten für von ihm vermittelte

---

984 BT-Drs. 15/1562, S. 31; BR-Drs. 630/1/03, S. 51; BMF v. 27.1.2004 – IV C 5 – S 2000 – 2/04, BStBl. I 2004, 173 (176).

985 BT-Drs. 15/1562, S. 31; BR-Drs. 630/1/03, S. 51; BMF v. 27.1.2004 – IV C 5 – S 2000 – 2/04, BStBl. I 2004, 173 (176); enumerativ auch *Heß*, Lademann EStG, § 38 Rn. 181; *Meyer*, BeckOK EStG, § 38 Rn. 67.1; *Seifert*, Korn EStG, § 38 Rn. 37 f.; *Strohner*, H/H/R EStG, § 38 Rn. 52.

986 Die Grundsätze des Vorbehalts und des Vorrangs des Gesetzes werden traditionell unter dem Prinzip der „Gesetzmäßigkeit der Verwaltung" zusammengefasst; vgl. BFH (GrS) v. 28.11.2016 – GrS 1/15, BStBl. II 2017, 393 (400 f.); *Gersch*, FS Klein, S. 889 (891); *Huster/Rux*, BeckOK GG, Art. 20 Rn. 164; *Jarass*, Jarass/Pieroth GG, Art. 20 Rn. 41. So verlangt der Vorbehalt des Gesetzes, dass staatliches Handeln entsprechend der Wesentlichkeitstheorie in bestimmten grundlegenden Bereichen durch ein förmliches Gesetz legitimiert wird; BVerfG v. 14.7.1998 – 1 BvR 1640/97, BVerfGE 98, 218 (251); auch *Jarass*, Jarass/Pieroth GG, Art. 20 Rn. 69; *G. Kirchhof*, Allgemeinheit, S. 246 ff.; *P. Kirchhof*, FS Kruse, S. 17 (27); *Lenders/Baumanns*, BeamtStG, § 1 Rn. 12; *Thiele*, STAAT 2010, 274 (283); *Walz*, Steuergerechtigkeit, S. 137 f.; *Weber-Grellet*, StuW 1993, 97 (101). Greift der Vorbehalt des Gesetzes, so ist es der Verwaltung verboten, ohne vorhergehende Erlaubnis der Legislative aktiv zu werden; *Grzezick*, Düring/Herzog/Scholz GG, Art. 20 Rn. 83; *Thiele*, STAAT 2010, 274 (283); *Wernsmann*, DVBl 2015, 1085 (1086). Insoweit darf es keinerlei staatliche Tätigkeit ohne vorhergehende Entscheidung des Parlaments geben; *Grzezick*, Düring/Herzog/Scholz GG, Art. 20 Rn. 83; sinngemäß auch *Seer*, Tipke/Lang, Steuerrecht, Rn. 21.1.

987 Sinngemäß *Seifert*, Korn EStG, § 38 Rn. 37 f.; *Strohner*, H/H/R EStG, § 38 Rn. 52; *Krüger*, Schmidt EStG, § 38 Rn. 17.

Arbeitnehmer übernimmt. Ein Dritter, der Arbeitnehmern anderer Arbeitgeber Sachbezüge gewährt, ist – außer gegebenenfalls in den Situationen des § 38 Abs. 3a S. 2, 3 Nr. 2 Alt. 2 EStG – nicht zum Lohnsteuerabzug verpflichtet.[988] Dies gilt selbst dann, wenn die Ansprüche der Arbeitnehmer auf Sachbezüge tarifvertraglich festgelegt sind.[989] Obwohl teilweise vertreten wird, dass in den Situationen des § 38 Abs. 3a EStG ein „genügender Bezug" zum Lohnzahlungsvorgang vorliegt[990] und sich der Lohnzufluss im Herrschaftsbereich des Arbeitgebers ereignet,[991] kann – den funktionalen Arbeitgeberbegriff zugrunde gelegt – kein „Mehr" an Sachherrschaft als beim Arbeitgeber als Schuldner im Dienstverhältnis erkannt werden. Vielmehr handelt es sich in Situationen des § 38 Abs. 3a S. 2 EStG eher um solche der unechten Lohnzahlung durch Dritte: Im Falle der studentischen Arbeitsvermittlung liegt sogar keine Leistung eines Dritten vor. Vielmehr leistet der Arbeitgeber selbst an den Arbeitnehmer. Die privatrechtliche Verpflichtung zwischen Dritten und Arbeitgeber sorgt nicht für eine Schuldnerstellung des Dritten im Verhältnis zum Arbeitnehmer. § 38 Abs. 3a S. 2 EStG kann also nicht als Grenzfall angesehen werden, bei dem der vom Lohnsteuerrecht Verpflichtete aufgrund größerer Nähe zum Zahlungsfluss vom Arbeitgeber hin zum Dritten „kippen" würde. Vielmehr erscheint die Norm aufgrund der Zentralisierung beim Dritten spezieller als § 38 Abs. 1 S. 3 EStG[992] und bildet insoweit Sondersituationen ab. Wenn man den Maßstab des § 38 Abs. 1 S. 3 EStG anlegt, könnte in dieser Situation genauso gut der Arbeitgeber zur Erfüllung der lohnsteuerrechtlichen Pflichten herangezogen werden. Dieser Gedanke kommt auch in dem Umstand zum Ausdruck, dass der Arbeitgeber nur so weit von seinen lohnsteuerrechtlichen Pflichten befreit wird, wie der Dritte diese Pflichten auch erfüllt hat (§ 38 Abs. 3a S. 6 HS. 2 EStG).[993]

---

988 Vgl. BT-Drs. 15/1562, S. 34.

989 Ausdrücklich BT-Drs. 15/1562, S. 34.

990 *Heß*, Lademann EStG, § 38 Rn. 181, 191; *Meyer*, BeckOK EStG, § 38 Rn. 66.1; auch *Nistegge*, BeckOK EStG, § 42d Rn. 240.

991 *Nistegge*, BeckOK EStG, § 42d Rn. 241; a.A. *Gersch*, H/H/R EStG, § 42d Rn. 136.

992 Gleichsinnig *Meyer*, BeckOK EStG, § 38 Rn. 67.1.

993 Das „Mehr" an Sachherrschaft gegenüber diesen Arbeitgebern erscheint als der hauptsächliche Existenzgrund von § 38 Abs. 3a S. 1 EStG, wird sich in den Gesetzgebungsmaterialien doch (allein) auf die Sicherstellung der lohnsteuerrechtlichen Pflichten berufen. Dennoch spielt auch der Zentralisierungsgedanke bei § 38 Abs. 3a S. 1 EStG eine gewisse Rolle. Immerhin nimmt der Dritte im Sinne des § 38 Abs. 3a S. 1 EStG die lohnsteuerrechtlichen Pflichten für eine Vielzahl an Arbeitnehmern wahr, die in Dienstverhältnissen zu einer Vielzahl an Arbeitgebern stehen. Deshalb wird die Haftung nach § 42d Abs. 9 EStG gleichermaßen auf den Dritten im Sinne des § 38 Abs. 3a S. 1 EStG erstreckt.

In diesem Sinne werden außerdem die Vorschriften zum Lohnsteuerabzug durch Dritte durch § 42d Abs. 9 EStG ergänzt, nach dem sowohl Arbeitgeber als auch Dritter für die Lohnsteuer haften. Soweit die Haftung des Dritten in diesen Fällen reicht, sind der Arbeitgeber, der Dritte und der Arbeitnehmer Gesamtschuldner (§ 42d Abs. 9 S. 3 EStG). Wenn der nach § 38 Abs. 3a EStG verpflichtete Dritte die Lohnsteuer nicht vorschriftsgemäß einbehalten und abgeführt hat, haftet der Dritte nach § 42d Abs. 9 S. 2 EStG neben dem Arbeitgeber,[994] der seinerseits nach § 42d Abs. 1 Nr. 4 EStG haftet.[995] Dementsprechend dehnt § 42d Abs. 9 S. 3 EStG die gemäß § 42d Abs. 3 EStG zwischen Arbeitgeber und Arbeitnehmer bestehende Gesamtschuld auf den Dritten aus.[996]

Hintergrund der Regelung des § 38 Abs. 3a EStG ist damit zweierlei. Während Satz 1 durchaus der Sicherung der effektiven Besteuerung dient und damit den funktionalen Arbeitgeberbegriff stützt, gilt dies nicht für Satz 2. Dieser bezweckt Praktikabilität der Besteuerung durch Zentralisierung. Die Zentralisierung spielt zwar auch eine gewisse Rolle im Rahmen des Satzes 1, immerhin geht es um die zentrale Erbringung tariflicher Teilleistungen, bei Satz 2 ist sie hingegen maßgeblicher Grund für die Existenz der Vorschrift.

e) Fazit

Indem der funktionale Arbeitgeberbegriff auf die Sicherung des Steueraufkommens an der Quelle abstellt, erfasst er zutreffend den Zweck der Lohnsteuer. Dieser Zweck lag der Lohnsteuer schon mit ihrer Einführung im EStG 1920 zugrunde. Aus diesem Zweck folgt auch zutreffend, dass dem Arbeitgeber eine Schlüsselstellung im Lohnsteuerrecht zukommt. Auch wenn es historisch richtig ist, dass es der Arbeitgeber ist, der den Zahlungsfluss beherrscht, bestehen daran seit Einführung des heutigen § 38 Abs. 1 S. 3 EStG Zweifel. Denn auch wenn der Arbeitgeber als derjenige, der dem Arbeitnehmer im privat- oder öffentlichrechtlichen Dienstverhältnis gegenübersteht, von der (echten) Drittleistung weiß, beherrscht er sie nicht. Er beherrscht nur die Zahlungsströme, deren Schuldner er selbst ist. Da der Gesetzgeber Drittleistungen aber der Lohnsteuer unterwirft,

994 So auch BFH v. 20.3.2014 – VI R 43/13, BStBl. II 2014, 592 (592); weiterhin *Bergkemper*, FR 2014, 769 (771); *Gersch*, FR 2004, 938 (943); *Wagner*, Brandis/Heuermann EStG, § 42d Rn. 240.

995 *Martin*, Lademann EStG, § 42d Rn. 63; *Nistegge*, BeckOK EStG, § 42d Rn. 81, 242.

996 BFH v. 20.3.2014 – VI R 43/13, BStBl. II 2014, 592 (592); vgl. BT-Drs. 15/1562, S. 37; außerdem *Bergkemper*, FR 2014, 769 (771); *Gersch*, H/H/R EStG, § 42d Rn. 138; *Martin*, Lademann EStG, § 42d Rn. 211; *Nistegge*, BeckOK EStG, § 42d Rn. 243; *Wagner*, Brandis/Heuermann EStG, § 42d Rn. 240; im Ansatz *Gersch*, FR 2004, 938 (943).

ist das Kriterium der Schuldnerstellung auf diese bezogen nicht aussagekräftig. Dennoch fügt sich die Ansicht, dass Arbeitgeber derjenige sei, der den Arbeitnehmer auf privatrechtlicher oder öffentlich-rechtlicher Basis beschäftige und deshalb zur Lohnzahlung verpflichtet sei, nahtlos in das System des § 42d Abs. 6 und 7 EStG ein; dies zwar in anderer Richtung als vom Gesetzgeber angedacht, der die Regelung unmittelbar auf die Rechtsprechung des BFH zurückführt, aber ohne Friktionen. Allerdings könnte sich diese Anwendung des § 42d Abs. 6 und 7 EStG als in tatsächlicher Hinsicht komplex gestalten, wenn der Verleiher in Unkenntnis der Unwirksamkeit des Arbeitsverhältnisses zwischen ihm und dem Leiharbeitnehmer weiterhin Lohn zahlt. Obwohl der funktionale Arbeitgeberbegriff davon ausgeht, dass bei Drittleistungen dem Arbeitgeber die Herrschaft über den Zahlungsfluss fehlt, werden durch das Anknüpfen an die (Schuldner-)Stellung im jeweiligen Dienstverhältnis Dritte vom Arbeitgeber klar abgegrenzt. Der funktionale Arbeitgeberbegriff erfordert keine Vorprüfung, sondern gelangt aus sich heraus zu eindeutigen Ergebnissen.

V. Der zutreffende Arbeitgeberbegriff des § 38 Abs. 1 S. 1 EStG

Nachdem die Hintergründe und die Funktionsweisen der verschiedenen Arbeitgeberbegriffe aufgezeigt wurden, gilt es nun zu ermitteln, welches Begriffsverständnis richtigerweise vom Gesetz getragen wird, also ob sich der jeweilige Arbeitgeberbegriff mit dem in der Norm zum Ausdruck kommenden objektivierten Willen des Gesetzgebers deckt.[997] Der steuerverfahrensrechtliche Arbeitgeberbegriff kann schon im Voraus aufgrund seiner Friktionen ausscheiden,[998] sodass lediglich der Arbeitgeberbegriff der Finanzgerichtsbarkeit – konkretisiert durch die Fruchtbarmachung der Ansätze *Breinersdorfers* und *Boemkes* – und der funktionale Arbeitgeberbegriff verbleiben. Während der Arbeitgeberbegriff der Finanzgerichtsbarkeit auf ein tatsächlich bestehendes Austauschverhältnis von Arbeitsleistung gegen Lohn abstellt, ist für den funktionalen Arbeitgeberbegriff die Verpflichtung zur Lohnzahlung im öffentlich-rechtlichen oder privatrechtlichen Dienstverhältnis ausschlaggebend.[999] Ganz grundsätzlich erscheinen damit *vier Möglichkeiten der Anknüpfung* des Arbeitgeberbegriffs als erwägenswert: Das Lohnsteuerrecht kann zunächst entweder an Verpflichtungen oder an tatsächliche Umstände anknüpfen. Bei Anknüpfen an Verpflichtungen kann sodann entweder allein auf die privatrechtliche beziehungsweise öffentlich-rechtliche Verpflichtung zur Lohnzahlung oder – entsprechend dem funktionalen Arbeitgeberbegriff – auf die Verpflichtung im Gegenseitigkeitsverhältnis geblickt werden. Wird hingegen allein auf die tatsächlichen Umstände geachtet, richtet sich der Blick ausschließlich auf die Zahlung – für ein solches Verständnis spricht der Wortlaut des § 38 Abs. 1 S. 1 EStG („von einem Arbeitgeber gezahlt wird") – oder entsprechend dem Arbeitgeberbegriff der Finanzgerichtsbarkeit auf die tatsächliche Verknüpfung von Leistung und Gegenleistung im tatsächlichen Synallagma. Der Blick allein auf die Schuldnerstellung vermag nicht zu überzeugen, denn er kann die Abgrenzung des Arbeitgebers zum Dritten nicht

---

997 So die Standardformel des BVerfG zur Auslegung, beispielsweise BVerfG v. 21.5.1952 – 2 BvH 2/52, BVerfGE 1, 299 (312); BVerfG v. 17.5.1960 – 2 BvL 11/59, 11/60, BVerfGE 11, 126 (130 f.); BVerfG v. 20.3.2002 – 2 BvR 794/95, BVerfGE 105, 135 (157); BVerfG v. 19.3.2013 – 2 BvR 2628, 2883/10, 2155/11, BVerfGE 133, 168 (205); BVerfG v. 17.1.2017 – 2 BvB 1/13, BVerfGE 144, 20 (213), st. Rspr.

998 Hierzu S. 178 f.

999 Vgl. *Meyer*, BeckOK EStG, § 38 Rn. 27.

gewährleisten. Einer Drittleistung liegt grundsätzlich ein eigenes Rechtsverhältnis des Arbeitnehmers zum Dritten zugrunde, in dem der Dritte die entsprechende Schuldnerposition innehat. Aus demselben Grund kann auch das Abstellen allein auf die Zahlung nicht überzeugen. Dies gilt insbesondere auch dann, wenn man das Vorliegen einer „Zahlung" im Sinne des Gesetzes davon abhängig macht, ob der Arbeitgeber tatsächlich oder rechtlich in die Zahlung (verstanden im tatsächlichen Sinne) des Arbeitslohnes eingeschaltet ist. Dass eine einseitige Betrachtung nicht überzeugen kann, erklärt sich auch daraus, dass sich ein (unselbstständiges) Dienstverhältnis teilrechtsordnungsübergreifend niemals einseitig mit Blick auf den Dienstberechtigten bestimmen lässt.

Der Arbeitgeberbegriff der Finanzgerichtsbarkeit – konkretisiert durch die Fruchtbarmachung der Ansätze *Breinersdorfers* und *Boemkes* – und der funktionale Arbeitgeberbegriff stehen sich nicht nur gegenüber, sondern sie stehen auch in Zusammenhang. Fest steht, dass der Gesetzgeber ursprünglich ein dem funktionalen Arbeitgeberbegriff entsprechendes Begriffsverständnis angelegt hatte.[1000] Die entscheidende Frage ist deshalb, ob sich der Gesetzgeber von diesem ursprünglichen Verständnis abwandte, indem er (mittlerweile) möglichst sämtliche Einkünfte aus nichtselbstständiger Arbeit dem Lohnsteuerabzug unterwerfen möchte. Das würde zur Folge haben, dass im Rahmen der Lohnsteuer – entsprechend dem Arbeitgeberbegriff der Finanzgerichtsbarkeit – an das Dienstverhältnis im Sinne des § 19 EStG anzuknüpfen wäre. Zunächst stellt sich dabei die Frage, ob der Gesetzgeber vom ursprünglich angelegten Begriffsverständnis überhaupt abweichen *durfte*. Hiergegen könnte zum einen das Gebot der Folgerichtigkeit und zum anderen die Funktion der Lohnsteuer selbst sprechen. Das gleichheitsrechtliche Folgerichtigkeitsgebot[1001] hat seine Grundlage im Systemdenken.[1002] Dem Gebot entsprechend bestimmt der Gesetzgeber den rechtfertigenden Grund für eine Besteuerung und bindet damit insoweit zunächst Exekutive und Rechtsprechung.[1003] Dabei hat der Gesetzgeber einen weiten

---

1000 Siehe hierzu die Gesetzesbegründung des EStG 1920 von *Erzberger*, oben S. 180 ff.

1001 Zu weiteren möglichen Wurzeln des Folgerichtigkeitsgebots überblicksartig *Tappe*, JZ 2016, 27 (30 ff.).

1002 So *Lang*, StuW 2013, 53 (59); zustimmend *Englisch*, FS Lang, S. 167 (172 ff.); *Tappe*, JZ 2016, 27 (28 ff.); kritisch *Kischel*, AöR 1999 (124), 174 (175 ff.).

1003 *Drüen*, StuW 2019, 205 (211); *P. Kirchhof*, Eigenständigkeit, S. 79 (90); *G. Kirchhof*, FS BFH, Bd. I, S. 361 (367); im Wesentlichen auch *Meyding*, DStJG Bd. 21 (1998), S. 219 (220); *Mössner*, FS Lang, S. 83 (96) und *Ruppe*, DStJG Bd. 21 (1998), S. 29 (46); unter Bezug auf die steuerpolitischen Entscheidungen des Gesetzgebers *Schön*, FS Lang, S. 221 (225).

Gestaltungsspielraum, weil er an eine Vielzahl an Leistungsfähigkeitsindikatoren anknüpfen kann.[1004] Fortan ist der Gesetzgeber in seinen von ihm gesetzten Leitprinzipien für die Dauer von deren Geltung selbst gebunden.[1005] Lässt der Gesetzgeber ein gesetzliches Leitprinzip fortgelten und setzt dennoch eine diesem verbindlichen Prinzip widersprechende Vorschrift in Kraft, unterläuft ihm regelmäßig eine Ungleichbehandlung, die der Rechtfertigung[1006] bedarf.[1007] Der Gesetzgeber ist durch das Folgerichtigkeitsgebot allerdings gerade dann nicht gebunden, wenn er sich gegen die Fortgeltung einer entsprechenden, ursprünglich getroffenen Entscheidung entschließt und stattdessen auf neue, andere Grundsätze abstellt. Deshalb steht das Folgerichtigkeitsgebot einem vom ursprünglichen Begriffsverständnis abweichendem Wortsinn nicht entgegen.

Auch heute noch ist die wirksamste Form eines gegenwartsnahen Gesetzesvollzugs die Quellensteuer.[1008] Die Quellensteuer ist durch die Erhebung bei Auszahlung geprägt, wodurch ihr Vorauszahlungscharakter resultiert.[1009] Für die Sicherstellung dieses effektiven Steuervollzugs muss der Arbeitgeber die Lohnsteuer auch tatsächlich erheben können.[1010] Kann der Arbeitgeber dies nicht, so erwiese sich die Lohnsteuer als undurchführbar, was einen Verstoß gegen das

1004 *Meyer*, Steuerliches Leistungsfähigkeitsprinzip, S. 150; dem Grunde nach auch *G. Kirchhof*, H/H/R EStG, Einf. Rn. 230, 266; *Mellinghoff*, DStJG Bd. 27 (2004), S. 25 (50); *Schön*, Hüttemann/Schön, Rn. 1.72; *Weber-Grellet*, StuW 1993, 97 (98).

1005 *P. Kirchhof*, Eigenständigkeit, S. 79 (90 f.); *ders.*, StuW 2017, 3 (8); in diesem Sinne auch *Weber-Grellet*, StuW 1993, 97 (98); *Wernsmann*, DVBl 2015, 1085 (1088); ähnlich *Brückner*, Folgerichtige Gesetzgebung, S. 24 oder *Schön*, StuW 2013, 289 (295 f.).

1006 Die dafür erforderliche Rechtfertigungsintensität bestimmt sich zu einem wesentlichen Teil nach dem Ausmaß der Ungleichbehandlung; so *Meyer*, Steuerliches Leistungsfähigkeitsprinzip, S. 151; ähnlich auch *G. Kirchhof*, H/H/R EStG, Einf. Rn. 262; überblicksartig *Englisch*, FS Lang, S. 167 (196 ff.); *Söhn*, DStJG Bd. 3 (1980), S. 13 (18); dazu weiterhin *Brückner*, Folgerichtige Gesetzgebung, S. 114 ff.

1007 *Eckhoff*, Rechtsanwendungsgleichheit, S. 164; *Englisch*, FS Lang, S. 167 (177); *G. Kirchhof*, H/H/R EStG, Einf. Rn. 262; *P. Kirchhof*, Eigenständigkeit, S. 79 (91); ähnlich *Brückner*, Folgerichtige Gesetzgebung, S. 24; *Lang*, StuW 1974, 293 (297); gleichermaßen *Schaumburg/Schaumburg*, StuW 2013, 61 (63).

1008 Prägnant BVerfG v. 10.4.1997 – 2 BvL 77/92, BVerfGE 96, 1 (7 f.).

1009 Oben S. 180 ff.; abweichend insbesondere die soeben zitierte Entscheidung BVerfG v. 10.4.1997 – 2 BvL 77/92, BVerfGE 96, 1 (8), wo Steuererhebung bei Auszahlung und Vorauszahlungscharakter gleichberechtigt als Ziele der Lohnsteuer genannt werden.

1010 In diesem Sinne BFH v. 5.7.1963 – VI 270/62 U, BStBl. III 1963, 468 (469); BFH v. 13.3.1974 – VI R 212/70, BStBl. II 1974, 411 (413).

Rechtsstaatsprinzip bedeuten würde.[1011] Zudem fordern die Rechtsanwendungsgleichheit und ihre Ausprägung in Form des Grundsatzes der Gleichmäßigkeit der Besteuerung Gleichheit im Belastungserfolg.[1012] Das Recht muss derart beschaffen sein, dass eine gleichmäßige Rechtsanwendung gewährleistet wird.[1013] Kann der Arbeitgeber seine lohnsteuerrechtlichen Pflichten also nicht erfüllen, weil der Gesetzgeber Unmögliches von ihm verlangt, würde der Gesetzgeber gegen den Grundsatz der Gleichmäßigkeit der Besteuerung verstoßen. Bewegt sich der Gesetzgeber allerdings innerhalb dieser vorgezeichneten Grenzen, so steht es ihm frei, sich vom ursprünglichen Verständnis des Arbeitgeberbegriffs abzuwenden.

1. Das Abwenden vom funktionalen Arbeitgeberbegriff

Ein solches Abwenden des Gesetzgebers könnte konkret mit Einführung des heutigen § 38 Abs. 1 S. 3 EStG erfolgt sein. Dafür spricht auf den ersten Blick, dass die Einführung der Norm Teil einer angestrebten umfassenden Reform des Einkommensteuergesetzes sein sollte.[1014] Allerdings wollte der Gesetzgeber ausweislich der Gesetzgebungsmaterialien[1015] den Anknüpfungspunkt der Lohnsteuer nicht verändern, sondern schlicht klarstellen, dass der Lohnsteuer auch der im Rahmen eines Dienstverhältnisses von einem Dritten für eine Arbeitsleistung gezahlte Arbeitslohn unterliegt.[1016] Ein solches Verständnis war allerdings bei Einführung der Lohnsteuer nicht vorgesehen. *Erzberger* ging von einer rein zweiseitigen Beziehung zwischen Arbeitnehmer und Arbeitgeber aus.[1017] Für ihn war der Arbeitgeber als derjenige, der dem Arbeitnehmer im Dienstverhältnis gegenübersteht, der, der den Lohn auszuzahlen hat und deshalb auch den Steuerabzug an der Quelle vorzunehmen hat.[1018] Indem der Gesetzgeber also Drittleistungen dem Lohnsteuerabzug durch den Arbeitgeber unterwarf, wich er – wenn auch unbewusst – vom Kriterium der Sachherrschaft durch Schuldnerstellung im

---

1011 Dazu oben im Zusammenhang mit § 38 Abs. 1 S. 3 EStG S. 119 f.

1012 Hierzu schon oben S. 163.

1013 In diesem Sinne insbesondere BVerfG v. 27.6.1991 – 2 BvR 1493/89, BVerfGE 84, 239; BFH v. 16.6.2011 – XI B 120/10, BFH/NV 2011, 1740; *Eckhoff*, Rechtsanwendungsgleichheit, S. 5 ff.; *Hey*, H/H/R EStG, Einf. Rn. 680; *G. Kirchhof*, H/H/R EStG, Einf. Rn. 264; im Ansatz *Ehrke-Rabel*, StuW 2015, 101 (101).

1014 Oben S. 109 ff.

1015 BT-Drs. 7/1470, S. 303.

1016 Auch hierzu oben S. 109 ff.

1017 Vgl. S. 183.

1018 Vgl. hierzu insbesondere Verhandlungen der verfassungsgebenden Deutschen Nationalversammlung, Bd. 340, Drs. 1624, S. 35 f.

privat- oder öffentlich-rechtlichen Dienstverhältnis ab.[1019] Für den Gesetzgeber steht im Lohnsteuerrecht seitdem weniger das Wesen der Lohnsteuer als Quellensteuer im Vordergrund, als vielmehr der Umstand, dass der Arbeitgeber seine lohnsteuerrechtlichen Pflichten typischerweise hinreichend erfüllt und deshalb möglichst sämtliche Einkünfte aus nichtselbstständiger Arbeit dem Lohnsteuerabzug zu unterwerfen sind.[1020] Dieses Verständnis bringt der Gesetzgeber seither regelmäßig zum Ausdruck, beispielsweise durch die Änderung des § 38 Abs. 1 S. 3 EStG hin zu seinem heutigen Wortlaut oder durch die Einführung des wirtschaftlichen Arbeitgeberbegriffs in § 38 Abs. 1 S. 2 EStG.[1021] Auch unter der Prämisse, dass es sich beim Arbeitgeberbegriff des § 38 Abs. 1 S. 2 EStG um eine Sonderproblematik handelt, weil es für diesen keine Rolle spielt, wer den Arbeitslohn „zahlt", sondern es vielmehr auf das wirtschaftliche Tragen beziehungsweise das Tragenmüssen nach Fremdvergleichsgrundsatz ankommt, kommt in § 38 Abs. 1 S. 2 EStG dennoch eine gesetzgeberische Grundentscheidung für das gesamte Lohnsteuerrecht zum Ausdruck: Der Gesetzgeber stellt mit dem wirtschaftlichen Arbeitgeberbegriff klar, dass wenn der Bundesrepublik Deutschland das Besteuerungsrecht an Einkünften aus nichtselbstständiger Arbeit zusteht, diese im Sinne einer effektiven Steuererhebung auch jedenfalls durch Lohnsteuerabzug erhoben werden sollen. Würde der Gesetzgeber nämlich vom Kriterium der Herrschaft über den Zahlungsfluss aufgrund Schuldnerstellung im Dienstverhältnis ausgehen, bestünde kein Anlass für die Regelung des § 38 Abs. 1 S. 2 EStG; dass bestimmte Einkünfte aus nichtselbstständiger Arbeit nicht dem Lohnsteuerabzug unterliegen, wäre vielmehr hinzunehmende Gesetzesrealität.

Das Kriterium der Sachherrschaft ist für den Gesetzgeber, obwohl er das Ziel verfolgt, möglichst sämtliche Einkünfte aus nichtselbstständiger Arbeit dem Lohnsteuerabzug zu unterwerfen, deshalb von Bedeutung, weil sich in ihm die Durchführbarkeit des Lohnsteuerabzugs durch den Arbeitgeber abbildet. Mit dem Kriterium der Sachherrschaft geht kein Selbstzweck einher; bei ihm geht es um die (schlichte) Möglichkeit der Erfüllung der lohnsteuerrechtlichen Pflichten. Indem *Erzberger* zum Ausdruck gebracht hat, dass der an den Arbeitnehmer auszuzahlende Betrag um die Steuer zu kürzen ist und der entsprechend abgezogene Betrag sodann an die Steuerkasse abzuführen ist,[1022] bringt er im Wesentlichen zum Ausdruck, dass der Arbeitgeber *einen* Betrag an den Arbeitnehmer

---

1019 Für ein solches Abweichen auch BFH v. 24.10.1997 – VI R 23/94, BStBl. II 1999, 323 (324.).

1020 Auch hierzu schon oben S. 109 ff.

1021 Vgl. zur Intention des Gesetzgebers unten S. 210.

1022 Siehe oben S. 180.

auszuzahlen hat, von dem die Steuer abgezogen werden kann. Der Arbeitgeber muss grundsätzlich die für den Lohnsteuerabzug notwendige Sachverhaltskenntnis und die zur Entrichtung erforderlichen finanziellen Mittel (typischerweise) innehaben.[1023] Für den Staat bietet es sich an, auf den Arbeitgeber zurückzugreifen, denn zum einen stellen Einkünfte aus nichtselbstständiger Arbeit bei den meisten Steuerpflichtigen die wesentliche ökonomische Grundlage ihrer Lebensführung dar[1024] und zum anderen werden die entsprechenden Einnahmen des Arbeitnehmers typischerweise zum Gros tatsächlich von demjenigen, dem der Arbeitnehmer gegenüber Arbeitsleistung erbringt, zugewendet. Dadurch kommt dem Arbeitgeber eine gewisse Zentralfunktion zu, durch die er auch Leistungen Dritter erkennen und die darauf entfallende Lohnsteuer bei seiner Zahlung an den Arbeitnehmer einbehalten kann.[1025] Dies zeigt sich auch an der Ausgestaltung der Einbehaltungspflicht. Grundsätzlich hat der Arbeitgeber die Lohnsteuer für Rechnung des Arbeitnehmers bei jeder Lohnzahlung einzubehalten (§ 38 Abs. 3 S. 1 EStG).[1026] Zahlt der Arbeitgeber aber tatsächlich nicht selbst, so kann er die Lohnsteuer nicht einbehalten. Deshalb ist die Lohnsteuer *im Sinne des Gesetzes einbehalten*, wenn *der Arbeitgeber* den um die Steuer gekürzten Lohn *auszahlt.*[1027] Vorher sollte der Arbeitgeber die unter Zugrundelegung der Lohnsteuerabzugsmerkmale (§ 39 EStG) auf den steuerpflichtigen Arbeitslohn entfallende Lohnsteuer ermittelt haben (§ 39b EStG).[1028] Diese einbehaltene Lohnsteuer hat der Arbeitgeber dann anzumelden (§ 41a Abs. 1 S. 1 Nr. 1 EStG) und an das

1023 *Hey*, FR 2020, 1 (3).

1024 So *Bleschik*, BeckOK EStG, § 19 Rn. 1; *Eisgruber*, Kirchhof/Seer EStG, § 19 Rn. 1a; auch *Hey*, Tipke/Lang, Steuerrecht, Rn. 8.471; *Pflüger*, H/H/R EStG, § 19 Rn. 9.

1025 Gerade dies zeigt sich auch an der Regelung des § 38 Abs. 3a S. 1 EStG, der, obwohl er von einem „Mehr" an Sachherrschaft des Dritten ausgeht, dennoch auch die Zentralisierungsfunktion des Einbehaltungspflichtigen betont. Hierzu schon Fn. 993.

1026 Zum arbeitgeberischen Pflichtenkanon bereits oben S. 13 ff.

1027 Erneut *Meyer*, BeckOK EStG, § 38 Rn. 57; *ders.*, DStJG Bd. 40 (2017), S. 177 (191); vgl. außerdem *Krüger*, Schmidt EStG, § 38 Rn. 13; *Trzaskalik*, K/S/M EStG, § 38 Rn. D 1; *Wackerbeck*, Brandis/Heuermann, § 38 Rn. 120. *Heß*, Lademann EStG, § 38 Rn. 152 hingegen betont die Einbehaltungs- als Zurückbehaltungspflicht.

1028 *Krüger*, Schmidt EStG, § 38 Rn. 13; *Wackerbeck*, Brandis/Heuermann EStG, § 38 Rn. 120.

zuständige Betriebsstättenfinanzamt abzuführen (§ 41a Abs. 1 S. 1 Nr. 2 EStG).[1029] Insofern hat auch der Arbeitgeber nach der Definition der Finanzgerichtsbarkeit „Sachherrschaft“, weil er als derjenige, der dem Arbeitnehmer im tatsächlichen Synallagma gegenübersteht,

1. grundsätzlich Zugriff auf genügende Mittel hat, um den lohnsteuerrechtlichen Pflichten nachzukommen und
2. er aufgrund der gewissen Zentralstellung auch die grundsätzliche Möglichkeit der Kenntnis über die Tatsachen hat, die er zur Erfüllung seiner lohnsteuerrechtlichen Pflichten braucht.

Der zutreffende lohnsteuerrechtliche Arbeitgeberbegriff ist damit der der Finanzgerichtsbarkeit – konkretisiert durch die Ansätze *Breinersdorfers* und *Boemkes*. Auch wenn die Formel, wonach Arbeitgeber derjenige sei, dem der Arbeitnehmer die Arbeitsleistung schuldet, unter dessen Leitung er tätig wird oder dessen Weisungen er zu folgen hat, einer Leerformel entspricht, trifft sie – richtig angewandt – den Arbeitgeberbegriff des Gesetzes: Arbeitgeber im Sinne des Lohnsteuerrechts ist derjenige, dem der Arbeitnehmer im Dienstverhältnis nach § 19 EStG im Sinne eines tatsächlichen Synallagmas gegenübersteht.

1029 Für den Einbehalt ist es gerade nicht erforderlich, dass der Arbeitgeber den Bruttolohn des Arbeitnehmers so aufteilt, dass er zusätzlich zur Auszahlung des gekürzten Lohns den Steuerbetrag für die nachfolgende Abführung an das Finanzamt bereithält; so *Meyer*, BeckOK EStG, § 38 Rn. 57.3; *ders.*, DStJG Bd. 40 (2017), S. 177 (191); a.A. BFH v. 26.7.1988 – VII R 83/87, BStBl. II 1988, 859; *Schäfer*, Dreiecksbeziehung, S. 152 f.; auch *Beermann*, FR 1992, 262 (262 ff.). Es fehlt bereits an einer rechtlichen Grundlage für eine Pflicht des Arbeitgebers, eine Geldsumme in Höhe des Abzugsbetrags vorzuhalten; prägnant erneut *Meyer*, BeckOK EStG, § 38 Rn. 57.3; *ders.*, DStJG Bd. 40 (2017), S. 177 (191). Insbesondere ist der Wortlaut der § 38 Abs. 3 S. 1 EStG „*Der Arbeitgeber hat die Lohnsteuer für Rechnung des Arbeitnehmers bei jeder Lohnzahlung vom Arbeitslohn einzubehalten.*“ und § 41a Abs. 1. S. 1 Nr. 2 EStG „[Der Arbeitgeber hat] *die im Lohnsteuer-Anmeldungszeitraum insgesamt einbehaltene und übernommene Lohnsteuer an das Betriebsstättenfinanzamt abzuführen.*“ nicht dahingehend zu verstehen, dass die Lohnsteuer von ihrer Erhebung an bis zur Abführung an das Finanzamt von den übrigen finanziellen Mitteln des Unternehmens in einer solchen Weise getrennt zu halten sei, dass es gewährleistet ist, die Lohnsteuer am Fälligkeitstag dem Finanzamt zuführen zu können; auf diesen Umstand verweist gerade in gegenteiliger Ansicht *Beermann*, FR 1992, 262 (266).

2. Einzelfolgerungen

Die Einzelfolgerungen, die sich ergeben, wenn man diese Grundsätze den vorstehend diskutierten Fallgestaltungen zu Grunde legt, werden im Folgenden zunächst für die (insoweit unproblematischen) zweiseitigen Austauschverhältnisse und sodann für Situationen der Lohnzahlung durch Dritte und die des drittbezogenen Arbeitseinsatzes aufgezeigt. Der Blick auf das tatsächliche Synallagma führt dazu, dass bei einem zweiseitigen (privatrechtlichen) Arbeitsverhältnis der Arbeitgeber im Sinne des Arbeitsvertragsrechts auch lohnsteuerrechtlicher Arbeitgeber ist. Der Arbeitnehmer empfindet die Vergütung des Arbeitgebers als Frucht seiner Arbeitsleistung für den Arbeitgeber; im Vollzug des privatrechtlichen Arbeitsverhältnisses liegt das einkommensteuerrechtliche Dienstverhältnis.[1030] Entsprechend gilt für das Beamtenverhältnis, dass der Beamte die Alimentation als globale Gegenleistung für die (ebenfalls globale) lebenslängliche Hingabe und Treue im Dienst für seinen Dienstherrn empfindet. Lohnsteuerrechtlicher Arbeitgeber des Beamten ist deshalb sein Dienstherr.[1031] Die Situation der unechten Lohnzahlung Dritter birgt insofern (ebenfalls) keine Besonderheiten: Der Arbeitnehmer empfindet die Vergütung als Frucht seiner Arbeitsleistung für den Arbeitgeber. Dass die Vergütung vom verlängerten Arm des Arbeitgebers gewährt wird, ändert am tatsächlichen Synallagma nichts.

Auch im Falle einer echten Lohnzahlung durch Dritte ist typischerweise der Vertragspartner des Arbeitnehmers lohnsteuerrechtlicher Arbeitgeber.[1032] Der Arbeitnehmer wird das, was er von einem Dritten erhält, regelmäßig als Frucht seiner Arbeitsleistung für den Arbeitgeber ansehen. Zur Ermittlung des damit zum Ausdruck kommenden tatsächlichen Synallagmas kann es notwendig erscheinen, im Rahmen einer Gesamtbetrachtung auf die Kriterien der Weisungsgebundenheit und der betrieblichen Eingliederung abzustellen. Regelmäßig ist der Arbeitnehmer allein seinem Vertragspartner gegenüber weisungsgebunden und in dessen Betrieb eingebunden. So verhält es sich insbesondere auch in den Situationen des § 38 Abs. 3a S. 1 EStG. Der Arbeitnehmer wird deshalb das, was er von der Urlaubs- und Lohnausgleichskasse erhält, als Frucht seiner Arbeitsleistung gegenüber dem (jeweiligen)[1033] Arbeitgeber empfinden. Da der Gesetzgeber allerdings davon ausgeht, dass der Arbeitgeber die konkrete Zahlung im Regelfall

1030 Hierzu oben S. 73 ff.

1031 Oben S. 87 ff.

1032 Mit angesprochen sind dabei auch die Situationen des § 13b AÜG.

1033 Zu den Besonderheiten der Baubranche siehe insbesondere den Geschäftsbericht SOKA-BAU 2022, S. 12.

nicht kennt, erlegt er die lohnsteuerrechtlichen Pflichten dem Dritten auf. Diese Grundsätze gelten auch für sogenannte Liquidationspools. Liquidationspools setzen voraus, dass ein Krankenhausträger seinen Chefärzten ein Liquidationsrecht für wahlärztliche Leistungen einräumt und die Chefärzte die Pflicht trifft, die nachgeordneten Mitarbeiter, die zur Durchführung der wahlärztlichen Leistungen herangezogen werden, am Liquidationserlös teilhaben zu lassen. Dabei ist es allerdings komplexer zu ermitteln, wem gegenüber der Arbeitnehmer seine Arbeitsleistung erbringt und wem der Arbeitnehmer damit im Dienstverhältnis nach § 19 EStG im Sinne eines tatsächlichen Synallagmas gegenübersteht. Zur Konkretisierung dieser Voraussetzung ist deshalb auf die Kriterien der Weisungsgebundenheit und der betrieblichen Eingliederung abzustellen. Erhält der dem Chefarzt nachgeordnete Mitarbeiter Weisungen vom Chefarzt bezüglich der Durchführung von wahlärztlichen Leistungen, so ist er diesen aufgrund seiner arbeitsvertraglichen Verpflichtung gegenüber dem Krankenhausträger gebunden. Zur Erbringung der Dienste greift der Mitarbeiter insbesondere auf die Sachmittel des Krankenhausträgers zurück; er ist in die betriebliche Organisation des Betriebs des Krankenhausträgers eingebunden. Die Vergütung, die der Arbeitnehmer aus dem Liquidationspool erhält, wird der Arbeitnehmer also als Frucht seiner Arbeitsleistung gegenüber dem Krankenhausträger empfinden. Dieser ist Arbeitgeber im Sinne des Lohnsteuerrechts.[1034]

In Situationen drittbezogenen Arbeitseinsatzes führt das Abstellen auf das tatsächliche Synallagma dazu, dass regelmäßig der Vertragspartner des Arbeitnehmers (beziehungsweise in Situationen der öffentlich-rechtlichen Abordnung der Stammdienstherr des Beamten) Arbeitgeber im Sinne des Lohnsteuerrechts ist,[1035] denn die Vergütung, die der Arbeitnehmer erhält, stellt sich regelmäßig als Frucht seiner Arbeitsleistung gegenüber diesem dar. Auch wenn der Arbeitnehmer vorübergehend in den Betrieb eines anderen (unmittelbar) eingegliedert ist und auch von diesem Weisungen erhält, so geschieht dies allein aufgrund der entsprechenden Abrede zwischen dem Arbeitnehmer und dem Vertragspartner. Das arbeitgeberische Direktionsrecht wird lediglich (teilweise) vom Vertragspartner auf den Dritten delegiert. Aus objektivierter Sicht des Arbeitnehmers erbringt er seine Arbeitsleistung gegenüber dem Verleiher und wird dafür auch typischerweise von ihm vergütet. Insoweit stellen die Kriterien der Lohnzahlung in eigenem Namen und auf eigene Rechnung Indizien für die lohnsteuerrechtliche

---

1034 Zu Liquidationspools oben S. 123 ff.

1035 Siehe hierzu Fn. 665.

Arbeitgeberstellung dar.[1036] Dies gilt uneingeschränkt auch im Falle einer fehlenden Erlaubnis nach § 1 Abs. 1 S. 1 AÜG – also bei illegaler Arbeitnehmerüberlassung. Trotz Unwirksamkeit des Arbeitsvertrags wird der Arbeitnehmer die Vergütung typischerweise als Gegenleistung für die von ihm erbrachte Arbeitsleistung empfinden.[1037] Zahlt der Entleiher die Vergütung in eigenem Namen und für eigene Rechnung, so kann dies für eine lohnsteuerrechtliche Arbeitgeberstellung des Entleihers sprechen. Entscheidend bleibt dennoch eine Gesamtbetrachtung der Umstände des Einzelfalls.

Diese Grundsätze gelten uneingeschränkt auch für die Arbeitnehmerüberlassung im Konzern.[1038] Der Arbeitnehmer wird, auch wenn er (vorübergehend) seine Arbeitsleistung bei einer Konzerngesellschaft erbringt, die nicht seine Vertragspartnerin ist, seine Vergütung regelmäßig als Frucht seiner Arbeitsleistung für die Gesellschaft sehen, der gegenüber er vertraglich verpflichtet ist. Nur die Gesellschaft, die Vertragspartnerin des Arbeitnehmers ist, ist Arbeitgeberin im Sinne des Lohnsteuerrechts. Bestehen (im Ausnahmefall) vertragliche Beziehungen des Arbeitnehmers zu mehreren natürlichen oder juristischen Personen im Konzern, so kann sich die Vergütung für den Arbeitnehmer als Frucht seiner Arbeitsleistung gegenüber zwei Arbeitgebern darstellen. Insoweit kommt es zu einer Aufteilung der Zuständigkeiten der verschiedenen Arbeitgeber entsprechend dem jeweiligen Teil der Bezüge.

3. Tatsächliches Synallagma und funktionaler Arbeitgeberbegriff im Vergleich

Es stellt sich also heraus, dass das tatsächliche Synallagma oftmals deckungsgleich zum funktionalen Arbeitgeberbegriff ist, denn für das Gros der vorgehend beleuchteten Einzelfälle wurde aufgezeigt, dass der Vertragspartner des Arbeitnehmers (auch) derjenige ist, dem der Arbeitnehmer im tatsächlichen Synallagma gegenübersteht. Entsprechend dem funktionalen Arbeitgeberbegriffs ist Arbeitgeber stets die Person, die den Arbeitnehmer auf privatrechtlicher oder öffentlich-rechtlicher Basis beschäftigt und deshalb zur Lohnzahlung verpflichtet ist.[1039] Bei rein zweiseitigen Rechtsbeziehungen gelangen das Abstellen aus das tatsächliche Synallagma und der funktionale Arbeitgeberbegriff deshalb stets zu identischen Ergebnissen. Auch bei Drittleistungen sind die Ergebnisse regelmäßig

1036 Zum drittbezogenen Arbeitseinsatz im Allgemeinen oben S. 132 ff.
1037 Hierzu schon S. 139 ff.
1038 Siehe oben S. 149 ff.
1039 Oben S. 179 f.

identisch, weil der Arbeitnehmer das, was er vom Dritten erhält, typischerweise als Frucht seiner Arbeitsleistung gegenüber demjenigen empfinden wird, der ihn auf privatrechtlicher oder öffentlich-rechtlicher Basis beschäftigt. Allerdings stellen Drittleistungen für den zutreffenden Arbeitgeberbegriff aufgrund der Bezugnahme auf das tatsächliche Synallagma einen Normalfall dar. Für den funktionalen Arbeitgeberbegriff hingegen sind Drittleistungen ein Fremdkörper im System der Lohnsteuer, denn der nach dem funktionellen Arbeitgeberbegriff die Arbeitgebereigenschaft begründende Indienstnahmegrund der Herrschaft des Arbeitgebers über den (jeweiligen) Zahlungsfluss trägt bei Drittleistungen gerade nicht.[1040]

Zu unterschiedlichen Ergebnissen bei der Ermittlung der Arbeitgebereigenschaft können zutreffender und funktionaler Arbeitgeberbegriff allerdings in Situationen der Erbringung der Arbeitsleistung gegenüber Dritten führen. So wird entsprechend des tatsächlichen Synallagmas zwar regelmäßig der Vertragspartner des Arbeitnehmers lohnsteuerrechtlicher Arbeitgeber sein, weil der Arbeitnehmer die Vergütung als Frucht seiner Arbeitsleistung gegenüber dem Verleiher ansehen wird; insbesondere wenn der Entleiher den Lohn in eigenem Namen und auf eigene Rechnung zahlt, kann allerdings der Entleiher als Arbeitgeber anzusehen sein. Beim funktionalen Arbeitgeberbegriff ist Arbeitgeber hingegen *stets* derjenige, der den Arbeitnehmer auf privatrechtlicher oder öffentlich-rechtlicher Basis beschäftigt und deshalb zur Lohnzahlung verpflichtet ist, mithin im Falle der legalen Arbeitnehmerüberlassung jedenfalls der Vertragspartner des Arbeitnehmers. Im Fall der illegalen Arbeitnehmerüberlassung ist derjenige, der den Arbeitnehmer auf privatrechtlicher oder öffentlich-rechtlicher Basis beschäftigt und deshalb zur Lohnzahlung verpflichtet ist, allerdings der Entleiher. Das Anknüpfen an die Schuldnerstellung führt konsequenterweise dazu, dass aufgrund der Rechtsfolge des § 10 AÜG der Entleiher lohnsteuerrechtlicher Arbeitgeber ist, auch wenn der Verleiher gegebenenfalls den Lohn tatsächlich weiterzahlt.

In den Situationen des § 38 Abs. 3a S. 1 EStG gelangen die beiden Ansichten zum Arbeitgeberbegriff zwar nicht zu unterschiedlichen Ergebnissen hinsichtlich der Arbeitgeberstellung – immerhin erlegt die Norm die lohnsteuerrechtlichen Pflichten dem Dritten und gerade nicht dem Arbeitgeber auf –, die Norm fügt sich allerdings bei Zugrundelegung der Arbeitgeberbegriffe unterschiedlich in das System der Lohnsteuer ein. Für den funktionalen Arbeitgeberbegriff ist sie Ausdruck dessen, dass der Arbeitgeber grundsätzlich Sachherrschaft innehaben muss, um Subjekt der lohnsteuerrechtlichen Pflichten zu sein. Hat ein Dritter ein

1040 Siehe bereits oben S. 186.

gewisses „Mehr" an Sachherrschaft, werden die lohnsteuerrechtlichen Pflichten dem Dritten auferlegt. Vom tatsächlichen Synallagma hingegen ausgehend ist die Norm schlichtweg Ausdruck dessen, dass der Arbeitgeber die Möglichkeit der Erfüllung der lohnsteuerrechtlichen Pflichten haben muss. Da der Arbeitgeber die konkrete Drittleistung im Fall der § 38 Abs. 3a S. 1 EStG regelmäßig nicht kennt, erlegt das Lohnsteuerrecht die entsprechenden Pflichten dem Dritten auf.

Zusammenfassend besteht regelmäßig Gleichlauf zwischen tatsächlichem Synallagma und funktionalem Arbeitgeberbegriff. Zu unterschiedlichen Ergebnissen gelangen beide Arbeitgeberbegriffe nur in Situationen des drittbezogenen Arbeitseinsatzes. Aufgrund deren flexiblerer Behandlung erscheint das tatsächliche Synallagma auch auf den Einzelfall bezogen dem funktionalen Arbeitgeberbegriff als vorzugswürdig. Durch das tatsächliche Synallagma ist der lohnsteuerrechtliche Arbeitgeber zudem klar bestimmbar, wodurch der funktionale Arbeitgeberbegriff außerdem nicht aufgrund der Rechtssicherheit als vorzugswürdig erscheint.[1041]

1041 Schon oben S. 185.

VI. Der Arbeitgeberbegriff des § 38 Abs. 1 S. 2 EStG

Eingangs wurde die Vermutung aufgestellt, dass für § 38 Abs. 1 S. 2 EStG ein anderer Arbeitgeberbegriff gilt als für § 38 Abs. 1 S. 1 EStG.[1042] Während der Gesetzgeber für § 38 Abs. 1 S. 1 EStG das Kriterium der Zahlung betont, ist eine solche für die Arbeitgeberstellung in § 38 Abs. 1 S. 2 EStG gerade nicht notwendig. Entscheidend ist vielmehr das wirtschaftliche Tragen beziehungsweise das Tragenmüssen nach Fremdvergleichsgrundsatz. Unterstrichen wird diese Differenzierung durch die Normstruktur. Denn hätte der Gesetzgeber nicht auf ein Sonderkriterium abstellen wollen, hätte er den Inhalt der Norm beispielsweise in eine weitere Nummer des Satzes 1 einfügen können. Dieser „Sonderproblematik" des § 38 Abs. 1 S. 2 EStG widmen sich die folgenden Ausführungen.

Gemäß § 38 Abs. 1 S. 2 EStG gilt im Falle einer grenzüberschreitenden Arbeitnehmer*entsendung* das im Inland ansässige, den Arbeitnehmer aufnehmende Unternehmen als inländischer Arbeitgeber im Sinne des § 38 Abs. 1 S. 1 Nr. 1 EStG, wenn es den Arbeitslohn für die ihm geleistete Arbeit wirtschaftlich trägt oder mittlerweile[1043] nach dem Fremdvergleichsgrundsatz hätte tragen müssen. Betrachtet man die Gesetzesfassung, die bis einschließlich zum 31.12.2003 gültig war, so fällt ins Auge, dass bis zu diesem Zeitpunkt § 38 EStG nur die auch heute noch in § 38 Abs. 1 S. 1 Nrn. 1 und 2 EStG genannten Arbeitgeberbegriffe kannte. Wie soeben schon angerissen,[1044] kam es vor Einführung des § 38 Abs. 1 S. 2 EStG mit dem StÄndG 2003[1045] zu Situationen, in welchen – obwohl ein deutsches Besteuerungsrecht nach Abkommensrecht gegeben war – die Erhebung der Einkommensteuer des ins Inland entsandten Arbeitnehmers nicht im Wege des Lohnsteuerabzugs, sondern lediglich im Rahmen späterer Einkommensteuerveranlagung erfolgen konnte. Weder das entsendende ausländische Unternehmen – ausländische Arbeitgeber sind nur im Falle des § 38 Abs. 1 S. 1 Nr. 2 EStG zum Lohnsteuerabzug verpflichtet – noch das aufnehmende inländische Unternehmen waren als Arbeitgeber im Sinne des Lohnsteuerrechts zu qualifizieren und damit

---

1042 Zu dieser Vermutung oben S. 20.

1043 Der Fremdvergleichsgrundsatz wurde mit Wirkung zum 1.1.2020 durch das Gesetz zur weiteren steuerlichen Förderung der Elektromobilität und zur Änderung weiterer steuerlicher Vorschriften, BGBl. I 2019, 2451 in das Lohnsteuerrecht eingeführt.

1044 Hierzu S. 201.

1045 BGBl. I 2003, 2645 (2646).

zum Lohnsteuerabzug verpflichtet.[1046] Durch die Intention des Gesetzgebers, möglichst sämtliche Einkünfte aus nichtselbstständiger Arbeit dem Lohnsteuerabzug zu unterwerfen,[1047] sah sich der Gesetzgeber zum Handeln gezwungen und führte den sogenannten „wirtschaftlichen Arbeitgeberbegriff" in das Lohnsteuerrecht ein. In den Gesetzgebungsmaterialien wurde ausgeführt:

> *„In Zeiten der Globalisierung entstehen immer mehr internationale Konzerne, die innerhalb des Konzerns und über Ländergrenzen hinweg Arbeitnehmer zu anderen Konzerngesellschaften bzw. Betriebsstätten entsenden. So sind ständig zahlreiche ausländische Arbeitnehmer aufgrund von Entsendungen für längere Zeiträume in Deutschland tätig* [...].
>
> *Das Besteuerungsrecht für diese Arbeitslöhne steht nach Doppelbesteuerungsrecht grundsätzlich Deutschland als dem Tätigkeitsstaat zu.* [...] *Abkommensrechtlich ist neben dem arbeitsrechtlichen Arbeitgeberbegriff vom sog. wirtschaftlichen Arbeitgeberbegriff auszugehen. Wirtschaftlicher Arbeitgeber ist derjenige, der den Arbeitnehmer in seinen Geschäftsbetrieb integriert, weisungsbefugt ist und die Vergütungen für die ihm geleistete unselbständige Arbeit wirtschaftlich trägt, sei es, dass er die Vergütung unmittelbar dem betreffenden Arbeitnehmer auszahlt oder dass ein anderes Unternehmen für ihn mit der Arbeitsvergütung in Vorlage tritt* [...].
>
> *Im Allgemeinen sind deshalb die in Deutschland ansässigen aufnehmenden Gesellschaften abkommensrechtlich Arbeitgeber, ohne dass sie jedoch nach innerstaatlichem Recht als inländischer Arbeitgeber gemäß § 38 Abs. 1 Satz 1 Nr. 1 EStG anzusehen sind* [...]. *Eine gewerbsmäßige Arbeitnehmerüberlassung liegt in konzernverbundenen Unternehmen nicht vor, so dass die Voraussetzungen des § 38 Abs. 1 Satz 1 Nr. 2 EStG ebenfalls nicht erfüllt sind. Demzufolge unterbleibt bisher in diesen Fällen ein Lohnsteuerabzug. Die Geltendmachung der bestehenden Steueransprüche bleibt somit dem Veranlagungsverfahren vorbehalten. In der Besteuerungspraxis führt dies dazu, dass die Einkommensteuer nur mit erheblicher Verzögerung, vielfach aber überhaupt nicht festgesetzt wird. Wenn die Finanzverwaltung von diesem Sachverhalt erfährt (z. B. im Rahmen einer Lohnsteuer-Außenprüfung) ist der Arbeitnehmer oftmals bereits wieder in sein Heimatland zurückgekehrt, so dass der Steueranspruch tatsächlich nicht mehr durchgesetzt werden kann."*[1048]

Indem der Gesetzgeber (auch) im Gesetzeswortlaut ausdrücklich von den Kriterien der Lohnzahlung in eigenem Namen und für eigene Rechnung Abstand nimmt, beweist sich, dass er mit dem wirtschaftlichen Arbeitgeberbegriff nicht nur von diesen Kriterien, sondern vom Arbeitgeberbegriff der Finanzgerichtsbarkeit insgesamt abweichen wollte. Denn obwohl diese Kriterien nach der

---

1046 Vgl. zunächst *Hofmann/Schubert*, BB 2004, 1477; siehe auch BFH v. 24.3.1999 – I R 64/98, BStBl. II 2000, 41 Anm. -sch- DStR 2000, 105.

1047 Soeben S. 201.

1048 BT-Drs. 15/1798, S. 3.

Rechtsprechung nur den „Regelfall" beschreiben,[1049] bringt der Gesetzgeber hinreichend zum Ausdruck, einen von § 38 Abs. 1 S. 1 EStG abweichenden Arbeitgeberbegriff in das Gesetz einzuführen. Im Folgenden zu klären gilt es damit, ob der wirtschaftliche Arbeitgeberbegriff des § 38 Abs. 1 S. 2 EStG mit dem des Abkommensrechts deckungsgleich ist. In diesem Zusammenhang wird außerdem ermittelt werden, was unter dem Begriff der Entsendung zu verstehen ist und welche Rolle das Kriterium der *dem Unternehmen* geleisteten Arbeit spielt. Zunächst wird als Ausgangspunkt allerdings dargestellt, in welchen Situationen § 38 Abs. 1 S. 2 EStG zum Tragen kommt.

1. Der Anwendungsbereich des § 38 Abs. 1 S. 2 EStG

Indem die Gesetzgebungsmaterialien davon sprechen, dass „*internationale Konzerne, die innerhalb des Konzerns und über Ländergrenzen hinweg Arbeitnehmer zu anderen Konzerngesellschaften* [...] *entsenden*"[1050] und „*zahlreiche ausländische Arbeitnehmer aufgrund von Entsendungen für längere Zeiträume in Deutschland tätig* [sind]",[1051] beschreiben sie den Anwendungsbereich des § 38 Abs. 1 S. 2 EStG. Bei der Arbeitnehmerentsendung handelt es sich aus einkommensteuerrechtlicher Sicht offenbar um drittbezogenen Arbeitseinsatz. Der Arbeitnehmer einer ausländischen Konzerngesellschaft wird bei einer inländischen Konzerngesellschaft tätig. Diesem Tätigwerden liegt zugrunde, dass der Arbeitnehmer (arbeits-)vertraglich an eine ausländische Konzerngesellschaft gebunden ist. Die ausländische Konzerngesellschaft entsendet den Arbeitnehmer an ein inländisches Unternehmen, das Teil desselben Konzernverbunds ist. Der Arbeitnehmer ist dem deutschen aufnehmenden Unternehmen gegenüber weisungsgebunden und er ist in dessen Geschäftsbetrieb integriert.[1052] Vertraglich ist er allerdings dem ausländischen Konzernunternehmen gegenüber verpflichtet. Vorausgesetzt wird, dass der Bundesrepublik Deutschland das Besteuerungsrecht für die

---

1049 Oben S. 131.

1050 BT-Drs. 15/1798, S. 3.

1051 BT-Drs. 15/1798, S. 3.

1052 Vgl. hierzu den Begriff der Entsendung, sogleich S. 213 ff. Vorgegriffen sei diesbezüglich auf das Schreiben des BMF v. 9.11.2001 – IV B 4 – S 1341 – 20/01, BStBl. I 2001, 796 (797). Dementsprechend folgen Weisungsgebundenheit und betriebliche Eingliederung entweder unmittelbar aus einer „arbeitsrechtlichen Vereinbarung" oder aus der faktischen Integration in den Geschäftsbetrieb und der Weisungsgebundenheit gegenüber dem aufnehmenden Unternehmen.

Einkünfte dieses Arbeitnehmers aus nichtselbstständiger Arbeit zusteht. Bezüglich der Lohnzahlung bestehen dann im Wesentlichen zwei Möglichkeiten:

1. Wird der Arbeitnehmer vom aufnehmenden deutschen Unternehmen vergütet, so wird typischerweise dieses Unternehmen als lohnsteuerrechtlicher Arbeitgeber im Sinne des § 38 Abs. 1 S. 1 EStG anzusehen sein. Der Arbeitnehmer empfindet die Vergütung (typischerweise) als Frucht seiner Arbeitsleistung gegenüber dem aufnehmenden Unternehmen; aus Arbeitnehmersicht erbringt der Arbeitnehmer dem aufnehmenden inländischen Unternehmen gegenüber weisungsabhängige Dienste und wird dafür von diesem vergütet.[1053]
2. Der Arbeitnehmer wird nicht vom aufnehmenden inländischen Unternehmen vergütet. Die Kosten für den Arbeitnehmereinsatz werden (gegebenenfalls) konzernintern weiterbelastet, das inländische aufnehmende Unternehmen zahlt aber gerade nicht den Arbeitslohn an den Arbeitnehmer. Unklar ist, ob der Arbeitnehmer die Vergütung als Frucht seiner Arbeitsleistung gegenüber dem Entleiher ansehen wird. Im Rahmen der vorzunehmenden Gesamtbetrachtung spricht das Kriterium der Lohnzahlung in eigenem Namen und für eigene Rechnung gegen eine entsprechende Arbeitgeberstellung des aufnehmenden Unternehmens.[1054] Typischerweise wird Arbeitgeber im Sinne des § 38 Abs. 1 S. 1 EStG damit nicht das inländische aufnehmende Unternehmen sein, sondern – im Falle eine gewerbsmäßigen Arbeitnehmerüberlassung – das ausländische (entsendende) Konzernunternehmen.[1055] Liegt keine gewerbsmäßige Arbeitnehmerüberlassung vor, existiert kein lohnsteuerrechtlicher Arbeitgeber im Sinne des § 38 Abs. 1 S. 1 EStG. Arbeitgeber nach allgemeinen Grundsätzen wäre (typischerweise) das ausländische Konzernunternehmen. Das Lohnsteuerecht kennt jedoch in § 38 Abs. 1 S. 1 EStG nur inländischen Arbeitgeber und ausländischen Verleiher. Liegt zwar eine gewerbsmäßige Arbeitnehmerüberlassung vor, wurde der Arbeitnehmer aber nicht zum Zwecke der Überlassung eingestellt und beschäftigt, ist zwar die ausländische Konzerngesellschaft als ausländischer Verleiher lohnsteuerrechtlicher Arbeitgeber nach § 38 Abs. 1 S. 1 Nr. 2 EStG, der Entleiher haftet aber wegen § 1 Abs. 3 Nr. 2 AÜG nicht nach § 42d Abs. 6 EStG.

1053 Vgl. hierzu im Ergebnis soeben S. 204 ff.

1054 Vgl. erneut im Ergebnis S. 204 ff.

1055 Zu diesem steht der Arbeitnehmer jedenfalls in einem Vertragsverhältnis. Außerdem spricht das Kriterium der Lohnzahlung (in eigenem Namen und auf eigene Rechnung) dafür, dass der Arbeitnehmer seine Vergütung als Frucht seiner Arbeitsleistung für das ausländische entsendende Konzernunternehmen empfindet.

Bei Möglichkeit 1 braucht es die Regelung des § 38 Abs. 1 S. 2 EStG nicht. Das inländische aufnehmende Unternehmen ist ohne Weiteres lohnsteuerrechtlicher Arbeitgeber nach § 38 Abs. 1 S. 1 Nr. 1 EStG. Dass die Situation (regelmäßig) nicht in den Anwendungsbereich des AÜG fällt, weil die konzerninterne Arbeitnehmerüberlassung von § 1 Abs. 3 Nr. 2 AÜG privilegiert wird,[1056] ist in dieser Konstellation für das Lohnsteuerrecht irrelevant. Anhand von Möglichkeit 2 hingegen zeigt sich die Bedeutung des § 38 Abs. 1 S. 2 EStG. Dem ausländischen Arbeitgeber können die lohnsteuerrechtlichen Pflichten nur in sehr engen Grenzen auferlegt werden. Auch das inländische aufnehmende Unternehmen haftet nur dann für die Lohnsteuer, wenn § 1 Abs. 3 Nr. 2 AÜG nicht greift. Für ebendiese Situation wurde § 38 Abs. 1 S. 2 EStG geschaffen. Die Norm knüpft nicht an das entsendende ausländische, sondern an das aufnehmende inländische Unternehmen an und erklärt dieses zum Arbeitgeber im Sinne des Lohnsteuerrechts, wenn es den Arbeitslohn für die ihm geleistete Arbeit wirtschaftlich trägt oder nach dem Fremdvergleichsgrundsatz hätte tragen müssen. Es geht der Norm darum, Einkünfte aus nichtselbstständiger Arbeit, für die die Bundesrepublik Deutschland das Besteuerungsrecht hat, für eine sichere und gleichmäßige Steuererhebung der Lohnsteuer zu unterwerfen.[1057] Darüber hinaus soll das Subjekt der lohnsteuerrechtlichen Pflichten – aufgrund der besseren Zugriffsmöglichkeit – nicht das ausländische, sondern gerade das inländische Unternehmen sein.

2. Der Begriff der Entsendung

Den Anwendungsbereich des § 38 Abs. 1 S. 2 EStG dargelegt, erscheint insbesondere der Begriff der Entsendung als unklar. Zwar ist klar, dass es sich um eine Form des drittbezogenen Arbeitseinsatzes handelt. Unklar ist hingegen, wie sich im Lohnsteuerrecht die Arbeitnehmerentsendung zur Arbeitnehmerüberlassung verhält und ob eine Arbeitnehmerentsendung ausschließlich im Konzern erfolgen kann. Darüber hinaus kennt auch das Arbeitsrecht den Begriff der Arbeitnehmerentsendung. Insofern stellt sich die Frage, ob die Arbeitnehmerentsendung in Lohnsteuer- und Arbeitsrecht Teil desselben Regelungsumfelds beziehungsweise -systems ist,[1058] mithin, ob der Gesetzgeber mit Nutzung des Begriff der Entsendung im Lohnsteuerrecht an ein arbeitsrechtliches Begriffsverständnis anknüpfen möchte. Das Arbeitsrecht nimmt den Begriff der Arbeitnehmerentsendung im

1056 Zum sogenannten Konzernprivileg oben Fn. 785.

1057 Siehe oben S. 200 ff.

1058 Vgl. oben S. 46 ff.

AEntG[1059] in Bezug. Das AEntG regelt im Wesentlichen, welche im deutschen Recht vorgeschriebenen Arbeitsbedingungen zwingend auf aus dem Ausland entsandte Arbeitnehmer und regelmäßig im Inland beschäftigte Arbeitnehmer Anwendung finden.[1060] Den Anwendungsbereich des Gesetzes und damit auch im Wesentlichen den Begriff der Entsendung bestimmt § 2 Abs. 1 AEntG. Insoweit kommt es darauf an, dass ein im Ausland ansässiger Arbeitgeber seinen Arbeitnehmer im Inland beschäftigt. Für die Beschäftigung im Inland ist dabei ein allein tatsächliches Verständnis anzulegen, vgl. § 1 Abs. 2 AEntG. Das AEntG dient allerdings in erster Linie dem Schutz der im Inland beschäftigten Arbeitnehmer. Erfasst werden also gerade auch Dienst- oder Werkleistungsverpflichtungen des ausländischen entsendenden Unternehmens, die vom lohnsteuerrechtlichen Entsendungsbegriff gerade nicht erfasst werden.[1061] Aufgrund der verschiedenen Gesetzeszwecke von Arbeitnehmerschutz im AEntG und effektiver Steuererhebung im EStG kann angenommen werden, dass der lohnsteuerrechtliche Entsendungsbegriff nicht dem arbeitsrechtlichem entspricht. Es finden sich keinerlei Anhaltspunkte dafür, dass der Gesetzgeber inhaltliche Parallelen vom Arbeitsrecht zum Entsendebegriff des Lohnsteuerrechts schlagen will. Daher handelt es sich beim lohnsteuerrechtlichen Entsendungsbegriff um eine genuin lohnsteuerrechtliche Kategorie.

Dies wird auch durch die Annahme gestützt, dass eine (lohnsteuerrechtliche) Arbeitnehmerentsendung ausschließlich im Konzern erfolgen kann. Anlass für eine solche Annahme gewähren die Gesetzgebungsmaterialien; im Gesetzeswortlaut selbst finden sich für eine solche Einschränkung hingegen keine Anhaltspunkte. Die Gesetzgebungsmaterialien[1062] verweisen zur Definition des Entsendebegriffs auf ein Schreiben des BMF.[1063] Dieses konkretisiert die Arbeitnehmerentsendung folgendermaßen:

1059 Gesetz über zwingende Arbeitsbedingungen für grenzüberschreitend entsandte und für regelmäßig im Inland beschäftigte Arbeitnehmer und Arbeitnehmerinnen (Arbeitnehmer-Entsendegesetz – AEntG).

1060 Prägnant *Franzen*, EuZA 2021, 3 (4).

1061 Vgl. BT-Drs. 15/1798, S. 3 unter Bezugnahme auf BMF v. 9.11.2001 – IV B 4 – S 1341 – 20/01, BStBl. I 2001, 796.

1062 BT-Drs. 15/1798, S. 3.

1063 BMF v. 9.11.2001 – IV B 4 – S 1341 – 20/01, BStBl. I 2001, 796.

„Eine Arbeitnehmerentsendung i. S. dieses Schreibens liegt grundsätzlich dann vor, wenn ein Arbeitnehmer mit seinem bisherigen Arbeitgeber (entsendendes Unternehmen) vereinbart, für eine befristete Zeit bei einem verbundenen Unternehmen (aufnehmendes Unternehmen) tätig zu werden und das aufnehmende Unternehmen entweder eine arbeitsrechtliche Vereinbarung mit dem Arbeitnehmer abschließt oder als wirtschaftlicher Arbeitgeber anzusehen ist.

Keine Arbeitnehmerentsendung i. S. dieses Schreibens liegt demnach vor, wenn ein Arbeitnehmer zur Erfüllung einer Dienst- oder Werkleistungsverpflichtung des entsendenden Unternehmens bei einem anderen verbundenen Unternehmen tätig wird und sein Arbeitslohn Preisbestandteil der Dienst- bzw. Werkleistung ist (z. B. beim gewerblichen Arbeitnehmerverleih oder beim Anlagenbau). In diesen Fällen ist zu prüfen, ob die Leistungen des entsendenden Unternehmens zu marktüblichen Preisen, d. h. regelmäßig unter Einschluss einer Gewinnkomponente vergütet worden sind und ob durch die Tätigkeit des Arbeitnehmers eine Betriebsstätte des entsendenden Unternehmens begründet worden ist.“[1064]

Daraus folgt zunächst, dass der Gesetzgeber für eine Entsendesituation offensichtlich einen Konzernbezug voraussetzt. Aus der Vereinbarung zwischen Arbeitnehmer und aufnehmendem Unternehmen ergibt sich außerdem die Unterscheidung zwischen Arbeitnehmerentsendung und Arbeitnehmerüberlassung. Letztere ist gerade dadurch geprägt, dass der Arbeitnehmer aufgrund seiner Verpflichtung gegenüber dem Verleiher beim Entleiher tätig wird. Bei der Arbeitnehmerüberlassung unterwirft sich der Leiharbeitnehmer dem Weisungsrecht des Entleihers nur aufgrund seiner Rechtsbeziehungen zum Verleiher.[1065] Bei der Arbeitnehmerentsendung geht der Gesetzgeber hingegen von einer eigenen „arbeitsrechtlichen Vereinbarung“ zwischen Arbeitnehmer und Entleiher aus.[1066] Alternativ zur „arbeitsrechtlichen Vereinbarung“ stellt das BMF für das Vorliegen einer Entsendung darauf ab, dass das aufnehmende Unternehmen als wirtschaftlicher Arbeitgeber anzusehen ist. Auch im Sinne des BMF-Schreibens ergibt sich die

---

1064 BMF v. 9.11.2001 – IV B 4 – S 1341 – 20/01, BStBl. I 2001, 796 (797). Entsprechende Ausführungen finden sich auch im aktuell gültigen BMF-Schreiben v. 12.12.2023 – IV B 2-S 1300/21/10024, BStBl. I 2023, 2179 (Rn. 149 ff.).

1065 Zur Arbeitnehmerüberlassung aus Perspektive des Lohnsteuerrechts oben S. 139 ff. Zum diesbezüglichen Verständnis der Arbeitnehmerüberlassung BFH v. 18.1.1991 – VI R 122/87, BStBl. II 1991, 409 (411 f.).

1066 Je nach Ausgestaltung der Entsendung kann aus einer solchen Vereinbarung folgen, dass der Arbeitnehmer zum Zwecke der Überlassung i.S.d. § 1 Abs. 3 AÜG eingestellt oder beschäftigt wird. Ist dies der Fall und liegt mit der Arbeitnehmerentsendung auch eine Arbeitnehmerüberlassung vor, so kann gegebenenfalls auch der Entleiher nach § 42d Abs. 6 EStG in Anspruch genommen werden.

Bedeutung des Begriffs des wirtschaftlichen Arbeitgebers nicht ohne Weiteres. Erklärend führt deshalb das BMF aus:

> *„Für Zwecke dieses Schreibens ist vom Arbeitgeberbegriff im arbeitsrechtlichen bzw. wirtschaftlichen Sinne auszugehen.*
>
> *Demnach ist – u. U. neben dem entsendenden Unternehmen – als Arbeitgeber anzusehen, wer entweder eine arbeitsrechtliche Vereinbarung mit dem Arbeitnehmer abschließt oder den Arbeitnehmer in seinen Geschäftsbetrieb integriert, weisungsbefugt ist und die Vergütungen für die ihm geleistete unselbständige Arbeit wirtschaftlich trägt, sei es, dass er die Vergütung unmittelbar dem betreffenden Arbeitnehmer auszahlt oder dass ein anderes Unternehmen für ihn mit der Arbeitsvergütung in Vorlage tritt* […].“[1067]

Diese Formulierung ist missraten. Sie verkennt – auch wenn sie sich nur auf die Zwecke des BMF-Schreibens bezieht – die vom Steuerrecht anzulegende Perspektive und die Funktionsweise des lohnsteuerrechtlichen Arbeitgeberbegriffs. Aus den Ausführungen geht hervor, dass die Finanzverwaltung zwischen „Arbeitgeberbegriff im arbeitsrechtlichen Sinne“ und „Arbeitgeberbegriff im wirtschaftlichen Sinne“ unterscheidet. Während für den „Arbeitgeberbegriff im arbeitsrechtlichen Sinne“ eine „arbeitsrechtliche Vereinbarung“ maßgeblich ist, sind dies für den „Arbeitgeberbegriff im wirtschaftlichen Sinne“ die Kriterien der Integration in den Geschäftsbetrieb, der Weisungsgebundenheit und des Tragens der Vergütung. Richtigerweise ist die Stellung als Vertragspartner für die steuerrechtliche Betrachtungsweise allerdings lediglich Indiz. Das Steuerrecht blickt stets auf die tatsächliche Durchführung des (Vertrags-)Verhältnisses und zieht hierzu die Kriterien der Eingliederung in den Geschäftsbetrieb und der Weisungsgebundenheit heran. Die Stellung als Vertragspartner und die Kriterien der tatsächlichen Vertragsdurchführung stehen deshalb auch in keinem Falle in einem Alternativitätsverhältnis, wie es das Schreiben andeutet. Trotz dieser Mängel lässt sich erschließen, welches Begriffsverständnis der Gesetzgeber[1068] der Entsendung tatsächlich zugrunde legt. In den Augen des Gesetzgebers liegt eine Arbeitnehmerentsendung dann vor, wenn

1067 BMF v. 9.11.2001 – IV B 4 – S 1341 – 20/01, BStBl. I 2001, 796 (797).

1068 Die Gesetzgebungsmaterialien verweisen zur Definition des Entsendebegriffs auf das vorgehend zitierte Schreiben des BMF; vgl. soeben Fn. 1060. Insoweit macht sich der Gesetzgeber die Ansicht der Finanzverwaltung zu eigen.

1. der Arbeitnehmer des entsendenden Unternehmens mit diesem vereinbart, für eine befristete Zeit bei einem aufnehmenden Unternehmen tätig zu werden,
2. entsendendes und aufnehmendes Unternehmen Teil eines Konzernverbundes sind und
3. der Arbeitnehmer in den Geschäftsbetrieb des aufnehmenden Unternehmens integriert ist, der Arbeitnehmer gegenüber dem aufnehmenden Unternehmen weisungsgebunden ist und das aufnehmende Unternehmen zudem die Vergütungen für die ihm geleistete unselbständige Arbeit wirtschaftlich trägt oder tragen müsste.[1069]
4. Darüber hinaus ist eine Negativabgrenzung zu dem Fall erforderlich, dass der Arbeitnehmer zur Erfüllung einer Dienst- oder Werkleistungsverpflichtung des entsendenden Unternehmens bei dem anderen verbundenen Unternehmen tätig wird und der entsprechende Arbeitslohn Preisbestandteil der Dienst- oder Werkleistung ist.

Eingangs wurde festgestellt, dass es sich beim lohnsteuerrechtlichen Begriff der Arbeitnehmerentsendung um eine genuin lohnsteuerrechtliche Kategorie handelt.[1070] Betrachtet man hingegen umgekehrt die Situation, die das Einkommensteuerrecht als Arbeitnehmerentsendung versteht, aus der Perspektive des Arbeitsrechts, so kann dabei ein einheitliches Arbeitsverhältnis zu zwei Arbeitgebern bestehen.[1071] Dies ist insbesondere deshalb möglich, weil ein rechtlicher Zusammenhang zwischen den arbeitsvertraglichen Beziehungen des Arbeitnehmers zu den einzelnen Arbeitgebern besteht, der es gegebenenfalls verbietet, die vertraglichen Beziehungen rechtlich getrennt zu behandeln.[1072] Typisch ist das für die Situation, in der das entsendende Unternehmen das Recht behält, die Entsendung zu beenden und den Arbeitnehmer zurückzurufen.[1073] Im Ergebnis kann damit festgehalten werden, dass der lohnsteuerrechtliche Entsendungsbegriff eine

---

1069 Das bloße „Tragenmüssen" der Vergütung reichte bis einschließlich 31.12.2019 gerade nicht aus, um eine Stellung als wirtschaftlicher Arbeitgeber zu begründen, hierzu insbesondere FG München v. 22.4.2016 – 8 K 3290/14, rkr., DStRE 2018, 468 (472); *Krüger*, Schmidt EStG, § 38 Rn. 3; *Meyer*, BeckOK EStG, § 38 Rn. 46.

1070 Siehe soeben S. 213 f.

1071 Siehe zu dieser Situation im Allgemeinen schon oben S. 159; zur Entsendeproblematik aus arbeitsrechtlicher Sicht insbesondere *Rid*, NZA 2011, 1121 (1122).

1072 BAG v. 16.2.2006 – 8 AZR 211/05, AP BGB § 613a Nr. 301; BAG v. 15.12.2011 – 8 AZR 692/19, AP BGB § 613a Nr. 424; BAG v. 19.4.2012 – 2 AZR 186/11, AP KSchG 1969 § 14 Nr. 13 (Rn. 16); BAG v. 10.4.2014 – 2 AZR 647/13, AP BGB § 622 Nr. 69 (Rn. 27).

1073 So jedenfalls *Rid*, NZA 2011, 1121 (1122).

genuin lohnsteuerrechtliche Kategorie darstellt. Das Begriffsverständnis ist stark von der Ansicht der Finanzverwaltung geprägt. Eine Entsendesituation kann nur im Konzern vorliegen; darüber hinaus ist für das Vorliegen einer (lohnsteuerrechtlichen) Arbeitnehmerentsendung insbesondere notwendig, dass der Arbeitnehmer in den Geschäftsbetrieb des aufnehmenden Unternehmens integriert ist, der Arbeitnehmer diesem gegenüber weisungsgebunden ist und das aufnehmende Unternehmen die Vergütungen für die ihm geleistete unselbständige Arbeit wirtschaftlich trägt oder tragen müsste.

3. Der Arbeitgeberbegriff des Abkommensrechts

Ausweislich der Gesetzgebungsmaterialien ist es Intention des § 38 Abs. 1 S. 2 EStG, die Steuererhebung abzusichern, indem – wenn der Bundesrepublik Deutschland das Besteuerungsrecht an Einkünften aus nichtselbstständiger Arbeit zusteht – die auf diese Einkünfte entfallende Lohnsteuer von einem inländischen Unternehmen erhoben wird. Es erscheint deshalb möglich, dass der Arbeitgeberbegriff des § 38 Abs. 1 S. 2 EStG mit dem des Abkommensrecht deckungsgleich ist beziehungsweise dass das Lohnsteuerrecht den abkommensrechtlichen Arbeitgeberbegriff entlehnt.[1074] Da in der Rechtsordnung Relativität der Rechtsbegriffe herrscht und der Bedeutungsgehalt eines Rechtsbegriffs sich deshalb durch das Regelungsumfeld oder -system bestimmt, in dem sich der Rechtsbegriff befindet,[1075] gilt es zu ermitteln, ob sich das Regelungsumfeld des abkommensrechtlichen Arbeitgeberbegriffs auf das Lohnsteuerrecht erstreckt. Mit dem Arbeitgeberbegriff des Abkommensrechts ist das Recht der Doppelbesteuerungsabkommen angesprochen. Ganz allgemein regeln Doppelbesteuerungsabkommen die Zuweisung des Besteuerungsrechts an einen Staat und dienen der Vermeidung von Doppelbesteuerungen im Verhältnis der vertragsschließenden Staaten;[1076] dabei begründen

1074 Für Entsendungen von Arbeitnehmern in Länder, mit denen die Bundesrepublik Deutschland kein DBA abgeschlossen hat, existiert der Auslandstätigkeitserlass. Dieser ermächtigt die Finanzbehörden in den Fällen von § 34c Abs. 5 und § 50 Abs. 4 EStG, im Ausland tätige, aber im Inland unbeschränkt steuerpflichtige Arbeitnehmer unter bestimmten Voraussetzungen von der Besteuerung auszunehmen.

1075 Hierzu oben S. 47.

1076 So allgemein BMF v. 3.5.2018 – IV B 2 – S 1300/08/1002, BStBl. I 2018, 643 (645); ähnlich *Lang*, StuW 2016, 101 (109); *Lehner*, Vogel/Lehner DBA, Grundlagen Rn. 4a.

sie keinen Besteuerungsanspruch.[1077] Vielmehr verpflichten sich die Vertragsstaaten einander, Steuerbefreiungen und Steuerermäßigungen auf bestimmte grenzüberschreitende Besteuerungstatbestände zu gewähren.[1078] Als völkerrechtliche Vereinbarungen sind sie und die in ihnen enthaltenen Begriffe primär autonom nach Maßgabe völkerrechtlicher Grundsätze[1079] auszulegen.[1080] Diesen Grundsätzen entsprechend steht bei Interpretation eines im Vertrag verwendeten Begriffs der diesem im Vertrag zugeschriebene Sinngehalt im Vordergrund.[1081] Folglich gibt es keinen allgemeinen Arbeitgeberbegriff im Abkommensrecht, sondern für jedes Abkommen ist der Arbeitgeberbegriff eigenständig zu ermitteln.

a) Die Regelung des Art. 15 OECD-MA

Trotz des Umstandes, dass der „eine" Arbeitgeberbegriff im Abkommensrecht nicht existiert, kann ein solcher dennoch abstrakt konkretisiert werden. Weil viele Doppelbesteuerungsabkommen inhaltlich auf das OECD-MA zurückzuführen sind,[1082] kann man den abkommensrechtlichen Arbeitgeberbegriff anhand dieses Musterabkommens präzisieren. Dadurch, dass der deutsche Gesetzgeber bei § 38 Abs. 1 S. 2 EStG daran anknüpft, dass das Besteuerungsrecht für die per Lohnsteuer zu erhebenden Einkünfte aus nichtselbstständiger Arbeit nach Doppelbesteuerungsrecht grundsätzlich Deutschland als dem Tätigkeitsstaat zustünden, ergibt sich als Anknüpfungspunkt der Betrachtung Art. 15 OECD-MA. In der Norm, die sich mit dem Besteuerungsrecht an Einkünften aus unselbstständiger

1077 *Seer*, Tipke/Lang, Steuerrecht, Rn. 1.91; auch *Kaminski*, StuW 2008, 337 (340); *Wassermeyer*, FS RFH/BFH, S. 639 (640); außerdem erneut BMF v. 3.5.2018 - IV B 2 - S 1300/08/1002, BStBl. I 2018, 643 (645).

1078 Prägnant *Wassermeyer*, FS RFH/BFH, S. 639 (640); in diesem Sinne auch *Kaminski*, StuW 2008, 337 (340).

1079 Im Urteil des BFH v. 7.7.2015 - I R 38/14, BFH/NV 2016, 180 (182) wird dies dahingehend spezifiziert, dass ein völkerrechtlicher Vertrag nach den Grundsätzen zur Auslegung von Verträgen gemäß Art. 31 WÜRV nach Treu und Glauben in Übereinstimmung mit der gewöhnlichen, seiner Bestimmung in ihrem Zusammenhang zukommenden Bedeutung im Lichte seines Ziels und Zwecks auszulegen ist; hierzu auch *M. Lang*, FS BFH, Bd. I S. 983 (984 ff.).

1080 BFH v. 11.12.2013 - I R 4/13, BStBl. II 2014, 791 (798); BFH v. 7.7.2015 - I R 38/14, BFH/NV 2016, 180 (182 f.); zur Auslegung von Doppelbesteuerungsabkommen insbesondere *M. Lang*, FS BFH, Bd. I S. 983; in Zusammenhang mit dem Arbeitgeberbegriff *Hornstein*, Arbeitgeberbegriff DBA, S. 5 ff.

1081 Im Wesentlichen erneut BFH v. 7.7.2015 - I R 38/14, BFH/NV 2016, 180 (182); außerdem *Schmidt*, Haase DBA, OECD-MA Art. 15 Rn. 146.

1082 *Hilbert/Nowotnick/Straub*, DStR 2013, 2433 (2434), sprechen von „den meisten".

Arbeit befasst, kommt das sogenannte Ausübungsortprinzip zum Ausdruck. Der Regelungsmechanismus der Norm ist im Wesentlichen der, dass gemäß Art. 15 Abs. 1 S. 1 OECD-MA grundsätzlich (nur) der Staat Einkünfte aus nichtselbstständiger Arbeit besteuert, in dem der Steuerpflichtige wohnt. Wird die nichtselbstständige Arbeit jedoch nicht im Wohnsitzstaat ausgeübt, so kann die daraus gezogene Vergütung auch im Tätigkeitsstaat besteuert werden, vgl. Abs. 1 S. 2. Dies wird durch Art. 15 Abs. 2 OECD dahingehend konkretisiert, dass der Wohnsitzstaat bei Ausübung der Tätigkeit in einem anderen Staat nur dann besteuern darf, wenn

a) der Arbeitnehmer sich im Tätigkeitsstaat insgesamt nicht länger als 183 Tage innerhalb eines Zeitraums von zwölf Monaten aufhält und
b) die Vergütungen *von einem Arbeitgeber* oder *für einen Arbeitgeber* gezahlt werden, der nicht im Tätigkeitsstaat ansässig ist, und[1083]
c) die Vergütungen nicht von einer Betriebstätte getragen werden, die der Arbeitgeber im Tätigkeitstaat hat.

Im Lichte des § 38 Abs. 1 S. 2 EStG betrachtet ergibt sich daraus, dass der (deutsche) Gesetzgeber an das im Inland ansässige aufnehmende Unternehmen anknüpft. Deutschland ist in den zu erfassenden Situationen der Tätigkeitsstaat. Wird die unselbstständige Arbeit in Deutschland ausgeübt, so steht der Bundesrepublik grundsätzlich das Besteuerungsrecht zu. Eine Ausnahme besteht nur dann, wenn die Anforderungen des Art. 15 Abs. 2 OECD-MA erfüllt sind. Für die *Zu*weisung des Besteuerungsrechts an die Bundesrepublik ist der abkommensrechtliche Arbeitgeberbegriff damit irrelevant.[1084] In diesem Sinne kommt der Arbeitgeberbegriff nur dann zum Tragen, wenn das Besteuerungsrecht gerade nicht Deutschland als Tätigkeitsstaat zustehen soll. Damit zeigt sich, dass dem Arbeitgeberbegriff im Recht der Doppelbesteuerungsabkommen

1083 Die Voraussetzungen des Art. 15 Abs. 2 OECD-MA müssen kumulativ vorliegen. Für eine entsprechende Notwendigkeit insbesondere OECD-MA Kommentar Art. 15 „Paragraph“ 2 Nr. 4; in diesem Sinne auch BMF v. 12.12.2023 – IV B 2-S 1300/21/10024, BStBl. I 2023, 2179 (Rn. 102); zustimmend *Büscher/Kamphaus*, S/K/K DBA, OECD-MA Art. 15 Rn. 127; *DziurdŸ*, IStR 2013, 939 (939); grundlegend a.A. *Prokisch*, Vogel/Lehner DBA, OECD-MA Art. 15 Rn. 73, der das „und“ zwischen den entsprechenden Buchstaben der Norm wie ein „oder“ liest.

1084 Für die Begründung eines entsprechenden Steuer*anspruchs* gilt dies erst recht, denn Doppelbesteuerungsabkommen begründen keine Steueransprüche, dazu schon soeben S. 218 f., sondern sie beschränken Steuertatbestände kollisionsauflösend; prägnant *Seer*, Tipke/Lang, Steuerrecht, Rn. 1.91.

materiell-rechtliche Bedeutung zukommt. Mit der Frage, ob Vergütungen *von einem Arbeitgeber* oder *für einen Arbeitgeber* gezahlt werden, entscheidet sich, welchem Staat das Besteuerungsrecht zusteht.

b) Der Arbeitgeberbegriff des Art. 15 OECD-MA

Auch für den Arbeitgeberbegriff des Art. 15 OECD-MA gilt der Grundsatz, dass dessen Bedeutung aus dem Sinn- und Vorschriftenzusammenhang der Norm abzuleiten ist.[1085] Eine Legaldefinition des Arbeitgeberbegriffs kennt auch das Abkommensrecht nicht. Typischerweise wird angenommen, dass Arbeitgeber im Sinne des Abkommensrechts derjenige ist, dem der Arbeitnehmer die Arbeitsleistung schuldet, unter dessen Leitung er tätig wird und dessen Weisungen er zu folgen hat.[1086] Für die Typusmerkmale des Tätigwerdens unter fremder Leitung und der Weisungsgebundenheit sei das Gesamtbild der tatsächlichen Verhältnisse ausschlaggebend.[1087] Diese Ähnlichkeit zur „Leerformel" des lohnsteuerrechtlichen Arbeitgeberbegriffs der Finanzgerichtsbarkeit[1088] ist kein Zufall; gemäß Art. 3 Abs. 2 OECD-MA hat bei Anwendung des Abkommens durch einen Vertragsstaat jeder im Abkommen nicht definierte Ausdruck die Bedeutung, die ihm nach dem (Steuer-)Recht des Anwendungsstaates zukommt. Dies gilt, solange der entsprechende (Sinn-)Zusammenhang nichts anderes erfordert oder die zuständigen Behörden nicht eine andere Bedeutung vereinbaren.[1089] Dementsprechend wurde der deutsche abkommensrechtliche Arbeitgeberbegriff von der „Leerformel" des lohnsteuerrechtlichen Arbeitgeberbegriffs der Finanzgerichtsbarkeit ausgehend

---

1085 *Prokisch*, Vogel/Lehner DBA, OECD-MA Art. 15 Rn. 94; *Schmidt*, Haase DBA, OECD-MA Art. 15 Rn. 146. Zum konkreten Sinn- und Vorschriftenzusammenhang *Görl*, IStR 2002, 443 (445).

1086 *Prokisch*, Vogel/Lehner DBA, OECD-MA Art. 15 Rn. 95; *Schmidt*, Haase DBA, OECD-MA Art. 15 Rn. 146; *Wassermeyer/Schwenke*, Wassermeyer DBA, OECD-MA Art. 15 Rn. 114; wohl auch *Bourseaux/Sendler*, Schönfeld/Ditz, OECD-MA Art. 15 Rn. 102.

1087 *Görl*, IStR 2002, 443 (444 f.); *Portner*, IStR 2014, 435 (437); *Schmidt*, Haase DBA, OECD-MA Art. 15 Rn. 152.

1088 Entsprechend der Leerformel – dazu oben S. 56 – der Finanzgerichtsbarkeit ist Arbeitgeber derjenige, dem der Arbeitnehmer die Arbeitsleistung schuldet, unter dessen Leitung er tätig wird oder dessen Weisungen er zu folgen hat; siehe oben S. 24 f.

1089 *Portner*, IStR 2014, 435 (436) leitet den abkommensrechtlichen Arbeitgeberbegriff sogar unmittelbar aus der LStDV ab. Im österreichischen Recht geht *DziurdŸ*, IStR 2013, 939 (939) ebenso vor.

entwickelt.[1090] Dennoch wird regelmäßig betont, dass der Arbeitgeberbegriff des Abkommensrechts gerade nicht mit dem des Lohnsteuerrechts deckungsgleich sei.[1091] Das ist allerdings nicht darauf zurückzuführen, dass der Kern des Arbeitgeberbegriffs ein anderer wäre. Vielmehr wird mit der Eigenständigkeit des abkommensrechtlichen Arbeitgeberbegriffs betont, dass es nicht auf eine „Zahlung" im Sinne des § 38 Abs. 1 S. 1 EStG ankomme.[1092] Für die Zahlung sei im Abkommensrecht relevant, dass diese „*von oder für*" den Arbeitgeber geleistet werde.[1093] Dies wiederum sei der Fall, wenn der Arbeitgeber die Vergütung „wirtschaftlich trage" oder tragen müsste.[1094] Ein wirtschaftliches Tragen liege wiederum dann vor, wenn ausschließlich die reinen Gehaltskosten an die ausländische Konzerntochter weiterbelastet werden.[1095] Findet keine Weiterbelastung statt oder sind die Gehaltskosten Preisbestandteil insbesondere einer Werk- oder Dienstleistung, so liegt gerade kein wirtschaftliches Tragen vor.[1096]

1090 Vgl. *Wassermeyer/Schwenke*, Wassermeyer DBA, OECD-MA Art. 15 Rn. 114.

1091 So beispielsweise *Schmidt*, Haase DBA, OECD-MA Art. 15 Rn. 147; *Wassermeyer/Schwenke*, Wassermeyer DBA, OECD-MA Art. 15 Rn. 114; *Ziesecke/Muscheites/Bergerhoff*, DStR 2018, 1889 (1891); vgl. BFH v. 24.3.1999 – I R 64/98, BStBl. II 2000, 41 (Ls.); insoweit widersprüchlich *Portner*, IStR 2014, 435 (436), siehe diesbezüglich schon Fn. 1088.

1092 *Prokisch*, Vogel/Lehner DBA, OECD-MA Art. 15 Rn. 96; *Schmidt*, Haase DBA, OECD-MA Art. 15 Rn. 154 f.; *Wassermeyer/Schwenke*, Wassermeyer DBA, OECD-MA Art. 15 Rn. 114.

1093 *Hornstein*, Arbeitgeberbegriff DBA, S. 87; *Schmidt*, Haase DBA, OECD-MA Art. 15 Rn. 154; *Wassermeyer/Schwenke*, Wassermeyer DBA, OECD-MA Art. 15 Rn. 114.

1094 *Bourseaux/Sendler*, Schönfeld/Ditz, OECD-MA Art. 15 Rn. 104; *DziurdŸ*, IStR 2013, 939 (941 f.); *Hornstein*, Arbeitgeberbegriff DBA, S. 160; *Schmidt*, Haase DBA, OECD-MA Art. 15 Rn. 155; *Ziesecke/Muscheites/Bergerhoff*, DStR 2018, 1889 (1890 f.). Zum Kriterium des wirtschaftlichen Tragens des Arbeitslohns BFH v. 21.8.1985 – I R 63/80, BStBl. II 1986, 4 (6); BFH v. 15.3.2000 – I R 28/99, BStBl. II 2002, 238 (239); BFH v. 23.2.2005 – I R 46/03, BStBl. II 2005, 547 (549); FG Saarland v. 25.7.2013 – 1 V 1184/13, EFG 2013, 1706 (1706).

1095 *Schmidt*, Haase DBA, OECD-MA Art. 15 Rn. 157.

1096 *Portner*, IStR 2014, 435 (438); *Schmidt*, Haase DBA, OECD-MA Art. 15 Rn. 157; *Wassermeyer/Schwenke*, Wassermeyer DBA, OECD-MA Art. 15 Rn. 117.

Der Eindruck täuscht, dass das Abkommensrecht den Fokus auf die Lohntragung zur Bestimmung des Arbeitgebers legt.[1097] Dies zeigt sich insbesondere im Falle der Entsendung leitender Angestellter zur Geschäftsführung bei einer inländischen Konzerngesellschaft. Tatsächlich sind gerade bei dieser Art der Arbeitnehmerentsendung im Konzern insbesondere die Kriterien der Weisungsgebundenheit und der betrieblichen Eingliederung schwer zu beurteilen.[1098] Für diese Abgrenzung bedient sich die Finanzverwaltung der Frage, für wen die Arbeit geleistet wird. Daraus wird abgeleitet, wer die Lohnaufwendungen zu tragen hat oder nach *Fremdvergleichsgrundsatz* zu tragen haben muss. Dafür wiederum ist entscheidend, in wessen Interesse die Arbeitnehmerentsendung erfolgt, was anhand einer Vielzahl von Einzelkriterien ermittelt wird.[1099] Für die Finanzgerichtsbarkeit sind sämtliche Umstände des jeweiligen Einzelfalls zu berücksichtigen.[1100] Für die Stellung als Arbeitgeber im Abkommensrecht kommt es also weniger darauf an, dass der Arbeitnehmer *bei* dem Unternehmen als vielmehr *für* das Unternehmen tätig wird.[1101] Damit scheiden auch reine Kassen oder Zahlstellen als Arbeitgeber im Sinne des Abkommensrechts aus.[1102] Durch das Abstellen auf das Interesse des jeweiligen Unternehmens kann es allerdings dazu kommen, dass sowohl das entsendende als auch das aufnehmende Unternehmen

1097 *Prokisch*, Vogel/Lehner DBA, OECD-MA Art. 15 Rn. 96 trennt streng zwischen dem Arbeitgeberbegriff und dem Tragen des Arbeitslohns. Das Tragen des Arbeitslohns sei eine vom Arbeitgeberbegriff gesondert zu beantwortende Frage. Diese Sichtweise vermag allerdings nicht zu überzeugen, da der Arbeitgeberbegriff des Abkommensrecht maßgeblich auf dem Tragen des Arbeitslohns aufbaut. Darüber hinaus ist nicht ersichtlich, welche Vorteile aus einer solch separaten Prüfung resultieren könnten.

1098 *Schmidt*, Haase DBA, OECD-MA Art. 15 Rn. 160; *Wassermeyer/Schwenke*, Wassermeyer DBA, OECD-MA Art. 15 Rn. 114.

1099 Vgl. BMF v. 12. 12.2023 – IV B 2-S 1300/21/10024, BStBl. I 2023 2179 (Rn. 159 f.); zur Bedeutung des Kriteriums des Interesses BFH v. 23. 2. 2005 – I R 46/03, BStBl. II 2005, 547 (Ls.).

1100 BFH v. 23. 2. 2005 – I R 46/03, BStBl. II 2005, 547 (549 f.).

1101 Prägnant *Schmidt*, Haase DBA, OECD-MA Art. 15 Rn. 162; sinngemäß auch *Wassermeyer/Schwenke*, Wassermeyer DBA, OECD-MA Art. 15 Rn. 116.

1102 *Wassermeyer/Schwenke*, Wassermeyer DBA, OECD-MA Art. 15 Rn. 114.

abkommensrechtlich als Arbeitgeber anzusehen sein können.[1103] Dies führt grundsätzlich zu einer anteiligen Aufteilung des Besteuerungsrechts.[1104]

Für den Arbeitgeberbegriff des Abkommensrecht zeigt sich, dass dieser – wie auch der Arbeitgeberbegriff des § 38 Abs. 1 S. 1 EStG[1105] – auf den tatsächlichen Austausch von Arbeitsleistung gegen Lohn abstellt. Dies ergibt sich schon daraus, dass mit dem „Schulden" der Arbeitsleistung in der von der Finanzgerichtsbarkeit herangezogenen „Leerformel" das tatsächliche Synallagma zwischen Arbeitgeber und Arbeitnehmer abgebildet wird. Insoweit erscheint der abkommensrechtliche Arbeitgeberbegriff im Ausgangspunkt kongruent zum Arbeitgeberbegriff des § 38 Abs. 1 S. 1 EStG. Dies deckt sich auch damit, dass Arbeitgeber im Sinne des Abkommensrechts nur sein kann, wer auch zivilrechtsfähig ist.[1106] Trotz der Kongruenz im Ansatz der Betrachtung weicht die anzulegende Perspektive im Abkommensrecht von der lohnsteuerrechtlichen ab. Die Frage, wem gegenüber der Arbeitnehmer Arbeitsleistung gegen Entgelt erbringt, ist im Abkommensrecht nicht (mehr) aus der objektivierten Perspektive des Arbeitnehmers zu ermitteln, sondern allein objektiv nach Fremdvergleichsgrundsatz. Die sich zur Ermittlung der Arbeitgebereigenschaft stellende Frage ist also nicht die, ob sich die Vergütung für den Arbeitnehmer als Frucht oder Gegenleistung seiner Arbeitsleistung für den Arbeitgeber darstellt. Es wird nicht aus der objektivierten Perspektive des Arbeitnehmers beurteilt, ob er dem (potentiellen) Arbeitgeber in diesem faktischen Synallagma gegenübersteht. Vielmehr gilt es objektiv anhand des Fremdvergleichsgrundsatzes zu bestimmen, wem gegenüber der Arbeitnehmer Arbeitsleistung erbringt. An dieser Frage wird dann festgemacht, welcher der (potentiellen) Arbeitgeber den Arbeitslohn tragen müsste. Diese abweichende, allein objektive Perspektive ist darauf zurückzuführen, dass es im Konzern wirtschaftlich keinen Unterschied macht, welche Konzerngesellschaft tatsächlich an den Arbeitnehmer zahlt. Aus Sicht des Arbeitnehmers mag die Lohnzahlung ein Kriterium dafür sein, wem die Arbeitsleistung gegenüber erbracht wird.

1103 Grundlegend BFH v. 23.2.2005 – I R 46/03, BStBl. II 2005, 547 (549 f.); zustimmend insbesondere *Prokisch*, Vogel/Lehner DBA, OECD-MA Art. 15 Rn. 94; *Wassermeyer/Schwenke*, Wassermeyer DBA, OECD-MA Art. 15 Rn. 116.

1104 BFH v. 23.2.2005 – I R 46/03, BStBl. II 2005, 547 (549); zustimmend insbesondere *Wassermeyer/Schwenke*, Wassermeyer DBA, OECD-MA Art. 15 Rn. 116.

1105 Siehe oben S. 197 ff.

1106 *Bourseaux/Sendler*, Schönfeld/Ditz, OECD-MA Art. 15 Rn. 102; *Schmidt*, Haase DBA, OECD-MA Art. 15 Rn. 149; *Ziesecke/Muscheites/Bergerhoff*, DStR 2018, 1889 (1890 f.). *Wassermeyer/Schwenke*, Wassermeyer DBA, OECD-MA Art. 15 Rn. 114 sprechen schlicht von einer „rechtlich selbstständigen Person".

Allerdings kann im Abkommensrecht auf ein solches Kriterium nicht abgestellt werden, denn die Auszahlung kann im Konzern typischerweise von einer Konzerngesellschaft zur anderen geschoben werden. Geht es um das Besteuerungsrecht eines Staates, so soll dies nicht willkürlich nach den Interessen eines Konzerns verschoben werden können. Insoweit erscheint es auch stimmig, dass wenn es um das Besteuerungsrecht eines Staates geht, nicht das Veranlassungsprinzip herangezogen wird. Der wirtschaftliche Arbeitgeberbegriff des Abkommensrechts ist also eine objektivierte Form des lohnsteuerrechtlichen Arbeitgeberbegriffs des § 38 Abs. 1 S. 1 EStG.

c) Die Betriebsstätte als Arbeitgeber im Sinne des Art. 15 OECD- MA?

Schon die vorangegangenen Ausführungen haben aufgezeigt, dass eine Betriebsstätte nicht Arbeitgeber im abkommensrechtlichen Sinne sein kann. Das zeigt sich auch darin, dass es andernfalls der Anknüpfung des Art. 15 Abs. 2 lit. b OECD-MA an die Betriebsstätte nicht bedurft hätte.[1107] Auch der Authorised OECD-Approach (AOA) spricht nicht für ein anderes Ergebnis. Sinn und Zweck des AOA ist es grundsätzlich, die Gewinnabgrenzung bei Betriebsstätten an dem international anerkannten Fremdvergleichsgrundsatz auszurichten.[1108] Im Rahmen der internationalen Aufteilung von Steuerquellen fingiert so Art. 7 Abs. 2 OECD-MA die grundsätzlich unselbstständige Betriebsstätte für die Einkünftezuordnung und Einkünfteermittlung als selbstständige Einheit.[1109] Damit können zwischen Stammhaus und Betriebsstätte grenzüberschreitend getätigte Innentransaktionen nach Verrechnungspreis-Grundsätzen beurteilt werden.[1110] Allein aus diesem Zusammenhang könnte geschlossen werden, dass eine Betriebsstätte im Sinne des Art. 7 OECD-MA Arbeitgebereigenschaft haben könnte. Dafür spricht auch, dass im Rahmen des AOA die „Funktion" des Arbeitnehmers entweder der Betriebsstätte oder dem Unternehmen zuzurechnen ist.[1111] Ist unter dem AOA ein Arbeitnehmer einer Betriebsstätte funktional zuzuordnen, dann trägt die Betriebsstätte – im Rahmen der Fiktion nach Art. 7 Abs. 2

1107 Dies betonen *Bourseaux/Sendler*, Schönfeld/Ditz, OECD-MA Art. 15 Rn. 102; auch *Wassermeyer/Schwenke*, Wassermeyer DBA, OECD-MA Art. 15 Rn. 115.

1108 So *Ditz*, ISR 2013, 261 (262); ähnlich *Hemmelrath*, Vogel/Lehner DBA, OECD-MA Art. 7 Rn. 76.

1109 *Seer*, Tipke/Lang, Steuerrecht, Rn. 1.89; im Wesentlichen auch *Ditz*, ISR 2013, 261 (264).

1110 *Seer*, Tipke/Lang, Steuerrecht, Rn. 1.89; weiterhin *Hemmelrath*, Vogel/Lehner DBA, OECD-MA Art. 7 Rn. 79.

1111 Zur Funktionsweise des AOA an dieser Stelle *Vogler/Nientimp*, IStR 2014, 427 (433).

OECD-MA – wie ein selbständiges Unternehmen alle Kosten des Arbeitnehmers und die seiner Tätigkeit zuzurechnenden Ertragsbestandteile.[1112] Dabei ist die tatsächliche Tätigkeit des Arbeitnehmers in der Betriebsstätte entscheidend.[1113] Allerdings ergeben sich gerade auch aus diesen Ausführungen tragende Argumente, die gegen eine Subjektfähigkeit einer Betriebsstätte im Sinne des Art. 7 OECD-MA sprechen. Am schwersten wiegt der Umstand, dass es sich bei Art. 7 Abs. 2 OECD-MA um eine Fiktion handelt. Die Betriebsstätte wird nicht allgemein Steuersubjekt; sie wird lediglich – im Rahmen der Gewinnermittlung – wie ein solches behandelt.[1114] Aus dem Wortlaut der Norm ergibt sich, dass sich diese Fiktion allein auf Unternehmensgewinne nach Art. 7 OECD-MA erstreckt. Sie erstreckt sich gerade nicht auf die Einkünfte aus unselbstständiger Arbeit im Sinne des Art. 15 OECD-MA. Auch wenn die Einkünfte aus unselbstständiger Arbeit mit den Unternehmensgewinnen korrelieren, weil die Zahlungen an den Arbeitnehmer den Unternehmensgewinn schmälern, zeigen sowohl Art. 7 als auch Art. 15 OECD-MA auf, dass der AOA gerade nicht für Art. 15 OECD-MA Anwendung finden soll.

4. Der Arbeitgeberbegriff des Abkommensrechts als Arbeitgeberbegriff des § 38 Abs. 1 S. 2 EStG?

Letztlich ist zu klären, ob der so ermittelte abkommensrechtliche Arbeitgeberbegriff dem Arbeitgeberbegriff des § 38 Abs. 1 S. 2 EStG entspricht. Aus der Gesetzesgenese ergibt sich jedenfalls, dass § 38 Abs. 1 S. 2 EStG an die Regelungen der DBA anknüpfen soll, die in ihrer Funktion Art. 15 OECD-MA entsprechen. Auch wenn es auf den ersten Blick nicht so erscheinen mag, geht aus den Gesetzgebungsmaterialien hervor, dass der Gesetzgeber mit der Regelung des § 38 Abs. 1 S. 2 EStG *zwei* Ziele verfolgen wollte, die sich allerdings teilweise gegenseitig ausschließen. Zum einen möchte der Gesetzgeber, dass die Einkommensteuer des Arbeitnehmers, wenn der Bundesrepublik Deutschland das Besteuerungsrecht an Einkünften aus nichtselbstständiger Arbeit zusteht, per Lohnsteuerabzug erhoben wird. Zum anderen möchte der Gesetzgeber an das wirtschaftliche Verständnis

---

1112 *Vogler/Nientimp*, IStR 2014, 427 (433).
1113 *Vogler/Nientimp*, IStR 2014, 427 (433).
1114 Vgl. hierzu FG Niedersachsen v. 16.12.2021 – 11 K 8, 14196, 14197/20, EFG 2022, 405.

des Arbeitgeberbegriffs im Abkommensrecht anknüpfen.[1115] Diese zwei Zielsetzungen rühren daraus, dass in den Gesetzgebungsmaterialien die Rede davon ist, dass das Besteuerungsrecht für die Arbeitslöhne nach Doppelbesteuerungsrecht grundsätzlich Deutschland als dem Tätigkeitsstaat zustehe.[1116]

Die Gesetzgebungsmaterialien zu § 38 Abs. 1 S. 2 EStG nehmen eindeutig auf den abkommensrechtlichen Arbeitgeberbegriff Bezug. Der Gesetzgeber geht davon aus, dass im Falle der Arbeitnehmerentsendung „im Allgemeinen" das in Deutschland ansässige aufnehmende Unternehmen abkommensrechtlich Arbeitgeber sei.[1117] Davon geht das OECD-MA nicht (zwingend) aus. Gleichberechtigt neben der Lohnzahlung von oder für einen Arbeitgeber steht die Lohntragung durch eine Betriebsstätte. Gerade dadurch, dass bei fehlendem Anknüpfungspunkt im Tätigkeitsstaat durch eine Betriebsstätte oder durch den wirtschaftlichen Arbeitgeber das Besteuerungsrecht zurück an den Wohnsitzstaat fällt, zeigt das OECD-MA, dass es davon ausgeht, dass im Regelfall ein solcher Anknüpfungspunkt im Tätigkeitsstaat gerade vorliegt. Wenn der Gesetzgeber also an Situationen anknüpfen will, in welchen der Bundesrepublik Deutschland ein Besteuerungsrecht an den Einkünften aus nichtselbstständiger Arbeit zusteht, kann nicht davon ausgegangen werden, dass er auch an den entsprechenden Arbeitgeberbegriff anknüpfen will. Zwar möchte der Gesetzgeber ersichtlich materiell-rechtliche Grundsätze des Abkommensrechts in das Lohnsteuerrecht übernehmen, denn er möchte die Lohnsteuerpflicht an ein deutsches Besteuerungsrecht koppeln, allerdings kommt dem abkommensrechtlichen Arbeitgeberbegriff bei Zuweisung eines Besteuerungsrechts in Situationen der Arbeitnehmerentsendung ins Inland gerade keine (unmittelbare) Bedeutung zu. Der abkommensrechtliche Arbeitgeberbegriff wird nur dann für das Besteuerungsrecht im Tätigkeitsstaat relevant, wenn ein „Rückfall" desselben an den Wohnsitzstaat gemäß Art. 15 Abs. 2 OECD-MA im Raum steht. In diesem Falle kommt es neben der 183-Tage-Regel und dem

1115 Darüber hinaus betonen die Gesetzgebungsmaterialien, dass es nicht hingenommen werden kann, dass der in Deutschland ansässige Arbeitgeber den Arbeitslohn wirtschaftlich zahlt und auch steuermindernd als Betriebsausgabe verbucht, obgleich eine Besteuerung auf Seiten des Arbeitnehmers unterbleibt; BT-Drs. 15/1798, S. 3. Dies ist allerdings richtigerweise keine Erwägung, die für das Einkommensteuer- und insbesondere auch das Lohnsteuerrecht zum Tragen kommt. So schon BFH v. 2.3.1962 – VI 255/60 U, BStBl. III 1962, 214 (216), wonach dem Arbeitslohn des Arbeitnehmers gerade nicht zwingend eine Betriebsausgabe des Arbeitgebers gegenüberstehen muss.

1116 Oben S. 211.

1117 Erneut S. 211 f.

Nicht-Tragen der Vergütung insbesondere auch darauf an, dass der Lohn nicht von oder für einen Arbeitgeber gezahlt wird, der im Tätigkeitsstaat ansässig ist. Da sämtliche Voraussetzungen für einen Rückfall des Besteuerungsrechts kumulativ vorliegen müssen, kann also der Fall eintreten, dass der Bundesrepublik das Besteuerungsrecht zusteht, der Arbeitgeber im Sinne des Abkommensrechts allerdings nicht das inländische aufnehmende Unternehmen ist. Daraus ergibt sich die Frage, welchem der in den Gesetzgebungsmaterialien abgezeichneten Ziele der Gesetzgeber in § 38 Abs. 1 S. 2 EStG den Vorrang eingeräumt hat. Will er den abkommensrechtlichen Arbeitgeberbegriff in das Lohnsteuerrecht einführen oder will er die Einkünfte aus nichtselbstständiger Arbeit möglichst umfassend dem Lohnsteuerabzug unterwerfen?

Aufschluss darüber gewährt der Wortlaut des § 38 Abs. 1 S. 2 EStG. Aufgrund der Parallelität der Formulierungen bezüglich des abkommensrechtlichen Arbeitgeberbegriffs in den Gesetzgebungsmaterialien zu denen des § 38 Abs. 1 S. 2 EStG gilt es anzunehmen, dass der Gesetzgeber tatsächlich den abkommensrechtlichen Arbeitgeberbegriff in das Lohnsteuerrecht einführen wollte.[1118] Mit dem wirtschaftlichen Tragen des Arbeitslohns zitiert der nationale Gesetzgeber die Definition des abkommensrechtlichen Arbeitgeberbegriffs. Gleiches gilt für den Fremdvergleichsgrundsatz, der – wenn auch erst mit Wirkung zum 1.1.2020 in das Gesetz eingeführt[1119] – von der Finanzverwaltung schon mit Einführung des § 38 Abs. 1 S. 2 EStG angewandt wurde.[1120] Darüber hinaus zeigt die Einbindung des wirtschaftlichen Arbeitgeberbegriffs in das System des § 38 EStG, dass der Gesetzgeber keinesfalls einer Betriebsstätte im Lohnsteuerrecht Arbeitgebereigenschaft zusprechen möchte. Auch der wirtschaftliche Arbeitgeber ist inländischer Arbeitgeber. Inländischer Arbeitgeber ist nur, wer im Inland einen Wohnsitz, seinen gewöhnlichen Aufenthalt, seine Geschäftsleitung, seinen Sitz, eine Betriebsstätte oder einen ständigen Vertreter hat.[1121] Damit ergibt sich, dass der Gesetzgeber dem Anknüpfen an den Arbeitgeberbegriff im Sinne das Abkommensrechts Vorrang vor der umfassenden Erhebung der Einkommensteuer des Arbeitnehmers durch Lohnsteuerabzug einräumt. Der Gesetzgeber möchte

---

1118 Vgl. BT-Drs. 15/1798, S. 3.

1119 BGBl. I 2019, 2451.

1120 Vgl. BMF v. 9.11.2001 – IV B 4 – S 1341 – 20/01, BStBl. I 2001, 796 (797). Auf dieses Schreiben nehmen die Gesetzgebungsmaterialien unmittelbar Bezug, vgl. BT-Drs. 15/1798, S. 3.

1121 Zur grammatischen Auslegung des Begriffs des wirtschaftlichen Arbeitgebers auch FG Niedersachsen v. 16.12.2021 – 11 K 8, 14196, 14197/20, EFG 2022, 405 (406).

sich in § 38 Abs. 1 S. 2 EStG bezüglich der Bestimmung des Arbeitgeberbegriffs bewusst abkommensrechtlicher Grundsätze bedienen.

Das bedeutet aber nicht, dass die Begriffe des abkommensrechtlichen und des wirtschaftlichen Arbeitgebers im Sinne des § 38 Abs. 1 S. 2 EStG deckungsgleich sind. Schon ganz allgemein kann eine Begriffsidentität aufgrund der Relativität der Rechtsbegriffe und der unterschiedlichen Zweckrichtungen des Abkommens- und Lohnsteuerrechts nicht erreicht werden.[1122] Dies ist dem Gesetzgeber bewusst. Er verdeutlicht dieses Verständnis, indem er in § 38 Abs. 1 S. 2 EStG die Merkmale zur Ermittlung des abkommensrechtlichen Arbeitgeberbegriffs zitiert. Hätte er unmittelbar an das abkommensrechtliche Begriffsverständnis anknüpfen wollen, so hätte er § 38 Abs. 1 S. 2 EStG dergestalt formulieren können, dass Arbeitgeber im Sinne des § 38 Abs. 1 S. 1 EStG im Falle der Arbeitnehmerentsendung der Arbeitgeber im Sinne des jeweils einschlägigen Doppelbesteuerungsabkommens ist. Dies zeigt gleichermaßen ein weiteres Argument gegen eine unmittelbare Anknüpfung an den abkommensrechtlichen Arbeitgeberbegriff auf: Ein allgemeiner abkommensrechtlicher Arbeitgeberbegriff existiert nicht. Entscheidend ist stets der Sinngehalt der Vorschriften des jeweiligen Abkommens. Eine Anknüpfung an den abstrakten Arbeitgeberbegriff des OECD-MA wäre deshalb für den jeweiligen Einzelfall nicht zielführend. Auch knüpft der Gesetzgeber nicht in sämtlichen durch § 38 EStG erfassten Situationen an abkommensrechtliche Grundsätze an, sondern beschränkt sich dafür auf die Arbeitnehmerentsendung. Damit wendet er sich nicht von seinem Ziel ab, möglichst sämtliche Einkünfte aus nichtselbstständiger Arbeit per Lohnsteuerabzug zu erheben. Vielmehr verfolgt er dieses Ziel, soweit es nach lohnsteuerrechtlichen Grundsätzen möglich erscheint.

5. Fazit

Der Arbeitgeberbegriff des § 38 Abs. 1 S. 2 EStG hat sich damit an abkommensrechtlichen Grundsätzen anzulehnen, ist aber nicht mit dem Arbeitgeberbegriff des Abkommensrechts identisch. Arbeitgeber im Sinne des § 38 Abs. 1 S. 2 EStG ist – die Arbeitnehmerentsendung vorausgesetzt – das Unternehmen, das den Arbeitslohn für die ihm geleistete Arbeit wirtschaftlich trägt oder nach dem Fremdvergleichsgrundsatz hätte tragen müssen. Es gilt damit, dass Arbeitgeber auch[1123] im Falle des § 38 Abs. 1 S. 2 EStG derjenige ist, der dem Arbeitnehmer im (tatsächlichen) Austauschverhältnis von Arbeitsleistung gegen Lohn gegenübersteht. Durch den Bezug auf die dem Abkommensrecht entstammenden

1122 Hierauf verweisen *Hilbert/Nowotnick/Straub*, DStR 2013, 2433 (2435 ff.).

1123 Vgl. zu § 38 Abs. 1 S. 1 EStG oben S. 197 ff.

Kriterien, in wessen Interesse die Arbeit geleistet wird, und dem Tragen(müssen) des Arbeitslohns bringt der Gesetzgeber zum Ausdruck, dass nicht die objektivierte Perspektive des Arbeitnehmers, sondern eine allein objektive Perspektive zur Ermittlung dieses Austauschverhältnisses anzulegen ist. Diese von § 38 Abs. 1 S. 1 EStG abweichende Perspektive erklärt sich durch die Besonderheit der Beschäftigungen in internationalen Konzernen. Es ist dem Konzern ohne Weiteres möglich, Zahlungen von einer Konzerngesellschaft auf eine andere zu übertragen und die entsprechenden Kosten konzernintern weiterzugeben. Für das Einkommensteuerrecht ist dies an sich unproblematisch, da durch das tatsächliche Synallagma die Steuererhebung insoweit sichergestellt ist. Es existiert ein inländischer Arbeitgeber oder ausländischer Verleiher, der die lohnsteuerrechtlichen Pflichten zu erfüllen hat. Der internationale Konzern kann allerdings dieses tatsächliche Synallagma ins Ausland verschieben, obwohl der Arbeitnehmer im Inland tätig ist und dem Tätigkeitsstaat ein entsprechendes Besteuerungsrecht an den Einkünften aus nichtselbstständiger Arbeit zusteht. Dann existiert kein lohnsteuerrechtlicher Arbeitgeber im Sinne des § 38 Abs. 1 S. 1 EStG. Für diesen Fall ersetzt der Gesetzgeber die verobjektivierte Perspektive des Arbeitnehmers durch eine allein objektive. Damit gelangt der Gesetzgeber zum wirtschaftlichen Arbeitgeberbegriff des § 38 Abs. 1 S. 2 EStG.

VII. Gesamtergebnis

Das Lohnsteuerrecht geht von zwei verschiedenen Arbeitgeberbegriffen aus. Beide sind in § 38 EStG, der Grundnorm der Lohnsteuer, normiert. Für beide Arbeitgeberbegriffe gilt, dass Arbeitgeber derjenige ist, der dem Arbeitnehmer in einem tatsächlichen Austauschverhältnis gegenübersteht. Beide Arbeitgeberbegriffe unterscheiden sich insoweit lediglich in ihrer Perspektive.

Für § 38 Abs. 1 S. 1 Nr. 1 und 2 EStG gilt, dass das tatsächliche Austauschverhältnis aus der objektivierten Perspektive des Arbeitnehmers heraus zu ermitteln ist. Diese Perspektive ergibt sich aus dem Veranlassungsprinzip.

Das Veranlassungsprinzip kommt deshalb bei der Steuererhebung zum Tragen, weil der Gesetzgeber im Sinne einer effektiven Steuererhebung möglichst sämtliche Einkünfte aus nichtselbstständiger Arbeit dem Lohnsteuerabzug unterwerfen will.

Auch wenn der Gesetzgeber ursprünglich den Arbeitgeber im Sinne des § 38 Abs. 1 S. 1 EStG als denjenigen ansah, der dem Arbeitnehmer im privat- oder öffentlich-rechtlichen Dienstverhältnis gegenübersteht, so wandte er sich mit dem Unterwerfen von Drittleistungen unter die Lohnsteuer von diesem Verständnis ab. Bei Drittleistungen ist zwischen echten und unechten Lohnzahlungen zu unterscheiden. Ist der Dritte lediglich Zahlstelle oder Kasse des Arbeitgebers, fällt dies unter § 38 Abs. 1 S. 1 EStG. Bei einer echten Drittleistung im Sinne des § 38 Abs. 1 S. 3 EStG kann der Arbeitgeber hingegen keine Herrschaft über den Zahlungsfluss des Dritten, sondern lediglich Kenntnis darüber haben. Sachherrschaft hat der Dritte. Deshalb ist das Kriterium der Herrschaft über den Zahlungsfluss zur Bestimmung der lohnsteuerrechtlichen Arbeitgebereigenschaft ungeeignet.

Anders als es der Wortlaut des § 38 Abs. 1 S. 3 EStG suggeriert, unterwirft die Norm Drittleistungen nur dann dem Lohnsteuerabzug durch den Arbeitgeber, wenn dieser die konkrete Drittleistung kennt. Das Gesetz will dem Arbeitgeber nichts Unmögliches abverlangen. Die Norm des § 38 Abs. 1 S. 3 EStG muss dahingehend verstanden werden, dass der Arbeitgeber seine Augen nicht vor solchen steuererheblichen Sachverhalten verschließen darf, die sich ihm geradezu aufdrängen. Liegt ein solches Aufdrängen vor, hat sich der Arbeitgeber die für den Lohnsteuerabzug erforderlichen Daten – per Informationspflicht seines Arbeitnehmers gemäß § 38 Abs. 4 S. 2 EStG – zu beschaffen. Kommt der Arbeitnehmer seiner Mitteilungspflicht nicht oder offensichtlich unzutreffend nach, beschränken sich die entsprechenden lohnsteuerrechtlichen Pflichten des

Arbeitgebers darauf, diesen Umstand dem Betriebsstättenfinanzamt anzuzeigen, § 38 Abs. 4 S. 3 HS. 2 EStG.

Für den Arbeitgeberbegriff des § 38 Abs. 1 S. 2 EStG gilt, dass das entscheidende tatsächliche Austauschverhältnis zwischen Arbeitnehmer und Arbeitgeber aus einer allein objektiven Perspektive ermittelt wird. Mit diesem wirtschaftlichen Arbeitgeberbegriff lehnt sich das Gesetz an abkommensrechtliche Grundsätzen an, überträgt jedoch nicht einen abkommensrechtlichen Arbeitgeberbegriff auf das Steuerrecht.

Ein abkommensrechtlicher Arbeitgeberbegriff existiert nicht. Jede völkerrechtliche Vereinbarung und die in ihr enthaltenen Begriffe sind primär autonom auszulegen. Damit muss der Sinngehalt des Arbeitgeberbegriffs grundsätzlich für jedes Doppelbesteuerungsabkommen isoliert bestimmt werden. Geht man vom OECD-MA aus, gilt im Grundsatz, dass bei Anwendung des Abkommens durch einen Vertragsstaat jeder im Abkommen nicht definierte Ausdruck die Bedeutung hat, die ihm nach dem (Steuer-)Recht des Anwendungsstaates zukommt, Art. 3 Abs. 2 OECD-MA. Insoweit ist vom lohnsteuerrechtlichen Arbeitgeberbegriff (des § 38 Abs. 1 S. 1 EStG) auszugehen, wobei an den abkommensrechtlichen Arbeitgeberbegriff eine (allein) objektive Perspektive anzulegen ist. Das Ausübungsortprinzip des Art. 15 Abs. 2 OECD-MA soll nicht nicht willkürlich nach den Interessen eines Konzerns umgangen werden können.

Die objektive Perspektive des Abkommensrechts überträgt der Gesetzgeber auf das Lohnsteuerrecht, um (auch) in Situationen, in denen die Perspektive des § 38 Abs. 1 S. 1 EStG von der des Abkommensrechts abweicht, die Einkommensteuer des Arbeitnehmers per Lohnsteuerabzug durch den Arbeitgeber zu erheben.

Anstelle eines umfassenden Verweises auf die Regelungen der jeweils einschlägigen Doppelbesteuerungsabkommen entschied sich der Gesetzgeber bewusst dazu, nur für die Sondersituation der (konzerninternen) Arbeitnehmerentsendung von der Perspektive des § 38 Abs. 1 S. 1 EStG abzuweichen.

Literaturverzeichnis

Achilles, Wilhelm-Albrecht, Stiftungsreform und Gesetzgebungskompetenz des Bundes, ZRP 2002, S. 23–29.

Adomeit, Klaus, Normlogik – Methodenlehre – Rechtspolitologie – Gesammelte Beiträge zur Rechtstheorie 1970–1985, Berlin 1986 (zit. *Adomeit*, Methodenlehre, S.).

Albert, Uwe, Lohnzahlung durch Dritte, FR 2009, S. 857–862.

Altmeppen, GmbHG, Kommentar v. Holger Altmeppen, 11. Auflage, München 2023.

Ascheid/Preis/Schmidt, Kündigungsrecht, hrsg. v. Rüdiger Linck, Ulrich Preis, Ingrid Schmidt, 7. Auflage, München 2024 (zit. *Bearbeiter*, A/P/S Kündigungsrecht, Teil, Abschnitt/§ Rn.).

Bach, Stefan, 100 Jahre deutsches Steuersystem: Revolution und Evolution, StuW 2019, S. 105–117.

Badura, Peter, Die hoheitlichen Aufgaben des Staates und die Verantwortung des Berufsbeamtentums, ZBR 1996, S. 321–327.

Baldus, Manfred, Die Einheit der Rechtsordnung, Berlin 1995 (zit. *Baldus*, Rechtsordnung, S.).

Battis, Bundesbeamtengesetz, Kommentar, hrsg. v. Ulrich Battis, 6. Auflage München 2022 (zit. *Bearbeiter*, Battis BBG, § Rn.).

Battis, Ulrich, Das Dienstrechtsreformgesetz, NJW 1997, S. 1033–1036.

Bauschke, Hans-Joachim, Arbeitnehmer und Beamte – traditionelle Trennung und aktuelle Berührungen, in: Öffentliches Dienstrecht im Wandel – Festschrift für Walter Fürst, herausgegeben von Ingeborg Franke, Rudolf Summer, Hans-Dietrich Weiß, Berlin 2002, S. 57–70 (zit. *Bauschke*, FS Fürst, S.).

Bayer, Hermann-Wilfried, Der Mensch, sein Leben, sein Einkommen und das Einkommensteuerrecht, BB 1991, S. 517–526.

Becker/Riewald/Koch, Reichsabgabenordnung, Band I: §§ 1–159 Reichsabgabenordnung, Steueranpassungsgesetz und Steuersäumnisgesetz, v. Enno Becker, Alfred Riewald, Carl Koch, 9. Auflage, Köln/Berlin/Bonn/München 1963.

BeckOGK zum Zivilrecht, hrsg. v. Beate Gsell, Wolfgang, Krüger, Stephan Lorenz, Christoph Reyman, München 2024 (zit. *Bearbeiter*, BeckOGK BGB, § Rn.).

BeckOK AO, hrsg. v. Volker Pfirrmann, Torsten Rosenke, Klaus Wagner, 28. Edition, München 2024 (zit. *Bearbeiter*, BeckOK AO, § Rn.).

BeckOK Arbeitsrecht, hrsg. Christian Rolfs, Richard Giesen, Ralf Kreikebohm, Miriam Meßling, Peter Udsching, 71. Edition, München 2024 (zit. *Bearbeiter*, BeckOK ArbR, § Rn.).

BeckOK Beamtenrecht Bayern, hrsg. v. Ralf Brinktrine, Alexander Voitl, 32. Edition, München 2024 (zit. *Bearbeiter*, BeckOK BeamtR Bayern, § Rn.).

BeckOK Beamtenrecht Bund, hrsg. v. Ralf Brinktrine, Kai Schollendorf, 33. Edition, München 2024 (zit. *Bearbeiter*, BeckOK BeamtR Bund, § Rn.).

BeckOK BGB, hrsg. v. Wolfgang Hau, Roman Poseck, 70. Edition, München 2024 (zit. *Bearbeiter*, BeckOK BGB, § Rn.).

BeckOK EStG, hrsg. v. Gregor Kirchhof, Egmont Kulosa, Eckart Ratschow, 18. Edition, München 2024 (zit. *Bearbeiter*, BeckOK EStG, § Rn.).

BeckOK GmbHG, hrsg. v. Hildegard Ziemons, Carsten Jaeger, Moritz Pöschke, 60. Edition, München 2024 (zit. *Bearbeiter*, BeckOK GmbHG, § Rn.).

BeckOK Kommunalrecht Bayern, hrsg. v. Johannes Dietlein, Joachim Suerbaum, 22. Edition, München 2024 (zit. *Bearbeiter*, BeckOK KommR Bayern, Art. Rn.).

Beermann, Albert, BFH-Rechtsprechung zur Lohnsteuerhaftung nach § 69 AO, FR 1992, S. 262–268.

Beisse, Heinrich, Die wirtschaftliche Betrachtungsweise bei der Auslegung der Steuergesetze in der neueren deutschen Rechtsprechung, StuW 1981, S. 1–14.

Bergkemper, Winfried, Anmerkung zu BFH v. 5.10.2005 – VI R 152/01, FR 2006, S. 142–144.

Ders., Lohnzuwendungen im Bereich der betrieblichen Altersvorsorge, FR 2011, S. 1043–1051.

Ders., Haftung bei Lohnsteuerabzugspflicht Dritter – Besprechung von BFH v. 20.3.2014 – VI R 43/13, FR 2014, S. 769–771.

Birk, Dieter/Tappe, Henning/Desens, Marc, Steuerrecht, 26. Auflage, Heidelberg 2023.

Birkenfeld, Wolfram, Sachverhaltsermittlung und Rechtsanwendung bei der Lohnsteuer in- und ausländischer Arbeitnehmer, in: Grundfragen des Lohnsteuerrechts, herausgegeben im Auftrag der Deutschen Steuerjuristischen Gesellschaft e.V. von Joachim Stolterfoht, Band 9, Köln 1986, S. 245–376 (zit. *Birkenfeld*, DStJG Bd. 9 (1986), S.).

Blümich, Ertragsteuerrecht, hrsg. v. Bernd Heuermann, Peter Brandis, 155. Ergänzungslieferung, Stand November 2020, München 2020 (zit. *Bearbeiter*, Blümich EStG (2020), § Rn.).

Boemke, Burkhard, Schuldvertrag und Arbeitsverhältnis, München 1999.

Bordewin/Brandt, EStG, Begr. v. Arno Bordewin, fortf. v. Jürgen Brandt, Walter Bode, 460. Aktualisierung, Köln 2024 (zit. *Bearbeiter*, Bordewin/Brandt EStG, § Rn.).

von Bornhaupt, Kurt Joachim, Der Begriff der Werbungskosten unter besonderer Berücksichtigung seines Verhältnisses zum Betriebsausgabenbegriff, in: Die Abgrenzung der Betriebs- oder Berufssphäre von der Privatsphäre im Einkommensteuerrecht, herausgegeben im Auftrag der Deutschen Steuerjuristischen Gesellschaft e.V. von Hartmut Söhn, Band 3, Köln 1980, S. 149–199 (zit. *von Bornhaupt*, DStJG Bd. 3 (1980), S.).

Ders., Ermittlung des Werbungskostenbegriffs nach dem Veranlassungsprinzip im Wege der Rechtsfortbildung, DStR 1983, S. 11–16.

Ders., Leistungen Dritter als steuerpflichtige Einnahmen, BB 1999, S. 1532–1533.

Bowitz, Hans Hermann, Zur Behandlung des Trinkgelds im Einkommensteuerrecht, DStZ 1995, S. 553–558.

Brandis/Heuermann, Ertragsteuerrecht, hrsg. v. Bernd Heuermann, Peter Brandis, 172. Ergänzungslieferung, München 2024 (zit. *Bearbeiter*, Brandis/Heuermann EStG, § Rn.).

Breinersdorfer, Stefan, Aktuelle Fragen zum Sachbezug im Lohnsteuerrecht, FR 2015, S. 779–784.

Brick, Hans-Jürgen, Einnahmen aus nichtselbstständiger Arbeit außerhalb des Dienstverhältnisses?, Frankfurt am Main 1992 (zit. *Brick*, Nichtselbstständige Arbeit, S.).

Brors, Christiane, AÜG-Reform: Ist das geplante Widerspruchsrecht des Leiharbeitnehmers verfassungsrechtlich geboten?, NZA 2016, S. 672–675.

Brückner, Joachim Daniel, Folgerichtige Gesetzgebung m Steuerrecht und Öffentlichen Wirtschaftsrecht, Baden-Baden 2014 (zit. *Brückner*, Folgerichtige Gesetzgebung, S.).

Bürger, Michael, Teilzeitbeschäftigung von Beamten und ihre verfassungsrechtliche Zulässigkeit, NVwZ 1999, S. 820–824.

Bydlinski, Franz, Juristische Methodenlehre und Rechtsbegriff, 2. Auflage, Wien/New York 1991 (zit. *Bydlinski*, Methodenlehre, S.).

Clemm, Hermann, Wirtschaftliche versus formalrechtliche Betrachtung im Steuer- und Bilanzrecht, in: Festschrift für Franz Klein, herausgegeben von Paul Kirchhof, Klaus Offerhaus, Horst Schöberle, Köln 1994, S. 715–736 (zit. *Clemm*, FS Klein, S.).

Klösel/Klötzer-Assion/Mahnhold, Contractor Compliance, Haftungsprävention und Fallmanagement, hrsg. v. Daniel Klösel, Antje Klötzer-Assion, Thilo Mahnhold, 2. Auflage Heidelberg 2023 (zit. *Bearbeiter*, K/K/M, Contractor Compliance, Teil, Kapitel Rn.).

Crezelius, Georg, Steuerrechtliche Rechtsanwendung und allgemeine Rechtsordnung, Herne/Berlin 1983 (zit. *Crezelius*, Rechtsordnung, S.).

Ders., Leistungen an und durch Dritte im Lohnsteuerrecht, in: Grundfragen des Lohnsteuerrechts, herausgegeben im Auftrag der Deutschen Steuerjuristischen Gesellschaft e.V. von Joachim Stolterfoht, Band 9, Köln 1986, S. 85–116 (zit. *Crezelius*, DStJG Bd. 9 (1986), S.).

Dißars, Björn-Axel/Dißars, Ulf-Christian, Die Anrufungsauskunft nach § 42e EStG – Schutz des Arbeitgebers vor der Lohnsteuer, DStR 1995, S. 1817–1819.

Ditz, Xaver, Der „Authorised OECD Approach" wird Wirklichkeit – Kritische Analyse des § 1 Abs. 5 AStG i.d.F. AmtshilfeRLUmsG, ISR 2013, S. 261–267.

Dörner/Luczak/Wildschütz, Handbuch des Arbeitsrechts, hrsg. v. Klemens Dörner, Stefan Luczak, Martin Wildschütz u.a., 17. Auflage, Köln 2024 (zit. *Bearbeiter*, HArbR, Kap. Rn.).

Drecoll, Alexander, Der Fiskus als Verfolger, München 2009.

Drenseck, Walter, Neuorientierungen im Lohnsteuerrecht, StuW 2000, S. 452–456.

Drüen, Klaus-Dieter, Grenzen der Steuerentrichtungspflichten – Verfassungsrechtliche Bestandsaufnahme angesichts intensivierter Arbeitgeberpflichten beim Lohnsteuerabzug, FR 2004, S. 1134–1148.

Ders., Die Indienstnahme Privater für den Vollzug von Steuergesetzen, Tübingen 2012 (zit. *Drüen*, Indienstnahme, S.).

Ders., Arbeitnehmerbesteuerung im System der Einkommensteuer, in: Besteuerung von Arbeitnehmern, herausgegeben im Auftrag der Deutschen Steuerjuristischen Gesellschaft e.V. von Klaus-Dieter Drüen, Band 40, Köln 2017, S. 11–46 (zit. *Drüen*, DStJG Bd. 40 (2017), S.).

Ders., Eigenständigkeit und Methodik des Steuerrechts, in: Eigenständigkeit des Steuerrechts, herausgegeben von Michael Droege und Christian Seiler, Tübingen 2019, S. 95–113 (zit. *Drüen*, Eigenständigkeit, S.).

Ders., Heinrich Wilhelm Kruse zum Gedenken: Über Folgerichtigkeit im Steuerrecht, StuW 2019, S. 205–211.

Dütz, Wilhelm/Thüsing, Gregor, Arbeitsrecht, 28. Auflage, München 2023 (zit. *Dütz/Thüsing*, ArbR, Rn.).

DziurdŸ, Kasper, 183-Tage-Regel: VwGH legt Arbeitgeberbegriff abkommensautonom aus, IStR 2013, S. 939–945.

Eckert, Michael/Haas, Thomas, Blick ins Arbeitsrecht, DStR 2011, S. 2100–2106.

Eckhoff, Rolf, Rechtsanwendungsgleichheit im Steuerrecht – Die Verantwortung des Gesetzgebers für einen gleichmäßigen Vollzug des Einkommensteuerrechts, Köln 1999 (zit. *Eckhoff*, Rechtsanwendungsgleichheit, S.).

Ehrke-Rabel, Tina, Steuervollzug im Umbruch?, StuW 2015, S. 101–117.

Eisgruber, Thomas, Lohnsteuerhaftung des Arbeitgebers auf Grund einer unterlassenen Anzeige nach § 38 Abs. 4 S. 2 EStG? – Anmerkung zum BFH-Urteil vom 9. 10. 2002 – VI R 112/99, DStR 2003, S. 141–144.

Eismann, Günther, Die neuen lohnsteuerrechtlichen Arbeitgeberpflichten bei Arbeitslohnzahlungen (Rabattgewährungen) durch Dritte, DStR 2004, S. 1585–1592.

Ders., Lohnsteuerrechtliche Arbeitgeberpflichten nach Änderung des Arbeitnehmerüberlassungsgesetzes, DStR 2011, S. 2381–2385.

Engisch, Karl, Einführung in das juristische Denken, 12. Auflage, Stuttgart 2018 (zit. *Engisch*, Einführung, S.).

Englisch, Joachim, Folgerichtiges Steuerrecht als Verfassungsgebot, in: Festschrift für Joachim Lang, herausgegeben von Klaus Tipke, Roman Seer, Johanna Hey, Joachim Englisch, Köln 2011, S. 167–220 (zit. *Englisch*, FS Lang, S.).

Erfurter Kommentar zum Arbeitsrecht, hrsg. v. Rudi Müller-Glöge, Ulrich Preis, Ingrid Schmidt, 24. Auflage, München 2024 (zit. *Bearbeiter*, ErfK, § Rn.).

Erler/Koppe Reichseinkommensteuergesetz, hrsg. v. Oberregierungsrat Dr. Erler, Rechtsanwalt Dr. Koppe, IV. Auflage, Berlin 1921.

Fabricius, Fritz, Relativität der Rechtsfähigkeit – Ein Beitrag zur Theorie und Praxis des privaten Personenrechts, München/Berlin 1963 (zit. *Fabricius*, Rechtsfähigkeit, S.).

Felix, Dagmar, Einheit der Rechtsordnung – Zur verfassungsrechtlichen Relevanz einer juristischen Argumentationsfigur, Tübingen 1998 (zit. *Felix*, Rechtsordnung, S.).

Fischer, Hans Gustav, Die Problematik der Besteuerung freiwilliger Trinkgelder, BB 1983, S. 1648.

Fischer, Peter, Anmerkung zu Georg Crezelius, Steuerrechtliche Rechtsanwendung und allgemeine Rechtsordnung, StuW 1986, S. 183–186.

Florstedt, Tim, Typusbegriffe im Steuerrecht – Analyse einer unzeitgemäßen Methodenfigur, StuW 2007, S. 314–323.

Flume, Werner, Steuerwesen und Rechtsordnung, Göttingen 1952, Nachdruck Köln 1986.

Formularbuch Recht und Steuern, Barbeitet von Jörg Alvermann, Jochen Bahns, Manuela Eckert, u.a., 10. Auflage, München 2021 (zit. *Bearbeiter*, FormB RS, Kap. Rn.).

Franke, Ingeborg, Teilzeitbeschäftigung im Wandel, in: Öffentliches Dienstrecht im Wandel – Festschrift für Walter Fürst, herausgegeben von Ingeborg Franke, Rudolf Summer, Hans-Dietrich Weiß, Berlin 2002, S. 101–120 (zit. *Franke*, FS Fürst, S.).

Franzen, Martin, Entkopplung der Arbeitszeit vom Arbeitsentgelt, RdA 2014, S. 1–8.

Ders., Das geänderte Arbeitnehmer-Entsendegesetz (AEntG), EuZA 2021, S. 3–24.

Gast, Arendt, Die Schlechtleistung des Arbeitnehmers im Synallagma des Arbeitsvertrags – Eine Untersuchung des rechtlichen Verhältnisses von Arbeit und Lohn, Berlin 2015 (zit. *Gast*, Schlechtleistung, S.).

Gast-de Haan, Brigitte, Lohnsteuerschuld und Arbeitgeberhaftung, in: Grundfragen des Lohnsteuerrechts, herausgegeben im Auftrag der Deutschen Steuerjuristischen Gesellschaft e.V. von Joachim Stolterfoht, Band 9, Köln 1986, S. 141–174 (zit. *Gast-de Haan*, DStJG Bd. 9 (1986), S.).

Gercke/Kraft/Richter, Arbeitsstrafrecht, Strafrechtliche Risiken und Risikomanagement, hrsg. v. Björn Gercke, Oliver Kraft, Marcus Richter, 3. Auflage, Heidelberg 2021.

Gersch, Eva-Maria, Das ganz überwiegend eigenbetriebliche Interesse des Arbeitgebers an Zuwendungen – Lohnsteuerrecht im Wandel, in: Festschrift für Franz Klein, herausgegeben von Paul Kirchhof, Klaus Offerhaus, Horst Schöberle, Köln 1994, S. 889–898 (zit. *Gersch*, FS Klein, S.).

Dies., Neues zum Arbeitslohn von Dritten, FR 2004, S. 938–943.

Dies., Lohnsteuerabzug bei Arbeitslohn von dritter Seite, in: Bochumer Lohnsteuertag – Die Lohnsteuer im Spannungsfeld zwischen Unternehmerfreiheit und Fiskalinteresse, herausgegeben von Roman Seer, Frankfurt am Main 2005, S. 109–120 (zit. *Gersch*, Bochumer Lohnsteuertag, S.).

Geserich, Stefan, Lohnzahlung durch Dritte – Aktuelles Urteil des BFH, NWB 2012, S. 4032–4033.

Ders., Arbeitslohn von dritter Seite, NWB 2012, S. 4140–4144.

Ders., Der neue „Rabatterlass" – Kritische Würdigung des BMF-Schreibens vom 20.1.2015, NWB 2015, S. 1610–1617.

Glaser, BayGO, Kommentar v. Erhard Glaser, 33. Ergänzungslieferung, München 2023 (zit. *Bearbeiter*, Glaser BayGO, Art. Rn.).

Goez, Christoph, Die Quellenbesteuerung als Erhebungsform der Einkommensteuer, Münster/New York 1993 (zit. *Goez*, Quellenbesteuerung, S.).

Görl, Maximilian, Steuerliche Probleme bei der Mitarbeiterentsendung, IStR 2002, S. 443–448.

Gorski, Hans Günther, Von der Begünstigung der Unternehmer bei der Einkommensteuer – Anmerkungen zum Standortsicherungsgesetz, DStZ 1993, S. 613–620.

Gosch, Abgabenordnung, Finanzgerichtsordnung, Kommentar, begr. v. Albert Beermann, hrsg. v. Dietmar Gosch, 181. Aktualisierung, Bonn 2024 (zit. *Bearbeiter*, Gosch AO, § Rn.).

Greiner, Stefan, Werkvertrag und Arbeitnehmerüberlassung – Abgrenzungsfragen und aktuelle Rechtspolitik, NZA 2013, S. 697–703.

Grigoleit, AktG, Kommentar, hrsg. v. Hans Christoph Grigoleit, 2. Auflage, München 2020 (zit. *Bearbeiter*, Grigoleit AktG, § Rn.).

Gropp, Beate, Die Haftung für Steuerschulden auf Grund Zivilrechts unter besonderer Berücksichtigung der BGB-Gesellschaft, Dresden 2013 (zit. *Gropp*, Haftung für Steuerschulden, S.).

Grüneberg, Bürgerliches Gesetzbuch, 83. Auflage, München 2024 (zit. *Bearbeiter*, Grüneberg BGB, § Rn.).

Günther, Hellmuth, Das öffentlich-rechtliche Dienst- und Treueverhältnis i.S.v. Art. 33 Abs. 4 GG, DÖV 2012, S. 678–685.

Haase, AStG/DBA, Kommentar, hrsg. v. Florian Haase, 4. Auflage, Heidelberg 2024 (zit. *Bearbeiter*, Haase DBA, Art. Rn.).

Hallerbach, Dorothee, Der Einfluss des Zivilrechts auf das Steuerrecht, DStR 1999, S. 2125 – 2130.

Hamann, Wolfgang, Kurswechsel bei der Arbeitnehmerüberlassung?, NZA 2011, S. 70–77.

Ders., Die Reform des AÜG im Jahr 2011, RdA 2011, S. 321–341.

Happ, Daniel/Krämer Nicolas, EuGH zur Anwendbarkeit der Leiharbeitsrichtlinie: Praktische Auswirkungen auf das Konzernprivileg des § 1 Abs. 3 Nr. 2 AÜG, BB 2023, S. 2164–2166.

Happ, Daniel/van der Most, Marijke, Was ist „gelegentlich"? – Die unscheinbare Privilegierung in § 1 Abs. 3 Nr. 2a AÜG, BB 2017, S. 2809 – 2815.

Henssler/Willemsen/Kalb, Arbeitsrecht, Kommentar, hrsg. v. Martin Henssler, Heinz Josef Willemsen, Heinz-Jürgen Kalb, 11. Auflage, Köln 2024 (zit. *Bearbeiter*, H/W/K ArbR, § Rn.).

Herrmann/Heuer/Raupach, EStG/KStG, Kommentar, hrsg. v. Johanna Hey, Martin Klein, Michael Wendt u.w., 324. Lieferung, Köln 2024 (zit. *Bearbeiter*, H/H/R EStG, § Rn.).

Heuermann, Bernd, Leistungspflichten im Lohnsteuerverfahren, StuW 1998, S. 219–230.

Ders., Systematik und Struktur der Leistungspflichten im Lohnsteuerabzugsverfahren, Frankfurt am Main 1998 (zit. *Heuermann*, Systematik, S.).

Ders., Entrichtungspflicht – Steuerpflicht – Grundpflicht?, FR 2013, S. 354–359.

Hey, Johanna, Steuergesetzgebungslehre, StuW 2019, S. 3–21.

Dies., Vereinfachungszwecknormen im Lohnsteuerrecht: Anspruch und Wirklichkeit – Zugleich Anmerkung zu BFH v. 1.8.2019 – VI R 32/18 zu § 40 Abs. 2 EStG, FR 2020, S. 1–10.

Hilbert, Lukas/Nowotnick, Uwe/Straub, Eugen, Der inländische Arbeitgeber in Fällen der Arbeitnehmerentsendung – (Un-)Gerechtfertigte Übertragung abkommensrechtlicher Auslegung in das deutsche Lohnsteuerrecht?, DStR 2013, S. 2433–2437.

Hofmann, Karl-Wilhelm/Schubert, Mathias, Nach Einführung des wirtschaftlichen Arbeitgeberbegriffs in das deutsche Lohnsteuerrecht – eine Bestandsaufnahme aus Praktikersicht, BB 2004, S. 1477–1481.

Hölters/Weber, Aktiengesetz, Kommentar, hrsg. v. Wolfgang Hölters, Markus Weber, 4. Auflage, München 2022 (zit. *Bearbeiter*, Hölters/Weber AktG, § Rn.).

Höpfner, Clemens, Die systemkonforme Auslegung – Zur Auflösung einfachgesetzlicher, verfassungsrechtlicher und europarechtlicher Widersprüche im Recht, Tübingen 2008 (zit. *Höpfner*, Auslegung, S.).

Hornstein, Pascal, Die Auslegung des Arbeitgeberbegriffes in Art. 15 Abs. 2 Buchstabe b) des Doppelbesteuerungsabkommens Schweiz-Deutschland, Frankfurt am Main 2023 (zit. *Hornstein*, Arbeitgeberbegriff DBA, S.).

Hottmann, Jürgen/Beckers, Markus/Schustek, Heribert, Einkommensteuer, 25. Auflage, Stuttgart 2023 (zit. *Bearbeiter*, H/B/S EStR, S.).

Hromadka, Wolfgang, Änderung von Arbeitsbedingungen, RdA 1992, S. 234–265.

Ders., Das allgemeine Weisungsrecht, DB 1995, S. 2601–2606.

Ders., Grenzen des Weisungsrechts – Zur Auslegung des § 106 GewO, NZA 2012, S. 233–239.

Ders., Zur Auslegung des § 611a BGB – Eine historisch-dogmatische Analyse, NZA 2018, S. 1583–1586.

Hübschmann/Hepp/Spitaler, AO/FGO, Kommentar, begr. v. Walter Hübschmann, Ernst Hepp, Armin Spitaler, 279. Aktualisierung, Köln 2024 (zit. *Bearbeiter*, H/H/S, § Rn.).

Huster/Kaltenborn, Krankenhausrecht, Praxishandbuch zum Recht des Krankenhauswesens, hrsg. v. Stefan Huster, Markus Kaltenborn, 2. Auflage, München 2017 (zit. *Bearbeiter*, Huster/Kaltenborn KHR, § Rn.).

Hüttemann, Rainer, Steuerumlagen im Konzern, ZHR 171 (2007), S. 451–481.

Ders., Steuerrechtliche Rechtsanwendung zwischen Eigenständigkeit und Maßgeblichkeit des Zivilrechts, in: Eigenständigkeit des Steuerrechts, herausgegeben von Michael Droege und Christian Seiler, Tübingen 2019, S. 115–126 (zit. *Hüttemann*, Eigenständigkeit, S.).

Hüttemann, Rainer/Schön, Wolfgang, Unternehmenssteuerrecht, Köln 2024 (zit. *Bearbeiter*, Hüttemann/Schön, Rn.).

Hütwohl, Mathias, Nachtzeit ist nicht gleich Nachtzeit – Einheitlichkeit der Rechtsordnung und Relativität der Rechtsbegriffe, NJW 2021, S. 3298–3302.

Isensee, Josef, Vom Beruf unserer Zeit für Steuervereinfachung, StuW 1994, S. 3–14.

Ders., Affekt gegen Institutionen – überlebt das Berufsbeamtentum? – Die neue Legitimationskrise, ZBR 1998, S. 295–312.

Ders., Das antiquierte Amt – Erinnerung an eine Voraussetzung der Freiheit, in: Staat – Amt – Verantwortung – Festschrift für Friedrich Karl Fromme, herausgegeben von Wolfgang Knies, Stuttgart/München 2002, S. 41–78 (zit. *Isensee*, FS Fromme, S.).

Jauernig, BGB, Bürgerliches Gesetzbuch, hrsg. v. Stürner, Rolf, 19. Auflage, München 2023.

Joerden, Jan, Logik im Recht – Grundlagen und Anwendungsbeispiele, 3. Auflage, Berlin 2018.

Joussen, Jacob, Der persönliche Anwendungsbereich der Arbeitnehmerhaftung, RdA 2006, S. 129–137.

Juris PraxisKommentar SGB IV, hrsg. v. Rainer Schlegel, Thomas Voelzke, 4. Auflage, Saarbrücken 2021 (zit. *Bearbeiter*, jurisPK, § Rn.).

Kaminski, Bert, Die Festlegung von Maßstäben zur internationalen Einkünftekorrektur durch § 1 Außensteuergesetz – Systematik des § 1 AStG und sein Verhältnis zum innerstaatlichen Recht, zum DBA-Recht und zum Europarecht, StuW 2008, S. 337–347.

Kanzler/Kraft/Bäuml, EStG, Kommentar, hrsg. v. Hans-Joachim Kanzler, Gerhard Kraft, Swen Oliver Bäuml, Franz Jürgen Marx, Frank Hechtner, 7. Auflage, Herne 2022 (zit. *Bearbeiter*, K/K/B EStG, § Rn.).

Kaufmann, Arthur, Die Geschichtlichkeit des Rechts im Lichte der Hermeneutik, in: Festschrift für Karl Engisch zum 70. Geburtstag, herausgegeben von Paul Bockelmann, Arthur Kaufmann, Ulrich Klug, Frankfurt am Main 1969 (zit. *Kaufmann*, FS Engisch, S.).

Kemper, Constantin, Steuerfolgen in präexistenten zivilrechtlichen Ausgleichsansprüchen, Tübingen 2021 (zit. *Kemper*, Steuerfolgen, S.).

Kießling, Tina, Einkommensbesteuerung in der insolventen Personengesellschaft, Berlin 2018 (zit. *Kießling*, Einkommensbesteuerung, S.).

Kirchhof, Gregor, Die Erfüllungspflichten des Arbeitgebers im Lohnsteuerverfahren, Berlin 2005 (zit. *G. Kirchhof*, Erfüllungspflichten, S.).

Ders., Die Allgemeinheit des Gesetzes – Über einen notwendigen Garanten der Freiheit, der Gleichheit und der Demokratie, Tübingen 2009 (zit. *G. Kirchhof*, Allgemeinheit, S.).

Ders., Einzelfallgerechtigkeit und Maßstabbildung im digitalisierten Massenfallrecht, in: 100 Jahre Steuerrechtsprechung in Deutschland 1918–2018 – Festschrift für den Bundesfinanzhof, herausgegeben von Klaus-Dieter Drüen, Johanna Hey, Rudolf Mellinghoff, Köln 2018, Bd. I, S. 361–383 (zit. *G. Kirchhof*, FS BFH, Bd. I S.).

Kirchhof, Paul, Steuerumgehung und Auslegungsmethoden, StuW 1983, S. 173–183.

Ders., Der verfassungsrechtliche Auftrag zur Steuervereinfachung, in: Festschrift für Dietrich Meyding zum 65. Geburtstag, herausgegeben von Wilhelm Bühler, Paul Kirchhof, Franz Klein, Heidelberg 1994, S. 3–20 (zit. *P. Kirchhof*, FS Meyding, S.).

Ders., Steuergleichheit durch Steuervereinfachung, in: Steuervereinfachung, herausgegeben im Auftrag der Deutschen Steuerjuristischen Gesellschaft e.V. von Peter Fischer, Band 21, Köln 1998, S. 9–28 (zit. *P. Kirchhof*, DStJG Bd. 21 (1998), S.).

Ders., Besteuerung nach Gesetz, in: Festschrift für Heinrich Wilhelm Kruse, herausgegeben von Walter Drenseck, Roman Seer, Köln 2001, S. 17–37 (zit. *P. Kirchhof*, FS Kruse, S.).

Ders., Verfassungsrechtliche und steuersystematische Grundlagen der Einkommensteuer, in: Besteuerung von Einkommen, herausgegeben im Auftrag der Deutschen Steuerjuristischen Gesellschaft e.V. von Iris Ebling, Band 24, Köln 2001, S. 9–28 (zit. *P. Kirchhof*, DStJG Bd. 24 (2001), S.).

Ders., Der Karlsruher Entwurf und seine Fortentwicklung zu einer vereinheitlichten Ertragsteuer, StuW 2002, S. 3–22.

Ders., Leistungsfähigkeit und Erwerbseinkommen – Zur Rechtfertigung und gerechtfertigten Anwendung des Einkommensteuergesetzes, in: Festschrift für Joachim Lang, herausgegeben von Klaus Tipke, Roman Seer, Johanna Hey, Joachim Englisch, Köln 2011, S. 451–476 (zit. *P. Kirchhof*, FS Lang, S.).

Ders., Die Gleichheit vor dem Steuergesetz – Maßstab und Missverständnisse, StuW 2017, S. 3–16.

Ders., Das Verfassungsrecht – Auftrag und Grenze staatlicher Besteuerungsgewalt, in: Eigenständigkeit des Steuerrechts, herausgegeben von Michael Droege und Christian Seiler, Tübingen 2019, S. 79–93 (zit. *P. Kirchhof*, Eigenständigkeit, S.).

Kirchhof/Seer, EStG, Kommentar, begr. v. Paul Kirchhof, 23. Auflage, Köln 2024 (zit. *Bearbeiter*, Kirchhof EStG, § Rn.).

Kirchhof/Söhn/Mellinghoff, EStG, Kommentar, hrsg. v. Paul Kirchhof, Rudolf Mellinghoff und Hanno Kube, 342. Aktualisierung, Köln 2024 (zit. *Bearbeiter*, K/S/M EStG).

Kischel, Uwe, Systembindung des Gesetzgebers und Gleichheitssatz, AöR 1999 (124), S. 174–211.

Klein, AO, Kommentar, begr. v. Franz Klein, Gerd Orlopp, 17. Auflage, München 2023 (zit. *Bearbeiter*, Klein AO).

Kloubert, Franz Peter, Rechtliche Stellung des Arbeitgebers beim Lohnsteuerabzug, Köln/Berlin/Bonn/München 1988 (zit. *Kloubert*, Rechtstellung, S.).

Ders., Die Steuerbarkeit von Drittleistungen beim Lohnsteuerabzug am Beispiel der Trinkgeldzahlung, DStR 2000, S. 231–233.

Ders., Ordnungs- und Regelungsfunktion des Steuerrechts bei Störungen am Beispiel des Gesamtschuldnerausgleichs beim Lohnsteuerabzug, FR 2001, S. 465–469.

Klug, Ulrich, Juristische Logik, Berlin/Heidelberg 1982.

Knobbe-Keuk, Brigitte, Das Steuerrecht – eine unerwünschte Rechtsquelle des Gesellschaftsrechts?, Köln 1986 (zit. *Knobbe-Keuk*, Rechtsquelle, S.).

Kock, Martin, Neue Pflichten für Entleiher: Information über freie Stellen und Zugang zu Gemeinschaftseinrichtungen und –diensten (§ 13a und § 13b AÜG), BB 2012, S. 323–326.

Koenig, Abgabenordnung, Kommentar, hrsg. v. Ulrich Koenig, 5. Auflage 2024 (zit. *Bearbeiter*, Koenig AO).

Koller, Peter, Theorie des Rechts – Eine Einführung, 2. Auflage, Wien/Köln/Weimar 1997 (zit. *P. Koller*, Rechtstheorie, S.).

Koller, Thomas, Privatrecht und Steuerrecht – Eine Grundlagenstudie zur Interdependenz zweier Rechtsgebiete, Bern 1993 (zit. *T. Koller*, Privat- und Steuerrecht, S.).

Kommentar zum europäischen Arbeitsrecht, hrsg. v. Martin Franzen, Inken Gallner, Hartmut Oetker, 5. Auflage, München 2024 (zit. *Bearbeiter*, EuArbRK, Art. Rn.).

Korn, Einkommensteuergesetz, Kommentar, hrsg. v. Klaus Korn, Dieter Carlé, Rudolf Stahl, Martin Stahl, 150. Ergänzungslieferung, Bonn 2024 (zit. *Bearbeiter*, Korn EStG, § Rn.).

Krauskopf, Soziale Krankenversicherung, Pflegeversicherung, Kommentar, hrsg. v. Regine Wagner, Stefan Knittel, 121. Ergänzungslieferung, München 2024 (zit. *Bearbeiter*, Krauskopf, § Rn.).

Kröger, Horst, Zum Veranlassungsprinzip im Einkommensteuerrecht, StuW 1978, S. 289–294.

Kruse, Heinrich Wilhelm, Rechtshistorische und rechtsvergleichende Prolegomena zum Lohnsteuerrecht – zugleich Rechtfertigung des Themas, in: Grundfragen des Lohnsteuerrechts, herausgegeben im Auftrag der Deutschen Steuerjuristischen Gesellschaft e.V. von Joachim Stolterfoht, Band 9, Köln 1986, S. 1–14 (zit. *Kruse*, DStJG Bd. 9 (1986), S.).

Ders., Über das Trinkgeld – Walter Drenseck zum 60. Geburtstag, StuW 2001, S. 366–371.

Kumpf, Johann Heinrich, Kaiserreich, Weimarer Republik und „Drittes Reich". Der Reichsfinanzhof 1918–1938 aus Sicht seines ersten Präsidenten, in: 75 Jahre Reichsfinanzhof – Bundesfinanzhof, herausgegeben vom Präsidenten des Bundesfinanzhofs, Bonn 1993, S. 23–42 (zit. *Kumpf*, FS RFH/BFH, S.).

Kurr, Jochen, Beamten- und verwaltungsrechtliche Aspekte der Probezeit, ZBR 2000, S. 158–163.

Lademann, EStG, Kommentar, begr. v. Fritz Lademann, 281. Ergänzungslieferung, Stuttgart 2024 (zit. *Bearbeiter*, Lademann EStG, § Rn.).

Landmann/Rohmer, Gewerbeordnung, Kommentar, von Peter Marcks, Dirk Neumann, Peter Bleutge, u.A., 92. Ergänzungslieferung, München 2023 (zit. *Bearbeiter*, Landmann/Rohmer GewO, § Rn.).

Lang, Michael, Auslegung und Anwendung von Doppelbesteuerungsabkommen, in: 100 Jahre Steuerrechtsprechung in Deutschland 1918–2018 – Festschrift für den Bundesfinanzhof, herausgegeben von Klaus-Dieter Drüen, Johanna Hey, Rudolf Mellinghoff, Köln 2018, Bd. I, S. 983–1007 (zit. *M. Lang*, FS BFH, Bd. I S.).

Lang, Joachim, Das Einkommensteuergesetz 1975 – Gewinn an Steuergerechtigkeit oder Steuervereinfachung, StuW 1974, S. 293–318.

Ders., Das neue Lohnsteuerrecht, StuW 1975, S. 113–134.

Ders., Die Einkünfte des Arbeitnehmers – Steuersystematische Grundlegung, in: Grundfragen des Lohnsteuerrechts, herausgegeben im Auftrag der Deutschen Steuerjuristischen Gesellschaft e.V. von Joachim Stolterfoht, Band 9, Köln 1986, S. 15–84 (zit. *Lang*, DStJG Bd. 9 (1986), S.).

Ders., Arbeitsrecht und Steuerrecht, RdA 1999, S. 64–69.

Ders., Prinzipien und Systeme der Besteuerung von Einkommen, in: Besteuerung von Einkommen, herausgegeben im Auftrag der Deutschen Steuerjuristischen Gesellschaft e.V. von Iris Ebling, Band 24, Köln 2001, S. 49–133 (zit. *Lang*, DStJG Bd. 24 (2001), S.).

Ders., Das Anliegen der Kölner Schule: Prinzipientreue des Steuerrechts, StuW 2013, S. 53–60.

Ders., Steuergerechtigkeit, StuW 2016, S. 101–117.

Larenz, Karl, Der Rechtssatz als Bestimmungssatz, in: Festschrift für Karl Engisch zum 70. Geburtstag, herausgegeben von Paul Bockelmann, Arthur Kaufmann, Ulrich Klug, Frankfurt am Main 1969 (zit. *Larenz*, FS Engisch, S.).

Ders., Methodenlehre der Rechtswissenschaft, 6. Auflage, Berlin u.a. 1991 (zit. *Larenz*, Methodenlehre, S.).

Leisner, Anna, Verwaltungsvorschriften im Beamtenrecht – Ein Beitrag zum Regelungsmonopol des Gesetzgebers, in: Öffentliches Dienstrecht im Wandel – Festschrift für Walter Fürst, herausgegeben von Ingeborg Franke, Rudolf Summer, Hans-Dietrich Weiß, Berlin 2002, S. 185–203 (zit. *A. Leisner*, FS Fürst, S.).

Leisner, Walter, Am Ende der Alimentation – Die Beamten in der Entwicklung von der Werkleistungs- zur Dienstleistungsgesellschaft, DÖV 2002, S. 763–767.

Lembke, Mark, Neue Rechte von Leiharbeitnehmern gegenüber Entleihern, NZA 2011, S. 319–325.

Ders., Arbeitnehmerüberlassung im Konzern, BB 2012, S. 2497–2505.

Ders., Neue Entwicklungen bei Leiharbeit und Fremdpersonaleinsatz, NZA 2024, S. 153–164.

Lemhöfer, Bernt, Die Loyalität des Beamten – Bedeutung, Inhalt, Gefährdungen, in: Öffentliches Dienstrecht im Wandel – Festschrift für Walter Fürst, herausgegeben von Ingeborg Franke, Rudolf Summer, Hans-Dietrich Weiß, Berlin 2002, S. 205–217 (zit. *Lemhöfer*, FS Fürst, S.).

Lenders/Baumanns, Beamtenstatusgesetz, Kommentar, v. Dirk Lenders, Thorsten Baumanns, 2. Auflage, Siegburg 2022 (zit. *Lenders/Baumanns*, BeamtStG, § Rn.).

Lenski/Steinberg, GewStG, Kommentar, begr. v. Edgar Lenski, Wilhelm Steinberg, 150. Ergänzungslieferung, Köln 2024 (zit. *Bearbeiter*, Lenski/Steinberg GewStG, § Rn.).

Leuchten, Alexius, Das neue Recht der Leiharbeit – Die wesentlichen Neuerungen im AÜG, NZA 2011, S. 608–612.

Leuner, Rolf/Dumser, Klaus, Aktienoptionen – Lohnsteuerrecht entscheidet über Beitragspflicht zur Sozialversicherung, DStR 2006, S. 2017–2019.

Lindner/Möstl/Wolff, Verfassung des Freistaates Bayern, Kommentar von Josef Franz Lindner, Markus Möstl, Heinrich Amadeus Wolff, 2. Auflage, München 2017 (zit. *Bearbeiter*, L/M/W BV, Art. Rn.).

van Lishaut, Ingo, Steuerabzug bei Lohn von dritter Seite (§ 38 Abs. 1 Satz 3, Abs. 4 Satz 3 EStG), FR 2004, S. 203–206.

Loritz, Karl-Georg, Die Wiederbelebung der Privatautonomie im Arbeitsrecht, ZfA 2003, S. 629–654.

Ders., Einkommensteuerrecht – Ein Lehrbuch, Heidelberg 1988.

Loschelder, Wolfgang, Amt und Status – oder: Warum sollen Professoren Beamte sein?, in: Öffentliches Dienstrecht im Wandel – Festschrift für Walter Fürst, herausgegeben von Ingeborg Franke, Rudolf Summer, Hans-Dietrich Weiß, Berlin 2002, S. 219–231 (zit. *Loschelder*, FS Fürst, S.).

Märkle, Rudi, Steuervereinfachung durch die Verwaltung, in: Festschrift für Dietrich Meyding zum 65. Geburtstag, herausgegeben von Wilhelm Bühler, Paul Kirchhof, Franz Klein, Heidelberg 1994, S. 117–131 (zit. *Märkle*, FS Meyding, S.).

Martens, Joachim, Die Lohnsteuerhaftung des Arbeitgebers, StuW 1970, Sp. 309–328.

Martens, Klaus-Peter, Das Arbeitsverhältnis im Konzern, in: 25 Jahre Bundesarbeitsgericht, herausgegeben von Franz Gamillscheg, Götz Hueck, Herbert Wiedemann, München 1979, S. 369–391 (zit. *K.-P. Martens*, FS BAG, S.).

Medicus, Dieter/Petersen, Jens, Grundwissen zum Bürgerlichen Recht, 13. Auflage, München 2024.

Dies., Bürgerliches Recht, 29. Auflage, München 2023.

Mehrhoff, Friedrich, Die Veränderung des Arbeitgeberbegriffs, Berlin 1984 (zit. *Mehrhoff*, Arbeitgeberbegriff, S.).

Mellinghoff, Rudolf, Vertrauen in das Steuergesetz, in: Vertrauensschutz im Steuerrecht, herausgegeben im Auftrag der Deutschen Steuerjuristischen Gesellschaft e.V. von Heinz-Jürgen Pezzer, Band 27, Köln 2004, S. 25–53 (zit. *Mellinghoff*, DStJG Bd. 27 (2004), S.).

Metzler-Müller/Rieger/Seeck/Zentgraf, Beamtenstatusgesetz, Kommentar, v. Karin Metzler-Müller, Reinhard Rieger, Erich Seeck, Renate Zentgraf, 6. Auflage, Wiesbaden 2022 (zit. *Bearbeiter*, MM/R/S/Z BeamtStG, § S.).

Meyding, Dietrich, Vereinfachender Gesetzesvollzug durch die Verwaltung, in: Steuervereinfachung, herausgegeben im Auftrag der Deutschen Steuerjuristischen Gesellschaft e.V. von Peter Fischer, Band 21, Köln 1998, S. 219–231 (zit. *Meyding*, DStJG Bd. 21 (1998), S.).

Meyer, André, Das wirtschaftliche „Ist". Eine vergleichende Untersuchung des Stellenwerts der wirtschaftlichen Betrachtungsweise im Zivil- und Steuerrecht, in: Realitäten des Zivilrechts – Grenzen des Zivilrechts, Jahrbuch Junger Zivilrechtswissenschaftler 2011, herausgegeben von Peter Kreutz u.a., Stuttgart/München 2012, S. 69–96. (zit. *Meyer*, JJZ 2011, S.).

Ders., Steuerliches Leistungsfähigkeitsprinzip und zivilrechtliches Ausgleichssystem, Köln 2013 (zit. *Meyer*, Steuerliches Leistungsfähigkeitsprinzip, S.).

Ders., Die Geschäftsleiterhaftung für nicht entrichtete Steuern (§§ 69, 34 Abs. 1 AO) in Krise und Insolvenz der Kapitalgesellschaft, DStZ 2014, S. 228–250.

Ders., Die Rolle des Arbeitgebers im Lohnsteuerverfahren, in: Besteuerung von Arbeitnehmern, herausgegeben im Auftrag der Deutschen Steuerjuristischen Gesellschaft e.V. von Klaus-Dieter Drüen, Band 40, Köln 2017, S. 177–220 (zit. *Meyer*, DStJG Bd. 40 (2017), S.).

Ders., Insolvenzrecht und Steuerrecht, in: 100 Jahre Steuerrechtsprechung in Deutschland 1918–2018 – Festschrift für den Bundesfinanzhof, herausgegeben von Klaus-Dieter Drüen, Johanna Hey, Rudolf Mellinghoff, Köln 2018, Bd. I, S. 659–678 (zit. *Meyer*, FS BFH, Bd. I S.).

Ders., Steuerrecht und Zivilrecht – causa finita? Die Sicht des Zivilrechts, in: Methoden steuerrechtlicher Entscheidungsfindung, herausgegeben von Michael Droege, Christine Osterloh-Konrad und Christian Seiler, Tübingen 2023 (zit. *Meyer*, Methoden, S.).

Möllers, Thomas, Juristische Methodenlehre, 5. Auflage, München 2023 (zit. *Möllers*, Methodenlehre, S.).

Mösbauer, Heinz, Die Haftung für die Steuerschuld, Köln/Berlin/Bonn/München 1990 (zit. *Mösbauer*, Haftung, S.).

Ders., Möglichkeiten des Haftungsausschlusses bei der Lohnsteuerhaftung des Arbeitgebers, FR 1995, S. 173–178.

Ders., Zur Haftung des Entleihers von Arbeitnehmern für deren Lohnsteuer, FR 1996, S. 281–286.

Mössner, Jörg Manfred, Prinzipien im Steuerrecht, in: Festschrift für Joachim Lang, herausgegeben von Klaus Tipke, Roman Seer, Johanna Hey, Joachim Englisch, Köln 2011, S. 83–99 (zit. *Mössner*, FS Lang, S.).

Müller, Friedrich/Christensen Ralph, Juristische Methodik, Band 1: Grundlegung für die Arbeitsmethoden der Rechtspraxis, 11. Auflage, Berlin 2013 (zit. *Müller/Christensen*, Methodik Bd. I, S.).

Müller, Gernot, Der Leistungsbegriff im Arbeitsverhältnis – Zugleich ein Beitrag zur Bestimmung von Begriff und Rechtsnatur des Arbeitsverhältnisses, Bern/Frankfurt am Main 1974 (zit. *Müller*, Leistungsbegriff, S.).

Münchener Anwaltshandbuch Arbeitsrecht, hrsg. v. Wilhelm Moll, 5. Auflage, München 2021 (zit. *Bearbeiter*, MAH ArbR, § Rn.).

Münchener Handbuch zum Arbeitsrecht, hrsg. v. Heinrich Kiel, Stefan Lunk, Hartmut Oetker, 5. Auflage, München 2021 (zit. *Bearbeiter*, MHdB ArbR, § Rn.).

Münchener Kommentar zum Aktiengesetz, hrsg. v. Wulf Goette, Mathias Habersack, Susanne Kalss, 6. Auflage, München 2024 (zit. *Bearbeiter*, MüKo AktG, § Rn.).

Münchener Kommentar zum Bürgerlichen Gesetzbuch, hrsg. v. Franz Jürgen Säcker, Roland Rixecker, Hartmut Oetker, Bettina Limperg, 9. Auflage, München 2021 (zit. *Bearbeiter*, MüKo BGB, § Rn.).

Münzel, Hartmut, Die Beteiligung nachgeordneter ärztlicher Mitarbeiter an Liquidationseinnahmen der Chefärzte, NJW 2001, S. 1752–1757.

Nacke, Alois, Die Haftung für Steuerschulden, 5. Auflage, Köln 2023 (zit. *Nacke*, Steuerschulden, Rn.).

Ders., Zweifelsfragen und Prüfungsschwerpunkte bei der Lohnsteuerhaftung, DStR 2005, S. 1297–1301.

Offerhaus, Klaus, Zur steuerrechtlichen Abgrenzung zwischen betrieblich (beruflich) veranlassten und durch die Lebensführung veranlassten Aufwendungen, BB 1979, S. 617–622.

Ders., Gesetzlose Steuerbefreiungen im Lohnsteuerrecht?, in: Grundfragen des Lohnsteuerrechts, herausgegeben im Auftrag der Deutschen Steuerjuristischen Gesellschaft e.V. von Joachim Stolterfoht, Band 9, Köln 1986, S. 117–140 (zit. *Offerhaus*, DStJG Bd. 9 (1986), S.).

Palm, Ulrich, Person im Ertragsteuerrecht, Tübingen 2013 (zit. *Palm*, Person, S.).

Peters, Dietlinde-Bettina, Das Weisungsrecht der Arbeitgeber, München 2019 (zit. *Peters*, Weisungsrecht, Rn.).

Pezzer, Heinz-Jürgen, Kuriosa in der obersten Steuerrechtsprechung, in: 75 Jahre Reichsfinanzhof – Bundesfinanzhof, herausgegeben vom Präsidenten des Bundesfinanzhofs, Bonn 1993, S. 369–381 (zit. *Pezzer*, FS RFH/BFH, S.).

Portner, Rosemarie, Irrungen und Wirrungen beim Auslandseinsatz von Arbeitnehmern, IStR 2014, S. 435–443.

Preis, Ulrich, § 611a BGB – Potenziale des Arbeitnehmerbegriffes, NZA 2018, S. 817–826.

Quaas/Zuck/Clemens, Medizinrecht, v. Michael Quaas, Rüdiger Zuck, Thomas Clemens, Julia Gokel, 4. Auflage, München 2018 (zit. *Bearbeiter*, Q/Z/C MedR, § Rn.).

Reich, Beamtenstatusgesetz, Kommentar von Andreas Reich, 3. Auflage, München 2018 (zit. *Reich*, BeamtStG, § Rn.).

Reinhart, Richard, Haftung bei Arbeitnehmerüberlassung für Lohnsteuer der Leiharbeitnehmer – Neuregelung durch das Steuerbereinigungsgesetz 1986, BB 1986, S. 500–506.

Reiserer, Kerstin, „Scheinselbstständigkeit" – Arbeitnehmer oder Selbstständiger, BB 1998, S. 1258–1265.

Remmert, Barbara, Warum muss es Beamte geben?, JZ 2005, S. 53–104.

Richardi, Reinhard, Der Arbeitsvertrag im Licht des neuen § 611a BGB, NZA 2017, S. 36–39.

Ders., Leistungsstörungen und Haftung im Arbeitsverhältnis nach dem Schuldrechtsmodernisierungsgesetz, NZA 2002, S. 1004–1012.

Richter, Heinz, Vom Streikgeld und Entgelt zum Trinkgeld?, DStR 1992, S. 1269–1270.

Rid, Claudia, Das Arbeitsverhältnis im Konzern und seine Auswirkungen auf den Kündigungsschutz. NZA 2011, S. 1121–1127.

Rieble, Volker/Vielmeier, Stephan, Umsetzungsdefizite der Leiharbeitsrichtlinie, EuZA 2011, S. 474–504.

Riepen, Johannes, Die Rechtsstellung des Arbeitgebers im Lohnsteuerabzugsverfahren, Stuttgart 1967 (zit. *Riepen*, Rechtsstellung, S.).

Rodewald, Jörg/Pohl, Matthias, Rabatte Dritter für Arbeitnehmer – Gestaltungen zur Vermeidung von Lohnsteuer, BB 2008, S. 1431–1434.

Rommel, Ulrich, Lohnsteuerabzug bei Lohnzahlungen aus verschiedenen öffentlichen Kassen, DStZ 1986, S. 122–124.

Ruppe, Hans Georg, Die Abgrenzung der Betriebsausgaben/Werbungskosten von den Privatausgaben, in: Die Abgrenzung der Betriebs- oder Berufssphäre von der Privatsphäre im Einkommensteuerrecht, herausgegeben im Auftrag der Deutschen Steuerjuristischen Gesellschaft e.V. von Hartmut Söhn, Band 3, Köln 1980, S. 103–147 (zit. *Ruppe*, DStJG Bd. 3 (1980), S.).

Ders., Steuergleichheit als Grenze der Steuervereinfachung, in: Steuervereinfachung, herausgegeben im Auftrag der Deutschen Steuerjuristischen Gesellschaft e.V. von Peter Fischer, Band 21, Köln 1998, S. 29–65 (zit. *Ruppe*, DStJG Bd. 21 (1998), S.).

Ders., Der Anspruch auf Normenklarheit im Steuerrecht und seine Durchsetzung im Gesetzgebungs- und Rechtsschutzverfahren, Beihefter zu DStR 17 2008, S. 20–25.

Sahm, Reiner, Zum Teufel mit der Steuer!, 2. Auflage, Berlin 2018.

Sauerland, Thomas, Beamtenrecht, München 2022.

Schäfer, Horst, Die Dreiecksbeziehung zwischen Arbeitnehmer, Arbeitgeber und Finanzamt beim Lohnsteuerabzug, Berlin 1991 (zit. *Schäfer*, Dreiecksbeziehung, S.).

Schaumburg, Heide/Schaumburg, Harald, Steuergerechtigkeit in der Zeit, StuW 2013, S. 61–71.

Schell, Matthias, Subjektive Besteuerungsmerkmale im Einkommensteuerrecht – Zur Beachtlichkeit von Wille und Absicht bei der Ertragsbesteuerung natürlicher Personen, Baden-Baden 2006 (zit. *Schell*, Subjektive Besteuerung, S.).

Schick, Walter, Steuerschuld und Steuerhaftung im Lohnsteuerverfahren, BB 1983, S. 1041–1047.

Ders., Haftung für Steuerschulden auf Grund Privatrechts?, Köln 1993 (zit. *Schick*, Steuerschulden, S.).

Schlechtriem, Peter/Schmidt-Kessel, Martin, Schuldrecht Allgemeiner Teil, 6. Auflage, Tübingen 2005.

Schmidt-Bleibtreu/Klein/Bethge, BVerfGG, Begr. v. Theodor Maunz, fortf. v. Bruno Schmidt-Bleibtreu, Franz Klein, Gerhard Ulsamer, Herbert Bethge u.a., 63. Ergänzungslieferung, München 2023 (zit. *Bearbeiter*, Schmidt-Bleibtreu BVerfGG, § Rn.).

Schmidt, Eberhard, „Arbeitslohn" und „Dienstverhältnis" im Steuerrecht, BB 1983, S. 1092–1094.

Schmidt, EStG, hrsg. v. Heinrich Weber-Grellet, 43. Auflage, München 2024 (zit. *Bearbeiter*, Schmidt EStG § Rn.).

Schmidt, Ingrid, Besteuerung der Arbeitnehmer aus Sicht des Bundesarbeitsgerichts, in: 100 Jahre Steuerrechtsprechung in Deutschland 1918–2018 – Festschrift für den Bundesfinanzhof, herausgegeben von Klaus-Dieter Drüen, Johanna Hey, Rudolf Mellinghoff, Köln 2018, Bd. I, S. 605–623 (zit. *Schmidt*, FS BFH, Bd. I S.).

Schmittmann, Jens, Anmerkung zu BGH v. 17.3.2022 – IX ZR 216/20, NZI 2022, S. 472–475.

Schnellenbach, Helmut, Leistungsprämien und Leistungszulagen im öffentlichen Dienst, DVBl 1995, S. 1155–1158.

Ders./Bodanowitz, Jan, Beamtenrecht in der Praxis, 11. Auflage, München 2024 (zit. *Bearbeiter*, Schnellenbach/Bodanowitz Beamtenrecht, § Rn.).

Schön, Wolfgang, Die zivilrechtlichen Voraussetzungen steuerlicher Leistungsfähigkeit, StuW 2005, S. 247–255.

Ders., „Rückwirkende Klarstellungen" des Steuergesetzgebers als Verfassungsproblem, in: Festschrift für Joachim Lang, herausgegeben von Klaus Tipke, Roman Seer, Johanna Hey, Joachim Englisch, Köln 2011, S. 221–235 (zit. *Schön*, FS Lang, S.).

Ders., Leitideen des Steuerrechts – oder: Nichtwissen als staatswissenschaftliches Problem, StuW 2013, S. 289–297.

Schönfeld/Ditz, DBA, Kommentar, hrsg. v. Jens Schönfeld, Xaver Ditz, 2. Auflage, Köln 2019 (zit. *Bearbeiter*, Schönfeld/Ditz, Art. Rn.).

Schröder, Ulrich Jan, Das Verhältnis von öffentlichem Recht und Privatrecht, DVBl 2019, S. 1097–1106.

Schulze-Osterloh, Joachim, Anmerkung zu Georg Crezelius, Steuerliche Rechtsanwendung und allgemeine Rechtsordnung, StuW 1986, S. 74–81.

Ders., Zivilrecht und Steuerrecht, AcP 190 (1990), S. 139–164.

Schüren/Hamann, AÜG, Kommentar, hrsg. v. Peter Schüren, 6. Auflage, München 2022 (zit. *Bearbeiter*, Schüren/Hamann AÜG, § Rn.).

Seer, Roman, Reform des (Lohn-)Steuerabzugs, FR 2004, S. 1037–1049.

Sodan, Helge, Das Prinzip der Widerspruchsfreiheit der Rechtsordnung, JZ 1999, S. 864–873.

Söhn, Hartmut, Betriebsausgaben, Privatausgaben, gemischte Aufwendungen, in: Die Abgrenzung der Betriebs- oder Berufssphäre von der Privatsphäre im Einkommensteuerrecht, herausgegeben im Auftrag der Deutschen Steuerjuristischen Gesellschaft e.V. von Hartmut Söhn, Band 3, Köln 1980, S. 13–102 (zit. *Söhn*, DStJG Bd. 3 (1980), S.).

Ders., Bundesfinanzhof und Wissenschaft, in: 75 Jahre Reichsfinanzhof – Bundesfinanzhof, herausgegeben vom Präsidenten des Bundesfinanzhofs, Bonn 1993, S. 325–336 (zit. *Söhn*, FS RFH/BFH, S.).

Staake, Marco, Gesetzliche Schuldverhältnisse, 2. Auflage, Heidelberg 2022.

Stallknecht, Philipp, Vereinfachungsnormen im Lohnsteuerrecht – Analyse des besonderen Vereinfachungsbedarfs und daraus abgeleitete Erwägungen zur Systematisierung und Reformierung, Baden-Baden 2017 (zit. *Stallknecht*, Vereinfachungsnormen, S.).

Steiner, Harald, Beratung und Unterstützung – Zentrales beamtenrechtliches Handlungsgebot im Beziehungsfeld zum Vorgesetzten, ZBR 2014, S. 109–114.

Stolterfoth, Joachim, Rechtsanwendung und Rechtsetzung durch Lohnsteuerrichtlinien, in: Grenzen der Rechtsfortbildung durch Rechtsprechung und Verwaltungsvorschriften im Steuerrecht, herausgegeben im Auftrag der Deutschen Steuerjuristischen Gesellschaft e.V. von Klaus Tipke, Band 5, Köln 1982, S. 271–300 (zit. *Stolterfoth*, DStJG Bd. 5 (1982), S.).

Strauß, Thomas, Funktionsvorbehalt und Berufsbeamtentum – Zur Bedeutung des Art. 33 Abs. 4 GG, Berlin 2000 (zit. *Strauß*, Berufsbeamtentum, S.).

Strohner, Klaus, Einkünfte aus nichtselbstständiger Arbeit und Arbeitgeberhaftung, in: Bochumer Lohnsteuertag – Die Lohnsteuer im Spannungsfeld zwischen Unternehmerfreiheit und Fiskalinteresse, herausgegeben von Roman Seer, Frankfurt am Main 2005, S. 121–138 (zit. *Strohner*, Bochumer Lohnsteuertag, S.).

Ders., Kein Arbeitslohn mehr bei Rabatten – unter Berücksichtigung des Rabatterlasses vom 20.1.2015, DB 2015, S. 580–586.

Ders., Impulse und Grenzen der steuerlichen Gestaltung im Arbeitsverhältnis, in: Besteuerung von Arbeitnehmern, herausgegeben im Auftrag der Deutschen Steuerjuristischen Gesellschaft e.V. von Klaus-Dieter Drüen, Band 40, Köln 2017, S. 501–549 (zit. *Strohner*, DStJG Bd. 40 (2017), S.).

Ders., Grenzen der steuerlichen Gestaltung bei Drittrabatten – zugleich Besprechung des Urteils des FG Köln vom 11.10.2018 – 7 K 2053/17, DB 2019, S. 925–929.

Strunk/Kaminski/Köhler, AStG/DBA, Kommentar, hrsg. v. Günther Strunk, Bert Kaminski, Stefan Köhler, 67. Ergänzungslieferung, Bonn 2024 (zit. *Bearbeiter*, S/K/K DBA, Art. Rn.).

Summer, Rudolf, Das Amt im statusrechtlichen Sinne, in: Beiträge zum Beamtenrecht, herausgegeben von Matthias Pechstein, Tübingen 2007, S. 45–97 (zit. *Summer*, Beamtenrecht, S.).

Ders., Die hergebrachten Grundsätze des Berufsbeamtentums – ein Torso, in: Beiträge zum Beamtenrecht, herausgegeben von Matthias Pechstein, Tübingen 2007, S. 177–190 (zit. *Summer*, Beamtenrecht, S.).

Ders., Gedanken zum Gesetzesvorbehalt im Beamtenrecht, in: Beiträge zum Beamtenrecht, herausgegeben von Matthias Pechstein, Tübingen 2007, S. 223–243 (zit. *Summer*, Beamtenrecht, S.).

Ders., Die Ernennung – Urkundeninhalt, Aushändigung, Einwilligung, in: Beiträge zum Beamtenrecht, herausgegeben von Matthias Pechstein, Tübingen 2007, S. 337–349 (zit. *Summer*, Beamtenrecht, S.).

Ders./Rometsch, Gerd, Alimentationsprinzip gestern und heute, in: Beiträge zum Beamtenrecht, herausgegeben von Matthias Pechstein, Tübingen 2007, S. 1–44 (zit. *Summer/Rometsch*, Beamtenrecht, S.).

Tappe, Henning, Festlegende Gleichheit – folgerichtige Gesetzgebung als Verfassungsgebot, JZ 2016, S. 27–33.

Thiele, Alexander, Art. 33 Abs. 4 GG als Privatisierungsschranke – Zugleich Anmerkung zum Urteil des Niedersächsischen Staatsgerichtshofs vom 05.12.2008, 2/7, STAAT 2010, S. 274–298.

Thiemann, Christian, Der BFH und die Gesetzesbindung, in: 100 Jahre Steuerrechtsprechung in Deutschland 1918–2018 – Festschrift für den Bundesfinanzhof, herausgegeben von Klaus-Dieter Drüen, Johanna Hey, Rudolf Mellinghoff, Köln 2018, Bd. I, S. 129–150 (zit. *Thiemann*, FS BFH, Bd. I S.).

Ders., Rechtssichere Anwendung des Steuerrechts – Verfassungsrechtliche Anforderungen und verfahrensrechtliche Optionen, StuW 2019, S. 295–302.

Thüsing, AÜG, Arbeitnehmerüberlassungsgesetz Kommentar, hrsg. v. Gregor Thüsing, 4. Auflage, München 2018 (zit. *Bearbeiter*, Thüsing AÜG, § Rn.).

Tipke, Klaus, Steuerrecht und bürgerliches Recht, JuS 1970, S. 149–154.

Ders., Zur Methode der steuerrechtlichen Negation von Familien-Personengesellschaften – Zugleich Besprechung des BFH-Urteils IV R 178/68, StuW 1972, S. 55–62.

Ders., Das Steuerrecht in der Rechtsordnung, JZ 1975, S. 558–561.

Ders., Neukodifikation des Allgemeinen Steuerrechts in der Abgabenordnung 1977, JZ 1976, S. 703–706.

Ders., Die Steuerrechtsordnung, Bd. 1, 2. Auflage, Köln 2000 (zit. *Tipke*, Steuerrechtsordnung, Bd. I S.).

Ders., Die Steuerrechtsordnung, Bd. 3, 2. Auflage, Köln 2012 (zit. *Tipke*, Steuerrechtsordnung, Bd. III S.).

Ders., Ein Ende dem Einkommensteuerwirrwarr – Rechtsreform statt Stimmenfangpolitik, Köln 2006 (zit. *Tipke*, Einkommensteuerwirrwarr, S.).

Ders., Steuergerechtigkeit unter besonderer Berücksichtigung des Folgerichtigkeitsgebots, StuW 2007, S. 201–220.

Tipke, Klaus/Lang, Joachim, Steuerrecht, 20. Auflage, Köln 2010 (zit. *Bearbeiter*, Tipke/Lang (2010), § Rn.).

Dies., Steuerrecht, 24. Auflage, Köln 2021 (zit. *Bearbeiter*, Tipke/Lang, Rn.).

Tipke/Kruse, AO/FGO, Kommentar, begr. v. Klaus Tipke, Heinrich Wilhelm Kruse, 180. Ergänzungslieferung, Köln 2024 (zit. *Bearbeiter*, Tipke/Kruse, § Rn.).

Tipke/Kruse, Reichsabgabenordnung, Kommentar, v. Klaus Tipke, Heinrich Wilhelm Kruse, Köln 1963 (zit. *Tipke/Kruse* (1963), § Rn.).

Traxel, Wolfgang, Lohnsteuerpflicht außervertraglicher Mitarbeiterprovisionen im Kraftfahrzeughandel?, DStZ 1989, S. 553–557.

Trzaskalik, Christoph, Die Steuererhebungspflichten Privater, in: Steuerrecht und Verfassungsrecht, herausgegeben im Auftrag der Deutschen Steuerjuristischen Gesellschaft e.V. von Karl Heinrich Friauf, Band 12, Köln 1989, S. 157–186 (zit. *Trzaskalik*, DStJG Bd. 12 (1989), S.).

Ulber, Jürgen, Das neue Recht der Arbeitnehmerüberlassung – Die deutsche Variante des Ausstiegs aus dem Gemeinschaftsrechts, RdA 2018, S. 50–57.

Uleer/Mibach/Patt, Abrechnung von Arzt und Krankenhausleistungen, Kommentar, hrsg. v. Christoph Uleer, München 2006 (zit. *Bearbeiter*, Uleer/Miebach/Patt, § Rn.).

Vielmeier, Stephan, Zugang zu Gemeinschaftseinrichtungen nach § 13b AÜG, NZA 2012, S. 535–541.

Vogel/Lehner, DBA, Kommentar auf der Grundlage der Musterabkommen, begr. v. Klaus Vogel, fortf. v. Moris Lehner, 7. Auflage, München 2021 (zit. *Bearbeiter*, Vogel/Lehner DBA, Art. Rn.).

Vogler, Stefanie/Nientimp, Axel, Folgen des Authorised OECD Approach (AOA) für den Arbeitgeberbegriff im DBA-Recht – Auswirkungen auf die Arbeitnehmerbesteuerung?, IStR 2014, S. 427–435.

Wacker, Roland, Das Veranlassungsprinzip national und international – eine Zwischenbilanz aus Sicht des Ertragsteuerrechts, BB 2018, S. 2519–2528.

Waldhoff, Christian, Vertrauensschutz im Steuerrechtsverhältnis, in: Vertrauensschutz im Steuerrecht, herausgegeben im Auftrag der Deutschen Steuerjuristischen Gesellschaft e.V. von Heinz-Jürgen Pezzer, Band 27, Köln 2004, S. 129–160 (zit. *Waldhoff*, DStJG Bd. 27 (2004), S.).

Walz, Wolfgang Rainer, Steuergerechtigkeit und Rechtsanwendung – Grundlinien einer relativ autonomen Steuerrechtsdogmatik, Heidelberg/ Hamburg 1980 (zit. *Walz*, Steuergerechtigkeit, S.).

Ders., Die steuerrechtliche Herausforderung des Zivilrechts, ZHR 147 (1983), S. 281–312.

Ders., „Der Buchstabe tötet, aber der Geist macht lebendig" – 2. Korinther, 3, Vers 6 – Anmerkungen zu BFH GrS 2/82, Beschl. vom 21.11.1983 – „Geldbußen", StuW 1984, S. 170–174.

Wank, Rolf/Maties, Martin, Die Auslegung von Gesetzen, 7. Auflage, München 2023 (zit. *Wank/Maties*, Auslegung, S.).

Wassermeyer, DBA, Kommentar, hrsg. v. Christian Kaeser, Michael Schwenke, 165. Ergänzungslieferung, München 2024 (zit. *Bearbeiter*, Wassermeyer DBA, Art. Rn.).

Wassermeyer, Franz, Die Abgrenzung des Betriebsvermögens vom Privatvermögen, in: Die Abgrenzung der Betriebs- oder Berufssphäre von der Privatsphäre im Einkommensteuerrecht, herausgegeben im Auftrag der Deutschen Steuerjuristischen Gesellschaft e.V. von Hartmut Söhn, Band 3, Köln 1980, S. 315–337 (zit. *Wassermeyer*, DStJG Bd. 3 (1980), S.).

Ders., Das Erfordernis objektiver und subjektiver Tatbestandsmerkmale in der ertragsteuerrechtlichen Rechtsprechung des BFH – Ein Beitrag zu der im Ertragsteuerrecht maßgeblichen „Kausalitäts" lehre, StuW 1982, S. 352–364.

Ders., Internationales Steuerrecht in der Rechtsprechung des RFH und des BFH, in: 75 Jahre Reichsfinanzhof – Bundesfinanzhof, herausgegeben vom Präsidenten des Bundesfinanzhofs, Bonn 1993, S. 639–654 (zit. *Wassermeyer*, FS RFH/BFH, S.).

Weber, Guido, Die Abgrenzung zwischen Erwerbs- und Privatsphäre nach dem Veranlassungsprinzip, StuW 2009, S. 184–196.

Weber-Grellet, Heinrich, Die Bedeutung der Rechtsnatur des Steuerrechts für dessen Anwendung und Auslegung, StuW 1993, S. 97–104.

Ders., Tendenzen der BFH-Rechtsprechung, StuW 1993, S. 195–212.

Ders., Fairneß, Aufklärung und Transparenz – Wege zu einer leistungsgerechteren Besteuerung, StuW 1999, S. 311–320.

Ders., Die fortschreitende Emanzipation des Steuerrechts, StuW 2016, S. 226–239.

Wendt/Suchanek/Möllmann/Heinemann, GewStG, Kommentar, hrsg. v. Michael Wendt, Markus Suchanek, Peter Möllmann, Peter Heinemann, 2. Auflage, Köln 2022 (zit. *Bearbeiter*, W/S/M/H GewStG, § Rn.).

Wengerofsky, Timmy, Arbeitslohn von dritter Seite – Eine Bestandsaufnahme unter besonderer Berücksichtigung des BMF-Schreibens vom 20.1.2015, DStR 2015, S. 806–811.

Wernsmann, Rainer, Konstitutionalisierung des Steuerrechts und Gegenbewegungen, DVBl 2015, S. 1085–1090.

Ders., Einkunftsartenabgrenzung, in: 100 Jahre Steuerrechtsprechung in Deutschland 1918–2018 – Festschrift für den Bundesfinanzhof, herausgegeben von Klaus-Dieter Drüen, Johanna Hey, Rudolf Mellinghoff, Köln 2018, Bd. II, S. 1229–1241 (zit. *Wernsmann*, FS BFH, Bd. II S.).

Weth/Thomae/Reichold, Arbeitsrecht im Krankenhaus, hrsg. v. Stephan Weth, Heike Thomae, Hermann Reichold, 2. Auflage, Köln 2011 (zit. *Bearbeiter*, W/T/R ArbR KH, Teil Rn.).

Wichmann, Manfred/Langer, Karl-Ulrich, Öffentliches Dienstrecht – Das Beamten- und Arbeitsrecht für den öffentlichen Dienst, 8. Auflage, Stuttgart 2017 (zit. *Bearbeiter*, Wichmann/Langer ÖDR, Rn.).

Winter, Georg, Der Arbeitgeber im Lohnsteuerrecht, Frankfurt am Main 1998.

Wobst, Felix, Lohn vom Dritten – Zuwendungen Dritter an Arbeitnehmer und ihre arbeits-, steuer- und sozialversicherungsrechtliche Behandlung, Berlin 2015 (zit. *Wobst*, Drittlohn, S.).

Woerner, Lothar, Verfassungsrecht und Methodenlehre im Steuerrecht – Auf den Spuren von Heinrich Beisse, FR 1992, S. 226–233.

Ders., Der Bundesfinanzhof zwischen Stetigkeit und Wandel, in: Festschrift für Franz Klein, herausgegeben von Paul Kirchhof, Klaus Offerhaus, Horst Schöberle, Köln 1994, S. 1025–1039 (zit. *Woerner*, FS Klein, S.).

Wolf, Ernst, Der Begriff Arbeitsrecht, in: 25 Jahre Bundesarbeitsgericht, herausgegeben von Franz Gamillscheg, Götz Hueck, Herbert Wiedemann, München 1979, S. 709–726 (zit. *Wolf*, FS BAG, S.).

Zeising, Jörg, „Schwebende" Arbeitsverhältnisse in formaljuristischer und bilanzrechtlicher Betrachtung, DZWIR 2020, S. 562–569.

Ziekow, Jan, Die Fortentwicklung des Dienstrechts der Bundesbeamten, DÖV 2008, S. 569–576.

Ziemske, Burkhardt, Alimentation und Arbeitszeit, ZBR 2001, S. 1–5.

Ziesecke, Sabine/Muscheites, Erik/Bergerhoff, Anne-Inger, Das neue BMF-Schreiben v. 3.5.2018 zur „Steuerlichen Behandlung des Arbeitslohns nach den Doppelbesteuerungsabkommen", DStR 2018, S. 1889–1898.

Studien zum Steuer-, Bilanz- und Gesellschaftsrecht

Herausgegeben von André Meyer

Band 1 Alexander Zenefels: Was von avoir fiscal übrig blieb. Eine systematische Betrachtung der Entwicklung der Rechtsprechung des Europäischen Gerichtshofs zu den direkten Steuern der Mitgliedstaaten in den vergangenen dreißig Jahren. 2018.

Band 2 Tina Kießling: Einkommensbesteuerung in der insolventen Personengesellschaft. 2018.

Band 3 Simon Müllner. Die Reichweite der Sonderregelung über Verpflichtungsübernahmen (§§ 4f, 5 Abs. 7 EStG), insbesondere bei Umstrukturierungsvorgängen im Sinne des Umwandlungssteuergesetzes. 2019.

Band 4 Enrico Stenzel. Die gesonderte und einheitliche Feststellung. Thesen zu einer subjektivitäts-, zweck- und interessengerechten Ausgestaltung des Verfahrens bei Einkünften Mehrerer (insbesondere bei Mitunternehmerschaften). 2020.

Band 5 Manuel Schmutzler. Begründung und Reichweite der aktienrechtlichen Legalitätspflicht. 2020.

Band 6 Max Wenzel. Ausfallhaftung des Nur-Kommanditisten einer GmbH & Co. KG für verbotene Einlagenrückgewähr?. Zugleich eine Querschnittsbetrachtung der zivilrechtlichen Ausfallhaftungstatbestände. 2021.

Band 7 Johannes Maria Heinrich Pohl. Der Begriff des Arbeitgebers im Lohnsteuerrecht. 2025.

www.peterlang.com

www.ingramcontent.com/pod-product-compliance
Ingram Content Group UK Ltd.
Pitfield, Milton Keynes, MK11 3LW, UK
UKHW021845290926
8980IPUK00005B/668

9 783631 931844